KB261756

東洋古典百選・⑥

莊子

石仁海 訳解

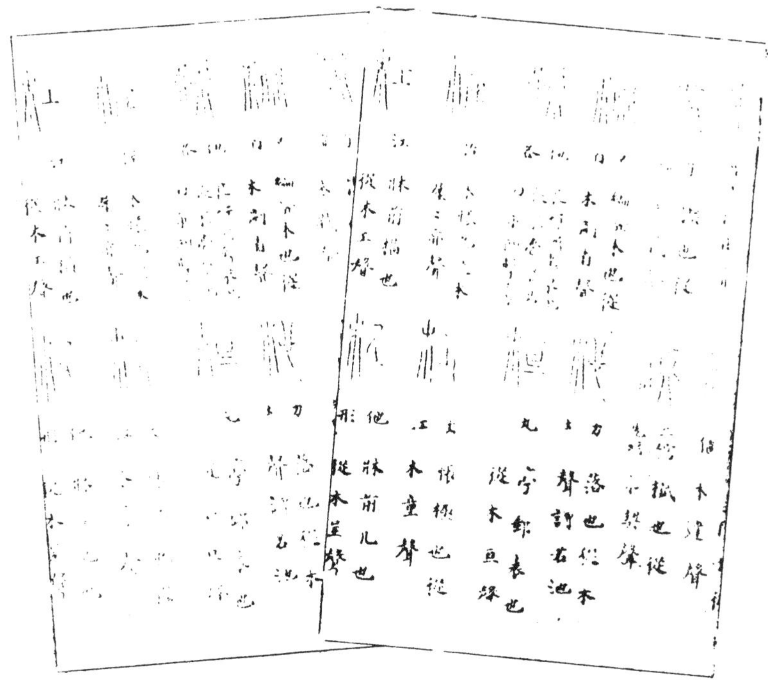

一信書籍出版社

머리말

만물 제동(萬物齊同)의 철학에 기초를 둔 인순주의(因循主義)에서 정신의 자유와 평안을 추구했던 《장자(莊子)》의 사상에는 독창적인 사상이 가지는 신선함과 함께 해탈의 경지와 같은 순수한 종교적 태도가 스며져 있다.

물론 그 근본에 있어서는 노자(老子)의 무위 사상(無爲思想)을 계승하고 있긴 하지만, 노자가 현세와 타협적인 데 반해서, 장자는 그것을 완전히 초월한 자연과 융합된 영혼의 인식을 갖고 있다는 데에 그 차이점이 있다.

《장자(莊子)》는 대부분이 우언(寓言)으로 풀이되어 있는데, 그 문장의 기상 천외한 비유나 우화가 한데 어우러져 매우 독특한 매력으로 독자들을 사로잡고 있다.

사실 그의 사상은 현실 사회의 테두리를 벗어나 외계의 넓은 세계에서 인생을 생각한 것이므로 그가 문장가의 모범으로 여겨져 온 것이 결코 우연한 일은 아니라 하겠다. 왜냐하면 그러한 기풍은 후세의 문학이나 예술의 세계에 크나 큰 영향을 미쳤기 때문이다.

이렇게 《장자(莊子)》 33편은 중국 고대의 도가 사상(道家思想)을 담고 있는 고전의 하나로서, 이어지는 유가(儒家)에 대항하여 은밀하면서도 힘차게 인생에 대한 깊은 사색을 유도하는 역할을 해왔다.

따라서 유가(儒家)와 도가(道家)의 관계는 반대인 것처럼 여겨질 수도 있겠지만, 결과적으로 보면 이들은 서로 보완·결합되어서 중국 사상의 전통을 형성해 온 것이다.

《장자(莊子)》의 내용이 너무 다채롭기 때문에 읽기에 다소 난해한 것이 있긴 하겠지만, 허구적이면서도 순수한 그의 사상을 한번 접해 보는 것도 독자들에겐 좋은 경험이 될 것이라고 믿는다.

目　　次

《莊子》 해제(解題)

1. 〈내편(內篇)〉에 대하여

《장자(莊子)》 33편은 중국 고대의 도가 사상(道家思想)을 전하는 중요한 고전이다. 공자(孔子), 맹자(孟子), 순자(筍子)로 이어지는 유가(儒家)에 대항하여 후세의 사상에 큰 영향을 미친 도가의 사상은 노자(老子)와 장자(莊子)를 그 대표자로 한다.

공맹(孔孟)의 가르침이 중국의 정통 사상으로서 사회적, 정치적인 표면에서 살아 온 데 반해 노장(老莊)의 사상은 그 이면에서 은밀하게, 그러나 힘차게 인생에 대한 깊은 사색을 유도하는 것으로서 존재해 왔다.

따라서 유가(儒家)와 도가(道家)의 관계는 마치 반대인 것처럼 보이면서도 실은 서로 보완, 결합되어서 중국 사상의 전통을 형성해 온 것이었다.

다만 노장(老莊)이라고 한마디로 말은 하지만 그 바탕인 노자와 장자 사이에는 약간의 차이가 있다. 마치 공자와 맹자 사이에도 차이가 있는 것처럼 말이다.

가장 두드러진 차이점은, 노자는 현실 세계에서의 성공을 지향하는 현실 관심이 강한 데 반해, 장자는 그것을 완전히 초월했다는 점이다. 장자가 지향한 것은 인간 사회의 속박에서 해방된 절대적인 정신의 자유이며 자연과 융합된 영혼의 안식이었다.

장자의 인생 철학은 인순주의(因循主義)로 일관한다. 그리고 그것의 기초가 된 것이 만물 제동(萬物齊同)의 철학이다.

우선 '인순(因循)'이라는 것은 의지하여 따른다는 것인데, 《사기(史記)》(권 130)에 도가의 사상을 설명하여 '허무를 본(本)으로 하고 인순을 용(用)으로 한다.'라고 했다. 《장자(莊子)》의 본문에 따라 말한다면 『제물론(齊物論)』의 '이것에 따른다.' 『양생주(養生主)』의 '그 본시부터 그러한 것에 따른다.' 『덕충부(德充符)』의 '항상 스스로 그러한 것에 따른다.'라는 것 등이 그것이며, '좌망(坐忘)'이라든가 '상아(喪我)' 등과 같이 자기를 버리고 절대적인 것에 심신을 맡기는 일이다. 죽어서 다시 태어난다는 종교적인 해탈의 경지가 여기에도 있다.

다만 그 절대적인 것이란 보통의 의미로서의 신(神)이 아니다. '본시부터 그러하다.'라든가 '스스로 그러하다.'라고 일컬어지는, 따라야 할 대상은 확실히 인간의 작용을 초월하여 존재하는 것이기는 하지만 오히려 만물의 존재를 일관하는 이법(理法)의 성격이 강하다.

만물은 각기 있는 그대로 있으며 거기에 스스로 이룩된 우주의 질서가 구성되어 있는데, 그것은 누군가가 그렇게 만든 것이 아니라 말 그대로 '스스로 그러한' 것이며 '스스로 그러함'으로써 인간으로서는 어떻게도 할 수가 없는 필연적인 것이다. 그래서 그것은 또 『인간세(人間世)』에서는 '어떻게도 할 수가 없는' '부득이한' 것이라고도 일컬어진다.

이 자연 필연적(自然必然的)인 것이 인간을 감싸는 절대적인 운명으로서의 의미를 갖추고 있다. 『덕충부』나 『대종사(大宗師)』에서 '명(命)'이라든가 '천(天)'이라고 일컬어진 것이 그것을 말한다. 《순자(筍子)》 『해폐편(解蔽篇)』에는 '장자는 하늘에 가려져서 사람을 모른다.'라는 평어가 있는데 그야말로 장자의 운명 수순적(運命隨順的)인 소극성의 정곡을 찌른 말이라고 할 수 있다.

다만 장자가 말하는 바는 절대적인 운명을 자각하여 그것과 합일하고 그것을 자기 것으로 함으로써 죽어서 사는 작용을 수행하는 것이었다. 약자가 한계점에 이른 밑바닥에서 억센 강자로 전환하는 것이었다. 그것이 인순주의의 효용이다.

그런데 이 인순주의를 뒷받침하는 것으로서 만물 제동의 철학이 있다. 그것은 주로 『제물론』에 보이는데, 이 현실 세계의 대립 차별의 모습을 모두 허망한 것이라고 하여 배척한다.

사람들은 이 현실 세계 속에서 대소(大小)·장단(長短)·피차(彼此)·선악(善惡)·미추(美醜)·생사(生死) 등의 갖가지 대립·차별의 모습을 인정한다. 그리고 사람들은 그것을 현실의 참모습이라고 믿는다. 그러나 장자는, 그것이 인간의 제멋대로의 인식이고, 교활한 판단일 뿐 객관 세계의 진실된 모습은 아니라고 생각한다. 그것(彼)과 이것(此)의 차이는 이쪽의 장소를 바꾸기만 하면 당장에 바뀌어서 조금 전의 그것이 이제는 이것이 되고 조금 전의 이것이 이제는 그것이 되는 것이 아닌가.

선악, 미추의 가치 판단도 또한 마찬가지다. 그러고 보면 모든 대립 차별은 일시적이고 상대적인 형태에 지나지 않는다. 그런데도 사람은 어리석게도 그것을 확실한 것이라고 생각하여 그 차별의 모습에 사로잡히고, 그 때문에 쓸데없는 고생을 되풀이한다. 인간의 아집(我執)이 이 현실 세계의 차별을 만들고 있을 뿐, 아무리 큰 차이, 엄연한 대립으로 보이는 일이라도 그것들 사이에 '길은 통하여 하나.'인 것이다. 인간의 얄팍한 지혜 분별을 버리고 편견을 떠나고 집착을 버리며, 나아가 인간이라는 입장까지도 버리고, 이 세계의 바깥에서 되돌아 볼 때 비로소 생사의 구별까지도 사라지고 말 것이다.

만물 제동의 철학은 요컨대 차별적인 현상 안쪽에 있어서 그것들을 일관하고 있는 동일성으로서의 절대적인 이법(理法)에 주목한다.

그 이법, 즉 도(道)의 중심에 설 때 비로소 모든 것이 무차별·무대립하다는 진실의 상(相)이 분명해진다. 그리고 그것을 깨닫고 거기에 안주하는 사람이야말로 '진인(眞人)' '지인(至人)' '성인(聖人)'이라고 불리는 이상인(理想人)이다. 따라서 사람으로서 살아가는 방법은, 현상에 사로잡혀 상대적인 가치를 추구하는 일을 그만두고, 절대적인 '스스로 그러한' 도리에 몸을 맡겨 나가는 것이며, 그것이야말로 인순주의의 요체다.

자기를 포기하는 인순주의는 실은 죽어서 다시 살아나는 작용을 가진 것이다. 유한한 존재로서 미소(微小)한 인간은 그럼으로써 그 유한성을 탈피할 수 있다. 현실의 번거로움에서 해방되고 구속되지 않는 자유로운 정신으로 세계를 비상하는 것이 가능해진다. 『소요유(逍遙遊)』에 나오는 대붕(大鵬)의 비상이라는 아름다운 비유야말로 그러한 경지를 적절하게 서술한 것이다.

그렇다면 만물 제동과 인순주의에서 정신의 자유와 평안을 구한 사상가 장자는 어떠한 인물이었는가를 살펴보자.

《사기》의 전기를 보면 성은 장(莊), 이름은 주(周), 자는 자휴(子休)라고 하였고, 기원전 4세기 말엽의 전국 시대 사람으로서 송(宋)나라 몽(蒙——하남성 상구현 남쪽 교외)에서 태어났다.

청년 시절에는 고향에서 칠원(漆園)의 관리가 된 적도 있었으나 그 뒤 벼슬할 마음을 버리고 자유로운 생애를 보냈으며 사색과 저술로 평생을 보냈다고 한다. 《장자》 속에 보이는 사적으로는 일반의 설화와 마찬가지로 지어낸 이야기가 많아 별로 신용할 만한 것이 없지만 명가(名家), 즉 논리학파의 대표로 간주되는 혜시(惠施)와의 왕래는 사실이며 사상적으로도 영향을 받은 바가 있는 것 같다.

그런데 그는 유가(儒家)의 맹자와 거의 같은 무렵 사람으로서 당시는 전국 시대도 바야흐로 말기로 접어드는 시기였다. 약소국인 송은 강대한 여러 나라의 위협에 직면하여 그 전란에 떨고 있었다. 사람들의 생활도 고통스러웠음이 틀림없다.

장자의 출신은 분명치 않으며 중국의 학자가 말하듯이 몰락 귀족이었는지도 모르지만, 어떻든 그러한 시대의 고통을 유달리 통감하는 입장에 있었던 것 같다.

이 경우 유가나 묵가(墨家) 등의 기성 사상은 그에게 있어서 현실에 사로잡힌 약아빠진 몸부림에 지나지 않았다. 그것들은 근본적인 구제를 가져다 주는 것이 아니다. 따라서 그의 독자적인 사색이 시작되었다.

그의 사상에는 노자와의 친근성이 있지만 그가 노자에게서 배웠다고 생각되는 근거는 희박하다. 노자라는 인물의 실재성이 애매할 뿐만 아니라 노자 사상과의 차이점도 두드러지기 때문이다. 그의 사상은 오히

려 《논어》 속에 보이는 은자(隱者)나 《맹자》 속에 보이는 양주(楊朱),
나아가 예로부터의 자연 종교 등에서 영향을 받았다고 보아야 할 것이
다.

　《장자》의 서(書)는 33편으로, 그 내용은 〈내편〉 7편, 〈외편〉 15편,
〈잡편〉 11편으로 나뉘었다. 이 형태는 4세기 때 진(晉)의 곽상(郭象)
이 정한 것으로서 전한(前漢) 말에는 52편, 더 거슬러 올라가 전한 중
엽 《사기》에는 무려 '십여만 언(十餘萬言)'이라고 적혀 있다.

　오늘의 《장자》는 약 6만 5천 자이니까 《사기》에 기록된 때는 그 이상
의 분량이었다는 얘기가 되는데 그것은 52편이 33편으로 축소된 것과
도 관계가 있을 것이다. 다만 '십여만 언'은 장자 시대부터 그대로 전해
진 것은 아니다. 상세한 것은 알 수가 없지만 처음에 순수한 몇 편이
있었고 거기에 후학의 자료가 추가되어서 늘어났을 것이라고 보는 것이
타당하겠다. 그렇기 때문에 편찬자의 주관에 따라 미심쩍은 자료를 제
외하고 본문을 정리하다 보니 전한 말의 52편본에서 진(晉)의 최선(崔
譔)의 27편본, 수(向秀)의 26편본(27편이라고도, 8편이라고도 한다.),
이이(李頤)의 30편본(35편이라고도 한다.), 곽상의 33편본 등 여러 가
지가 되었다. 그런데 그 중에서 오늘날까지 남은 유일한 텍스트가 곽
상본이다.

　곽상본이 뛰어나기는 하지만 그 33편이 그대로 장자의 저작이라고
할 수는 없다. 오늘의 《장자》는 전한 초기까지 거의 150년 간에 걸친
장자학파의 집적이라고 보아야 하므로 그 중에서 이른바 '원장자(原莊
子)'라고 할 수 있는 순수한 것을 정확하게 지적한다는 것은 거의 불가
능하다고 하겠다. 다만 오늘날의 〈내편〉 7편의 정리는 대략 전한 말까
지로 거슬러 올라갈 수 있는 것 같아 그것을 원장자에 가까운 것으로
생각하고 특히 『소요유』 『제물론』의 두 편을 정수(精髓)라고 간주하는
것은 많은 학자들의 일치된 견해이다.

　엄밀하게 말하면 〈내편〉 안에도 크게 의심스러운 것이 있고 〈외·잡
편〉에도 낡은 것이 있지만 대략적으로 거기에 따라도 괜찮다.

　《장자》의 문장은 예로부터 명문으로 알려졌다. 난해한 말도 많지만

기상 천외한 비유나 우화를 한데 엮은 활달한 문장은 독특한 매력으로 독자를 사로잡는다.

그 사상은 현실 사회의 테두리를 벗어나 외계의 넓은 세계에서 인생을 생각하는 것이므로 거기에는 스스로 낭만적이고 구애받지 않는 자유로운 정신적 경지가 열려 있는데 문장 표현 자체도 그러한 내용에 적합한 것이다. '광양자자(洸洋自恣)' '신기공묘(神奇工妙)' 등으로 평가되어 예로부터 문장가의 모범으로 여겨져 온 것도 결코 우연한 일은 아니다.

그리고 그러한 기풍이야말로 후세에 《장자》가 문학이나 예술의 세계에서 큰 영향을 끼친 이유이기도 했다.

《장자》의 가장 오랜 완전한 텍스트는 《속고일총서(續古逸叢書)》에 수록된 송본(宋本) 《남화진경(南華眞經)》으로서 『지락(至樂)』(제18)까지의 남송간본(南宋刊本)과 『달생(達生)』(제19) 이하의 북송간본(北宋刊本)을 합쳐서 영인 복각한 것이다.

여기에 버금가는 것이 《고일총서(古逸叢書)》에 수록된 복송본(覆宋本) 《남화진경주소(南華眞經注疏)》이고 그밖에는 《육자전서(六子全書)》 및 《사부총간(四部叢刊)》에 편입된 명(明)의 세덕당본(世德堂本), 《도장(道藏)》본, 《중도사자(中都四子)》본 등이 있다.

《속고일총서(續古逸叢書)》본은 가장 정선된 텍스트이기는 하지만 다른 텍스트도 각기 계통을 달리한 것인 듯하니까 정본(定本)을 만들기 위해서는 이것들을 모두 참조할 필요가 있다.

또한 다른 책의 인용 등을 참작하여 통용되는 텍스트의 오류를 시정하는 교정 작업도 성행했는데 그것은 단순한 문자 배열의 형식적인 문제가 아니라 본문의 내용 해석과도 밀접한 관계가 있다. 그 주요한 것은 왕염손(王念孫)의 《독서잡지(讀書雜志)》, 유월(俞樾)의 《장자평의(莊子平議)》, 마서륜(馬叙倫)의 《장자의정(莊子義証)》, 유문전(劉文典)의 《장자보정(莊子補正)》, 왕숙민(王叔岷)의 《장자교석(莊子校釋)》 등이고, 그밖에 도홍경(陶鴻慶), 고형(高亨), 유사배(劉師培) 등의 저작이 있다.

그리고 그것들에 참조된 기초 자료로서는 당의 육덕명(陸德明)의《경전석문(經典釋文)》, 송의 진벽허(陳碧虛)의《장자궐오(莊子闕誤)》가 있었다. 여기에서는 널리 그것들을 참조하여 정본을 만들기 위해 노력하고 원문의 자구를 고친 곳은 주석(註釋)을 달았다.

해석으로는 진(晉) 곽상의 주와 당(唐) 성현영(成玄英)의 소(疏)가 모두 편향은 있지만 중심이 되는 것이고 그것을 보완한 것이 《경전석문(經典釋文)》에 인용된 육조 제가(六朝諸家)의 설이다.

그 뒤 송의 임희일(林希逸)의《장자권재구의(莊子虞齋口義)》는 널리 읽힌 책이고, 저백수(褚伯秀)의《남화진경의해찬미(南華眞經 義海纂微)》는 송나라 사람의 해석을 모았으며, 명의 초횡(焦竑)이 쓴《장자익(莊子翼)》은 명 이전의 이십이가(二十二家)의 설을 모은 것이어서 가장 상세하다. 청조(清朝)에 나온 왕부지(王夫之)의《장자해의(莊子解義)》, 임운명(林雲銘)의《장자인(莊子因)》등은 각기 특색이 있고, 청말(清末)에는 왕선겸(王先謙)의《장자집해(莊子集解)》, 곽경번(郭慶藩)의《장자집석(莊子集釋)》이 나왔다.

근세의 것으로는 전목(錢穆)의《장자찬전(莊子纂箋)》이 있는데, 제가의 설을 발췌하고 거기에 자설을 추가하여 간략하면서도 본령을 얻은 주석으로서 많은 것을 시사해 준다. 이 책에서 중심으로 삼은 것은《집석(集釋)》《집해(集解)》《찬전(纂箋)》의 세 책이다.

2. 〈외·잡편(外·雜篇)〉에 대하여

장자가 죽은 뒤, 즉 기원전 3세기 초부터 그 사상을 계승하는 몇몇 사람이 나타났다. 장자의 사상의 성격으로 해서 유가나 묵가의 경우처럼 '학파'라고 할 만한 큰 집단이 있었던 것은 아니지만 전국 말기, 제자 백가의 왕성한 상황에서 영향받아 노자나 장자에게 사숙하는 사람도 나타난 것이다. 그리고 시대의 흐름과 함께 타파의 영향도 받게 되어 갖가지 변형을 수반한 전개를 보이기에 이르렀다. 《장자》의 〈외편〉 15편과 〈잡편〉 11편은 대략 한초까지 계속된 그러한 전개의 흔적을 나타내는 기록이다.

앞에서는 〈내편〉 7편에 대해 장자의 것으로 볼 수 있는 원초의 사상에 대해서 언급했다. 〈내편〉 안에도 새로운 자료가 섞여 있고 〈외·잡편〉 속에도 옛 것이 들어가 있기는 하지만 대략적으로 〈내편〉의 내용이 옛 원장자에 가깝다고 할 수 있는 것도 앞에 서술한 바와 같다.

이처럼 〈내편〉과 〈외·잡편〉 사이에는 상이한 색채가 있다. 그러나 〈외편〉과 〈잡편〉 사이에는 그렇게까지 두드러진 차이가 없다. 원래 이러한 구별은 한대에 와서 책의 정리가 행해졌을 때 붙여진 것인 듯하지만 '외(外)'라든가 '잡(雜)'이라는 것은 물론 '내(內)'에 비해 가벼운 의미이다. 그렇기 때문에 그 뒤의 재편찬 때에도 〈내편〉 7편은 변경이 없었는데 〈외·잡편〉은 서로 자리옮김도 있고 편수의 증감도 있어 지금의 구별은 별로 의미가 없는 것 같다. 분명한 것은 대개 〈내편〉보다는 나중에 성립된 것이고 그것도 오랜 세월에 걸쳐 여러 사람이 쓴 것을 집성한 것이라는 사실이다. 〈외편〉과 〈잡편〉을 합하여 원장자의 사상이 어떠한 전개를 보였는지 그 대강을 설명하기로 한다.

만물 제동의 철학과 거기에 기초를 둔 인순주의에서 정신의 자유와 평안을 추구한 것이 장자의 사상이다. 거기에는 독창적인 사상이 가지는 신선함과 해탈의 경지와 같이 순수한, 일종의 종교적 태도가 있다.

그러나 〈외·잡편〉에 들어와서 후학의 사상에 이르면 전체적으로 〈내편〉의 그러한 색채가 꽤 많이 달라진다. 어쩌면 기성의 사상을 지켜서 서술하고 거기에 따라 다른 파의 사상과 대항해 갈 필요에서 그렇게 된 것으로 생각한다. 인순주의에서 볼 수 있던 일종의 종교적 태도——자기를 포기하는 초월적이고 순수한 태도——가 희박해지고 현실적이고 세속적인 관심이 농후해지고 있다. 즉 원래 장자가 생각했던 사상을 해설하고 그 경지에 도달하기 위한 현실적인 실천 방법이 고찰되고 그것의 정치에의 응용이 설명되고, 나아가 다른 학파의 사상에 대한 반발이나 절충이 행해지고 있다. 말 그대로 '외(外)'——부차적인 편, '잡(雜)'——혼합된 학설이 많은 편이 된 셈인데, 〈내편〉과는 달리 〈외·잡편〉의 재미있는 점은 실로 거기에 있다고 할 수 있다.

〈외편〉을 볼 때 우선 깨닫게 되는 것은 유가에 대한 격렬하고 노골적인 공격이다. 유가적인 성인(聖人)을 배척하고 인의예악(仁義禮樂)을 부인하는 노골적인 말들은 최초에는 『변무(騈拇)』 등에 나오는데, 『천도(天道)』 말의 몇 장에서 볼 수 있듯이 공자를 노자의 면전에서 깎아내리는 일도 종종 있다. 〈잡편〉의 『도척(盜跖)』에서는 큰 도둑인 도척으로 희화화 된 공자가 여지없이 공박 당하는 이야기도 있다. 장자 또는 노장(老莊)의 후학자가 한 파를 이룩하여 당시에 세력이 강하던 유가에 대항한 결과로 나온 문장일 것이다.

그러나 유가 사상과의 관계에서는 또 이것과는 반대로 공자를 도가적인 인물로 내세워 자기들 진영에 끌어들이기도 하고 인의 등의 덕을 뒤진 것으로 보면서도 그것을 감싸주는 일도 있다.

앞의 예로서는 〈내편〉의 『대종사(大宗師)』에서 안회(顔回)에게 '좌망(坐忘)'을 이야기하게 하는 예가 있었으나 〈외편〉의 『산목(山木)』에서 공자에게 '무시무종(無始無終)' '사람과 하늘과 하나'의 경지를 설명하게 하는 등이 그것이며, 뒤의 예로서는 〈외편〉의 『천도(天道)』에서 근본에 하늘이나 도덕을 깔고 인의나 형명·상벌까지도 아울러서 그것을 '대도(大道)에 분명한 사람'으로 지칭하는 것 따위가 그것이다. 여기에서는 유가뿐 아니라 법가(法家)의 사상까지도 받아들인다. 어쩌면 《회남자(淮南子)》의 입장과도 연결된 듯한 한초(漢初)의 하나의 경향이라고 보아도 좋을 것이다. 그러한 절충적인 입장도 〈외·잡편〉에서는 강하다.

다만 그러한 것보다도 좀더 중요한 것으로서 '노자에 대한 접근'이 있다. 장주 설화(莊周說話)와 아울러 노자, 즉 노담(老聃)이 등장하는 대화라든가, 《노자》에 보이는 말이 등장하는 등, 전체적으로 노자적인 사고방식이 농후하다. 『변무(騈拇)』 등에서 유가를 배척하는 것도 '성(聖)을 끊고 지(知)를 버리고'(《노자》 19장), '무위(無爲)'를 존중하는 주장이 중심으로 된 점에서도 노자적인 사상을 엿볼 수 있다.

여기에서 '노자적'이라고 하는 것은 물론, 지금의 《노자》를 통해 알려진 사상을 가리키지만, 그것은 원래의 장자의 사상과는 달라서 꽤 세속적인 현실 관심이 강하고 그런 만큼 정치적이기도 하고, 또 세속의 성공주의도 강했다.

'무위'란 '무위하여 하지 않는'(《노자》 37장) 만능의 입장을 지향하는 것이다. 〈외·잡편〉의 전체에서 볼 수 있는 현실적·세속적인 관심의 강도는 이 노자에의 접근과 관계가 있다고 볼 수 있다.

정치나 처세에 관한 말은 〈내편〉에도 있다. 『인간세(人間世)』와 『응제왕(應帝王)』은 표제가 말해 주듯 대표적인 것이다. 다만 『응제왕』의 정치론이 실은 정치 그 자체의 부정을 호소하는 것처럼, 장자의 본래의 사고 방식으로서는 이 현실 세계에서의 성공을 지향하는 현실 관심은 이미 극복되었다.

그러나 〈외·잡편〉의 후학의 사상에 와서는 적극적인 정치에의 관심도 볼 수 있다. 가령 『마제(馬蹄)』 등에서는 '지덕(至德)의 세상'이라는 태고의 이상 세계가 고찰되고(《노자》의 '소국과민(小國寡民)'의 이상과 비슷하다.) 그것이 어째서 지금과 같은 쇠란(衰亂)의 세상이 되었는가의 원인을 풀이하여 복귀를 꾀하며, 『천도(天道)』 제2장에서는 '허정(虛靜), 무위(無爲)' 등의 입장에 있는 것이 '제왕천자(帝王天子)'가 되기도 하고 '현성소왕(玄聖素王)'이 되기도 하는 길이라고 강조한다.

그러한 현실 관심은 물론 개인적인 처세면에서도 강하다. 장자가 역실한 소요유의 세계——정신적인 자유와 평안의 경지——를 얻기 위한 실천적인 연구가 여러 가지로 고찰된다.

앞서의 정치에의 지향과는 반대로 여기에서는 일신의 보전을 위해서는 정치 사회에서 멀어지는 것이 필요하다고 하여 은둔 사상을 말하는 경우도 볼 수 있는데(『양왕(讓王)』 등), 그것도 어떤 의미에서는 뒤집어 놓은 정치에의 관심이라고 볼 수도 있다.

다만 〈외·잡편〉은 전체적인 특색으로서 실천의 방법이 내면적·정신적으로 심화된 것에 주목하지 않으면 안 된다. 가령 『선성(繕性)』에

서는 '성정(性情) —— 즉 태어난 그대로의 상태로 돌아가 처음으로 복
귀한다.'라는 사상과 통한다고 했는데, '반성(反性)'의 성(性) 이라는
말은 《노자》에도 없고 《장자》의 〈내편〉에서도 볼 수 없었다. 그러나
〈외·잡편〉에서는 이 성이라는 말이 '심(心)·신(神)' 등과 함께 자주
나타나는 중요한 것이다.

　원래 자기를 포기하는 인순주의에서는 그러한 내면적인 반성은 필요
가 없었을 것이다. 그러나 인순주의의 종교성이 상실되자 인순으로써
소요(逍遙)를 얻기 위한 현실적인 실천의 연구가 필요해졌다. 그리고
그것을 방해하는 외물(外物)의 해(害)가 인식되자 그 외물과의 대응을
위해서 내적인 본래성이 주목되기에 이르렀다고 하겠다.

　〈잡편〉의 『외물(外物)』에서는 '외물은 꼭 필요한 것이 아니다. ——
믿을 수가 없다.'라고 한다. 외물이란 충효·인의의 도덕에서 눈과 귀
의 욕망의 대상까지 갖가지 외계의 사물이다. 그것을 추구해서는 안 된
다, 그것이야말로 세계를 어지럽히는 것이며 태어나면서부터의 편안함
에 사람들을 안주시키지 않는 것이라고 『재유(在宥)』는 말한다. 외물
의 유혹을 물리치고 스스로를 비우는 곳에 본래의 자연스러운 성이 나
타나고, 거기에서 참된 인생이 열린다고 주장한다. '천(天)'이라든가
'명(命)'이라는 말로 불리던 '스스로 그러한' 자연 필연적인 것이 이제
는 내적인 본성이라는 뚜렷한 형태로 포착되기에 이른다. '천(天)'에
의 순종이라는 막연한 실천이 여기에서 구체적인 실마리를 얻게 되었다
고 할 수 있다.

　그런데 만물 제동의 철학에서 보면 위와 같이 외물을 물리치고 내적
인 것을 존중한다는 입장은 이미 그것을 일탈한 것이 될 것이다. 두 개
의 대립을 인정하여 그 어느 한쪽만을 존중한다는 차별적인 견해를 강
조하는 것은 그것이 진실과 세속과의 대립이라고 하더라도 처음부터 장
사가 찬성하지 않는 것이었다. 그런 의미에서는 〈외·잡편〉에서는 전
체적으로 제물의 철학으로 일관하고 있다고 볼 수 있다.

　그러나 『추수(秋水)』의 하백(河伯)과 북해약(北海若)의 문답 등은
『제물론(齊物論)』의 뜻을 올바로 계승한 것으로서 예로부터 정평이 났
나. 거기에서는 '천지를 대(大)로 보고 호말(毫末)을 소(小)로 본다.'

는 입장을 부정할 뿐만 아니라 '지정(至精)은 무형(無形)'이라는 등의 미묘한 말까지도 정조(精粗)·귀천(貴賤)의 차별에 사로잡힌 것이라고 하여 부인하고 스스로 이룩된 길과 일체가 되어 무차별 제동의 이치에 따르라고 역설한다.

『지락(至樂)』제 2 장 이하에서 볼 수 있는 사생(死生)의 문제도 기본적으로는 '사생일여(死生一如)'의 입장에 있는 것으로서 제물 사상의 연장선 상에 있다고 해석할 수 있다.

양생(養生)을 역설하는 말이『달생(達生)』등에 보이는 것은 사생을 초월하는 입장과는 약간 달라서 노자적인 현실 관심의 표현이라고 볼 수도 있지만, 그것도 작위적으로 육체를 양생하는 것이 아니라 오히려 '삶을 잊는' '양신(養神)'에 따라 저절로 달성되는 것이라고 역설한다. 그것도 〈내편〉의『양생주(養生主)』의 흐름 위에 있는 것이라고 보아도 좋을 것이다.

〈외·잡편〉에 들어와서 원래의 장자의 사상이 어떠한 전개를 보이는가, 그 개략적인 내용을 살펴보았다. 그 내용은 매우 다채로우며 좀처럼 간단하게 묶기 어렵다.

이 해설도 다만 주요한 문제에 관해 언급한 것에 지나지 않는다.

문체 또한 가지각색이다. 다만 개략적으로 말하면 허구적인 대화를 주로 한 설화가 적잖은 분량에 달한다. 그리고 그러한 문장 구성에는 꽤 뛰어난 것도 적지 않다. 그것 또한 〈외·잡편〉의 특색의 하나일 것이다.

장자의 순수한 사상은 자료로서는 〈내편〉만으로 족할는지도 모른다. 그러나 〈외·잡편〉에 나타난 후학의 논리 전개를 합친 전체를 읽을 때 비로소 장자학파의 사고 방식 전체를 파악할 수 있다. 그리고 장자의 사상 또한 보다 잘 이해할 수 있으리라는 것은 말할 것도 없다.

內　篇

1. 逍遙遊

큰 것과 작은 것

1. 大鵬圖南

北冥有魚, 其名爲鯤. 鯤之大不知其幾千里也. 化而爲鳥, 其名爲鵬. 鵬之背不知其幾千里也. 怒而飛, 其翼若垂天之雲. 是鳥也. 海運則將徙於南冥. 南冥者, 天池也, 齊諧者志怪者也.

諧之言曰, 鵬之徙於南冥也, 水擊三千里, 摶扶搖而上者九萬里, 去以六月息者也. 野馬也, 塵埃也, 生物之以息相吹也, 天之蒼蒼, 其正色邪, 其遠而無所至極邪, 其視下也, 亦若是則已矣, 且夫水之積也不厚, 則其負大舟也無力. 覆杯水於坳堂之上, 則芥爲之舟, 置杯焉則膠. 水淺而舟大也. 風之積也不厚, 則其負大翼也無力. 故九萬里, 則風斯在下矣. 而後乃今培風, 背負青天, 而莫之夭閼者. 而後乃今將圖南.

蜩與鸒鳩笑之曰, 我決起而飛, 槍榆枋, 時則不至而控於地而已矣. 奚以之九萬里而南爲. 適莽蒼者, 三飡而反, 腹猶果然. 適百里者, 宿舂糧. 適千里者, 三月聚糧. 之二蟲又何知. 小知不及大知, 小年不及大年.
奚以知其然也. 朝菌不知晦朔, 蟪蛄不知春秋. 此小年
也.
　楚之南, 有冥靈者, 以五百歲爲春, 五百歲爲秋. 上
古有大椿者, 以八千歲爲春, 八千歲爲秋. 而彭祖, 乃
今以久特聞. 衆人匹之, 不亦悲乎.

【解釋】 북명에 고기가 있다. 그 이름은 곤이다. 곤의 크기는 몇천 리
인지 모른다. 화해서 새가 되면 붕이라 이름한다. 붕의 등은 몇천 리인
지 알지 못한다. 노해서 날면 그 날개가 마치 하늘에 드리운 구름과 같
다. 이 새는 바다가 움직이면 곧 남명으로 옮겨 간다. 남명은 천지다.
《제해》는 이상한 것을 기록한 책이다. 그 책에 '붕이 남명으로 옮길
때는 물 3천 리를 치고 바람을 타고 오르기를 9만 리나 하여, 여섯 달
을 난 뒤에 쉰다.'고 했다.

땅에는 아지랭이와 티끌과 생물들의 숨결이 뒤섞인다. 하늘이 짙푸른
것은 틀림없는 제 빛일까. 멀어서 끝이 없어서일까. 그것이 아래를 굽
어 보아도 또한 그러할 뿐이다. 또 무릇 물이 얕으면 큰 배를 띄울 수
없다. 물 한 잔을 마룻바닥 오목한 곳에 쏟으면 겨자씨는 띄울 수 있으
나, 잔을 놓으면 붙고 만다. 물은 얕고 배는 크기 때문이다. 바람이 약
하면 그것이 큰 날개를 질 수 없다. 9만 리는 되어야 바람을 아래에 둘
수 있다. 그런 뒤에야 바람을 타고 등에 푸른 하늘을 지게 되어 가로막
은 것이 없게 된다. 그리고 남명을 향해 날게 되는 것이다.

매미와 발의새가 웃으며 말하기를 "우리는 결심하고 날아야 느릅나무
나 박달나무에 가 닿는다. 때로는 닿지 못하고 땅에 떨어진다. 어찌 9
만 리나 남쪽으로 갈까." 한다. 교외에 가는 사람은 세 끼 밥만 먹고 돌
아와도 배가 아직 부르다. 백 리를 가는 사람은 저녁에 양식을 찧는다.
천 리를 가는 사람은 석 달 양식을 모아둔다.

그런 벌레 두 마리가 무엇을 알까. 소지는 대지에 미치지 못하고, 소
년은 대년에 미치지 못한다. 어떻게 그것이 그런 줄을 알겠는가. 조균

은 그믐과 초하루를 모르고, 매미는 봄 가을을 모른다. 소년이기 때문이다.

초나라 남쪽에 명령이란 나무가 있는데, 5백 해의 봄과 5백 해의 가을을 지냈다. 상고에 대춘이 있었는데 8천 년으로 봄을 삼고, 8천 년으로 가을을 삼았다. 그런데 팽조가 오래 산 것으로 특히 알려져 뭇사람들이 짝하려 하니 슬픈 일이 아닌가.

【解説】　북명*(北冥)의 곤*(鯤)이라는 고기는 머리에서 꼬리까지 몇천 리가 되는지 모를 만큼 큰 것이었다.

곤은 변신하여 붕*(鵬)이라는 새가 되는데 몇천 리가 되는지 알 수조차 없는 그 몸뚱이가 날개를 펴고 날아오르면 하늘마저도 검은 구름에 덮여 있는 것처럼 보였다.

바람이 불어 바다가 거친 철이 되면 붕새는 남명(南冥)을 향해 난다. 남명은 곧 천지(天池)이다.

온갖 이상하고 기이한 것들이 실려 있는 《제해*(齊諧)》에는 이렇게 적혀 있다.

"남명으로 떠날 때의 붕새는 바다 위 3천 리를 날개로 치고 날아오른 다음, 바람을 타고 9만 리 높이까지 솟아오른다. 그리하여 남명까지 여섯 달 동안 쉬지 않고 날아간다."

땅 위에는 아지랭이가 끼고 먼지가 날며 생물들의 숨결이 차 있다. 그런데도 하늘은 그저 새파랗게만 보인다.

그것은 하늘빛이 원래 푸르러서가 아니다. 다만 끝없이 먼 거리가 하늘을 파란 빛으로 보이게 할 뿐이다. 마찬가지로 9만 리 상공을 날고 있는 붕새의 눈에는 이 땅 위가 다만 파란빛으로 보일 것이다.

또한 물이 깊지 않으면 큰 배를 띄울 수 없다.

마루 파인 곳에 쏟은 한 잔 물에도 겨자씨 따위는 떠 있지만, 거기에 잔을 띄우면 그만 바닥에 닿고 만다. 물은 얕고 배는 크기 때문이다.

하늘을 나는 것도 그것과 같다고 말할 수 있다. 커다란 날개를 펴기에는 많은 양의 바람을 필요로 한다. 9만 리 높이까지 날아오르면 붕새의 날개는 강한 바람의 힘에 의지하게 된다. 바람을 탄 채 푸른 하늘을 등에 업고 나는 붕새의 앞길을 가로막을 것은 없다. 그리하여 붕새는 줄곧 남명을 향해 나는 것이다.

그러나 매미와 발의새(鷽鳩―작은 비둘기)는 그런 붕새를 비웃게 마련이다.

"느릅나무〔楡〕나 박달나무〔枋〕 가지에 날아오르는 것마저도 힘에 겨워 제대로 가지 못한 채 떨어지고 마는 경우가 있는데……. 멀리 남쪽으로 9만 리나 날아가려고 하는 저놈의 기분은 도저히 알 수가 없단 말이야."

여행을 하는 것도 그렇다. 교외로 나가는 정도라면 먹을 것을 하루 분량만 준비하면 충분하다. 그러나 백 리쯤 되는 거리로 떠나는 사람은 하루 전에 쌀을 찧어 놓아야 한다. 만일 천리 길을 떠날 사람이라면 석 달 전부터 먹을 양식을 준비해야만 한다. 매미나 발의새 따위가 무엇을 알겠는가. 작은 세계에 사는 것에게는 상상조차 할 수 없는 큰 세계가 있는 것이다.

시간에 대해서도 같은 말을 할 수 있다. 짧은 세월(小年)을 사는 것은 오랜 세월(大年)을 알 길이 없다.

아침에 돋아났다가 저녁이면 시들고 마는 조균(朝菌―하루살이 버섯)으로서는 하루가 얼마나 긴 것인지 알 수가 없다. 한 철을 사는 매미〔蟪蛄〕 또한 1년이 얼마나 긴 것인지 모른다. 그리고 사람들은 그것을 짧은 세월이라고 말한다.

그러나 초(楚)나라 남쪽에 있는 명령(冥靈)이라는 나무는 천 년에 하나씩 나이테를 더한다. 또 상고(上古)에 있었다는 대춘(大椿)이라는 나무는 1만6천 년에 하나씩 나이테를 더해 갔다고도 한다. 이런 것들에 비한다면 수백 년을 살았다는 팽조(彭祖)가 부러운 나머지 그렇게 오래 살아 보고 싶어 발버둥치는 인간의 모습이야말로 얼마나 가련한 것인가.

〔註釋〕 *北冥 冥은 까마득하게 끝도 없는 바다라는 뜻. 冥은 溟으로도 쓴다.

*鯤 莊子의 寓意的인 표현. 큰 고기의 이름(李頤), 혹은 〈고기 새끼(羅勉道)〉라고도 한다.

*鵬 莊子는 매우 큰 새라고 표현했
으나 鳳의 옛 글자(崔譔)라는 설
도 있다.

*齊諧 본문에서는 書名으로 사용
했으나 가공 인물의 이름(崔炏)이
라는 설도 있다.

2. 至人·神人·聖人

湯之問棘也是已. 窮髮之北, 有冥海者, 天池也. 有
魚焉, 其廣數千里, 未有知其修者, 其名爲鯤. 有鳥焉,
其名爲鵬. 背若泰山, 翼若垂天之雲. 摶扶搖羊角而上
者九萬里, 絶雲氣, 負靑天, 然後圖南, 且適南冥也,
斥鷃笑之曰, 彼且奚適也. 我騰躍而上, 不過數仞而下.
翶翔蓬蒿之間. 此亦飛之至也. 而彼且奚適也. 此小大
之辨也.

故夫知效一官, 行此一鄕, 德合一君, 而徵一國者,
其自視也亦若此矣. 而宋榮子猶然笑之. 且擧世譽之,
而不加勸, 擧世非之而不加沮, 定乎內外之分, 辨乎榮
辱之境, 斯已矣. 彼其於世, 未數數然也. 雖然, 猶有
未樹也. 夫列子御風而行. 冷然善也. 旬有五日而後
反. 彼於致福者, 未數數然也. 此雖免乎行, 猶有所待
者也. 若夫乘天地之正, 而御六氣之辯, 以遊無窮者,
彼且惡乎待哉. 故曰, 至人無己, 神人無功, 聖人無名.

【解釋】 탕왕이 극에게 물은 것도 이것뿐이다. 궁발 북쪽에 어두운 바
다가 있다. 그것이 천지다. 거기에 고기가 있어 그 너비가 몇천 리요
길이는 아직 아는 사람이 없다. 그 이름은 곤이다. 새가 있으니 붕이라

이른다. 등은 태산과 같고 날개는 하늘에 드리운 구름과 같다. 바람을 치고 9만 리를 올라 구름 기운을 끊고 푸른 하늘을 업은 다음 남쪽을 꾀하여 남명으로 가려 한다. 참새가 비웃어 말하기를 "그는 어디로 가려는 것인가. 나는 날아 올라가도 몇 길을 못 가서 내려와 쑥대 사이를 날아다닌다. 이것 역시 날아오를 만큼 난 것이거늘 그는 또 어디를 가려는 것일까." 한다. 이것이 대소의 구분이다.

그러므로 무릇 지식이 한 벼슬을 감당하고, 행실이 한 고을에 뛰어나며, 덕이 한 임금과 합하여 일국을 대표하는 사람도, 자기를 보는 것은 이와 같다. 그러나 송나라의 영자는 유연히 웃는다. 세상이 칭찬을 한다 해서 더 부지런할 것도 없고, 그르다 한다 해서 더 막히지도 않으며, 안팎의 구분이 있고 영욕의 경계를 알고 있으면 그만이다. 그는 세상사에 동요되지 않았다. 그러나 아직 부동의 경지는 아니다. 열자는 바람을 타고 다녔다. 시원하게 떠돌다가 보름 뒤에 돌아왔다. 그는 복을 가져오는 것에 대해 마음을 쓰지 않았다. 비록 걸어다니는 것은 면했다고 하지만, 그래도 의지해야만 했다. 만일 천지의 바른 것을 타고, 육기의 분별을 다스리며, 무궁에 노는 사람이라면, 또 무엇을 의지하겠는가. 그래서 "지인은 내가 없고, 신인은 공이 없고, 성인은 이름이 없다."고 했다.

【解説】 은(殷)나라 탕왕*(湯王)과 그의 신하 극*(棘)과의 문답에도 붕새가 언급되어 있다.

땅(窮髮)의 북쪽 끝에 어두운 바다(冥海)가 펼쳐져 있다. 그것을 천지(天池)라 한다. 거기에 고기가 사는데, 그 등 너비가 몇천 리나 되며, 그 길이는 얼마인지 알 수조차 없다. 그것이 곤이다.

또 거기에는 붕이란 새가 있다. 크기는 태산 만하다고나 할까? 날개를 펴면 하늘은 검은 구름에 덮인 듯하다. 붕새는 바람을 타고(扶搖), 빙빙 돌면서 9만 리 높이로 날아 오른다. 앞길에는 구름 한 점 없다. 붕새는 푸른 하늘을 등에 업고 남쪽을 향한다. 목적지는 남명이다.

참새가 비웃으며 "바보 같은 짓을 하는군. 우리는 기껏 날아 봐야 몇 길도 못 올라가서 내려오고 만다. 그래서 이렇게 쑥대(蓬蒿) 사이를 푸

끄덕거리며 뛰놀고 있지만 이것으로도 충분하지 않은가? 저런 힘든 일을 하다니 정말 세상엔 별놈이 다 있는 모양이다."라고 한다.

크고 작은 것의 차이가 여기에서 나타난다.

지식을 길러 관리가 된 사람, 공을 세워 한 고을의 원이 된 사람, 재능을 인정받아 대신이 된 사람, 덕이 높다 하여 임금의 자리에 있는 사람, 그들 역시 스스로는 어떻게 생각하든 따지고 보면 이 참새와 별다를 것이 없다.

송(宋)나라 영자*(榮子)는 그들을 속된 무리라고 비웃는다. 그는 세상 사람들의 칭찬이나 비방 같은 것에는 전혀 동요되지 않는다. 자신과 남, 안과 밖을 분명히 구별해서, 영예로운 것과 욕된 것이 자기에게 본질적인 것이 못됨을 알고 있었다. 확실히 그는 세속에 초연해 있었다. 그러나 아직도 그가 참다운 자유를 얻고 있다고 말할 수는 없다.

열자*(列子)는 바람을 타고 하늘에서 놀며, 바람의 방향이 바뀌면 표연히 또 땅 위로 돌아온다. 그렇듯 땅 위의 세상에 속박되어 있지는 않았다. 하지만, 역시 바람의 힘을 빌려야만 했다. 그러므로 그 역시 참다운 자유를 얻었다고는 말할 수 없다.

천지 자연에 몸을 맡기고 만물의 육기*(六氣)에 따라 무궁한 세계에서 소요할 수 있는 사람이라야 어떤 것에도 사로잡히지 않는 참다운 자유의 존재인 것이다.

"지인(至人)은 자신을 고집하지 않고, 신인(神人)은 공적을 생각지 않고, 성인(聖人)은 명성에 관심이 없다."

고 한 말은 바로 이것을 가리킨 것이다.

〔註釋〕　*湯王　夏나라의 폭군 桀을 내쫓은 후 殷王朝를 세운 聖君.

*棘　湯王 때의 賢人이라고 하나 가공의 인물로 생각된다.

*宋나라의 榮子　장자 이전에 道家의 학자였던 宋鈃을 지칭한 것으로 추측된다. 그는 욕심을 배격하고 싸워서는 안 된다는 非戰論을 주장했다.

*列子　列禦寇. 《列子》의 저자로 알려져 있으나 실존 인물이었는지의 여부는 확실치 않다.

*六氣　天地間의 여섯 가지 氣運. 곧 陰·陽·風·雨·晦·明을 이름.

庖人과 尸祝

堯讓天下於許由, 曰, 日月出矣, 而爝火不息, 其於光也, 不亦難乎. 時雨降矣, 而猶浸灌, 其於澤也, 不亦勞乎. 夫子立而天不治. 而我猶尸之, 吾自視缺然. 請致天下.

許由曰, 子治天下, 天下旣已治也. 而我猶代子, 吾將爲名乎. 名者實之賓也. 吾將爲賓乎. 鷦鷯巢於深林, 不過一枝. 偃鼠飮河, 不過滿腹. 歸休乎君. 予無所用天下爲. 庖人雖不治庖, 尸祝不越樽俎而代之矣.

【解釋】 요가 천하를 허유에게 사양하여 말했다. "해와 달이 나와 있는데 횃불을 끄지 않는다면, 그것이 빛을 발하기는 어렵지 않겠소. 때맞추어 비가 왔는데도 물을 준다면, 그것 또한 헛되지 않겠소. 선생이 천자가 되면 천하가 잘될 것이오. 내가 다스리는 것은 스스로 보기에도 모자라오. 청컨대 천하를 맡으시오."

허유가 이에 답하여 말했다. "선생이 다스리니, 천하는 이미 다스려졌소. 그런데 내가 선생을 대신하면 나는 장차 이름만을 위한 것이 될 것이오. 이름이란 실상의 부수물이오. 내가 장차 부수물이 되겠소. 뱁새가 깊은 숲 속에 집을 짓지만 한 가지에 불과하고 두더지가 하수를 마셔도 배를 채우는 데 지나지 않소. 돌아가시오. 내게는 천하가 소용이 없소. 포인이 비록 음식을 만들지 않더라도 시축이 술통과 도마를 넘어가 대신하지는 않는 법이오."

【解說】 요(堯)가 허유(許由)에게 천자의 자리를 물려 주고 싶다고 말

했다.

"태양이 떠올라 있는데도, 아직 횃불을 끄지 않는 것은 헛된 짓이오. 때맞추어 비가 땅을 흠뻑 적셔 주었는데도 여전히 논밭에 물을 주는 것은 불필요한 짓이 아니겠소. 선생 같은 분이 나타났는데 내가 무엇 때문에 천자의 지위에 앉아 있겠소. 청컨대 천자의 자리를 받아 주시오."

"무슨 말씀을 그렇게 하시오. 지금 천하는 잘 다스려지고 있지 않소. 그러한 지금 내가 새삼스러이 천자가 된다는 것은 천자라는 이름을 바라는 것이 되지 않겠소. 이름이란 실상(實相)의 부수물에 지나지 않는 것이오. 나더러 부수물이 되라는 말씀이오. 뱁새[鷦鷯]는 넓은 숲 속에 집을 짓고 살지만 한 개의 나뭇가지를 필요로 할 뿐이며, 두더지[仲鼠]가 황하(河水) 물을 마시어도 배만 차면 그것으로 족한 것이오. 부디 분부를 거두어 주시오. 천하가 주어져도 내게는 아무 소용이 없소. 비록 음식을 만드는 포인(庖人)이 제사 음식을 만들지 않더라도 제단을 맡고 있는 시축*(尸祝)이 어슬렁어슬렁 부엌으로 나가지는 않는 법이오."

〔註釋〕 *尸祝　尸는 神主란 뜻도 되고, 맡아 한다는 뜻도 된다. 祝은 빈다는 뜻도 되고 제사 음식을 차리는 일을 돕는 사람의 뜻도 된다. 흔히 제사를 주관하는 祭主로 풀이한다.

堯舜도 발톱의 때

肩吾問於連叔曰, 吾聞言於接輿, 大而無當, 往而不返. 吾驚怖其言. 猶河漢而無極也. 大有逕庭, 不近人情焉. 連叔曰, 其言謂何哉. 曰, 藐姑射之山, 有神人居焉, 肌膚若冰雪, 淖約若處子. 不食五穀, 吸風飲露.

乘雲氣, 御飛龍, 而遊乎四海之外. 其神凝, 使物不疵
癘, 而年穀熟. 吾是以狂而不信也.

連叔曰, 然. 瞽者無以與乎文章之觀, 聾者無以與乎
鐘鼓之聲. 豈惟形骸有聾盲哉. 夫知亦有之. 是其言也,
猶時女也. 之人也, 之德也, 將磅礴萬物. 以爲一世蘄
乎亂, 孰弊弊焉以天下爲事. 之人也, 物莫之傷. 大浸
稽天而不溺, 大旱金石流, 土山焦, 而不熱. 是其塵垢
粃糠, 將猶陶鑄堯舜者也. 孰肯以物爲事.

【解釋】 견오가 연숙에게 물었다. "접여의 말을 들으면 황당하고 앞뒤
가 없소. 나는 그 말이 놀라웠고 두려웠소. 마치 하수의 끝이 없는 것
같았소. 큰 격차가 있어서 인정에 가깝지가 않았소." 연숙이 물었다.
"그 말은 어떠하였소?" "묘고야란 산에 신인이 사는데 살결은 빙설같
고 부드럽기는 처녀와 같다. 곡식을 먹지 않고 바람을 호흡하며 이슬
을 마신다. 구름을 타고 비룡을 몰아 사해 밖에서 논다. 그 신이 뭉쳐
만물을 병들지 않게 하고 그 해 곡식을 익힌다고 합디다. 이 때문에 나
는 그를 미친 것으로 생각하고 믿지 않소."

 연숙이 말했다. "그렇소. 장님은 색깔을 볼 수 없고, 귀머거리는 쇠
북소리를 들을 수 없소. 어찌 형체에만 장님과 귀머거리가 있겠소. 정
신에도 또한 그런 부류가 있소. 그 말이 지금 그대를 두고 한 말 같소.
신인의 덕은 장차 만물을 뒤덮을 것이오. 일세를 난에서 건진다 한들
누가 천하를 문제 삼겠소. 물질이 신인을 상하게 할 수 없소. 큰 홍수
가 하늘에 닿아도 빠지지 않고, 큰 가뭄에 쇠와 돌이 녹고, 흙과 산이
타도 더위하지 않소. 바로 그의 먼지와 때와 쭉정이와 겨로도 요와 순
을 구워 낼 수 있는 사람이오. 어찌 물건을 가지고 문제 삼는 것이오."

【解説】 견오*(肩吾)가 연숙(連叔)에게 말했다.
 "접여(接輿)의 이야기를 듣고 있노라니 어찌나 떠벌리는지, 어디까지
가 이치에 닿는 것인지 짐작조차 할 수가 없었소. 정말 질리고 말았소.

마치 구름을 잡는 것 같은 이야기뿐이라서, 보통 머리로는 도저히 이해할 수가 없는 정도요."

"대체 어떤 이야기였소?"

"어디 한번 들어보겠소? 그의 과장은 이런 정도요. '묘고야(藐姑射 — 선설상의 山)란 산에 신인(神人)이 있는데 그 살결은 눈처럼 희고, 몸매는 처녀처럼 나긋나긋하다. 바람을 받아들이고, 이슬을 마실 뿐으로 곡식 같은 것은 일체 입에 대지 않는다. 어떤 때는 구름을 타고, 또 어떤 때는 용(龍)을 타고 우주 밖에서 노닌다. 별로 하는 일은 없지만, 신인(神人)이 있다는 것만으로도 상처를 입거나 병이 든 사람은 구원을 받고, 온갖 곡식이 다 잘 익는다.' 한다는 이야기가 모두 이런 식이오. 하도 터무니없는 이야기라서 도저히 곧이들리지가 않소."

"하긴 그렇기도 하겠소. 과연 속담에 〈장님에게는 아름다운 색깔이 보이지 않고, 귀머거리에게는 아름다운 가락이 들리지 않는다.〉고 하더니, 선생이 바로 그렇구료. 신인이라 불리는 사람의 덕(德)은 이 우주를 뒤덮고 있는 것이오. 보잘것없는 천하를 다스리는 데 아득바득하는 인간과는 근본이 다르단 말이오. 또 신인은 어떤 것에도 지배당하지 않는 존재요. 물이 하늘까지 닿을 듯한 홍수에도 신인은 빠지지 않소. 쇠와 돌을 녹이고 땅을 태울 만한 열도 신인에게 화상을 입히진 못하오. 세상 사람들이 성인 천자라고 칭찬하는 요나 순 같은 이는 신인의 〈발톱의 때〉로도 만들어 낼 수 있소. 상식에 사로잡혀 있는 인간은 상상조차 할 수 없는 일이오."

〔註釋〕 *肩吾　連叔과 함께 전설상의 인물로서 上古의 賢人, 혹은 太山神이라고 한다.

所用이 없는 商品

宋人資章甫, 適諸越. 越人短髮文身, 無所用之. 堯

治天下之民, 平海内之政. 往見四子, 藐姑射之山, 汾
水之陽, 窅然喪其天下焉.

【解釋】 송나라 사람이 장보 관을 사 가지고 월나라로 갔다. 월나라 사람은 단발문신이라 이를 쓸 곳이 없었다. 요가 만민을 다스려 해내의 정사를 고르게 했다. 묘고야 산에서 4인을 만나본 뒤 분수 남쪽에서 멍하니 천하를 잊고 있었다.

【解説】 어떤 송(宋)나라 사람이 장보(章甫)라는 관*(冠)을 많이 사 가지고 월(越)나라로 장사를 떠났다. 그런데 월나라에 가본즉 그곳 사람들은 단발에다가 몸에는 먹물로 그림을 그리고 지냈다. 따라서 문명한 나라 사람들이 쓰는 관 따위는 거들떠보지도 않았다.

요는 선정을 베풀어 천하가 잘 다스려지고 있었으므로 하루는 의기양양하게 묘고야(藐姑射)란 산 속에 살고 있는 네 명의 신인(神人)을 찾아갔다.

그러나 요는 거꾸로 신인들에게 압도되어, 서울[都] 교외에 있는 분수*(汾水) 가에 돌아와서도 정신이 멍한 채 세상사를 아득히 잊고 있을 따름이었다.

【註釋】 *章甫 殷代에 만들어진 冠名. 모양이 좋다고 해서 周代에까지 쓰이고 있었다.

*汾水 黃河의 한 支流. 요가 도읍을 차렸었다는 平陽 부근을 흐르고 있다.

큰 표주박의 用途

惠子謂莊子曰, 魏王貽我大瓠之種. 我樹之成而實吾
石, 以盛水漿, 其堅不能自擧也. 剖之以爲瓢, 則瓠落

無所容. 非不呺然大也, 吾爲其無用而掊之.

莊子曰, 夫子固拙於用大矣. 宋人有善爲不龜手之藥者, 世世以洴澼絖爲事. 客聞之, 請買其方百金. 聚族而謀曰, 我世世爲洴澼絖, 不過數金. 今一朝而鬻技百金. 請與之. 客得之, 以說吳王. 越有難, 吳王使之將. 冬, 與越人水戰, 大敗越人. 裂地而封之. 能不龜手一也. 或以封, 或不免於洴澼絖. 則所用之異也. 今子有五石之瓠. 何不慮以爲大樽, 而浮於江湖, 而憂其瓠落無所容. 則夫子猶有蓬之心也夫.

【解釋】 혜자가 장자에게 말했다. "위왕이 내게 큰 표주박 씨를 주었네. 이것을 심어 열매를 맺게 되었는데, 다섯 섬들이나 되었네. 물을 담았더니 너무 무거워 혼자 들 수가 없었네. 쪼개어 바가지를 만들었더니 편편하고 얕아서 들어갈 곳이 없잖겠나. 효연하기는 하나 소용이 없어 부숴 버렸네."

장자가 말했다. "자네는 원래 큰 것을 쓰는 데 서투르네. 송나라 사람 중에 손 트지 않는 약을 잘 만드는 자가 있었네. 대대로 실을 빨아 바래는 일을 해 왔네. 한 손이 이를 듣고 그 비방을 백 금에 사겠다고 청했네. 가족을 모아 의논하여 말했네. '우리가 대대로 실을 빨아 바래는 일을 해 왔으나 몇 금에 지나지 않았다. 이제 하루 아침에 재주를 백 금에 팔라 하니 팔아 버리자.' 손은 이를 얻어 오왕을 설득했네. 월나라와 싸우게 되자 오왕은 그를 장군으로 임명했네. 겨울철인데, 월군과 수전을 벌였으므로 크게 이겼네. 이에 땅을 쪼개받고 후로 봉해졌네. 손을 트지 않게 하는 것은 한가지였으나 한 사람은 봉지를 얻고, 한 사람은 실을 빨아 바래는 일을 면치 못했네. 쓰는 바가 달랐던 것이네. 자네는 닷 섬들이 표주박으로 어째서 큰 통을 만들어 강호에 띄울 것을 생각지 못하고, 너무 커서 들어갈 곳이 없다고 걱정한단 말인가. 이는 곧 자네에게 속된 마음이 있는 것이네."

【解說】 혜자*(惠子)가 이런 말로 장자를 비꼬았다.

"전에 위왕(魏王)으로부터 큰 표주박 씨를 얻은 일이 있었네. 그것을 심어 열매를 맺게 되었는데 정말 어찌나 큰지, 다섯 섬이나 들지 않겠나. 거기에 물을 담으면 어찌나 무거운지 들 수도 없다네. 그래서 반을 쪼개어 바가지를 만들었지만 그래도 너무 커서 물독에 들어가지 않았네. 크기는 컸지만 아무 소용이 없는지라 그만 두들겨 부수고 말았다네."

그 말을 장자는 이렇게 받아넘겼다.

"자네는 정말 큰 것을 쓸 줄 모르는 사람이군 그래. 이런 이야기가 있네. 송나라에 대대로 실*〔絖〕을 세탁하면서 살아가는 사람이 있었네. 직업이 직업인 만큼, 그의 집에는 손이 트지 않는 신기한 약을 만드는 비방이 전해 내려오고 있었네. 어느 나그네가 그 소문을 듣고 그의 집으로 찾아가, 그 약의 비방을 백 금에 사겠다고 교섭을 하였네. 그래서 주인은 온 가족을 모아 놓고 상의를 했었네.

'우리 집안은 대대로 실을 빨아 주고 생활을 해 왔으나 벌이라고는 고작 1년에 오륙 금 정도였다. 그런데 지금 이 손 트지 않는 약의 비방을 백 금에 팔 수 있게 됐다. 어떠냐, 청을 한번 들어주지 않겠느냐.'

한편 약 만드는 법을 배운 나그네는 오(吳)나라로 가서 왕에게 약의 효과에 대해 설명했네. 그때 마침 월나라가 오나라를 공격해 왔네. 오왕은 이 사람을 장군으로 기용했네. 그리하여 한겨울에 일부러 월나라 군사를 물 위로 끌어내어 마주 싸웠네. 손이 트지 않는 덕분에 오나라는 월나라를 크게 이길 수 있었지. 오왕은 그의 공을 가상히 여겨, 땅을 떼어 주고 후(侯)로 봉했네.

이제 알아 듣겠나. 약의 효과는 똑같지만, 한 사람은 봉지(封地)를 얻게 되었고 또 한 사람은 여전히 빨래꾼에 불과하다네. 모든 것은 사용하기에 달린 것이야. 다섯 섬들이 표주박이라면, 왜 그것을 배로 만들어 양자강이나 동정호(洞庭湖)에 기분 좋게 한번 띄워 볼 생각을 못했단 말인가? 너무 커서 물독에 들어가지 않는다는 불평만 늘어놓고 있다면, 그것은 자신이 상식에 사로잡혀 있는 인간이란 것을 자인하는 것밖에는 아무것도 아니잖나."

[註釋]　*惠子　성은 惠, 이름은 施. 莊子와 같은 시대의 사상가. 장자의 의논 상대인 동시에 가장 친한 친구이기도 했다.

*실　原文은 〈絖〉으로서 이 글자는 여러 가지로 해석되고 있다. 헌 솜이라고 하거나 혹은 삼〔麻〕이라고도 하고, 혹은 고치〔繭〕라고도 한다. 《康熙字典》에는 직접 《莊子》의 이 대목을 인용한 다음, 〈音義〉로는 서(絮細者 謂之絖)고 하고, 또 《玉篇》에는 '絖은 여든 올이다(絖八十縷)라 했다.'고 되어 있다. 문제는 絮가 무엇이냐 하는 데 있다. 보통 헌 솜으로 보고 있는데, 《康熙字典》에는 '고치를 담가 곱게 뽑아 낸 것을 綿이라 하고, 거칠게 뽑아 낸 것을 絮라고 했는데, 지금은 새 것은 면이라 하고 헌 것을 서라고 한다. (漬繭擘 者曰綿, 粗者曰絮, 今則新者爲綿故者曰絮)'라고 했다. 그래서 여기서는 그저 실이라고 해두었다.

無何有之鄉

惠子曰, 吾有大樹, 人謂之樗. 其大本擁腫, 而不中繩墨, 其小枝卷曲, 而不中規矩. 立之塗, 匠者不顧. 今子之言, 大而無用. 衆所同去也.

莊子曰, 子獨不見狸狌乎. 卑身而伏, 以候敖者. 東西跳梁, 不辟高下. 中於機辟, 死於網罟. 今夫斄牛, 其大若垂天之雲. 此能爲大矣, 而不能執鼠. 今子有大樹, 患其無用, 何不樹之於無何有之鄉, 廣莫之野, 彷徨乎無爲其側, 逍遙乎寢臥其下. 不夭斤斧, 物無害者. 無所可用, 安所困苦哉.

【解釋】　혜자가 장자에게 말했다. "내게 큰 나무가 있는데, 사람들은 이를 가죽나무라 부르네. 그것의 큰 둥치는 울퉁불퉁해서 먹줄을 칠 수가 없고, 작은 가지는 뒤틀리고 굽어서 자를 댈 수가 없네. 길가에 있어도 목수는 돌아보지 않네. 지금 자네의 말은 크지만 쓸모가 없어, 뭇 사람들이 아무도 듣지 않는 것이네."

상자가 받아 말했다. "자네는 삵괭이를 보지 못했나. 몸을 낮추고 엎드려, 뛰노는 놈을 기다리네. 동으로 서로 뛰어다니며 높고 낮은 것을 피하지 않다가 덫에 치이고 그물에 걸려 죽게 되네. 들소는 그 크기가 하늘에 드리운 구름과 같으나, 몸이 크다뿐이지 쥐도 잡지 못하네. 이제 자네가 큰 나무를 가지고 그 쓸모 없음을 걱정하고 있는데, 어째서 〈무하유지향〉의 광막한 들판에 심어두고, 이리저리 그 근처에서 소요하다가 그 밑에 누워 쉴 생각을 못하는가. 일찍이 도끼에 넘어가지 않고, 해를 끼칠 만한 물건이 없네. 무용하다는 게 어찌 괴로운 것이겠나."

【解説】　혜자가 장자에게 말했다.

"나 있는 곳에 엄청나게 큰 나무가 있네. 사람들은 그 나무를 보고 가죽나무[樗]라 하더군. 나무 줄기가 옹이투성이라서 먹줄조차 댈 수가 없고, 가지는 꾸불꾸불해서 자로 잴 수조차 없는 형편이네. 그때문에 길가에 서 있어도 목수들이 거들떠보지 않네. 자네의 논의도 말만은 그럴 듯하게 크지만 결국은 그 나무와 다를 바가 없네. 세상 사람들이 상대할 턱이 있겠나?"

"그럼, 삵괭이[狸]는 어떤가?"

하고 장자는 받아넘겼다.

"가만히 몸을 숨기고 먹을 것을 노리다가 단숨에 확 달려드네. 어떤 곳에서라도 날쌔게 뛰어 돌아다니는 것이네. 그러나 그것이 화근이 되어 결국은 덫이나 그물에 걸려 죽게 되네. 그것에 비하면, 들소[犛牛]는 마치 하늘을 덮은 검은 구름처럼 엄청나게 큰 몸뚱이를 하고 있지만, 크다는 게 자랑일 뿐 생쥐 한 마리 잡을 능력도 없네. 그러나 무능한 것 때문에 죽지 않고 살게 되네. 자네에게 그런 큰 나무가 있으면 소용이 닿지 않는다고 걱정할 거야 없지 않겠나. 그것을 〈무하유의 고을(無何有之鄕)〉 넓은 벌판에다 심어 두고 유유히 그 옆을 거닐며,　편안히 그 나무 그늘에서 쉬면 좋지 않겠나. 세상 사람에게 소용이 닿지 않기 때문에 톱질을 받아 넘어질 염려도 없고 가지를 잘릴 걱정도 없지 않나. 소용이 없다고 해서 고민할 까닭은 조금도 없는 것이네."

【註釋】　*無何有　'아무것도 있는 것이 없다.'는 것으로 읽히게 된다. 즉 아무것도 없이 텅 빈 虛無를 말한다. 고유명사로서 이러한 寓意的, 혹은 역설적인 名詞를 지어내는 것은 장자가 즐겨 쓰는 방법이다. 이때부터 후세 사람들은, 속세 밖의 理想鄕을 가리켜 〈無何有之鄕〉이라고 불렀다.

2. 齊物論

天籟를 듣다

南郭子綦, 隱机而坐, 仰天而噓. 荅焉以喪其耦. 顏成子游立侍乎前. 曰, 何居乎, 形固可使如槁木, 而心固可使如死灰乎. 今之隱机者, 非昔之隱机者也.

子綦曰, 偃, 不亦善乎, 而問之也. 今者吾喪我. 汝知之乎. 汝聞人籟, 而未聞地籟, 女聞地籟, 而未聞天籟夫. 子游曰, 敢問其方. 子綦曰, 夫大塊噫氣, 其名爲風. 是唯無作. 作則萬竅怒呺. 而獨不聞之翏翏乎. 山林之畏佳, 大木百圍之竅穴, 似鼻, 似口, 似耳, 似枅, 似圈, 似臼. 似洼者, 似污者, 激者, 謞者, 叱者, 吸者, 叫者, 譹者, 宎者, 咬者, 前者唱于, 而隨者唱喁. 泠風則小和, 飄風則大和. 厲風濟, 則衆竅爲虛. 而獨不見之調調之刁刁乎.

子游曰, 地籟則衆竅是已, 人籟則比竹是已, 敢問天籟. 子綦曰, 夫吹萬不同, 而使其自已也. 成其自取, 怒者其誰邪.

【解釋】 남곽자기가 책상에 기대고 앉아 하늘을 우러러보며 숨을 쉬고 있다. 우두커니, 마치 짝을 잃은 듯하다. 안성자유가 앞에 모시고 있다가 말했다. "어떻게 하고 계신 것일까. 얼굴이란 원래가 마른 나무처럼 만들 수 있고, 마음이란 원래가 죽은 재처럼 될 수 있는 것일까. 지금 책상애 기대고 있는 사람은 아까 책상에 기대고 있던 사람이 아니다."

 자기가 말했다. "언아, 그렇게 묻다니 똑똑하구나. 지금 나는 나를 잃고 있었다. 알겠느냐. 너는 인뢰는 들었으나 지뢰를 듣지 못했고, 지뢰를 들을 수 있더라도 천뢰는 듣지 못한다." 자유가 청했다. "감히 그 방법을 묻겠습니다." 자기가 답했다. "무릇 땅이 내뿜는 기운을 바람이라 이름한다. 이것은 일어나지 않는 것뿐, 일단 일어나면 뭇 구멍이 노해 울부짖게 된다. 너는 홀로 긴 바람소리를 듣지 못했느냐. 산림의 숲과, 백 아름이나 되는 큰 나무의 구멍들이 코 같고, 입 같고, 귀 같고, 되 같고, 우리 같고, 절구와도 같다. 물 흐르는 소리, 화살 나는 소리, 나오는 소리, 들어가는 소리, 외치는 소리, 곡 소리, 아득히 먼 소리, 새 우는 소리가 있다. 앞의 것이 윙 하고 외치면, 뒤의 것이 웅 하고 뒤따라 외친다. 작은 바람에는 작게 울리고, 날랜 바람에는 크게 울린다. 사나운 바람이 그치면 뭇 구멍이 비게 된다. 너는 홀로 나뭇가지가 하늘거리는 것을 보지 못했느냐." 자유가 물었다. "지뢰는 뭇 구멍이 그것이요, 인뢰는 비죽이 그것인데, 천뢰는 무엇입니까?" 자기가 답했다. "천차 만별의 사물에 작용하여 스스로 소리내게 한다. 모두 스스로 취하지만, 노하게 하는 것은 무엇이겠느냐?"

【解說】 남곽자기(南郭子綦)는 책상에 몸을 기대 앉았다. 하늘을 우러러보며 조용히 호흡을 가다듬고 있는 동안 온몸에서 생기가 사라져 버리고, 혼이 나간 빈 껍데기 모양으로 변해 갔다.

 곁에 모시고 있던 안성자유(顔成子游 ― 子游는 字, 이름은 偃.)가 그 모습을 보며 이렇게 중얼거렸다.

 "어떻게 된 일일까? 살아 있는 몸뚱이가 마른 나무처럼 굳어 버리고, 마음 또한 불꺼진 재처럼 되어 버리다니……. 지금 책상에 기대 앉은 사람은 앞서 책상에 기대 앉은 선생님이 아니잖나.”

이때 자기가 다시 의식을 찾은 듯 언(偃)을 부른다.

“언이냐? 방금 나는 나를 잃었었는데* 너도 그것을 알고 있었더냐? 하나 아직은 멀었다. 너는 인뢰(人籟—사람의 音樂)는 알고 있어도 지뢰(地籟—땅의 音樂)는 들은 적이 없을 것이다. 설령 지뢰를 들을 수는 있다 하더라도 천뢰(天籟—하늘의 音樂)를 듣는 경지에는 이르지 못했을 테니 말이다.”

“자세한 말씀을 듣고 싶습니다.”

“땅(大塊)이 토해 내는 숨결을 바람이라고 한다. 바람이 일지 않으면 별일 없지만, 일게 되면, 땅 위의 모든 구멍(萬竅)들은 소리를 내게 된다. 너는 혼자서 긴 바람소리(寥寥)를 들은 적이 있느냐. 그 바람이 산숲*을 뒤흔들면 백 아름이나 되는 거목의 갖가지 구멍, 즉 우리 몸의 코나 입이나 귀, 혹은 됫박이나 짐승 우리나 절구와 같은 물건 모양, 혹은 땅의 연못이나 웅덩이처럼 생긴 모양과 깊이가 가지각색인 구멍들이 저마다 다른 소리를 내기 시작한다. 그 구멍에 따라 물이 흐르는 소리, 화살이 날아가는 소리, 나오는 소리, 들어가는 소리, 외치는 소리, 곡 소리, 아득히 먼 소리, 새 우는 소리, 위잉(于)하고 울리면 휘익(喁)하고 받으며, 바람의 힘에 따라 때로는 약하게 때로는 강하게, 자연의 교향악을 연주하게 되는 것이다. 이윽고 큰 바람이 한 번 지나가면, 모든 구멍들은 일제히 울음을 그친다. 하나 아직도 하늘거리는 나뭇가지와 잎들에서 방금 지나간 바람의 흔적을 볼 수 있을 것이다.”

“지뢰라는 것은 땅 위의 구멍들이 바람을 받아 울부짖게 되는 소리로군요. 모든 구멍이 소리의 근원이라고 한다면, 인뢰는 인간이 불어 연주하는 악기(比竹—대를 엮어서 만든 笙 같은 악기) 소리가 되겠습니다만…… 천뢰란 어떤 것입니까?”

“지뢰든, 인뢰든 간에, 우는 것은 천차 만별이다. 그러나 각각 제 소리와 제 음색(音色)으로 울리게 하는 것이 곧 천뢰이다. 그렇다면 정말로 노호하게 하는 것은 무엇이겠느냐?”

〔註釋〕 *나는 나를 잃다. 자신을 잃 │ 어버린다는 뜻. 그리고 〈천뢰를 듣

는다.〉는 것은 일체의 상념을 버려야 비로소 무한한 조화의 세계로 들어갈 수가 있다는 것이다.

*산 숲 原文은 〈畏隹〉. 郭註는 큰 바람에 나부끼는 것, 劉註는 바람이 잘 닿지 않는 숲이라 풀이한다.

萬物齊同

1. 人間은 사로잡힌 것

> 大知閑閑, 小知間間. 大言炎炎, 小言詹詹. 其寐也魂交, 其覺也形開, 與接爲構, 日以心鬪. 縵者, 窖者, 密者, 小恐惴惴, 大恐縵縵. 其發若機栝, 其司是非之謂也. 其留如詛盟, 其守勝之謂也. 其殺若秋冬, 以言其日消也, 其溺之所爲之, 不可使復之也. 其厭也如緘, 以言其老洫也, 近死之心, 莫使復陽也.

【解釋】 많이 알면 여유가 있고, 작게 알면 소심해지며, 위대한 말은 활달하나 사소한 말은 수다스럽다. 잘 때도 혼이 헛갈리며 깨어서는 형태로 전개한다. 외부 사물과 접촉하고 관계를 맺으니, 마음은 항상 투쟁하게 된다. 느린 사람도 있고, 파고 드는 사람도 있고, 세밀한 사람도 있다. 조그마한 두려움에 조바심을 내기도 하고 큰 두려움에 여유를 보이기도 한다. 말하는 것이 화살과 같다 함은 그 시비 가림을 이르고, 그 머무름이 맹약에 얽힌 제후들과 같다 함은 더 나은 것을 차지하려는 모습이다. 쇠해가는 것이 가을과 겨울 같다 함은 날로 소멸함을 이른다. 그래서 빠져들기만 하고 다시는 회복될 수 없음을 이른 것이다.

상자 속에 틀어박힌 듯하다는 것은 늙어감에 따라 죽음에 가까워지는 마음을 다시 소생시킬 수 없음을 이르는 것이다.

【解説】 인간의 지식이나 말은 참으로 다양하다. 포괄적인 인식, 분석적인 탐구, 간결한 표현, 번잡한 잔소리 등, 사람과 경우에 따라 여러 모로 다른 형태를 갖는다.

인간이란 그 어느 경우에도 지식과 말에 의존해서, 꿈속에서도 바깥 사물을 추구하고, 잠이 깨어서는 온 정력을 다 기울여 투쟁에 몰두한다. 때로는 거칠게, 때로는 심각하게, 때로는 세심하게 불안에 떨고 절망에 몸부림치며 서로 맞서 싸우는 것이다.

시비를 가리는 것이 사직에서 판단하는 것과 흡사하고 자기 주장을 고집하는 목숨은 맹약(盟約)에 얽힌 제후들의 관계를 연상케 한다.

가을과 겨울 냉기(冷氣)에 시들어 떨어지는 초목과 같이, 육신의 건강은 나날이 쇠퇴해져만 가고, 숨을 제대로 못 쉬는 노인처럼 정신도 날로 제 기능을 잃어가는 것이다.

2. 心身을 다스리는 것은 누구인가

喜怒哀樂, 慮歎變熱, 姚佚啓態. 樂出虛, 蒸成菌.
日夜相代乎前, 而莫知其所萌. 已乎已乎, 旦暮得此,
其所由以生乎. 非彼無我, 非我無所取. 是亦近矣. 而
不知其所爲使. 必有眞宰, 而特不得其眹. 可形已信,
而不見其形, 有情而無形. 百骸, 九竅, 六藏, 賅而存
焉, 吾誰與爲親. 汝皆説之乎. 其有私焉. 如是皆有爲
臣妾乎. 其臣妾不足以相治也. 其遞相爲君臣乎. 其有
眞君存焉. 如求得其情與不得, 無益損乎其眞.

【解釋】 희로애락이 있다. 근심하여 탄식하고 겁이 있어 변덕스럽다.

요염하여 방탕하고, 솔직함과 꾸밈이 있다. 음악은 빈 곳에서 나오고 습기는 곰팡이를 만든다. 밤낮으로 서로 바뀌어 나타나지만 어디서 생겨나는지 알 수가 없다. 두어라, 두어라. 아침 저녁으로 이를 보게 됨은 그 어떤 근원이 있어서다. 그 근원이 없으면 내가 존재할 수 없고, 내가 없으면 그것들을 취할 수도 없다. 매우 밀접하건만 그 근원을 알지 못한다. 참된 주인이 있는 것 같은데 그 징조를 찾을 수 없다. 작용하는 것은 확실하지만 그 모양을 찾을 수 없다. 존재하기는 하나 모습이 없다. 백 개의 뼈마디와 아홉 구멍과 여섯 창자가 있다. 내가 어느 것과 더 친할까. 너는 모두 기쁘게 해주겠느냐. 어느 것을 편애하겠느냐. 이것들이 모두 종이 될 수 있겠느냐. 그 종들은 서로 다스릴 힘이 없다. 그것들이 서로 번갈아 주인과 종이 되겠느냐. 참된 주인이 있을 것이다. 그것을 찾든 찾지 못하든, 그것이 참인 것에 더하고 덜할 것이 없다.

【解說】 그런데, 기뻐하는가 하면 어느덧 성을 내고, 슬퍼하는가 하면 어느덧 즐거워하는 것과 같은 인간 심리의 모든 형상은 대관절 무엇으로부터 기인하는 것일까.

우리들의 심리는 빈 것에서 울려 나오는 소리나 습기찬 땅에서 생겨나는 곰팡이처럼 끊임없이 변하고 있지만, 무엇이 그 궁극의 원인인지는 알지 못한다. 그렇지만 아침 저녁으로 마음이 변하는 것을 보면, 역시 무엇인가가 마음을 움직이고 있는 것이리라.

누군가는 이렇게 말한다.

"바깥 사물이 존재하지 않으면, 자기라고 하는 의식은 생겨나지 않는다. 따라서 마음의 변화란 바깥 사물과 자기와의 교섭에 의해 자기 내부에서 생겨나는 것이다."

이 말은 일면 타당하나 아직 그것으로 충분하다고는 할 수 없다. 왜냐하면, 이 말에 따른다 해도 심적 기능의 근원에 대한 해답은 얻어지지 않기 때문이다.

인간에게 심적인 기능이 부여되어 있는 이상, 부여한 그 무엇이 틀림없이 존재할 것이다. 즉 〈참다운 주재자(眞宰)〉의 존재를 전제해야 한다. 그러나 그 존재를 명시할 수가 없는 것이다.

사람의 몸뚱이를 보더라도 같은 말을 할 수가 있다. 인체에는 백 개나 되는 뼈마디(百骸)와 아홉 개의 구멍, 여섯 개의 창자가 갖추어져 있다. 그러나 나는 무엇에 의해 이것들을 지배하고 있는 것일까. 그 전부를 사랑할 수도 없고, 그 어느 하나만을 특별히 돌보아 줄 수도 없는 것을 보면 그것들은 모두 나를 섬기는 종이 아닌가.

그러나 주재자가 없으면 몸은 몸으로서의 덩어리를 유지할 수가 없다. 그렇다고 해서 그것들이 주재자도 되고 종도 되어 서로 번갈아가며 지배하는 것은 아닐 것이다.

역시 우리들의 지각을 초월해 존재하는 진군(眞君)이 우리 몸을 통괄한다고 생각해야만 설명이 된다. 그러나 우리가 그것을 알고 있든 모르고 있든 인체가 하나의 통일을 이루고 있다는 사실만은 명확하다.

3. 成形과 成心

一受其成形, 不亡以待盡, 與物相刃相靡, 其行盡如馳, 而莫之能止. 不亦悲乎. 終身役役, 而不見其成功, 苶然疲役, 而不知其所歸, 可不哀邪. 人謂之不死奚益. 其形化, 其心與之然, 可不謂大哀乎. 人之生也, 固若是芒乎, 其我獨芒, 而人亦有不芒者乎. 夫隨其成心而師之, 誰獨且無師乎. 奚必知代, 而心自取者有之, 愚者與有焉. 未成乎心, 而有是非, 是今日適越而昔至也. 是以無有爲有, 無有爲有, 雖有神禹且不能知, 吾獨且奈何哉.

【解釋】 한 번 그 모습을 받아 이루어지면 잘 보존하여 다함을 기다려야 한다. 그러나 사물에 얽매여 서로 역행하기도 하고, 서로 순응하기

도 한다. 그 다함을 향하여 가는 것이 달리는 것과 같아도 이를 그치게 할 수 없으니 또한 슬프지 아니한가. 평생을 고생만 해도 그 성공을 보지 못하고, 지치고 시달려서 어디로 돌아갈 바를 모르고 있으니 슬픈 일이 아닌가. 사람들이 아직 살아 있다고 말해 준들 무엇이 유익하리오. 그 형체가 사라지면 그 마음도 함께 없어지니 어찌 슬프다 말하지 않을 수 있겠는가. 사람의 삶이란 원래 이렇게 어리석은 일인가. 아니면 나만이 홀로 어리석고 다른 사람들은 그렇지 않은 것인가. 무릇 원래의 마음을 따라 이를 스승으로 삼는다면 어느 누가 스승이 없겠는가. 어찌 반드시 고칠 것을 알아서 마음에 스스로 선택하는 자만 있겠는가. 어리석은 사람이라도 가지고 있는 것이다. 마음을 작정하지 않고 시비를 가리는 것은, 오늘 월나라로 떠나서 어제 도착하였다는 말과 같다. 이것은 없는 일을 있다고 하는 것이다. 있을 수 없는 일을 있다고 한다면 비록 신과 같은 우왕이라도 알 수 없겠거늘 내가 홀로 어찌한단 말인가.

【解説】 일단 이루어진 인간의 모습(成形)으로 태어나면, 몸뚱이에 딸려 있는 모든 감각 기관은 죽는 그 순간까지 바깥의 사물을 배척하기도 하고 수용하기도 하는 작용을 끊임없이 계속한다. 즉 바깥 사물과의 갈등을 반복하면서 죽음을 향해 줄달음친다. 이것이 인간이 살아가는 과정인 것이다.

한평생 아득바득하며 몸과 마음을 괴롭혀도 그 보람을 얻지 못하고 지치고 시달릴 뿐, 평안을 얻지 못한다.

어떤 사람은 〈투쟁이야말로 삶의 표시다.〉라고 말하지만, 이 얼마나 무의미한 설명인가. 살아가기 위해 몸과 마음을 괴롭히며 바깥 사물과 싸우고 스스로 소멸해간다는 이 거대한 모순은 아무런 해명도 얻지 못하고 있다. 이러한 인생의 불가사의를 사람들은 어떻게 해석할 것인가.

인간에게는 또 태어날 때부터 가지고 있는 마음(成心)이 있다. 성심 자체에는 슬기롭다거나 어리석다는 구별이 없다.

그러나 이 성심은 살아가는 동안에 바깥 사물과 대립하는 앎으로 변질되어 간다. 그리하여 〈오늘 월나라로 떠나서 어제 도착했다.*〉고 하는 있을 수 없는 명제(命題)까지도 낳게 만든다. 불가능한 것을 가능하다고 논증(論證)하는 인간의 지혜는 마침내 우(禹)의 신지(神智)도 미치지 못하는 경지에 도달한 것일까.

【註釋】 *오늘 월나라로…….장자와 친 | 했던 논리학자 惠子가 세운 명제.

4. 手段의 目的化

夫言非吹也. 言者有言, 其所言者特未定也. 果有言
邪, 其未嘗有言邪. 其以爲異於鷇音, 亦有辨乎, 其無
辨乎. 道惡乎隱而有眞僞, 言惡乎隱而有是非. 道惡乎
往而不存, 言惡乎存而不可. 道隱於小成, 言隱於榮華.
故有儒墨之是非, 以是其所非, 而非其所是, 欲是其所
非, 而非其所是, 則莫若以明.

【解釋】 무릇 말이란 숨을 불어 냄으로써 되는 것은 아니다. 말이란 무엇을 말하려 함이나, 그 말하려는 바가 아직 정해져 있지 않았을 따름이다. 말을 하게 되면, 과연 그것이 말을 한 것이겠는가. 그것이 새소리와 다르다고 하나, 어떤 구별이 있는가. 구별이 없을 것이다. 도는 무엇에 가려져서 참과 거짓이 있고, 말은 무엇에 가려져서 옳고 그른 것이 있는가. 도는 어디에나 있을 것이며, 말은 어디에서나 타당할 것이다. 도는 작은 성공에 가려지고, 말은 영화를 추구하다가 잃게 된다. 그러므로 유가와 묵가의 시비가 있다. 그들은 그른 바를 옳다 하고, 옳은 바를 그르다 한다. 그들이 그르다 하는 바를 옳다 하고, 그들이 옳다 하는 바를 그르다 하려면, 밝은 지혜에 따라야만 한다.

【解說】 말(言)이란 빈 곳에서 울려나오는 소리만은 아니다. 말에는 뜻이 포함되어 있다. 그러나 그 뜻이 확정된 것이 아니면 말은 성립될 수가 없다. 만일 성립한다면, 말이 새 울음 소리와는 다른 것이라고 해보

았자, 실상 둘 사이에는 다른 구별이 없을 것이다.

　도대체 〈도*(道)〉에 참과 거짓의 구별이 생기고, 말에 옳고 그름의 구별이 생기는 것은 무엇 때문일까. 원래 〈도〉는 만물에 두루 편재(遍在)해 있는 것이고, 말은 〈도〉와 형체와 그림자가 서로 얽혀 있는 것인데, 그것을 지식으로 구속하려고 하기 때문이다.

　유가(儒家)와 묵가(墨家)의 두 학파 간의 논쟁도 결국은 여기에서 기인한 것이다. 그리하여 인간들은 제각기 다른 설(説)을 내세우고 논쟁으로 나날을 보내고 있다.

　결국은 말이라는 수단 그 자체가 목적으로 변하여, 〈도〉에서 점점 멀어져 가는 결과를 초래한 것으로, 이러한 잘못을 극복하기 위해서는 참다운 지혜, 즉 밝음〔明〕에 의존하는 수밖에 없다.

【註釋】 *道　도란 본디 지나다니는 길을 말한다. 인간은 길을 통해서 걸어다니고, 만물도 길을 통해서만 나타나게 된다. 그런 이유에서 때로는 인간이 지켜야 할 예의 도덕을 뜻하기도 하고, 때로는 만물을 지배하는 근본 원리를 뜻하기도 한다. 장자가 말하는 道는 우주(인간을 포함한)를 지배하는 근본 원리다. 그러나 그것은 개개의 사물을 초월해서 있는 것이 아니라, 개개의 사물 속에 내재한다고 보아야 한다.

5. 밝은 지혜에 따른다

物無非彼, 物無非是. 自彼則不見, 自知則知之. 故曰, 彼出於是, 是亦因彼. 彼是方生之説也. 雖然, 方生方死, 方死方生. 方可方不可, 方不可方可. 因是因非, 因非因是. 是以聖人不由, 而照之於天. 亦因是也. 是亦彼也, 彼亦是也. 彼亦一是非, 此亦一是非, 果且有彼是乎哉, 果且無彼是乎哉. 彼是莫得其偶, 謂之道

> 樞. 樞始得其環中, 以應無窮. 是亦一無窮, 非亦一無
> 窮也. 故曰莫若以明.

【解釋】 만물은 저것이 아닌 것이 없고, 이것이 아닌 것이 없다. 저편
에서 보면 보이지 않으나 자기가 보면 안다. 이것이 '저것은 이것에서
나오고, 이것은 또 저것에 원인한다.'는 피시방생 설이다. 그러나 태어
난 것은 죽게 되고, 죽는 것은 태어나게 된다. 가능한 것은 불가능하
게 되고, 불가능한 것은 가능하게 된다. 옳은 것에 의지한다는 것이 그
른 것에 의지하게 되고, 그른 것에 의지한다는 것이 옳은 것에 의지하
게 된다. 그러므로 성인은 의지함이 없이 하늘에 비추어 본다. 이러한
것도 역시 의지하는 것이나, 이것은 또한 저것이요, 저것은 또한 이것
이 되는 경지다. 마찬가지로 저것은 옳기도 하고 그르기도 하며, 이것
또한 옳기도 하고 그르기도 하다. 그러나 과연 저것과 이것이 과연 존
재하는 것일까. 아니면 저것과 이것은 없는 것일까. 저것과 이것의 짝
이 없는 경지를 도추라 이른다. 지도리는 고리의 한가운데에 걸려 무한
히 회전하게 된다. 옳은 것도 무궁의 일부분에 불과하고, 그른 것 또한
무궁의 일부분에 불과한 것이다. 그러므로 '밝은 지혜에 따르는 것보다
나은 것이 없다.'고 한 것이다.

【解說】 모든 존재는 〈저것〉과 〈이것〉으로 구분된다. 그러나 〈저것〉
쪽에서 보면 〈이것〉은 〈저것〉이 되고, 〈저것〉은 〈이것〉이 된다. 즉 〈저
것〉은 〈이것〉이라는 개념과의 비교 대립에서 비로소 성립되고, 〈이것〉
은 〈저것〉이라는 개념과의 비교 대립에서 비로소 성립된다. (彼我相對
說)

그러나 상대적인 것은 〈저것〉과 〈이것〉에 국한되지 않는다. 삶과 죽
음, 가능한 것과 불가능한 것, 옳은 것과 그른 것 등의 관계도 이와 마
찬가지다. 모든 사물은 서로 의존하는 동시에 서로 배척한다.

그러므로 성인은, 이것이냐 저것이냐에 속박됨이 없이 생성 변화하는
자연에 순응할 뿐이다.

이것 또한 어떤 입장에 근거한 판단임이 틀림없으나, 이 입장에서 보

면 〈이것〉과 〈저것〉은 상대적이 아니며,　양자는 동시에 옳기도 하고 그르기도 한 것이 된다.　즉 양자의 구별이 존재하지 않게 된다.

　이같이 하여 나와 다른 것의 대립을 해소시키면 개별적인 존재를 초월하여 도추*(道樞)의 경지에 이른다.　도를 체득한 사람은 문짝의　지도리가 고리를 축(軸)으로 회전하는 것처럼 끝없이 변화하면서 그 무궁한 변화에 대응해 나갈 수 있는 것이다.

　이 도추의 경지에 이르면 옳고 그른 것의 대립이 해소된다.　밝은 지혜(明)에 따른다는 것은 바로 이것을 말하는 것이다.

【註釋】　*道樞　樞는 문짝이 열리고 달히고 하는 지도리다.　즉 문짝에 │ 있어서 가장 중요한 부분이다.　道樞는 道의 要諦란 뜻이 된다.

6.　天地는 손가락 하나

<blockquote>
以指喩指之非指,　不若以非指喩指之非指也,　以馬喩馬之非馬,　不若以非馬喩馬之非馬也,　天地一指也.　萬物一馬也.
</blockquote>

【解釋】　손가락으로써 손가락이 손가락이 아니라고 깨우치는 것은,　손가락을 초월하여 손가락이 손가락이 아님을 깨우치는 것만 못하다.　말(馬)로써 말이 말이 아님을 깨우치는 것은,　말을 초월하여 말이 말이 아니라고 깨우치는 것만 못하다.　천지는 손가락 하나요,　만물은 한 마리의 말이다.

【解説】　손가락의 개념을 분석하여 그 말〔言〕이 존재로서의　손가락과 일치하지 않는다 하고,　말〔馬〕이라는 개념을 분석하여,　그 말〔言〕이 존재로서의 말〔馬〕과 일치하지 않는다고 논증한 사람이 있다.*

　만일 이들 궤변론자들이 이러한 논리로 우리들의 인식 능력이 불완전함을 강조하려 한다면, 그 방법은 오히려 잘못된 것이다.

개체를 초월하면, 손가락이라는 존재는 손가락이면서 손가락이 아니고, 말〔馬〕이라는 존재는 말이면서 말이 아니기 때문이다. 즉 상대성을 초월한 도(道)의 입장에서 본다면, 손가락 하나도 천지라 할 수 있고, 말 한 마리도 만물이라고 할 수 있다.

〔註釋〕 *손가락의…… 사람이 있다. 이 대목은 公孫龍派의 논리학자들이 주장한 〈指物論〉과 〈白馬非馬論〉을 가리킨 듯하다. 公孫龍은 〈白馬論〉에서 만물의 같고 다름은 보는 사람의 관점에 따라 틀린다 하고, 〈指物論〉에서는 이르는(指) 것과 실상(物)과의 관계를 취급하여, 이름은 거짓 가리킴으로 실상과 반드시 합치되는 것은 아니라고 하였다.

7. 道와의 一體化

可乎可, 不可乎不可. 道行之而成, 物謂之而然. 惡乎然, 然於然. 惡乎不然, 不然於不然. 物固有所然, 物固有所可. 無物不然, 無物不可. 故爲是擧莛與楹, 厲與西施. 恢恑憰怪, 道通爲一. 其分也成也. 其成也毀也. 凡物無成與毀, 復通爲一. 唯達者知通爲一. 爲是不用, 而寓諸庸. 庸也者用也. 用也者通也. 通也者得也. 適得而幾已. 因是已. 已而不知其然. 謂之道.

【解釋】 가한 것을 가하다 하고, 가하지 않은 것을 가하지 않다고 한다. 도는 움직임으로써 이루어지고, 만물은 이름 붙임으로써 그렇다고 한다. 무엇을 그렇다고 하는가. 남들이 그렇다고 하는 것을 그렇다고 한다. 무엇을 그렇지 않다고 하는가. 남들이 그렇지 않다고 하는 것을 그렇지 않다고 한다. 만물에는 본디 그렇다고 긍정할 것이 없고, 만물

은 본디 옳다고 인정할 것이 없다. 또한 만물에는 그렇지 않다고 부정할 것이 없고, 만물에는 옳지 않다고 부정할 것이 없다. 그러므로 이를 설명하기 위해 풀잎과 기둥, 문둥이와 서시를 든다. 야릇하고 괴상한 것도 도의 입장에서는 하나가 된다. 나누어지는 것이 곧 이루어지는 것이요, 이루어지는 것은 곧 허물어지는 것이다. 무릇 만물은 이루어짐도 허물어짐도 없이 통틀어 하나가 된다. 오직 도에 통달한 사람만 만물이 결국 하나임을 안다. 도를 통한 사람은 구별을 하지 않고 이것을 떳떳함에 맡긴다. 떳떳함은 쓰는 것이요, 쓰는 것은 통하는 것이요, 통하는 것은 얻는 것이다. 얻음이 있어야만 도에 접근한다. 도에 따를 뿐이다. 이미 그러하고도 그러한 것을 알지 못하는 경지를 도라 이른다.

【解説】 말에 있어서는 옳고 그름의 구별이 명확하다. 〈도〉는 무한히 변화함으로써 완전한 존재가 되지만, 그것이 나타난 하나하나의 사물에 대해서는 그 각각에 해당되는 말이 필요하다.

즉 그런 것은 그렇다, 아닌 것은 아니라고 하듯이, 그 뜻이 확실히 정해져 있지 않으면 말이 성립되지 않는다. 그렇지만 말의 표현 대상인 사물은 원래가 개별적인 동시에 보편적인 존재이다. 따라서 풀잎과 기둥, 문둥병자와 미녀 서시(西施―春秋時代 越의 美女)를 예로 든다면, 전자(前者)는 그 크기에, 후자(後者)는 아름다움과 추함에 대해 각각 극단적인 차이를 보이지만 역시 동일한 것이다. 또한 아무리 상상을 벗어난 기괴한 사물이라 하더라도 〈도〉의 견지에서는 모두가 동일한 것이다.

형식뿐만 아니라 운동에 있어서도 같은 말을 할 수 있다. 일면 파괴로 보이는 현상도 다른 면에서 보면 완성일 수 있고, 반대로 완성이 곧 파괴일 수도 있다. 즉 일체의 존재는 형식과 운동을 막론하고 어떠한 구별도 없는 것이다.

이 만물 제동(萬物齊同)의 이치를 체득한 사람은 사물을 선택하는 입장이 아니라, 사물을 떳떳함〔庸〕, 즉 자연의 형상에 맡길 뿐이다. 떳떳하다는 뜻의 용(庸)은 쓴다는 뜻의 용(用)과도 통하고, 쓴다는 용(用)은 다시 통한다는 통(通)과 통한다. 자연의 작용에는 무리함이 없다. 통

(通)은 또 얻는다는 득(得)과 통한다. 무리가 없는 작용을 통해서만 사물은 존재로서의 의의를 갖게 되는 것이다.

　일체의 존재를 있는 그대로 긍정하는 경지에 도달했을 때 우리의 인식은 만유의 실상에 가까워졌다고 할 수 있다. 〈도(道)〉와의　일체화(一體化)란 자연에 맡기려는 의식마저도 없는 상태를 이르는 것이다.

8. 朝三暮四

> 勞神明爲一, 而不知其同也. 謂之朝三. 何謂朝三.
> 狙公賦芧, 曰, 朝三而暮四衆狙皆怒. 曰, 然則朝四
> 而暮三. 衆狙皆悦. 名實未虧, 而喜怒爲用. 亦因是也.
> 是以聖人和之以是非, 而休乎天鈞. 是之謂兩行.

【解釋】　마음을 괴롭히면서까지 만물을 하나로 보려고 하나 그것이 같은 것임을 알지 못한다. 이를 조삼이라 한다. 무엇을 이르는 말인가. 저공이 원숭이에게 도토리를 주면서 말했다. "아침에 셋을 주고 저녁에 넷을 주겠다." 그 원숭이들이 성을 내었다. "그러면 아침에 넷을 주고 저녁에 셋을 주겠다." 이에 모든 원숭이들이 기뻐했다. 이름과 실상이 변하지 않았는데, 기뻐하기도 하고 성을 내기도 한다. 옳다고　믿었기 때문이다. 이 때문에 성인은 시비를 조화시켜 천균에 맡긴다.　이것을 양행이라고 한다.

【解説】　그러나 우리들은 이 도리를 깨닫지 못한 채 자기의 선택만 고집해 마음을 괴롭히고 있을 뿐이다. 〈조삼모사〉라는 말이 있다. 원숭이를 키우는 저공(狙公)이 하루는 원숭이들에게 도토리를 주면서 말했다. "앞으로는 아침에 세 공기, 저녁에 네 공기씩 주기로 하겠다."

그 말에 원숭이들은 일제히 성을 냈다. 그래서 저공이
"그럼 아침에 네 공기, 저녁에 세 공기를 주겠다."
하고 말하자 원숭이들은 금방 화가 풀어졌다고 한다.
 사실은 아무런 차이도 없는데, 어떤 때는 기뻐하고 어떤 때는 성을 내
는 것은 무엇 때문인가. 역시 자기가 옳다고 생각하는 것에 묶여 있기
때문이 아닌가. 그러므로 성인은 옳고 그른 것의 구별을 세우지 않고
일체를 자연의 조화, 즉 천균(天鈞)에 맡긴다. 이것을 〈양행(兩行)〉이
라고 한다.

9. 成과 虧

古之人其知有所至矣. 惡乎至. 有以爲未始有物者.
至矣, 盡矣, 不可以加矣. 其次以爲有物矣, 而未始有
封也. 其次以爲有封焉, 而未始有是非也. 是非之彰也,
道之所以虧也. 道之所以虧, 愛之所以成. 果且有成與
虧乎哉, 果且無成與虧乎哉.

有成與虧, 故昭氏之鼓琴也. 無成與虧, 故昭氏之不
鼓琴也. 昭文之鼓琴也, 師曠之枝策也, 惠子之據梧也.
三子之知幾乎, 皆其盛者也. 故載之末年. 唯其好之,
以異於彼. 其好之也, 欲以明之彼. 非所明而明之. 故
以堅白之昧終. 而其子又以文之綸終終身無成. 若是而
可謂成乎, 雖我亦成也. 若是而不可謂成乎, 物與我無
成也. 是故滑疑之耀, 聖人之所圖也. 爲是不用, 而寓
諸庸. 此之謂以明.

【解釋】 옛사람 중에 지식이 최고의 경지에 이른 사람이 있었다. 어디

까지 이르렀던가. 처음부터 만물은 존재하지 않는다고 말한 사람이 있었다. 이 경지는 완전 무결하여 더 이상 첨가할 것이 없다. 다음 사람은 만물이 존재하기는 하나 그 사이에 아무런 구별도 없다고 말했다. 또 다음 사람은 만물 사이의 구별을 인정했으나 옳고 그름의 구별은 없다고 하였다. 옳고 그른 것의 구별이 생기자, 도는 손상되었다. 도가 손상된 곳에 집착심이 생기게 되었다. 과연 이루어짐과 허물어짐이 있겠는가. 아니면 이루어짐과 허물어짐이 없겠는가. 이루어짐과 허물어짐의 예는 소문이 금을 타는 경우이다. 또한 이루어짐과 허물어짐이 없는 예는 소문이 금을 타지 않을 경우이다. 소문은 금을 타고, 사광은 지팡이로 가락을 맞추며, 혜자는 책상에 기대어 담론했다. 세 사람의 재능은 매우 훌륭하여 후세에까지 기록되어 있다. 다만 그들이 좋아하는 바가 옛 성인들과 달랐다. 그들은 그들이 좋아하는 것을 남에게도 밝히려 하였다. 밝힐 수 없는 것을 밝히려 한 것이다. 그러므로 단단한 돌은 돌이 아니라는 따위의 어리석음에 빠졌다. 그리고 소문의 아들은 소문을 능가하지 못하고, 평생토록 발전을 이루지 못했다. 이러한 사람들도 도를 이룬 것이라 한다면, 비록 나라도 도를 이룰 수 있다. 이러한 사람들이 도를 이루지 못한 것이라 한다면, 모든 사물과 나도 도를 이룰 수 없다. 그래서 성인은 회의를 초월한 빛남을 지니고자 염원한다. 이를 위하여 선택함이 없이 자연의 떳떳함에 맡긴다. 이것이 곧 밝은 지혜에 따른다는 것이다.

【解說】 태곳적 사람들 중에 최고의 지혜를 지녔던 사람들이 있었다. 왜냐하면 그들은 자연 그대로의 존재였고, 그들의 의식은 주객이 아직 나눠지지 않은 이른바 혼돈상태였다고 생각되기 때문이다. 이 혼돈상태야말로 가장 바람직한 것이다.

 시대가 내려옴에 따라 사람들은 자신을 둘러싸고 있는 세계를 의식하기 시작했다. 이리하여 인식 작용이 생기게 되었으나 객체(客體)로서의 사물에 구별을 두지는 않았다.

 다시 시대가 내려오자 사람들은 사물의 구별을 의식하게끔 되었다. 그러나 아직 가치 관념은 생겨나지 않았다. 그러나 이윽고 가치 관념이 생겨나자 〈도〉는 허물어지고 말았다. 〈도〉가 허물어짐과 동시에 인간의 집착심이 생기게 되었다.

그러나 과연 〈도〉에 이루어지고 허물어지는 성휴(成虧)의 구별이 있는 것일까.

금(琴)의 명수인 소문(昭文)의 연주를 생각해 보자. 소문의 연주는 분명히 묘한 가락을 이루고 있다. 그러나 묘한 가락들이 형성된 반면에, 그는 연주되지 않은 무수한 가락들을 잃게 되었다.

소문의 연주, 즉 인간의 작위(作爲)가 〈성〉과 〈휴〉의 구별을 낳았다고 말할 수 있다.

비단 소문의 금에 국한된 것이 아니고 사광(師曠─晋의 名人 樂士)의 작곡이나, 혜자(惠子)의 논리학은 모두 인간 능력의 최고 단계에 도달하였기 때문에 불후의 이름을 남길 수 있었다. 분명 그들은 위대했다.

그러나 사기의 재주나 지혜의 힘을 과시하고, 그 가치를 절대적인 것으로 믿었기 때문에 〈도〉에서 벗어나고 말았다. 그 결과는 혜자의 논리에 있어서와 마찬가지로 한낱 궤변에 그치고 말았다. 소문의 아들 역시 아버지의 기술에 얽매여 아버지 이상의 경지에는 이르지 못하고 말았다.

만일 소문·사광·혜자의 세 사람이 성취한 것을 〈성〉이라고 한다면, 인간이 하는 일 모두를 〈성〉이라 할 수 있다. 그러나 〈휴〉에 불과하다고 단정해 버린다면 인간이 하는 모든 일은 물론, 사물의 변화마저 모두 〈휴〉 아닌 것이 없게 된다.

그러므로 성인은 무념 무상의 상태를 최고의 지혜로 알고 선택하는 일이 없이 자연에 맡길 뿐이다. 〈밝은 지혜(明)〉에 따른다는 것은 바로 이것이다.

10. 人間의 判斷은 끝이 없다

今且有言於此. 不知其與是類乎, 其與是不類乎. 類與不類, 相與爲類, 則與彼無以異矣. 雖然, 請嘗言之.
有始也者. 有未始有始也者. 有未始夫未始有始也者.
有有也者. 有無也者. 有未始有無也者. 有未始夫未始
有無也者. 俄而有無矣. 而未知有無之果孰有孰無也.
今我則已有謂矣. 而未知吾所謂之果有謂乎, 其果無謂
乎.

【解釋】 지금 내가 말한 것이 세상 사람들의 판단과 같은 것인지, 아니면 같지 않은 것인지 알 수 없다. 같든 같지 않든 간에 서로 판단하는 것인즉, 세상 사람들의 판단과 다를 것이 없다. 그러나 말을 해보려 한다. 처음이 있으면 처음 이전의 시기가 있고, 또한 처음 이전의 시기 이전의 시기가 있게 된다. 유가 있으면 그 이전에 무가 있다. 무 이전에는 무가 없었던 상태가 있고, 또한 무가 없었던 상태 이전의 상태가 있게 된다. 유무가 홀연히 나타나나 어느 것이 있는 것이고 어느 것이 없는 것인지 알 수 없다는 것은 이미 말한 바이다. 그러나 내가 말한 사실도 말할 수 있는 것인지 아니면 말할 수 없는 것인지 또한 알 수가 없다.

【解說】 지금까지 사물에는 본래 구별이 없다는 이야기를 해왔다. 그러나 나의 주장 역시 옳고 그른 것을 따진 것이 된다는 견해도 성립된다. 옳고 그른 것을 따지든 따지지 않든 그것이 판단인 이상 양자의 차이는 없다고 말할 수 있을 것이다. 그러나 인간의 판단에 지워진 한계를 염두에 두고, 다시 인식 문제에 대해 고찰을 더해 볼까 한다.

인간의 사물에 대한 인식은 운동(시간)과 형식(공간)의 두 범주로 크게 구별된다.

먼저 운동에 있어서, 어떤 운동이든 〈처음〉이 있다는 것을 전제하게 된다. 〈처음〉이 없으면 운동은 성립되지 않는다. 〈처음〉은 모든 운동에 있어서 가장 기본적인 개념이다.

그런데 〈처음〉이 전제되고, 일단 〈처음이 있다.〉라는 판단이 내려지게 되면, 이에 대해 〈아직 처음이 없었던 때〉라는 부정 판단이 성립된다. 〈아직 처음이 없었던 때〉라는 판단이 성립되면, 다시 계속해서 〈처음이 없었던 때도 없었던 때〉라는 이중 부정 판단이 성립된다.

다음에 형식에 있어서 어떤 형식에서든 반드시 〈존재한다.〉는 것이 전제된다. 〈존재〉하지 않으면 형식은 성립되지 않는다. 〈존재한다.〉는 것은 모든 형식에 있어서 가장 기본적인 개념이다.

그런데 〈존재한다.〉는 것이 전제되고 일단 〈존재한다.〉는 판단이 내려지면, 이것에 대해 〈아직 존재하지 않았을 때〉라는 부정 판단이 성립된다. 다시 계속해서 〈아직 존재하지 않았을 때도 없었던 상태〉라는 이중 부정 판단과, 〈아직 존재하지 않았을 때도 없었던 상태마저 없었을 때〉라는 삼중 부정 판단이 성립된다.

이같이 하여, 모든 사물이 일단 인식의 영역 속에서 판단을 형성하자마자 즉시 그것에 대한 부정 판단이 성립된다. 그리고 부정은 다시 부정의 부정을 끌어 내고, 다시 또 부정의 부정의 부정이 이끌려 나오듯이 부정의 무한한 연쇄 반응은 끝이 없다.

나는 지금 내 나름대로의 판단을 말해 왔다. 그러나 이 판단 역시 긍정할 수도 있고, 부정할 수도 있는 것이다.

11. 自然에 맡기라

天下莫大於秋毫之末, 而太山爲小. 莫壽於殤子, 而彭祖爲夭. 天地與我並生, 而萬物與我爲一. 旣已爲一矣, 且得有言乎. 旣已謂之一矣, 且得無言乎. 一與言爲二, 二與, 一爲三, 自此以往, 巧曆不能得. 而況其凡乎. 故自無適有, 以至於三. 而況自有適有乎. 無適焉. 因是已.

【解釋】　도에 비추어 보면 천하에 가을철 가늘어진 짐승의 털끝보다 큰 것이 없다. 태산도 그보다는 작다. 태어나서 곧 죽은 어린아이보다 더 오래 사는 것은 없다. 팽조도 그보다 명이 짧다. 천지는 나와 함께 생겼고, 만물도 나와 하나가 된다. 이미 하나라고 하였으니 말을 한 것이 분명하다. 이미 하나라고 말을 했으니 또 말이 없을 수 있겠는가. 하나가 하나라는 말과 합쳐서 둘이 되고, 둘이 처음의 하나와 합쳐서 셋이 된다. 이렇게 수가 늘어 가면 수에 능한 사람도 헤아리지 못한다. 하물며 예사 사람은 어떻겠는가. 무에서 유로 넘어가는 순간 셋이 되었으니 유에서 유로 향할 때는 얼마나 혼돈에 빠지겠는가. 차별의 세계로 향하지 말고 도에 의지해야 한다.

【解說】　일체의 모순과 대립을 초월한 〈도〉의 세계에 있어서는, 큰 것을 대표하는 태산도 짐승의 잔털보다 작으며, 8백 살을 살았다는 팽조(彭祖)도 어머니 뱃속에서 나오자마자 금방 죽어 버린 갓난아이보다 더 명이 짧다.

천지와 나는 한 몸뚱이요, 만물과 나는 하나인 것이다.

이 〈하나〉, 즉 주체와 객체가 하나로 되는 〈주객 일체〉의 세계에서는, 말(言)이 개입할 여지가 없는 것처럼 보인다. 그러나 이것을 하나라고 판단한다면 벌써 거기에 하나라는 개념이 생겨난 것이 된다.

거기에 하나의 세계와 하나라는 개념에서 둘이라는 개념이 생기고, 둘이라는 개념과 하나라는 개념으로부터 셋이라는 개념이 생겨난다. 이렇게 수(數) 개념이 끝없이 늘어나게 되면 아무리 계산에 뛰어난 사람이라도 밝혀 낼 도리가 없다.

무에서 유를 향해 내딛는 그 순간에 벌써 셋이라는 개념을 만들어 낸다. 더구나 유에서 유를 향해 나가는 경우에, 어떻게 분화되어 갈 것인지는 쉽사리 알 수 있을 것이다.

따라서 차별과 혼돈의 세계로 지향하지 말고 자연의 본 모습인 도를 따라야 할 것이다.

12. 말이 **絶對**는 아니다

夫道未始有封. 言未始有常. 爲是而有畛也. 請言其
畛. 有左有右, 有倫有義, 有分有辯, 有競有爭. 此之
謂八德. 六合之外, 聖人存而不論. 六合之內, 聖人論
而不議. 春秋經世, 先王之志. 聖人議而不辯. 故分也
者, 有不分也. 辯也者, 有不辯也. 曰何也. 聖人懷之.
衆人辯之以相示也. 故曰, 辯也者, 有不見也.

【解釋】 무릇 도란 처음부터 한계가 없으나, 말은 애당초 일정함이 없
다. 말로써 도를 나타내려 함으로 한계를 두게 된다. 그 한계를 말하려
한다. 왼쪽과 오른쪽이 있고, 떳떳함과 옳음이 있으며, 나눔과 따짐이
있고, 시새움과 다툼이 있다. 이것을 여덟 가지 덕이라 이른다. 성인은
천지 밖의 현상이 있다고는 하여도 논하지는 않는다. 또한 천지 안의
현상을 논하기는 해도 밝히려 하지는 않는다. 《춘추》는 세상을 경륜한
선왕의 뜻을 기록했기 때문에 성인이 자세히 따져 논하지만 시비를 가
리지는 않는다. 그러므로 참으로 구분하는 것은 실제로 구분하지 않는
것이고, 참으로 따지는 것은 실제로 따지지 않는 것이다. 이것은 무엇
을 말하는 것인가. 성인은 일체를 받아들인다. 그러나 뭇 사람은 그것
을 따지고 서로 내보이려 한다. 그러므로 따진다는 것은 도를 보지 못
하기 때문이라고 말할 수 있다.

【解說】 〈도〉는 본디 무한한 것이다. 따라서 말(개념)에 의한 구분도
일시적인 것에 불과하다. 그러나 말을 절대시하기 때문에 사물을 구분
하는 관념이 생긴다. 그 구분에 대한 관념을 검토하려 한다.
　먼저 사물을 비교 대립시키기 때문에 왼쪽 오른쪽 따위의　상대적인
〈구분〉이 생긴다. 이 구분을 바탕으로 〈질서〉가 세워지고,　이　질서는
필연적으로 〈선택〉과 〈경쟁〉을 인간 사회에 초래하였다. 인간이　사고
(思考)를 통해서 얻은 수확은 이러한 것들(八德—左右·倫義·分辯·

競爭)이다.

그렇기 때문에 성인은, 천지 밖의 현상은 내버려둔 채 논하려 하지 않는다. 천지 안의 현상은, 성인이 논하기는 하나 세세히 캐고 들지는 않는다. 또 옛날 선왕들의 사적을 기록한 《춘추(春秋)》에 대해서도 성인은 사실을 자세히 따지기는 하나 시비를 가리려 들지는 않는다.*

결국 구분을 하지 않는 것이 참으로 구분하는 것이며, 가치를 부여하지 않는 것이 참으로 가치를 부여하는 것이다.

구분을 두지 않고 가치를 부여하지 않는다 함은 어떠한 것인가. 일체를 있는 그대로 받아들이는 성인의 태도를 말하는 것이다.

이와는 달리 일반 사람들은 말을 절대적인 것으로 보고 서로 시비를 가린다. 결국 말을 절대시하는 것은 〈도〉를 이해 못하기 때문이다.

【註釋】 *그렇기 때문에 …… 시비를 가리려 들지는 않는다. 원문은 '六合之外 …… 聖人議而不辯'인데, 이 대목은 뜻이 분명치 않다. 뒷사람들의 註가 本文에 삽입된 것으로 보기도 한다.

13. 眞知는 앎의 限界를 깨닫는 것

夫大道不稱, 大辯不言, 大仁不仁, 大廉不嗛, 大勇不忮. 道昭而不道, 言辯而不及, 仁常而不成, 廉淸而不信, 勇忮而不成. 五者園而幾向方矣. 故知止其所不知, 至矣. 孰知不言之辯, 不道之道. 若有能知, 此之謂天府. 注焉而不滿, 酌焉而不竭. 而不知其所由來. 此之謂葆光.

【解釋】 무릇 큰 도는 이름 붙일 수 없다. 큰 변론은 말하지 않고, 진

실로 어진 것은 사소하게 어질지 않다. 지극한 겸손은 하찮은 일에 겸손을 보이지 않고, 큰 용기는 남을 해치지 않는다. 도가 드러나면 도라 할 수 없고, 말로 따지면 진실에 미치지 못한다. 어진 것도 일정하면 인을 이룰 수 없고, 겸손도 지나치면 위선이 된다. 또한 남을 해치는 용기는 무너진다. 위의 다섯 가지는 둥근 것이지만 지나치면 모에 가까워진다. 그러므로 앎은 그 한계를 알아 거기에서 그쳐야만 지극한 것이다. 누가 말하지 않는 변론과 도가 아닌 도를 알겠는가. 만일 능히 이를 아는 사람이 있다면, 이러한 경지를 천부에 비할 수 있다. 퍼부어도 넘치지 않고, 떠내어도 마르지 않는다. 그러나 그 유래를 알지 못한다. 이것을 일러 보광이라고 한다.

【解說】 대도(大道)는 이름 붙일 수 없다. 위대한 변론은 말로써 표현하지 못한다. 대인(大仁)은 사소하게 어질지 않다. 진정한 겸손(大廉)은 하찮은 겸손에 힘쓰지 않는다. 진정한 용기는 남을 해치지 않는다. 도가 드러나면 도라 할 수 없다. 말을 변론하면 사물의 실상(實相)에서 멀어진다. 인(仁)은 특정한 대상에 고정되면 인이 될 수 없다. 겸손이 의식적으로 지나치면 거짓이 된다. 용기를 믿고 남을 해치려 하면 그것을 용기라 부를 수 없다.

 위에 말한 다섯 가지 예에서도 알 수 있듯이, 본래 둥근 것을 더욱 둥글게 하려는 것이 인간의 지혜이고 노력이다. 그러나 둥근 것을 더욱 둥글게 하려고 하면 결국 모[角]나게 만들고 만다.

 즉 인간의 최고의 지식은 앎의 한계를 깨닫는 것이다. 그러나 누가 말로써 표현하지 않는 변설과 도가 아닌 도를 알 수 있겠는가.

 만일 이것을 체득한 사람이 있다면 그 경지는 한도 없는 천부(天府—天神의 창고)에 비할 수 있다. 일체를 받아들여도 넘치지 않고 아무리 내주어도 마르지 않는다. 그러나 왜 그런가를 의식하지 않는다. 이것이 밝음을 의식하지 않는 밝음, 즉 보광(葆光)이다.

舜의 反戰論

故昔者堯問於舜曰, 我欲伐宗膾胥敖. 南面而不釋然,
其故何也. 舜曰, 夫三子者, 猶存乎蓬艾之間. 若不釋
然何哉. 昔者十日竝出, 萬物皆照. 而況德之進乎日者
乎.

【解釋】 옛날 요가 순에게 물었다. "내, 종과 회와 서오를 치고자 한
다. 천자의 자리에 있으면서 석연치 못하니 그 까닭이 무엇일까." 순이
대답했다. "저들 셋은 아직도 쑥대 사이에서 살고 있습니다. 석연해 하
지 않는 것은 어째서입니까. 옛날엔 열 개의 해가 함께 떠서야 만물을
다 비추었다 합니다. 하물며 그 해보다도 덕이 뛰어나신데 말입니다."

【解説】 언젠가 요(堯)가 순(舜)과 상의했다.
"나는 종(宗)·회(膾)·서오(胥敖)의 세 나라를 치고 싶다. 어쩐지 즉
위한 뒤로 이 세 나라가 마음에 거슬려 견딜 수가 없다."
"그 세 나라는 미개한 야만국입니다. 그러나 우리와 풍속이나 습관이
다르다고 해서 공연히 그들을 못마땅하게 생각할 필요는 없지 않겠습
니까. 그들은 그들 나름대로 현 상태에 만족해 하며 살아가고 있습니
다. 옛날엔 해가 열 개나 하늘에 떠서야 만물을 비출 수가 있었다 합니
다. 그 태양도 미치지 못할 정도의 위대한 덕을 갖추신 임금께서 구태
여 무력을 쓰실 게 무엇입니까?"

아는 것과 모르는 것

齧缺問乎王倪曰, 子知物之所同是乎. 曰, 吾惡乎知
之. 子知子之所不知邪. 曰, 吾惡乎知之. 然則物無知
邪.

曰, 吾惡乎知之. 雖然, 嘗試言之. 庸詎知吾所謂知
之, 非不知邪, 庸詎知吾所謂不知之, 非知邪. 且吾嘗
試問乎女. 民溼寢則腰疾偏死, 鰍然乎哉. 木處則惴慄
恂懼, 猨猴然乎哉. 三者孰知正處. 民食芻豢, 麋鹿食
薦, 蝍蛆甘帶, 鴟鴉耆鼠. 四者孰知正味. 猨猵狙以爲
雌, 麋與鹿交, 鰍與魚游. 毛嬙麗姬, 人之所美也, 魚
見之深入, 鳥見之高飛, 麋鹿見之決驟. 四者孰知天下
之正色哉. 自我觀之, 仁義之端, 是非之塗, 樊然殽亂.
吾惡能知其辯.

齧缺曰, 子不知利害, 則至人固不知利害乎. 王倪曰,
至人神矣. 大澤焚而不能熱. 河漢沍而不能寒. 疾雷破
山, 風振海, 而不能驚. 若然者, 乘雲氣, 騎日月, 而
遊乎四海之外. 死生無變於己. 而況利害之端乎.

【解釋】 설결이 왕예에게 물었다. "선생님은 만물이 똑같이 옳다는 것
을 아십니까." "내가 어찌 그것을 알겠느냐." "선생님은 자신이 모른다
는 것을 알고 계십니까." "내가 어찌 그것을 알겠느냐." "그러면 만물

을 알 수 없다는 말씀입니까." 왕예가 대답했다. "내가 어찌 그것을 알겠느냐. 그러나 시험삼아 말해 보겠다. 내가 안다고 하는 것이 사실은 모르는 것이 아니겠는가. 또한 내가 모른다고 하는 것이 사실은 아는 것이 아니겠는가. 시험삼아 또 네게 묻겠다. 사람이 습한 곳에서 자면, 허리가 병들어 한쪽을 못쓰게 된다. 미꾸라지도 그런가. 사람이 나무에 올라가면 무서워져서 떨고 두려워한다. 원숭이도 그런가. 셋 중에서 어느 것이 올바른 거처임을 알겠느냐. 사람은 고기를 먹고, 사슴은 풀을 먹는다. 지네는 뱀을 달다고 하고, 올빼미와 까마귀는 쥐를 즐긴다. 넷 중에서 어느 것이 올바른 맛인지를 알겠느냐. 원숭이는 편저를 암컷으로 삼고, 고라니는 사슴과 사귀며, 미꾸라지는 고기와 논다. 사람들이 모장과 여희를 아름답다고 한다. 그러나 고기가 보면 깊이 숨고, 새가 보면 높이 날아가며, 사슴이 보면 급히 달아난다. 넷 중에서 어느 것이 세상에서 가장 올바른 아름다움이겠느냐. 내가 보기에 인의의 근본이나 시비의 불분명함이 어수선하게 한데 섞여서 어지럽다. 내가 어떻게 그것을 가릴 수 있겠느냐." 설결이 물었다. "선생님은 이해를 가릴 수 없다 하시는데, 지인은 원래 이해도 모르는 것입니까." 왕예가 대답했다. "지인은 신이다. 큰 계곡이 타도 그를 뜨겁게 하지 못하고, 하수와 한수가 얼어도 그를 차게 하지 못한다. 격렬한 우뢰가 산을 깨뜨리고 바람이 바다를 뒤흔들어도 그를 놀라게는 하지 못한다. 지인은 구름을 타고, 일월을 몰아 천지 밖에서 논다. 생사도 그를 변하게 할 수 없다. 하물며 이해를 따지겠는가."

【解説】 설결(齧缺)이 스승인 왕예(王倪)에게 물었다.
"선생님은 만물이 모두 한결같이 옳다고 생각하십니까?"
"뭐라고 말할 수 없다."
"그러시면, 적어도 뭐라고 말을 해야 좋을지 모른다는 것만은 알고 계시군요."
"그것도 모르지."
"그러면 일체를 알 수 없는 것이라고 판단하고 계시는군요?"
"그것도 모른다. 그런데 너는 지나치게 판단에 집착해 있는 모양이니,

말로 설명하기는 어렵지만 그런 대로 말을 해보겠다. 대체로 인간의 판단은 상대적인 것이다. 우리가 알고 있다고 여기는 것이 실상은 알지 못하는 것일지도 모르며, 모른다고 단정한 것이 실은 알고 있는 것일지도 모른다. 내 시험삼아 네게 물어 보겠다. 사람은 축축한 곳에서 자면 허리를 앓아 반신 불수가 되고 말지만, 미꾸라지는 어떻더냐. 또 사람이 높은 나무에 올라가면 무서워서 덜덜 떨게 되지만 원숭이는 어떻더냐. 이 셋의 거처에 대해 어느 것을 올바른 거처라 말할 수 있겠느냐. 먹는 것도 마찬가지다. 인간은 소나 돼지의 고기를 맛있게 먹지만, 사슴은 들판의 풀을 좋아한다. 지네〔蝶蛆〕는 뱀을 진미로 알고 있지만, 올빼미〔鴟〕나 까마귀〔鴉〕는 쥐를 즐겨 먹는다. 그러나 이 넷의 맛에 대해서 어느 것을 올바른 맛이라고 할 수 있겠느냐. 또 있다. 원숭이는 편저(猵狙)라는 손이 긴 원숭이를 암컷으로 하고, 고라니〔麋〕는 사슴과 사귀며, 미꾸라지는 고기들과 어울려 논다. 모장(毛嬙—越王의 총희)과 여희(麗姬—晋獻公의 愛妾)가 사람의 눈에는 절세의 미인으로 보이지만, 고기가 이들을 보면 무서워서 물 속 깊숙이 숨어버리고, 새가 이들을 보면 놀라 하늘 높이 날아가며, 사슴이 이들을 보면 허둥지둥 달아나고 말것이다. 그러니 이 넷의 아름다움에 대해서 어느 것을 올바른 아름다움이라 할 수 있겠느냐. 내가 보기에는, 인의(仁義)를 논하고 시비를 가리는 것이 결국은 애매할 뿐 구분할 도리가 없지 않겠느냐."

"선생님은 시비나 이해를 가릴 수 없다고 하십니다. 그럼 지인(至人—道에 도달한 사람)은 원래 이해같은 것을 모르는 것입니까?"

"지인은 영묘(靈妙)한 존재다. 큰 계곡이 불에 타도 그를 뜨겁게 할 수 없고, 큰 강물이 얼어 붙어도 그를 춥게 하지 못한다. 산을 갈라놓을 듯한 우뢰나 바다를 뒤집어 놓을 듯한 폭풍에도 놀라지 않는다. 지인은 구름을 타고 해와 달을 몰아 이 세상 밖에서 노닌다. 그의 몸은 생사를 초월해 있다. 하물며 하찮은 이해 득실을 따지겠는가."

참다운 自由

1. 人生은 꿈

瞿鵲子問於長梧子曰, 吾聞諸夫子. 聖人不從事於務, 不就利, 不違害, 不喜求, 不緣道, 無謂有謂, 有謂無謂, 而遊乎塵垢之外. 夫子以爲孟浪之言, 而我以爲妙道之行也. 吾子以爲奚若.

長梧子曰, 是黃帝之所聽熒也. 而丘也何足以知之. 且汝亦太早計. 見卵而求時夜, 見彈而求鴞炙. 予嘗爲女妄言之, 女亦以妄聽之奚. 旁日月, 挾宇宙, 爲其脗合, 置其滑涽. 以隸相尊, 衆人役役, 聖人愚芚. 參萬歲而一成純. 萬物盡然, 而以是相蘊. 予惡乎知說生之非惑邪. 予惡乎知惡死之非弱喪而不知歸者邪. 麗之姬, 艾封人之子也. 晉國之始得之, 涕泣沾襟. 及其至於王所, 與王同筐牀, 食芻豢, 而後悔其泣也. 予惡乎知夫死者, 不悔其始之蘄生乎.

夢飲酒者, 旦而哭泣, 夢哭泣者, 旦而田獵. 方其夢也, 不知其夢也. 夢之中, 又占其夢焉, 覺而後知其夢也. 且有大覺, 而後知此其大夢也. 而愚者自以爲覺, 竊竊然知之, 君乎牧乎. 固哉. 丘也與女皆夢也, 予謂女夢, 亦夢也. 是其言也, 其名爲弔詭. 萬世之後, 而一遇大聖, 知其解者, 是旦暮遇之也.

【解釋】　구작자가 장오자에게 물었다. "나는 다른 선생님께 '성인은 속된 일에 종사하지 않고, 이익을 취하려 하지 않는다. 해를 피하려 하지 않고, 구하는 것을 즐기지 않으며, 도덕 규범을 따르지도 않는다. 말하지 않고도 말하는 것이 있고, 말을 하여도 말하려는 바가 없다. 성인은 이렇게 속세 밖에서 노닌다.'고 들었으나 선생님은 그것을 꿈 같은 말이라고 부정하셨습니다. 그러나 나는 그것이 성인의 영묘한 모습을 나타낸 것이라고 생각합니다. 이를 어떻게 생각하십니까."

장오자가 대답했다. "그 말은 황제가 들어도 혼돈할 것이다. 하물며 공자가 어찌 이를 알겠느냐. 또 너는 너무 성급하게 생각한다. 달걀을 보고 닭을 요구하며, 활을 보고 올빼미 구이를 찾는 것과 같다. 내 시험삼아 너에게 망령되이 말하겠으니 너도 그렇게 듣거라. 성인은 일월을 이웃하여 우주를 옆에 끼고서 노닌다. 또한 만물과 하나가 되어 그 혼돈 속에 몸을 맡기고, 천한 것도 존귀하게 여긴다. 뭇 사람들은 잘난 체하지만, 성인은 오히려 어리석다. 유구한 세월에 몸을 맡기나, 순수한 도를 지킴이 한결같다. 만물을 있는 그대로 모두 옳다고 하여 붙들어 포용한다. 삶에 집착하는 것이 잘못이 아님을 내가 어떻게 알겠는가. 죽음을 싫어하는 것이, 일찍 고향을 떠난 사람이 돌아갈 곳을 모르는 것이 아님을 내가 어떻게 알겠는가. 여희는 애 땅 봉인의 딸이다. 진나라에 처음 갔을 때는 너무나 울어서 옷깃을 흠뻑 적셨다. 그러나 임금의 처소에서 임금과 잠자리를 같이하고, 고기를 먹게 되자 앞서 운 것을 후회했다. 죽은 사람이, 그가 죽기 전에 가졌던 삶의 애착심에 대해서 뉘우치지 않는다는 것을 내가 어떻게 알 것인가. 꿈에 술을 마신 사람이 아침에 울부짖으며 운다. 꿈에 울부짖으며 운 사람이 아침에 사냥을 나가기도 한다. 꿈을 꿀 때에는 그것이 꿈인 줄을 모른다. 꿈속에서 그 꿈의 길흉을 점치지만 깬 뒤에야 그것이 꿈이었음을 안다. 오직 크게 깨달은 뒤에야 인생이 긴 꿈이라는 사실을 안다. 어리석은 사람은 자신이 깨어 있다고 생각하여, 따지고 캐며 귀한 것이니 천한 것이니 한다. 답답한 일이다. 공자와 너는 다 꿈을 꾸고 있다. 내가 너에게게 꿈이라고 말하는 것도 역시 꿈이다. 이 말은 매우 이상하게 들릴 것이다. 이 말을 이해할 수 있는 그런 대성인을 만세 뒤에 만난다 해도,

오히려 일찍 만나는 것이라 할 수 있다."

【解説】 구작자(瞿鵲子)가 장오자(長梧子)에게 물었다.

"우리 선생님(孔子)께서 '성인은 속된 일에 종사하지 않는다. 이익을 추구하거나 손해를 회피하지도 않는다. 애써 구하려 하지 않고, 세상의 도덕을 따르지 않는다. 말함이 없이 말하고, 말을 해도 생각이 없다. 세속에 있으면서도 세속을 초월해 있는 존재다.'라고 말씀하셨습니다. 그러나 선생님께서는 이를 인간의 동경의 한 표현일 뿐, 현실적으로는 존재할 수 없다고 부정하셨습니다. 나는 이 말씀이 옳지 않다고 생각합니다. 이 성인의 모습이 영원한 〈도〉를 나타낸 것이라 생각되는데, 어떻게 생각하십니까."

장오자가 대답했다.

"황제*(黃帝) 같은 현인도 혼돈할 터인데 공자 따위가 무엇을 알겠는가. 너는 생각이 단순한 것 같다. 그 정도의 설명으로 벌써 도를 다 알게 된 것처럼 생각한다. 달걀을 보고 닭*(時夜)을 구하며, 활을 보고 올빼미〔鴞〕구이를 달라는 것과 같다. 내가 망령되이 말하겠으니 들어보아라. 성인의 큰 덕은 일월(日月)과 같이 우주를 옆에 끼고 노니는 성도다. 만물과 한 덩어리가 되어, 몸을 혼돈 속에 내맡기고, 귀천과 상하의 구별을 하지 않는다. 사람들은 지식에 얽매여 몸과 마음을 썩이지만, 성인은 재주와 지혜를 버린다. 성인은 유구한 천지의 운행에 몸을 맡기나 변하지 않는다. 또한 만물을 있는 그대로 긍정하여 자기 안에 포함한다. 이것이 바로 성인의 모습이다. 이렇게 보면, 인간이 삶에 집착하는 것은 어리석은 일이며, 죽음을 싫어하는 것은, 나그네가 고향에 돌아감을 잊고 있는 것 같은 것인지도 모른다. 예를 들어, 애(艾) 봉인(封人)의 딸 여희(麗姬)가 처음 진(晋)나라로 가게 되었을 때는 눈물로 나날을 보내었으나, 후궁이 되어 임금과 잠자리를 같이하고 호사스러운 생활을 하게 되자 전에 울었던 일이 어리석게 생각되었다고 한다. 이와 마찬가지로 죽은 사람 역시 일찍이 삶에 집착하였던 일을, 죽은 뒤에는 어리석었다고 후회할지도 모른다. 또 꿈 속에서 술을 마시며 실컷 즐기던 사람이 아침에는 슬픈 일이 생겨서 소리내어 울고, 꿈 속에서 통곡하던 사람이 아침에는 사냥을 즐기는 일도 있다. 꿈을 꾸고 있을 때는 그것이 꿈인 줄을 모른다. 꿈 속에서 꿈의 길흉을 점치는 일도 있지만, 잠이 깬 뒤에야 그것이 꿈이었음을 알게 된다. 인생도 긴 꿈을 꾸고 있는 것과 같다. 그러나 참된 깨달음에 도달한 사람만이 그것이 꿈인 줄을 안다. 그러나 어리석게도 사람들은 그들이 깨어 있다고 믿으며, 사소한 지식을 과시하고, 귀천(君은 貴한 것을, 牧은 賤한 것을 가리킨다.)의 차별을 일삼는다. 공자나 너나 다같이 꿈을 꾸고 있는 것이다. 그것이 꿈이라고 말하는 나도 역시 꿈 속에서 말하는 것이다. 나의 말이 무척 이상하게(弔詭) 들릴 것이나 이는 당연한 일이다. 이 말을 이해할 수 있는 대성인은 수십만 년에 한 사람 나오기가 힘들기 때문이다.”

〔註釋〕 *黃帝　姓은 公孫. 少典氏의 아들로 伏羲氏·神農氏와 더불어 三皇이라 일컬음.

*時夜　司夜로 닭을 말함. (崔譔)

2. 判定은 누구도 못한다

既使我與若辯矣, 若勝我, 我不若勝, 若果是也, 我果非也邪. 我勝若, 若不吾勝, 我果是也, 而果非也邪. 其或是也, 其或非也邪. 其俱是也, 其俱非也邪. 我與若不能相知也, 則人固受其黮闇. 吾誰使正之. 使同乎若者正之, 既與若同矣, 惡能正之. 使同乎我者正之, 既同乎我矣, 惡能正之. 使異乎我與若者正之, 既異乎我與若矣, 惡能正之. 使同乎我與若者正之, 既同乎我與若矣, 惡能正之. 然則我與若與人, 俱不能相知也. 而待彼也邪. 化聲之相待, 若其不相待. 和之以天倪, 因之以曼衍, 所以窮年也. 何謂和之以天倪. 曰是不是,

> 然不然, 是若果是也, 則是之異乎不是也, 亦無辯. 然
> 若果然也, 則然之異乎不然也, 亦無辯. 忘年忘義, 振
> 於無竟. 故寓諸無竟.

【解釋】 이미 나는 너와 논쟁을 벌였다. 네가 나를 이기고 내가 너를 이기지 못한다면, 과연 네가 옳고 내가 그른 것인가. 내가 너를 이기고 네가 나를 이기지 못한다면, 과연 내가 옳고 네가 그른 것인가. 혹은 어느 쪽이 옳고, 어느 쪽은 그른 것인가. 또는 다 옳거나 다 그른 것인가. 나와 네가 다 알지 못한다면 다른 사람들도 알기가 힘들 것이다. 그러면 누가 바른 판정을 내리겠는가. 너와 같은 사람에게 판정케 하면, 이미 너와 같기 때문에 바를 수 없다. 나와 같은 사람에게 판정케 하면, 이미 나와 같기 때문에 또한 바를 수가 없다. 우리와 다른 사람에게 판정케 하면, 이미 우리와 다르기 때문에 또한 바를 수 없다. 우리와 같은 사람에게 판정케 하면, 이미 우리와 같기 때문에 바르기가 더욱 어렵다. 그러면 나와 너와 제 삼자가 모두 알 수 없게 된다. 그러한 판정을 기다린다는 것은 변화하는 말소리를 기대하는 것과 같다. 만약 기대하지 않을 바에는 천예로써 화합하고, 이것에 의해 무한한 변화에 몸을 맡긴다. 대립이 없는 무아의 경지란 무엇을 말하는가. 옳은 것과 옳지 못한 것, 그런 것과 그렇지 못한 것이 있다. 옳은 것이 만약 진실로 옳은 것이라면, 옳은 것은 옳지 않은 것과 다름을, 그런 것이 진실로 그런 것이라면, 그런 것은 그렇지 않은 것과 다름을 말할 필요가 없다. 세월과 옳음을 잊고 무경에서 노닐면, 일체가 무경하게 된다.

【解說】 그러나 나의 이 말도 믿을 수 없다. 지금 내가 너와 논쟁하고 있지만, 만일 네가 나를 앞서게 된다면, 너의 말이 옳고 내 말은 그른 것이 되겠느냐. 반대로 내가 앞선다면, 나의 말이 옳고 네가 그른 것이 되겠는가. 어느 쪽이 옳고, 어느 쪽이 그르게 되겠는가. 양쪽이 다 옳거나, 아니면 양쪽이 다 그른 것이 되겠는가. 당사자인 우리 두 사람이 판정을 내릴 수는 없다. 그러나 제 삼자에게 부탁한다 해도 그 역시 판단하기가 어려울 것이다. 만일 판정하는 사람이 너와 같은 의견이라면,

그는 벌써 공정한 판단을 내릴 수 없는 것이다. 그렇다고 해서 양쪽과 의견이 다 틀리는 사람에게 판정을 내리게 하면, 양쪽이 다 부정될 것이 틀림없다. 또 양쪽과 의견이 다 일치하는 사람이라면, 판정을 내리기가 더욱 어렵다. 따라서 우리는 어떤 사람이건 간에 옳고 그른 것의 판정을 내릴 수가 없게 된다. 그러니 디이싱 누구에게 판정을 기대하겠느냐. 결국 어느 것이 옳고 옳지 못하다고 논하여 보아도, 결론을 내릴 수 없다. 그럴 바에야 이러한 일체의 대립을 그대로 방치해 두고, 대립이 없는 경지(天倪)에 내맡겨 두는 것이야말로 아무런 구애도 받지 않는 참다운 자유가 아니겠는가. 옳으니 옳지 않으니, 그러니 그렇지 않느니 하고 구별할 것이 아니라, 일체를 긍정하고 받아들여야 한다. 옳은 것은 어디까지나 옳고, 그런 것은 어디까지나 그렇다고 주장하는 사람이 있다. 그러나 옳은 것과 옳지 않은 것, 그런 것과 그렇지 않은 것을 구별할 수는 없다. 생사와 시비를 초월하여, 무한한 천지의 운행에 몸을 맡기는 것만이 무한한 자유를 얻을 수 있는 길이다.”

罔兩과 景

罔兩問景曰, 曩子行, 今子止. 曩子坐, 今子起. 何其無特操與. 景曰, 吾有待而然者邪. 吾所待, 又有待而然者邪. 吾待蛇蚹蜩翼邪. 惡識所以然. 惡識所以不然.

【解釋】 망량이 경에게 물었다. “당신은 가다가 곧 멈춘다. 또한 당신은 앉아 있다가 곧 일어선다. 어째서 그렇게 지조가 없는가.” 경이 대

답했다. "나는 무엇에 의지하기 때문에 그렇게 되는가. 내가 의지하고 있는 것도 또한 무엇에 의지하여 그렇게 움직이는가. 내가 의지하고 있는 것은 뱀의 배비늘이나 매미의 날개 정도에 불과하지 않은가. 어떻게 그렇고 그렇지 않은 까닭을 알겠는가."

【解説】 망량(罔兩 — 그림자의 엷은 그림자)이 경(景 — 그림자)에게 말했다.

"당신은 도대체가 걸어가는가 하면 금방 멈추고, 앉아 있는가 하면 금새 일어선다. 어째서 그렇게 지조가 없는가."

그러자 경이 대답했다.

"당신은 형체가 움직이는 대로 따라 움직인다고 나를 비난하지만, 과연 그러한가. 나의 형체는 과연 내 뜻대로 움직이고 있는 것인가. 내가 따르고 있는 그 형체도 다른 그 무엇에 의해 움직이고 있을 것이다. 형체란 빈 껍데기와 다를 바가 없을 것이다. 나는 내가 왜 움직이는가 알려 하지 않는다."

꿈에 나비가 된다

昔者莊周夢爲胡蝶. 栩栩然胡蝶也. 自喻適志與. 不知周也. 俄然覺則蘧蘧然周也. 不知周之夢爲胡蝶與, 胡蝶之夢爲周與. 周與胡蝶, 則必有分矣. 此之謂物化.

【解釋】 어느 날 장주는 꿈에 나비가 되었다. 훨훨 춤추는 한 마리의 나비였다. 즐겁고 마음에 맞아 자기가 장주임을 알지 못했다. 갑자기 잠을 깨어보니 자기는 틀림없는 장주였다. 장주가 꿈에 나비로 된 것인

지, 나비가 꿈에 장주로 된 것인지 알 수가 없다. 장주와 나비는 명백
한 구분이 있다. 이것을 만물의 변형이라고 이른다.

【解説】 어느 날 장주(莊周)는 꿈에 나비가 되었다. 훨훨 날아다니는
나비였다. 마음껏 하늘을 날아다니며 자기가 장주임을 전혀 모르고 있
었다. 그러나 문득 눈을 떠보니 자기는 틀림없는 인간 장주였다.
  장주가 나비의 꿈을 꾼 것인가. 아니면 나비가 장주의 꿈을 꾸는 것인
가. 그 모양으로 볼 때 장주와 나비는 분명히 별개의 것이다. 그러나
그들도 만물의 무한한 변화 속에서는 한 양상(樣相)에 불과한 것이다.

3. 養生主

知를 따르면 평안이 없다

> 吾生也有涯, 而知也無涯. 以有涯隨無涯, 殆已, 已
> 而爲知者, 殆而已矣. 爲善無近名, 爲惡無近刑. 緣督
> 以爲經, 可以保身, 可以全生, 可以養親, 可以盡年.

【解釋】 나의 삶은 끝이 있으나, 앎은 끝이 없다. 유한한 것으로써 무한한 것을 따르면 위태롭다. 그래도 앎을 추구하는 사람은 위태로울 뿐이다. 선을 행하더라도 명예를 좇지 말고, 악을 행하여 형벌을 당하지 않도록 하라. 자연 그대로를 본받아 떳떳하게 살면, 몸을 보존하고 삶을 온전히 할 수 있다. 또한 부모를 공양하고 주어진 생명을 다할 수 있다.

【解說】 인간의 생명은 유한한 것이다. 그러나 앎의 작용은 한이 없다. 생명의 이러한 유한성(有限性)을 도외시하고, 앎이 달리는 대로 끝없이 추구하다 보면, 평안할 날이 없다. 우리는 이러한 이치를 인정하면서도 여전히 지식에 속박되어 있다.
　우리는 지식의 작용으로 선과 악을 말한다. 그러나 선하다 악하다 하는 것도 실상은 명예나 형벌을 규준(規準)으로 한 평가에 불과하다. 그러므로 이같은 선악(善惡)에 사로잡히지 말고, 자연[督]*을 본받아 그에 순응해야 한다. 그래야 편안하고 충실한 생애를 보낼 수 있다.

〔註釋〕　**督**　가운데라는 뜻. 즉 어느 　｜　라는 뜻이다.
　　쪽에도 치우치지 않는 자연 그대로

名庖丁

庖丁爲文惠君解牛. 手之所觸, 肩之所倚, 足之所履, 膝之所踦, 砉然嚮然. 奏刀騞然, 莫不中音. 合於桑林之舞, 乃中經首之會. 文惠君曰, 譆, 善哉, 技蓋至此乎.

庖丁釋刀對曰, 臣之所好者, 道也, 進乎技矣. 始臣之解牛之時, 所見無非牛者. 三年之後, 未嘗見全牛也. 方今之時, 臣以神遇, 而不以目視. 官知止而神欲行. 依乎天理, 批大郤, 導大窾, 因其固然. 技經肯綮之未嘗, 而況大軱乎. 良庖歲更刀, 割也. 族庖月更刀, 折也. 今臣之刀十九年矣, 所解數千牛矣, 而刀刃若新發於硎. 彼節者有閒, 而刀刃者無厚. 以無厚入有閒, 恢恢乎, 其於遊刃, 必有餘地矣. 是以十九年而刀刃若新發於硎. 雖然, 每至於族, 吾見其難爲, 怵然爲戒, 視爲止, 行爲遲, 動刀甚微. 謋然已解, 如土委地. 提刀而立, 爲之四顧, 爲之躊躇滿志, 善刀而藏之.

文惠君曰, 善哉, 吾聞庖丁之言, 得養生焉.

【解釋】 포정이 문혜군을 위해 소를 갈랐다. 손을 놀리고 어깨로 받치며, 발로 밟고 무릎을 굽힐 때마다 칼질하는 소리가 싹싹 혹은 쓱쓱 울려 퍼져 음악적인 가락을 이루었다. 그것은 상림의 춤과 같고 경주의 장단을 연상케 했다. 문혜군이 경탄했다. "오오, 잘도 한다. 재주가 여기까지 미칠 수 있단 말인가."

 포정이 칼을 놓고 대답했다. "제가 좋아하는 것은 도로서, 재주보다 우월한 것입니다. 처음 제가 소를 가를 때는 소의 겉모습만 보였습니다. 3년 뒤에는 소의 온전한 모습이 보이지 않게 되었습니다. 지금은 오직 마음으로 일할 뿐 눈으로 보지 않습니다. 감각 기관은 그칠 줄을 알고 마음은 움직이려 합니다. 자연의 섭리를 따라, 큰 틈을 벌리고 크게 비어 있는 곳으로 들어가는 것은 본래의 구조에 따르는 것입니다. 아직까지 뼈와 힘줄이 엉켜 있는 곳을 가르기에 실수가 없었습니다. 하물며 커다란 뼈다귀가 문제되겠습니까. 능숙한 백정이 해마다 칼을 바꾸는 것은 날이 무뎌지기 때문이며, 보통 백정이 매달 칼을 바꾸는 것은 부러지기 때문입니다. 지금 제가 지닌 칼은 19년 동안 수천 마리 소를 갈랐지만, 칼날은 새로 숫돌에 간 듯합니다. 소의 마디는 사이가 있지만 칼날은 두께가 없습니다. 두께 없는 것이 틈으로 들어가 여유 있게 그 칼날을 놀리기 때문에 19년이나 사용했지만 숫돌에 방금 간 듯합니다. 그러나 오직 한 군데, 뼈와 힘줄이 엉켜 있는 곳에 다다르면 그것이 힘든 일인 줄 알기 때문에 크게 조심하여 눈은 한 곳을 응시하고 칼질은 더디어져서 칼놀림이 대단히 미묘해집니다. 흙이 땅에 떨어지듯 자연스럽게 일이 끝나면, 칼을 들고 일어서서 사방을 둘러보고, 잠시 주저하다가 이내 흐뭇해져서 칼을 닦아 넣어 둡니다."

 문혜군이 감동하였다. "훌륭하다. 나는 포정의 말을 듣고 양생의 도를 얻었다."

【解説】 언젠가 소를 잘 잡기로 유명한 포정*(庖丁)이 문혜군(文惠君 —梁惠王) 앞에서 소를 한 마리 갈라 보였다.

 포정이 소 몸뚱이에 손을 대고 어깨에 힘을 주며 발의 위치를 정하고 무릎으로 소를 누르는 순간, 고기가 뼈에서 떨어져 나왔다.

보기 좋게 돌아가는 칼놀림은 가락을 타고 마치 〈상림(桑林)의 춤*〉을 보고 〈경수(經首)의 모임*[會]〉을 듣는 것 같았다.

문혜군은 감탄의 소리를 질렀다.

"과연 훌륭하구나! 참으로 귀신 같은 솜씨다."

포정은 왕의 그 같은 칭찬을 듣자 칼을 놓고 문혜군에게 말했다.

"방금 보신 것은 솜씨가 아닙니다. 솜씨의 극치로서 도(道)라고 해야 마땅합니다. 이 일을 처음 시작하였을 때는 소의 바깥 모습만이 눈에 보였습니다. 3년이 지나는 동안 바깥 모습은 사라지고 뼈와 힘줄이 보이게끔 되었습니다. 이제는 육안에 의지하는 일이 없이 마음으로 소를 대할 뿐입니다. 감각의 활동이 그치고 마음만이 활발히 움직입니다. 그 다음은 자연의 섭리에 따라 소의 몸뚱이에 절로 갖추어져 있는 틈바구니를 끊어서 벌리고 들어가기 때문에, 큰 뼈는 물론이고 힘줄과 살이 뼈와 서로 맞붙어 있는 부분(肯綮)이라도 칼날이 무디는 일이 없습니다. 보통 백정들은 한 달에 한 번씩 칼을 바꾸고, 솜씨꾼이라도 1년에 한 번은 바꿔야 합니다. 뼈에 부딪쳐 부러지기도 하고, 오래 사용하여 날이 이지러지기 때문입니다. 그런데 이 칼을 보십시오. 19년이나 쓴 것입니다. 벌써 수천 마리의 소를 갈라 내었지만 아직 새것 같습니다. 뼈마디에는 틈이 있으나, 칼날에는 두께가 없기 때문입니다. 두께가 없는 것을 틈에 집어 넣으니까 힘이 안들고 충분한 여유를 갖게 됩니다. 그러므로 아무리 써도 날이 이지러지는 법이 없습니다. 그러나 힘줄과 뼈가 맞붙어 있는 마지막 어려운 곳(族)에 가 닿으면, 여기구나 하고 갑자기 긴장하게 됩니다. 눈은 한 곳에 멈추고 동작은 점점 늘어져서 자신도 칼이 움직이는지 알지 못할 정도입니다. 이윽고 철퍽 하는 소리와 함께 살 전체가 흙덩이처럼 뼈에서 떨어져 나오면 그때서야 긴장이 풀어집니다. 칼을 들고 일어나 주위를 둘러보면, 뿌듯한 충만감이 마음에 가득차 잠시 그 자리를 떠날 수가 없습니다. 이윽고 냉정을 되찾은 다음 정성들여 칼을 닦아서 칼집에 넣어 둡니다."

문혜군은 감동하여 말했다.

"그대의 말을 듣고 나는 양생(養生)의 도(道)를 깨달았다."

【註釋】 *庖丁 지금은 백정이란 말
로 쓰이지만 원래 庖는 고기를 저
장해 두는 창고나 고기를 다루는
요리인을 말했다. 丁은 사람의 姓
이니 〈칼잡이 정서방〉 정도의 뜻

이다.
*桑林之舞 殷나라 湯王이 비를 빌
때 연주한 舞曲이라 함.
*經首之會 堯 임금이 작곡한 舞曲
이라 함.

右師의 自由

> 公文軒見右師而驚曰, 是何人也, 惡乎介也. 天與,
> 其人與, 曰, 天也, 非人也. 天之生是使獨也. 人之貌
> 有與也. 以是知其天也, 非人也. 澤雉十步一啄, 百步
> 一飮, 不蘄畜乎樊中. 神雖王, 不善也.

【解釋】 공문헌이 우사를 보자 놀라서 물었다. "어찌된 사람인가. 어째
서 한 쪽 발을 잃었는가. 하늘의 뜻인가 사람의 뜻인가." 우사가 대답
했다. "하늘의 뜻이지 사람의 뜻이 아니다. 하늘이 나를 한 쪽 발만 가
지고 태어나게 한 것이다. 사람의 모양은 하늘이 주는 것이다. 따라서
내가 한 발을 잃게 된 것은 하늘의 뜻일 뿐 사람의 뜻이 아님을 알 것
이다. 들꿩은 열 걸음에 한 번 쪼아 먹고, 백 걸음에 한 번 물을 마시
지만 새장 속에 갇혀서 길리기를 바라지 않는다. 기운은 비록 왕성해질
지 모르나 마음이 즐겁지 않기 때문이다."

【解說】 우사(右師)는 형벌을 받아 한 쪽 발을 잃었다.
　우사를 여러 해 만에 만난 공문헌(公文軒)이 놀라서 물었다.
　"대관절 어찌된 일인가. 그 발은 잘리지 않을 도리가 없었단 말인가.

하늘의 뜻인가 사람의 뜻인가."

우사가 대답했다.

"놀라지 말게. 나는 형벌을 받았으나 그것은 사람의 힘이 한 일은 아니고 하늘이 나를 한 쪽 발만 가지고 태어나게 했을 뿐이다. 사람은 자신이 원해서 한 쪽 발만 가지고 태어나는 것은 아니다. 그러니 내가 한 쪽 발을 잃게 된 것은 하늘의 뜻이지 사람의 뜻은 아닌 것이다. 자네는 들꿩의 기분을 아는가. 그들은 먹이와 물을 찾아 온 들판을 헤매고 다닌다. 고생스러우나 새장 속에서 편안히 길리려 하지 않는다. 배부르게 먹는 것보다 자유를 원하기 때문이다. 나는 한 쪽 발을 잃은 뒤에야 참다운 자유를 알게 되었다."

죽은 사람을 슬퍼하는 것은 背理

老聃死. 秦失弔之, 三號而出. 弟子曰, 非夫子之友邪. 曰然. 然則弔焉若此可乎. 曰然, 始也吾以爲其人也, 而今非也. 向吾入而弔焉. 有老者哭之, 如哭其子, 少者哭之, 如哭其母. 彼其所以會之, 必有不蘄言而言, 不蘄哭而哭者. 是遁天倍情, 忘其所受. 古者謂之遁天之刑. 適來夫子時也, 適去夫子順也. 安時而處順, 哀樂不能入也. 古者謂是帝之縣解. 指窮於爲薪, 火傳也, 不知其盡也.

【解釋】 노담이 죽었다. 진실은 세 번 우는 것으로 조상을 끝냈다. 노담의 제자가 물었다. "선생께선 선생님의 벗이 아닙니까." 진실이 대답했다. "그렇지." "그렇다면 조상을 이같이 해도 좋습니까." "괜찮네. 나는 그 사람을 달리 생각했는데 그렇지 못했네. 아까 내가 조상을 할 때 보니 늙은 사람은 그 아들이 죽은 듯이, 젊은 사람은 그 어미를 여읜 듯 울고 있었네. 이렇게 많은 조상객이 몰려든 것은 선생이 평소에 그렇게 하라고 하지는 않았겠지만 말하지 않는 가운데 은연중 조문하고 울게끔 만들었을 것이네. 옛사람은 이것을 일러 하늘의 이치를 피하려는 죄라고 불렀었네. 선생이 태어나게 된 것은 그 때가 되어서이고, 돌아가시게 된 것은 선생이 그 운명에 따르는 것이네. 때를 편안히 생각하고 그것에 따르면, 슬프고 즐거운 것이 감히 개입하지 못하네. 옛날에 이것을 일러 〈제의 현해〉라고 하였네. 장작이 모자란 곳에 장작을 밀어넣어 주면 불이 옮겨져 그것이 꺼지는 일이 없다네."

【解説】 진실(秦失)은 노담(老聃─老子)이 죽었다는 소식을 듣고 조상을 갔다. 그는 영전에서 세 번 곡(哭)하고 그대로 나와 버렸다. 그것을 본 노담의 제자가 진실을 힐책했다.

"선생께선 돌아가신 분과 오랜 친구 사이가 아니십니까?"

"그렇지."

"그렇다면 친구인 선생님께서 그런 식으로 조상을 해서야 되겠습니까?"

"괜찮네. 평소에 나는 선생을 존경할 만한 분이라고 생각해 왔으나 이제 그 생각이 달라졌네. 아까 안방에서 조상을 하면서 보니, 늙은이 젊은이 할 것 없이 모두가 마치 자기의 육친을 잃은 것처럼 울고 있었네. 이렇게 조상객이 몰려든 것은 죽은 이가 평소 자네들에게 그렇게 하게끔 말과 행동을 해왔기 때문이네. 물론 선생은 슬퍼해 달라거나 울어 달라고 하지는 않았을 것이나, 말이 없는 가운데 그렇게 해주기를 원하고 있었던 것이 되네. 선생은 하늘의 이치에서 벗어나고(遁天), 인간 본래의 진실을 외면한 것이네. 즉 선생은 하늘에서 받은 바 인간의 본분을 잊어버린 것이네. 옛사람들은 이것을 천리(天理)에 어긋나는 죄라고 했네. 선생이 이 세상에 태어난 것은 태어날 때를 만났기 때문이며, 이 세상을 떠난 것은 떠나야 할 때가 되었기 때문이네. 하늘이 정해준 때를 마음 편히 여기고 운명에 순응하면, 슬픔과 즐거움이 끼어들 수 없게 되네. 이러한 경지를 옛사람들은 천제(天帝)가 준 생사의 고(苦)에서 벗어난다(縣解)고 하였네. 하나하나의 장작개비는 타서 없어져 버리지만 불은 영원히 타고 있는 것이네.*"

〔註釋〕 장작이…… 없다. 후세에 첨가된 문장으로 볼 수밖에 없을 만큼 애매한 구절이다. 따라서 여러 가지로 해석될 수 있으나 정확한 뜻은 알 도리가 없다.

4. 人間世

無心의 境地

1. 顔回의 意氣

【解釋】 안회가 중니를 보고 떠나기를 청했다. "어디로 가려는가?"
"위나라로 가려고 합니다." "무엇을 하러 가는가?" "회가 듣건대, 위
왕은 그 나이가 한창이고 그 행하는 바가 독재라서 나라를 가볍게 다스
리면서도 그 잘못을 알지 못하고, 백성들을 가볍게 부려 죽게 하는지
라 죽은 자가 늪지의 풀처럼 나라 전체에 깔려 있다 합니다. 백성은 그
를 어찌하지도 못하고 있습니다. 일찍이 제가 듣기를 선생님께서는 '다
스려진 나라는 버리고 어지러운 나라로 가라. 의원의 집에는 병자가 많
다.'고 하셨습니다. 제가 들은 바대로 그를 행하면 그 나라가 거의 고
쳐질 수 있을 줄 압니다."

【解說】 공자(孔子―字는 仲尼)의 제자 안회(顔回)가 공자 앞에 나와

하직 인사를 드렸다.

"어디로 가려는가?"

"위(衛)나라로 가려 합니다."

"장차 무엇을 어떻게 하려는 건지 말해 보게."

"선생님께서도 들으셔서 아실 줄 믿습니다만, 위왕은 지금 한창 나이를 맞이해서 점점 더 도리에 벗어난 짓을 하고 있습니다. 전쟁이나 큰 공사들을 자기 기분 내키는 대로 벌여 놓고는 백성들을 사지(死地)로 내몰고 있습니다. 지금 위나라의 국토는 황폐할 대로 황폐해 있고, 가는 곳마다 죽은 사람이 널려 있습니다. 그런데도 위왕은 전혀 반성하는 기색이 없어, 백성들은 재난에서 벗어날 길이 없습니다. 언젠가 선생님께서 말씀하셨습니다. '잘 다스려진 나라에는 할 일이 없다. 어지러운 나라야말로 우리들이 일해야만 할 곳이다. 그것은 마치 병든 사람을 위해서만 의원이 필요한 것과 같다.'고. 저는 선생님의 가르침에 따라 위나라의 어지러운 것을 바로잡기 위해 전력을 다할 작정입니다."

2. 雜念을 버려라

仲尼曰, 譆, 若殆往而刑耳. 夫道不欲雜, 雜則多, 多則擾, 擾則憂, 憂而不救. 古之至人, 先存諸己, 而後存諸人. 所存於己者未定, 何暇至於暴人之所行. 且若亦知夫德之所蕩, 而知之所爲出乎哉. 德蕩乎名, 知出乎爭. 名也者相軋也, 知也者爭之器也. 二者凶器, 非所以盡行也. 且德厚信矼, 未達人氣, 名聞不爭, 未達人心, 而強以仁義繩墨之言, 術暴人之前者. 是以人惡有其美也. 命之曰菑人. 菑人者人必反菑之. 若殆爲

人菑夫. 且苟爲悦賢而惡不肖, 惡用而求有以異. 若唯
無詔, 王公必將乘人, 而鬪其捷. 而目將熒之, 而色將
平之, 口將營之, 容將形之, 心且成之. 是以火救火,
以水救水. 名之曰益多. 順始無窮. 若殆以不信厚言,
必死於暴人之前矣.

　　且昔者桀殺關龍逢, 紂殺王子比干, 是皆修其身, 以
下傴拊人之民, 以下拂其上者也. 故其君因其修以擠之
是好名者也. 昔者堯攻叢枝胥敖, 禹攻有扈. 國爲虛
厲. 身爲刑戮. 其用兵不止, 其求實無已. 是皆求名實
者也. 而獨不聞之乎. 名實者, 聖人之所不能勝也, 而
況若乎. 雖然, 若必有以也, 嘗以語我來.

【解釋】 중니가 말하였다. "슬프다. 만약 네가 가면 아마도 형을 당할
것이다. 무릇 도는 섞이는 것을 바라지 않는다. 섞이면 많아지고, 많아
지면 어지럽고, 어지러우면 근심되고, 근심되면 구원할 수 없다. 옛 지
인(至人)은 자기 몸에 먼저 도를 지닌 뒤에야 남에게 도를 지니게 했다.
자기가 지닌 것도 정해지지 않았는데 어느 여가에 포악한 사람의 행하
는 바에까지 이를 수 있겠는가. 너 역시 어찌하여 덕이 흔들리며 어찌
하여 지혜가 나오게 되었는지 알고 있으리라. 덕은 이름에 흔들리고,
지혜는 싸움에서 나온다. 이름이란 서로 마찰하는 것이고 지혜는 다투
는 연장이다. 이 두 가지는 흉기로서 결코 취할 바가 못된다. 또 덕이
두텁고 믿음이 굳더라도 사람의 기운에는 이르지 못하며, 평판을 다투
지 않더라도 사람의 마음에 통하지 못하면 그가 아무리 인의와 먹줄처
럼 곧은 말을 폭군 앞에 늘어놓는다 하더라도 사람들은 오히려 그 뜻을
미워하게 된다. 이런 자를 일컬어 화를 미치는 사람이라 한다. 사람에
게 화를 미치는 자에게는 반드시 그 화가 돌아온다. 너는 아마 남을 위
해 화를 받게 될 것이다. 또한 진실로 어진 사람을 좋아하고 어질지 못
한 사람을 미워한다고 하면, 어찌 어질지 못한 것을 써서 그와 다른 것

을 구하겠느냐. 너는 그저 말도 못하고 왕은 반드시 사람을 눌러 이기려고 할 것이다. 너의 눈은 차차 어지러워지고, 너의 낯빛은 차차 평범해지며, 그리고 너의 입은 차차 꾀하게 될 것이고, 얼굴을 꾸미게 되며, 따라서 마음 또한 이를 이루려 할 것이다. 이는 불로써 불을 끄려 하고, 물로써 물을 막으려는 것이다. 이를 가리켜 더욱 심해지는 것이라고 한다. 처음이 순조로우면 막힘이 없다. 네가 만일 신뢰받지도 못하면서 말이 많으면 반드시 폭군 앞에서 죽으리라. 옛날 걸은 관용봉을 죽이고, 주는 왕자 비간을 죽였다. 이들은 다 그 몸을 닦아, 아랫사람으로서 남의 백성을 어루만지고 웃사람을 거역한 사람들이다. 그러므로 그들은 몸을 닦았다는 이유로 임금에게 제거당한 것이다. 그들이 바로 이름을 좋아하는 자들이다. 옛날 요는 총과 지와 서오를 치고, 우는 유호를 쳤다. 결국 나라는 텅 비어 병들게 되고 그들은 형을 받아 죽었다. 그들이 용병을 그치지 않음은 그들이 실속을 구해 마지 않은 때문이다. 이들이 다 이름과 실속을 구한 사람이라는 것을 너만 듣지 못했느냐. 이름과 실속은 성인도 능히 이기지 못하는 바다. 하물며 너야 말해 무엇 하겠는가. 그러나 네게도 반드시 까닭이 있으리라. 시험삼아 내게 말해 보려무나."

【解説】 "그러나 너도 죽음을 당하지 않고는 견디지 못하리라. 앞으로 내가 하는 말을 명심해 두기 바란다. 〈도〉를 체득하기 위해서는 마음에 잡념을 품어서는 안 된다. 잡념을 품으면 마음은 어지러워지고 고민으로 꽉 차게 마련이다. 마음의 안정을 얻지 못하고는 〈도〉에 가까워질 수가 없다. 대체로 세상에서 성인으로 불리는 사람들은, 먼저 자신이 〈도〉를 체득한 뒤에야 비로소 남을 이끌려 생각했던 것이다. 너처럼 〈도〉를 체득하지 못한 사람이 사나운 임금을 교화시킬 수 있겠느냐. 우리들이 어째서 덕을 잃고 지식에 의존하게 되었는지 너는 아느냐. 덕을 잃게 된 것은 명예를 얻으려는 마음에 이끌려서이며, 지식에 의존하게 된 것은 싸움에 그것이 필요하기 때문이다. 명예욕에 사로잡히고 지식에 의존하는 한, 사람 사이의 대립과 항쟁은 심해질 뿐이다. 명예욕이나 지식은 상대방을 해치고 자신을 망치는 흉기에 지나지 않는다. 흉기에

의존하면서 도대체 뭐가 될 수 있겠느냐. 가령 네가 이미 충분한 덕을 갖추고 있으며, 아무런 명예욕도 가지고 있지 않다 하더라도, 그것만으로는 아직 부족하다. 상대가 무엇을 바라며 무엇을 생각하고 있는지를, 상대방의 마음속에 들어가서 판단하지 않으면 안 된다. 폭군에 대하여, 자기만의 자[尺]를 들고 그것에 맞는 인의나 도덕을 강요한다면 그 결과가 어찌 되겠느냐. 상대방 눈에는, 네가 남의 결점을 미끼 삼아, 사기 혼자 잘난 체하는 것으로 비치지 않겠느냐. 그래서는 남을 불행하게 만드는 사람이라고 할 수밖에 없다. 남을 불행하게 하는 사람에게는 반드시 그 화가 되돌아가게 된다. 네가 무사할 리 있겠느냐? 가령 위왕이 어진 사람을 존경하고, 어리석은 사람을 멀리하며 너의 의견에 귀를 기울일 수 있는 인물이라면, 새삼스레 네가 갈 것까지도 없다. 기실 그가 손을 댈 수가 없이 못된 왕일 뿐 위나라에도 너만한 인물은 있다. 네 의견 따위에 귀를 기울일 리 있겠느냐? 네가 입을 열기도 전에 상대는 권세를 등에 지고 단숨에 너를 내리누르려 할 것이다. 그러면 너는 상대방 기분을 해치지 않으려고 줄곧 변명만 하게 될 것이고, 그러다 보면 애초에 가졌던 마음은 까맣게 잊어버리고 상대방 의향에 끌려들고 말 것이다. 이렇게 되면 마치 불에 기름을 들이붓는 꼴이 되지 않았느냐. 처음이 그런 형편이면 다음은 무한정 후퇴를 거듭할 수밖에 없게 된다. 한편 상대방 신임도 얻지 못한 처지에 눈치없이 간언이라도 하게 되면 죽게 될 것이 불을 보기보다 더 분명하다. 옛날 관용봉(關龍逢)은 임금 걸(桀)에게 죽음을 당하였고, 비간은 임금 주(紂)에게 죽음을 당했다.* 관용봉과 비간은 다같이 세상에 알려진 어진 사람이다. 그들은 신하이면서 임금의 잘못을 꾸짖고 백성들을 불쌍히 여겨서 백성들 사이에서는 임금을 능가하는 명성을 얻고 있었다. 임금이 그들을 죽인 것은, 그들의 뛰어난 인격을 미워하였기 때문이다. 그들 두 사람은 명예욕에 사로잡혔기 때문에 위험에 부닥치게 된 것이다. 옛날 요(堯) 임금은 총(叢)과 지(枝)와 서오(胥敖)를 토벌하고, 우(禹) 임금은 유호(有扈)를 토벌했다. 그 결과 그들 네 나라의 임금은 죽게 되고, 백성들은 흩어지고, 나라는 망하고 말았다. 이들 네 나라의 임금은 이익만을 추구한 나머지 끝없이 전쟁을 되풀이하였다. 명예와 이익에 마음을 빼

앗긴 것이 그들을 죽음으로 몰고 간 원인이다. 이 이야기는 너도 알고 있을 것이다. 명예와 이익에 마음을 빼앗기면, 어떤 성인의 힘을 가지고도 그를 쉽게 교화시킬 수는 없는 법이다. 더구나 네 힘으로서는…. 그러나 자진해서 위나라로 가려 한 이상, 네 나름의 생각이 있지 않겠느냐. 그것을 한번 들어 보자."

【註釋】　*關龍逢은 桀에게……比干은 紂에게……. 桀은 夏王朝의 마지막 천자이고 紂는 殷王朝의 마지막 천자다. 다같이 폭군으로 유명하다. 關龍逢은 桀의 신하이고 비간은 紂의 작은 아버지였다. 관용봉은 걸의 잘못을 간하다가 목을 베이게 됐고, 비간은 주의 잘못을 간하다 주의 심기를 건드려 "성인의 염통엔 구멍이 일곱개나 된다 하니 과연 그런가 어디 봅시다." 하는 말을 듣고 살해당했다.

3. 意氣만으로는 아무것도 안 된다

顔回曰, 端而虛, 勉而一, 則可乎. 曰惡, 惡可. 夫以陽爲充, 孔揚, 采色不定, 常人之所不違. 因案人之所感, 以求容與其心. 名之曰日漸之德不成, 而況大德乎. 將執而不化, 外合而內不訾. 其庸詎可乎.

【解釋】 안회가 말했다. "단정하고 겸허하며, 근면하고 순일하면 되겠습니까?" 중니가 대답했다. "아니다. 어찌 되겠느냐. 그는 정기가 꽉 차 있어 심히 잘 변한다. 얼굴빛이 일정하지 않아, 보통 사람으로 여길 수가 없다. 따라서 보통 사람들이 느끼는 바를 짐작하여, 그의 마음을 충족시키려 한다. 이를 이름하여 일점의 덕도 이루지 못한다고 한다. 그런데 하물며 큰 덕을 이룰 수 있겠느냐. 그는 장차 변하지 않을 것이며,

겉으로는 합의해도 안으로는 고치지 않을 것이다. 네가 그것을 어떻게 할 수 있겠느냐?"

【解説】"저는 절대로 지조를 굽히지도, 왕을 업신여기지도 않을 것입니다. 그리고 명예에도 이익에도 마음이 이끌리는 일이 없이 오로지 이상을 실현시키고자 노력하겠습니다. 그러면 어떻겠습니까?"

"어리석은 소리를 하는구나. 위왕은 정기(精氣)로 가득찬 인물로서 눈이 어지러울 정도로 기분이 자주 변하여, 신하들은 눈치를 살피기에 여념이 없는 형편이라고 들었다. 그것을 다행으로 아는 위왕은 더욱 신하들의 의향을 무시하고 자기 생각대로 밀고 나가는 것이다. 폭군을 상대로 그런 방법을 쓴다면 큰 덕을 성취시키기커녕, 작은 덕조차 성취시킬 수가 없다. 네가 뭐라고 하든 위왕 자신의 행동을 고치려 하지 않을 것이며, 설사 네 말을 따르는 것처럼 보일지라도 그것은 외양뿐이지 진심으로 반성할 생각은 없는 것이다. 그런 방법으로 어떻게 효과를 기대할 수 있겠느냐."

4. 間接的으로 意見을 말한다면?

然則我內直而外曲, 成而上比. 內直者與天爲徒. 與天爲徒者, 知天子之與己, 皆天之所子. 而獨以己言蘄乎而人善之, 蘄乎而人不善之邪. 若然者, 人謂之童子. 是之謂與天爲徒. 外曲者, 與人之爲徒也. 擎跽曲拳, 人臣之體也. 人皆爲之, 吾敢不爲邪. 爲人之所爲者, 人亦無疵焉, 是之謂與人爲徒. 成而上比者, 與古爲徒. 其言雖教, 讁之實也, 古之有也, 非吾有也. 若然者, 雖直而不病. 是之謂與古爲徒. 若是則可乎.

【解釋】　그러면 나는 안으로는 곧고 밖으로는 굽히며 말을 하되 하늘을 견주어 하겠습니다. 안으로 곧다는 것은 하늘과 함께하는 것입니다. 하늘과 함께한다는 것은 천자나 저나 모두 하늘의 자식임을 알기 때문입니다. 그리고 자기 자신의 말을 남이 좋아하기를 바랄 뿐, 남의 싫어함을 바라지는 않을 것입니다. 만일 그렇게 되는 사람이 있다면 이른바 사람들이 말하는 동자라 할 수 있습니다. 이것이 곧 하늘과 함께한다는 것입니다. 밖으로 굽힌다는 것은 사람과 함께하는 것입니다. 손을 높이 들고 꿇어앉으며 팔을 굽히는 것은 남의 신하 된 사람의 예로서 모두가 하거늘 어찌 감히 하지 않겠습니까. 남이 하는 바를 따르면 사람들이 헐뜯는 일이 없을 것입니다. 이것을 일러 사람과 함께한다 합니다. 말을 하되 하늘을 견주어 한다는 것은 옛날과 함께함을 말합니다. 그 말은 가르침과 꾸짖는 내용이지만, 옛날에 있던 것이지 제 말이 아닙니다. 그와 같이 하는 것은 비록 고친다 해도 병이 되지 않습니다. 이것을 일러 예와 함께한다 합니다. 이와 같이 하면 괜찮겠습니까?"

【解説】　"속으로는 본성을 해치는 일이 없고, 겉으로는 위왕을 거역하지 않으며, 직접적인 비난은 피하고, 모두 옛사람의 말을 빌어서 의견을 표현하려 하는데, 이런 방법이면 되지 않겠습니까? 속으로 본성을 해치지 않음은 하늘을 따르는 것입니다. 하늘을 따른다면 왕이나 저나 원래 구별이 없음을 알게 됩니다. 그렇게 되면 제 의견이 왕의 마음에 들든 안 들든 조금도 염두에 두지 않게 될 것입니다. 이런 경지에 달한 사람은 어린아이와 같다고 말할 수가 있습니다. 하늘을 따른다는 것은 이를 말하는 것입니다. 겉으로 위왕을 거역하지 않음은 세속을 따르는 것입니다. 홀(笏)을 잡고, 무릎을 꿇고 깊숙이 머리를 숙이는 것은 신하가 지켜야 할 예의로서, 신하 된 사람이면 누구나가 실행하고 있는 일입니다. 저도 여기에 따를 작정입니다. 누구나가 다 행하는 것이므로 비난받을 여지가 없기 때문입니다. 세속을 따른다는 것은 이것을 말하는 것입니다. 옛사람의 말을 빌어 의견을 말함이란 옛사람을 따르는 것입니다. 실로 임금을 비난하고 임금의 반성을 촉구하는 말이라도 옛사람의 말을 빌어 표현하게 되면 형식적으로는 옛사람의 말이므로 제

발언이 되지는 않을 것입니다. 그렇게 되면 꽤 과감한 발언을 한다 해도 시비를 듣게 되지는 않을 것입니다. 옛사람을 따름이란 이를 두고 하는 말입니다. 이러한 방법으로 해도 역시 안 되겠습니까?”

5. 마음의 齋戒

仲尼曰, 惡, 惡可. 大多政, 法而不諜. 雖固亦無罪. 雖然, 止是耳矣. 夫胡可以及化. 猶師心者也. 顏回曰, 吾無以進矣, 敢問其方. 仲尼曰, 齊. 吾將語若. 有而爲之, 其易邪. 易之者皞天不宜. 顏回曰, 回之家貧. 唯不飮酒不茹葷者數月矣. 如此, 則可以爲齊乎. 曰, 是祭祀之齊, 非心齊也. 回曰, 敢問心齊. 仲尼曰, 一若志. 無聽之以耳, 而聽之以心. 無聽之以心, 而聽之以氣. 聽止於耳, 心止於符. 氣也者, 虛而待物者也. 唯道集虛. 虛者心齊也.

【解釋】 중니가 말했다. “아니다. 어떻게 괜찮을 수 있겠느냐. 너무 정법이 많아 편치 못할 것이다. 하기야 거북한 대로 죄는 없을 것이다. 그러나 이에 그칠 뿐, 그것이 어찌 교화시키는 데까지 미치겠느냐. 아직 너는 네 마음에만 매달려 있다.” 안회가 말했다. “저는 더 나아갈 수가 없습니다. 감히 그 방법을 묻고자 합니다.” 중니가 대답했다. “재계하라. 내 장차 네게 말하겠는데 마음으로써 하는 일이 그리 쉽겠느냐. 쉽다고 하는 자는 하늘의 뜻을 반하는 것이다.” 안회가 말했다. “본래 회의 집이 가난하여 술을 마시지 않고, 매운 것을 먹지 않은 지가 여러 달이 됩니다. 이와 같으면 재계라 할 수 있겠습니까.” 중니가 대답했다.

"이는 제사 때의 재계지 마음의 재계는 아니다." 회가 물었다. "감히 묻습니다만 마음의 재계란 무엇입니까." 중니가 대답했다. "너는 뜻을 하나로 해라. 듣기를 귀로써 하지 말고 마음으로써 해라. 듣기를 마음 으로써 하지 말고 기로써 해라. 듣는다는 것은 귀에서 끝나고 마음은 부에 그친다. 기란 빈 것으로써 사물을 받아들이는 깃이다. 오로지 도 는 빈 것으로 모인다. 빈 것이 곧 마음의 재계다."

【解說】 그것 역시 좋지 않다. 왜냐하면 너무 마음씀이 지나쳐서 잠시 도 편할 때가 없기 때문이다. 하기야 그런 방법이라면 죄를 입는 일만 은 없을 것이다. 그러나 상대를 교화한다는 가장 중요한 목적은 도저 히 달성할 수 없다. 마음을 괴롭혀서 지혜를 짜내서는 안 된다."
"그러면 이 이상 어떻게 해야 좋을 것인지, 저로서는 알 수가 없습니 다."
"재계(齋戒)를 하는 것이 좋다. 알겠느냐. 의식적인 노력에 의해서는 아무것도 성취시킬 수 없다. 가능하다고 생각하는 사람은 하늘의 이치 에 배반하는 것이다."
"아시는 바와 같이 가난한 탓으로, 저는 벌써 몇 달이나 술도 고기도 입에 대지 않았습니다. 이미 재계하고 있다 할 수 있지 않겠습니까?"
"제사 지낼 때의 그런 재계가 아니다. 내가 말하는 것은 마음의 재계 다."
"마음의 재계란 무엇입니까?"
"일체의 유혹에서 벗어나 마음을 순일하게 갖는 것이다. 귀로 듣는 것 보다 마음으로 듣는 것이 좋다. 또한 마음으로 듣는 것보다 기(氣)로써 듣는 것이 좋다. 귀는 소리를 감각적으로 받아들일 뿐이고, 마음은 사 상(事象)을 지각하는 데에 불과하다. 그러나 기는 그와 다르다. 기로써 듣는다는 것은 모든 사상을 있는 그대로 무심히 받아들이는 것이다.〈도〉 는 이 무심의 경지에 이르러서야 비로소 완전히 나타나게 된다. 마음의 재계라는 것은 이 무심의 경지를 내 것으로 하는 일이다."

6. 世俗에 살면서 世俗을 잊으라

> 顔回曰, 回之未始得使, 實自回也. 得使之也, 未始
> 有回也. 可謂虛乎. 夫子曰, 盡矣. 吾語若. 若能入遊
> 其樊, 而無感其名. 入則鳴, 不入則止. 無門無毒, 一
> 宅而寓於不得已, 則幾矣. 絶跡易, 無行地難. 爲人使
> 易以僞, 僞天使難以僞, 聞以有翼飛者矣, 未聞以無翼
> 飛者也. 聞以有知知者矣, 未聞以無知知者也. 瞻彼闋
> 者, 虛室生白. 吉祥止止. 夫且不止, 是之謂坐馳. 夫
> 徇耳目內通, 而外於心知, 鬼神將來舍, 而況人乎. 是
> 萬物之化也. 禹舜之所紐也, 伏羲几蘧之所行終, 而況
> 散焉者乎.

【解釋】 안회가 물었다. "회가 일찍이 가르침을 얻지 못하였을 때는
참으로 스스로가 제 자신이었습니다. 가르침을 얻고 나니 비로소 제 자
신을 떠난 것 같습니다. 이를 허라 말할 수 있겠습니까." 공자가 대답
했다. "충분하다. 내가 네게 말하리라. 네가 그 울타리 안에 들어가 논
다 하더라도 그 이름을 느끼는 일이 없게 하라. 들어오면 울고, 들어오
지 않으면 그친다. 문도 없고 담도 없으며, 부득이(不得已―自然) 라
는 집 하나에 살게 되면 그에 가까이 가게 된다. 자취를 끊기는 쉬워도
땅을 걸어 다니지 않기는 어렵다. 사람이 시키는 일을 하면 거짓을 행
하기가 쉽고, 하늘이 시키는 바에 따르면 거짓을 행하지 않게 된다. 날
개 있는 것이 난다는 얘긴 들었으나 날개 없는 것이 난다는 얘긴 아직
듣지 못했다. 앎이 있음으로써 안다는 것은 들었으나 앎이 없는 것으로
써 안다는 것은 아직 듣지 못했다. 저 빈 것을 보건대, 빈방은 흰 것
을 낳는다. 길상은 빈 것에 머문다. 그것이 아직 비어 있지 않음을 일
러 좌치라 한다. 귀와 눈의 내통에 따라서 마음의 앎을 밖으로 하면 귀
신도 장차 와서 머무르려 하거늘 하물며 사람이야 더 말할 나위 있겠느

냐. 이것이 바로 만물의 화다. 우와 순이 이를 바탕으로 하고, 복희와 궤거가 평생을 바쳐 행한 바가 이것인데, 하물며 범인이야 더할 나위 있겠는가."

【解說】 "저는 지금까지 너무 자신을 의식하고 있었습니다. 그런데 〈도〉 앞에서는 하찮은 나 따위는 아무 데도 존재하지 않는군요. 이제야 가르침을 받고 눈을 뜨게 되었습니다. 이 경지를 무심이라 말할 수 있겠습니까?"

공자가 대답했다.

"그렇다. 그것으로 좋다, 회야. 세속에 동화되어 있으면서도 세속에 있음을 잊는 것이다. 위왕이 귀를 기울일 때는 마음껏 의논을 전개하는 것이 좋다. 위왕에게 그럴 생각이 없으면 입을 다물어 버리는 것이 좋다. 마음의 벽을 없애 버리고 무(無)를 내 마음으로 하여 오로지 자연에 몸을 맡기고, 자연대로 행동하면 틀림이 없을 것이다. 걷지 않고 발자취를 남기지 않기는 쉬운 노릇이다. 그러나 걸으면서 발자취를 남기지 않기는 어렵다. 평범한 인간으로 남아 있는 한, 작위(作爲)를 떠날 수는 없다. 이와는 반대로 하늘을 따라 자연에 몸을 맡기면 작위의 흔적은 남지 않는다. 날개가 있기에 새는 하늘을 난다. 그러나 날개를 버림으로써 참다운 앎을 얻을 수 있다. 앎이 있기에 인간은 앎에 의지하려 하나, 앎을 버림으로써만 참다운 앎을 얻을 수 있다. 방이 텅 비어 있으면 있을수록 보다 많은 빛이 들어차듯이, 마음이 무에 가까우면 가까울수록 〈도〉의 활동이 현저하여진다. 무심의 경지에 도달하지 않는 한 잠시도 마음이 편안할 수 없다. 외계의 사물은 들리고 보이는 대로 받아들이는 것이 좋다. 그것을 앎으로써 따지려 해서는 안 된다. 이 경지에 도달하면 귀신을 움직일 수조차 있다. 하물며 인간을 감동시키는 것은 말할 여지도 없다. 그리하여 만물은 그 덕에 감화되는 것이다. 우·순·복희씨·궤거(几蘧) 같은 성인들도 무심의 경지에 도달하고자 평생을 두고 노력했는데, 하물며 성인이 아닌 한낱 범인이 이 무심을 목표로 노력해야 함은 너무도 당연하다."

自然에 산다

1. 使者의 苦悶

> 葉公子高將使於齊. 問於仲尼曰, 王使諸梁也甚重.
> 齊之待使者, 蓋將甚敬, 而不急. 匹夫猶未可動, 而況
> 諸侯乎. 吾甚慄之. 子常語諸梁也. 曰, 凡事若小若大,
> 寡不道以懽成. 事若不成, 則必有人道之患. 事若成,
> 則必有陰陽之患. 若成若不成, 而後無患者, 唯有德者
> 能之. 吾食也執粗而不臧. 爨無欲清之人. 今吾朝受命
> 而夕飲冰. 我其內熱與. 吾未至乎事之情, 而既有陰陽
> 之患矣. 事若不成, 必有人道之患. 是兩也. 爲人臣者
> 不足以任之. 子其有以語我來.

【解釋】　섭공 자고가 제나라로 사신을 가게 되어 중니에게 물었다.
"왕이 저량에게 시키는 일이 심히 무겁습니다. 제나라는 사자를 대하
여서 아마도 일을 극히 신중하게 빨리 처리하려 하지 않을 것입니다. 필
부도 쉬이 움직일 수 없거늘 하물며 제후야 어떻겠습니까.　나는 심히
두려워하고 있습니다. 선생은 일찍이 저량에게 말씀하시기를 '무릇 일
이란 작건 크건 성사되는 것을 기쁨이라고 말하지 않는 일이 적다.　일
이 만일 이룩되지 않으면 반드시 인도의 근심이 있고, 일이　이룩되면
또한 음양의 근심이 있다.　이룩하든 이룩하지 못하든, 뒤에 근심이 없
는 것은 오직 덕 있는 사람만이 할 수 있다.'고 했습니다.　나는 먹기를

검소하게 할 뿐 아니라 호화롭지 않아서, 밥 짓는 사람들이나 더워할
정도입니다. 내가 오늘 아침 명령을 받아 저녁에 얼음물을 마시는 것은
속에 열이 나기 때문입니다. 일을 실제로 당해 보지도 않고 이미 음양
의 근심을 가졌으니 일이 이뤄지지 않을 경우 반드시 인도의 근심 또한
갖게 될 테니, 이로씨 두 가지 근심을 다 가진 셈입니다. 님의 신하된
자로서 능히 감당할 수 없는 일이니 이에 대해 선생은 무슨 말씀을 해
주시겠습니까."

【解說】 초(楚)나라 대부(大夫) 섭공(葉公―葉縣令 子高, 이름은 沈
諸栄)은 사신으로서 제(齊)나라로 떠나기 전에 공자(孔子)에게 가르침
을 청했다.

"우리 왕께서는 내게 너무 힘에 넘치는 일을 시키셨습니다. 아마도 제
나라는 말을 이리저리 둘러대며 일을 자꾸 미루려고만 할 것 같습니다.
필부도 마음대로 움직이기 어려운데, 하물며 제왕(齊王)을 설득시킨다
는 것은 내게 너무 벅찬 일입니다. 제가 처해 있는 입장을 생각하면 몸
이 타들어가는 것만 같습니다. 나는 언제인가 선생님에게서 이런 말을
들은 적이 있습니다. '큰 일이든 작은 일이든 성공하는 것보다 더 좋은
일은 없다. 그러나 보통 사람은 책임을 맡은 일이 실패로 끝날 경우, 책
임을 추궁당하게 되고 처벌받는 어려움을 당하게 된다. 설사 성공한다
해도 마음의 무거운 짐을 이겨 내지 못하고 병으로 쓰러지게 된다. 일
의 성공 여부에 관계 없이 항상 무사 태평할 수 있는 것은 덕이 있는
사람뿐이다.' 나는 평소부터 극히 질소한 생활을 하고 있어서, 땀 나는
것초차 모르고 지내왔습니다. 그런데 사신으로 가라는 명령을 받고부
터는 몸에 심한 열이 나서 얼음물을 마시지 않으면 못 견딜 지경입니다.
이렇듯 아직 제나라로 떠나지도 않아서 병부터 앓게 되었습니다. 사명
을 다하지 못하면 죄를 추궁받을 것이 당연한 일이고, 그렇게 되면 이
중으로 화를 입지 않으면 안 됩니다. 신하로서 차마 못할 말이긴 하나
소임을 감당할 수 없다고 말할 수밖에 없습니다. 나는 장차 어찌하면
좋겠습니까? 선생님의 가르침을 듣고 싶습니다."

2. 宿命에는 虛心히 좇으라

仲尼曰, 天下有大戒二. 其一命也, 其一義也. 子之
愛親命也, 不可解於心. 臣之事君義也, 無適而非君也,
無所逃於天地之間. 是之謂大戒. 是以夫事其親者, 不
擇地而安之, 孝之至也. 夫事其君者, 不擇事而安之,
忠之盛也. 自事其心者, 哀樂不易施乎前, 知其不可奈
何, 而安之若命, 德之至也. 爲人臣子者, 固有所不得
已. 行事之情, 而忘其身, 何暇至於悦生而惡死. 夫子
其行可矣.

【解釋】 중니가 말했다. "천하에 대계가 둘 있으니, 그 하나는 운명이
요, 또 하나는 의입니다. 자식이 어버이를 사랑하는 것은 운명이니 마
음에서 떠날 수 없습니다. 신하가 임금을 섬기는 것이 의요, 세상은 임
금의 것 아닌 데가 없으니 천지간에 피할 곳이 없습니다. 이를 일러 대
계라 합니다. 그러므로 무릇 어버이를 섬기는 사람은 곳을 가리지 않고
어버이를 편안케 해야 지극한 효도가 되며, 또한 임금을 섬기는 사람은
일을 가리지 않고 임금을 편안케 해야 커다란 충성이 됩니다. 스스로
그 마음을 섬기는 사람은 슬픔이나 즐거움 앞에 그 마음을 쉬이 바꾸지
않습니다. 그것이 어찌할 수 없는 것임을 알고 편안히 여기기를 운명
과 같이 함을 덕의 지극함이라 합니다. 남의 신하나 자식된 사람에겐
본래 부득이한 일이 있습니다. 일을 실정대로 행함으로써 그 몸을 잊어
야지 어느 겨를에 삶을 즐기고 죽음을 싫어하겠습니까. 선생은 그곳에
가는 것이 옳습니다."

【解說】 공자는 대답했다.
"이 세상에는 피할 수 없는 것이 두 가지가 있습니다. 하나는 운명
(命)으로, 부자(父子)의 관계가 그것입니다. 자식이 부모를 사랑하는
것은 자연의 심정으로, 이 심정을 던져 버릴 수는 없습니다. 또 다른

하나는 사회적인 규범으로 임금과 신하의 관계가 그것입니다. 어떤 나라에나 반드시 임금과 신하가 있습니다. 이 세상에 살고 있는 한 군신 관계는 떠날 수가 없습니다. 피할 수 없는 것이란 이 두 가지를 말합니다. 따라서 자식된 사람은 어떤 곳에서든 부모를 좇아 부모의 안태(安泰)를 도모해야만 효도라 할 수 있습니다. 신하된 사람은 어떤 일이 있더라도 임금의 명령에 좇아 임금의 안태를 꾀해야만 충성이라 할 수 있는 것입니다. 태어날 때부터의 마음을 따르게 되면, 어떤 일에서나 감정을 이리저리 바꾸지 않습니다. 그래야만 덕이라고 말할 수 있는 것입니다. 누구의 자식이 되고 신하가 되는 것이 내가 지닌 숙명이요 필연이라면, 자신을 잊고 주어진 조건에 따라 살아가는 것밖에 도리가 없습니다. 내 몸이 죽고 사는 것을 고민할 겨를이 있을 수 없습니다. 바라건대 아무 생각 말고 사신으로 떠나십시오."

3. 말을 꾸미려 하지 마라

丘請復以所聞, 凡交, 近則必相靡以信, 遠則必忠之以言, 言必或傳之. 夫傳兩喜兩怒之言, 天下之難者也. 夫兩喜必多溢美之言, 兩怒必多溢惡之言. 凡溢之類妄, 妄則其信之也莫, 莫則傳言者殃. 故法言曰, 傳其常情, 無傳其溢言, 則幾乎全. 且以巧鬪力者, 始乎陽, 常卒乎陰, 大至則多奇巧. 以禮飮酒者, 始乎治, 常卒乎亂, 大至則多奇樂. 凡事亦然. 始乎諒, 常卒乎鄙. 其作始也簡, 其將畢也必巨.

夫言者風波也, 行者實喪也. 風波易以動, 實喪易以

危. 故忿設無由, 巧言偏辭. 獸死不擇音, 氣息茀然,
於是竝生心厲. 剋核大至, 則必有不肖之心應之, 而不
知其然也. 苟爲不知其然也, 孰知其所終. 故法言曰,
無遷令, 無勸成. 過度益也, 遷令勸成殆事. 美成在久,
惡成不及改. 可不愼與. 且夫乘物以遊心, 託不得已以
養中, 至矣. 何作爲報也, 莫若爲政命. 此其難者.

【解釋】 "들은 바를 말하고 싶습니다. 무릇 사귀는 데에 가까우면 반드시 서로 믿음으로써 따르고, 멀면 말로써 충성하게 됩니다. 말이란 반드시 누군가가 전하게 됩니다. 무릇 양쪽이 기뻐하고 양쪽이 성낼 일을 전하는 것은 어려운 노릇입니다. 대체로 양쪽이 기뻐할 것엔 반드시 지나치게 좋은 말이 많고, 양쪽이 성낼 일엔 지나치게 나쁜 말이 많습니다. 대개 무엇이 넘친다는 것은 망령된 것이요, 망령되면 그것을 믿을 사람이 없고, 그러면 전한 사람이 화를 입게 됩니다. 그러므로 법언에 말하기를 〈그 떳떳한 뜻을 전하고 그 넘친 말을 전하지 않으면 대체로 온전하리라.〉 했습니다. 또 기교로써 힘을 겨루는 사람은 항상 양에서 시작하여 음으로 끝나는데, 심함에 이름은 기교가 많기 때문입니다. 예로써 술을 마시는 사람은 어지럽지 않게 시작하여 항상 어지럽게 끝나는데, 심함에 이름은 기락이 많기 때문입니다. 모든 일이 또한 그러해서 참된 것에서 시작해서 언제나 더러운 것으로 끝납니다. 시작은 간략하나 그것이 장차 끝날 무렵엔 반드시 커집니다. 말은 풍파요 행함은 참을 잃은 것입니다. 풍파는 움직이기 쉽고, 실상은 위태롭기 쉽습니다. 그러므로 노하게 되는 것은 교묘한 말과 편벽된 말에 말미암기 때문입니다. 짐승은 죽을 때 아무렇게나 소리를 지르고 기식이 불연하여 마음이 사나워지게 됩니다. 극심함이 심해지면 반드시 어질지 못한 마음을 가지게 되는데, 그러고도 그것이 그런 줄을 모릅니다. 진실로 그런 줄을 모른다면 어진 줄 모르게 누가 이를 끝내겠습니까. 그러므로 법언에 말하기를 〈영을 달리하지 마라. 성공을 서둘지 마라.〉 라고 했습니다. 도를 지나친 것은 보태는 것이요, 영을 달리해 성공을 서두

는 것은 위태로운 일입니다. 아름다운 것은 오래 걸려 이루어지고, 악은 한번 이루어지면 미처 고치지 못하니 조심하지 않을 수 있겠습니까. 무릇 사물을 따라 마음을 편히 하고 부득이한 것에 의지하여 마음을 닦으면 그만입니다. 어찌 꾸며서 하는 일로 이를 갚을 수 있겠습니까. 명을 충실히 좇는 것만으로는 다한 것이 아닙니다. 이것이 바로 어려운 것입니다.”

【解説】 공자는 다시 말을 계속했다.

“조금 더 내 견문으로 얻은 지식을 들어 주십시오. 나라와 나라가 서로 사귈 경우, 이웃 나라끼리라면 직접 의사를 통할 수 있습니다. 그러나 멀리 떨어진 나라를 상대할 경우엔 서로가 사신을 통해 의사를 전달하지 않으면 안 됩니다. 사신으로서 양쪽이 모두 좋아할 만한 이야기, 혹은 반대로 양쪽이 다 좋아하지 않을 이야기를 전하는 것처럼 어려운 일은 없습니다. 양쪽이 다 좋아할 만한, 혹은 양쪽이 다 싫어할 이야기는, 아무래도 거짓을 섞고 진실을 감추기가 쉽습니다. 진실에 위배되는 말은 분쟁의 근본이 됩니다. 분쟁이 일어나면 사신은 죽음을 면치 못합니다. 격언에도 말하기를 〈심부름꾼은 진실을 옮기는 것, 심부름꾼의 허풍은 화의 근본.〉이라고 하지 않았습니까. 비근한 예를 들면, 즐겁게 시작한 경기라도 어느덧 열이 올라서 승리만을 목표로 수단을 가리지 않게 되면 좋지 못한 결과로 끝나기가 일쑤입니다. 장중한 분위기로 시작한 연회도, 술을 돌림에 따라서 어처구니없는 광태를 보이며 난장판으로 끝나게 되는 것입니다. 한 가지를 보면 만 가지를 알 수 있다고, 처음에 신중히 나가다가 어느 사이엔가 아무렇게나 하고 마는 것이 사람이 보통 하는 일입니다. 마찬가지로 처음은 간단한 것 같아도 어느 사이엔가 꼼짝달싹 못하게 되는 것이 세상 일입니다. 말이란 물결처럼 불안정한 것이어서 사람에서 사람으로 전달되는 순간 쉽사리 변모하게 됩니다. 그로 인해 말을 전한 사람은 가끔 위험한 처지에 빠지게 됩니다. 사람이 분노로 치닫게 되는 것은 말이 아첨이나 거짓으로 변모하기 때문입니다. 짐승은 죽게 되면 힘이 있는 대로 울부짖으며 미처 날뜁니다. 사람도 마찬가지입니다. 위험에 직면하게 되면, 자신도 모르는 사이에 생각지도 못했던 짓을 저지르게 됩니다. 한 번 탈선하게 되면 그때는 그칠 수가 없게 됩니다. 격언에 〈임금의 명령을 윤색하지 마라. 공을 서둘러 꾀를 부리지 마라.〉고 했습니다. 너무 잘하려고 하면 말에 거짓이 섞이게 되고, 임금의 명령을 윤색하고 꾀를 부리면 일을 그르칠 뿐입니다. 큰 일은 하루 아침에 이뤄지는 것이 아닙니다. 성급히 서둘러 나쁜 결과를 가져오면 다시는 돌이킬 수가 없습니다. 부디 신중히 생각하십시오. 운명에 거역하는 일 없이, 자신을 자연*에 내맡거야만 참다운 자유와 〈도〉의 활동이 있게 됩니다. 이에 선생은 사자로서 결과를 생각하여 속을 썩이는 일이 없이, 그저 임금의 의향을 그대로만 전하면 그것으로 족합니다."

〔註釋〕 *自然 原文엔 不得已로서 사람의 힘으로 어찌할 수 없는 것을 말한다.

범을 길들이는 法

顔闔將傳衛靈公太子, 而問於蘧伯玉曰, 有人於此, 其德天殺. 與之爲無方, 則危吾國. 與之爲有方, 則危吾身. 其知適足以知人之過, 而不知其所以過. 若然者, 吾奈之何.

蘧伯玉曰, 善哉問乎. 戒之愼之, 正汝身也哉. 形莫若就, 心莫若和. 雖然, 之二者有患. 就不欲入, 和不欲出. 形就而入, 且爲顚爲滅, 爲崩爲蹶. 心和而出, 且爲聲爲名, 爲妖爲孼. 彼且爲嬰兒, 亦與之爲嬰兒.

彼且爲無町畦, 亦與之爲無町畦. 彼且爲無崖, 亦與之
爲無崖. 達之入於無疵. 汝不知夫螳蜋乎. 怒其臂以當
車轍. 不知其不勝任也. 是其才之美者也. 戒之愼之.
積伐而美者以犯之, 幾矣. 汝不知夫養虎者乎. 不敢以
生物與之, 爲其殺之之怒也. 不敢以全物與之, 爲其決
之之怒也. 時其飢飽. 達其怒心. 虎之與人異類 而媚養
己者順也. 故其殺者逆也. 夫愛馬者, 以筐盛矢, 以蜄
盛溺. 適有蚊虻僕緣, 而拊之不時, 則缺銜毀首碎胸.
意有所至, 而愛有所亡. 可不愼邪.

【解釋】 안합이 장차 위영공 태자의 스승이 되려 하여 거백옥에게 물었다. "여기에 사람이 있는데 그는 태어나면서 덕이 없소. 함께 모나지 않게 일하면 나라를 위태롭게 할 것이며, 모나게 하면 내 몸이 위태롭게 될 것이오. 그의 지혜는, 남의 잘못은 족히 알면서도 자신의 잘못은 알지 못하오. 그러한 사람을 내가 어떻게 하겠소?" 거백옥이 대답했다. "좋은 질문이오. 그대는 경계하고 조심하여 몸을 바르게 하오. 몸은 따르는 것만한 것이 없고, 마음은 화한 것만한 것이 없소. 비록 그대로 행한다 해도 이 둘에는 조심할 점이 있소. 따르면서도 끌려들지 말고 화하면서도 드러나지 않게 하오. 몸이 따르고 끌려들면 엎어지고 망하고 무너지고 미끄러지며, 마음이 화해 드러나게 되면 곧 소리가 되고 명예가 되고 요귀가 되고 허물이 되오. 그가 어린아이 짓을 하거든 더불어 어린아이가 되고, 그가 정휴 없는 짓을 하려거든 또한 더불어 정휴 없는 짓을 하오. 그가 방종한 짓을 하려거든 또한 더불어 방종한 짓을 하오. 여기에 통달하여 티가 나지 않는 정도까지 이를 일이오. 그대는 저 당랑을 알지 못하오? 당랑은 그 힘을 뽐내어 수레바퀴에 부딪치는데, 그의 힘이 이를 이겨 내지 못할 것은 알지 못한 채 그의 힘만을 자랑하기 때문이오. 경계하고 조심하오. 그대의 능력만을 자랑하여 이를 범하게 되면 위험하오. 그대는 범 기르는 사람을 알지 못하오? 범에게 산 것을 주지 않는 것은 그것이 이를 죽이려 성을 내기 때문이

오. 또한 온전한 것 전체를 주지 않는 것은 범이 이를 찢으려 성을 내기 때문이오. 배가 부르거나 고플 때 범이 성내는 것을 알기 때문이오. 범이 사람과 종류를 달리하면서도 저를 기르는 사람에게 잘 보이려 하는 것은 사람이 범을 따르게 했기 때문이오. 범이 죽이는 것은 그를 거슬렀기 때문이오. 말을 사랑하는 사람은 광주리에 말의 똥을 담고, 큰 조개에 오줌을 받기도 하오. 모기와 등에가 달라붙는다고 불시에 이를 치면 말은 재갈을 끊고, 머리를 깨고, 가슴을 다치게 되오. 뜻이 지극한 바가 있어도 사랑을 잃을 수가 있으니, 조심하지 않을 수 있겠소."

【解說】 노(魯)나라의 현자 안합(顔闔)은 위영공(衛靈公)의 태자 괴외*(蒯聵)의 스승으로 부임하게 되자 위나라 대부 거백옥(蘧伯玉)을 찾아갔다.

"나는 어떤 사람의 교육을 맡게 되었는데, 그는 손을 댈 수 없이 혹독하고 경박한 성품의 소유자로 남의 잘못은 무엇 하나 놓치지 않으면서 자신은 어떠한 악행을 되풀이하여도 상관없는 줄로 생각하고 있소. 그대로 두면* 나라를 망치는 장본인이 될 것이며 그렇다고 무리하여 바로잡으려 하면 내가 죽게 될 처지요. 나로서는 어떻게 처신하면 좋겠소?"

거백옥은 대답했다.

"그거 매우 흥미있는 문제요. 먼저 계속 행실을 조심하여 잘못을 범하지 않도록 노력해야만 하오. 그런 다음 상대방에게 공손히 행동하면서 융화를 꾀하는 것이 좋소. 그러나 여기에 함정이 있소. 상대에게 공손하다 보면, 자칫 상대방의 나쁜 짓에 끌려들게 되고, 융화를 꾀하다 보면 자칫 감화시키려는 의도가 드러나게 되오. 상대방의 악행에 끌려들게 되면 스스로 몸을 망치는 결과가 되고, 상대방을 감화시키려는 의도가 드러나게 되면 당장 화가 미치게 되오. 상대방이 어린아이처럼 장난하거든 함께 어린아이처럼 행동하는 것이 좋고, 상대가 버릇없이* 행동하거든 함께 버릇없이 행동하는 것이 좋소. 또한 상대가 무모한 행동을 하거든 함께 무모하게 행동하는 것이 좋소. 어디까지나 공손하게 행동하면서도 내 덕으로 상대를 감싸고 상대를 나와 동화시키는 것이오.

당랑(螳螂―사마귀)의 예를 들기로 하겠소. 당랑은 물건이 근접해 오면, 비록 수레바퀴의 경우라도 앞발을 쳐들고 맞서려 하오. 결국은 당해 내지도 못하면서 자신의 능력을 과신하는 것이오. 자기 능력을 과신하여 태자에게 자기 주장만을 내세우면 마침내는 당랑과 같은 운명을 밟게 될 거요. 그러니 백 번 조심해야 할 거요. 범을 기르는 사람을 예로 들어 봅시다. 범을 기르는 사람은 절대로 범에게 살아있는 먹이를 주지 않소. 먹이를 죽이려고 범이 살기(殺氣)를 띠기 때문이오. 또한 절대로 먹이를 통째로 주지 않소. 먹이를 찢어 먹으려고 범이 살기를 띠기 때문이오. 범을 기르는 사람은 범의 식욕에 따라 먹이를 조절하면서 어느 사이엔가 범의 무서운 살기를 없애 버리오. 그래서 마침내 사나운 범을 완전히 길들이게 되오. 범의 성질에 따르기 때문에 그것은 가능한 일이오. 그와 반대로 범에게 잡아 먹히는 것은 범의 성질을 거스르기 때문이오. 아무튼 말[馬]을 좋아하는 사람은 말에 대한 사랑이 심해지면, 자기의 좋은 그릇*을 말의 변기로 쓸 정도까지 되오. 이토록 소중히 길러 주어도 붙어 있는 등에 때문에 갑자기 때리기라도 하면, 말은 재갈을 물어 끊고 미쳐 날뛰게 되고 그 바람에 결국은 큰 상처를 입게 되오. 사랑이 원수로 변하는 것이오. 이런 일을 저지르지 않도록 당신도 십분 조심해야 하오."

[註釋] *崩蘄 뒤에 자기의 친어머니가 아닌 영공의 부인 南子를 죽이려 하다가 실패하고 외국으로 망명했다. 영공이 죽은 뒤 자기 아들이 즉위하자 위나라로 몰래 들어와 반란을 일으킨 끝에 자기 아들 出公을 내쫓고 위나라 왕이 되었다. 이가 莊公이다.

*그대로 두면 原文의 〈方〉을 〈法〉으로 새겼다. 즉 法에 없는 일을 한다는 뜻이므로 이렇게 의역하였다.

*버릇 없이 原文의 〈町畦〉는 밭두둑으로서 질서 정연한 것을 말한다. 그러므로 정휴가 없는 짓을 〈버릇 없이〉로 의역하였다.

*좋은 그릇 原文의 蜄은 큰 조개로 자개 박은 좋은 그릇을 말한다.

無用과 有用

1. 덩치뿐

匠石之齊, 至乎曲轅, 見櫟社樹. 其大蔽數千牛, 絜
之百圍. 其高臨山, 十仞, 而後有枝. 其可以爲舟者,
旁十數. 觀者如市. 匠伯不顧, 遂行不輟. 弟子厭觀之,
走及匠石. 曰, 自吾執斧斤, 以隨夫子, 未嘗見材如此
其美也. 先生不肯視, 行不輟, 何邪. 曰, 已矣, 勿言
之矣. 散木也. 以爲舟則沈, 以爲棺槨則速腐, 以爲
器則速毀, 以爲問戶則液構, 以爲柱則蠹. 是不材之木
也, 無所可用. 故能若是之壽.

【解釋】 장인 석이 제나라의 곡원 땅에 이르러 사당 나무가 되어 있는
가죽나무를 보았다. 그 크기는 수천의 소를 덮고, 둘레는 백 아름이나
되었다. 그 높이는 산에 이르렀고, 열 길 위에야 가지가 나 있었다. 가
지는 배를 만들 수도 있는 것이 수십 개나 되어, 구경하는 사람만도 저
자와 같았다. 장인 석은 돌아보지도 않았고 걸음도 멈추지 않았다. 제
자는 실컷 이를 구경하고 나서 달려가 장인 석에게 물었다. "제가 도끼
를 잡고 선생님을 따른 뒤부터 일찍이 재목이 이같이 아름다운 것을 보
지 못했습니다. 선생님은 보지도 않으시고 걸음도 멈추지 않으시니 어
째서입니까?" 장인 석이 말했다. "그만두어라. 말하지 마라. 못쓸 나

무다. 그로써 배를 만들면 가라앉고, 널을 만들면 빨리 썩고,　그릇을 만들면 빨리 깨어지고, 문을 만들면 나무진이 솟아 나오고, 기둥을 세우면 좀이 먹는다. 그것은 재목이 되지 않는 나무다. 쓸 만한 데가 없으니 그같이 오래 산 것이다."

【解說】 석(石)이라는 목수가 제나라로 여행을 하였다. 도중에 우연히 곡원(曲轅)이란 곳을 지나게 되었는데, 거기에는 엄청나게 큰 가죽나무(櫟木―쓸모 없는 나무)가 사당나무로 제사를 받고 있었다.

그 크기로 말하면, 나무 그늘 밑에 몇천 마리의 소가 쉴 수 있는 정도로, 그 줄기의 크기는 백 아름은 되었고, 높이는 산을 바라보는 것처럼 땅 위 칠팔십 척쯤 되는 곳에서 겨우 가지가 나눠져 있었다. 말이 가지지, 그 하나로 넉넉히 배를 만들 수 있을 정도의 큰 가지가 수도 없이 뻗어 나와 있었다.

이 큰 나무를 구경하러 계속 찾아드는 사람들로 그 근처는 마치 시장 바닥처럼 시끄러웠다. 석의 제자들은 숨을 죽이고 그 큰 나무를 바라보았다.

그러나 석만은 한 번 거들떠보는 일도 없이 성큼성큼 지나가 버리는 것이었다. 간신히 뒤를 쫓아 따라온 제자들이 물었다.

"선생님, 선생님 밑으로 찾아온 후 오늘날까지 이렇게 훌륭한 재목을 본 적이 없습니다. 그런데 선생님께서는 거들떠보시지도 않고 지나쳐 버렸습니다. 대관절 어찌된 까닭입니까?"

"건방진 소릴 하는구나. 그 나무는 아무 데에도 쓸모가 없다. 배를 만들면 가라앉아 버리고, 널을 만들면 금방 썩고 만다. 가구를 만들면 곧 부서지고, 문짝을 만들면 나무진투성이가 되며, 기둥을 만들면 밑으로 금방 좀이 먹고 만다. 전혀 아무 짝에도 쓸모가 없는 크기만 한 나무다. 이렇게 크게 자라나게 된 것도 사실은 쓸모가 없기 때문이다.

2. 쓸모 없기에 오래 산다

匠石歸. 櫟社見夢曰, 女將惡乎比予哉. 若將比予於
文木邪. 夫柤梨橘柚果蓏之屬, 實熟則剝, 剝則辱, 大枝
折, 小枝泄. 此以其能苦其生者也. 故不終其天年而中
道夭, 自掊擊於世俗者也. 物莫不若是. 且予求無所可
用久矣. 幾死, 乃今得之, 爲予大用. 使予也而有用,
且得有此大也邪. 且也, 若與予也皆物也. 奈何哉其相
物也, 而幾死之散人, 又惡知散木. 匠石覺而診其夢.
弟子曰, 趣取無用, 則爲社何邪. 曰密, 若無言. 彼亦
直寄焉, 以爲不知己者詬厲也. 不爲社者, 且幾有翦
乎. 且也, 彼其所保與衆異, 以義譽之, 不亦遠乎.

【解釋】 장인 석이 돌아오자 가죽나무가 꿈에 나타나 말했다. "너는 어떻게 나를 비교하느냐. 나를 문목에다 견주려느냐. 저 아가위·배·귤·유자·등나무 등속은 열매를 뺏기어 욕을 당한다. 큰 가지는 부러지고 작은 가지는 찢어진다. 이것은 그 능함으로써 삶을 괴롭히는 것이다. 천수를 마치지 못하고 일찍 죽는 것은 세속에 배격당하기 때문이다. 만물은 이같지 않은 것이 없다. 또 나는 내가 쓸모 없기를 구한지 오래다. 죽을 지금에야 얻어 큰 도움이 된다. 나를 쓸모 있게 했다면 이렇게 자랄 수 있었겠는가. 또한 너와 나는 모두 물이다. 서로가 물인데야 어쩌겠느냐. 죽을 사람이 또 어떻게 죽을 나무를 알겠느냐." 장인 석이 깨어 꿈을 얘기하니 제자들이 물었다. "쓸모 없기를 서둘렀다면 사당나무가 된 것은 어째설까요." "조용해라. 말을 마라. 다만 머물러 있을 뿐이다. 자기를 알지 못하고 욕하는 것이다. 사당나무가 안 되었더라도 베이겠는가. 가진 바가 무리와 다르다. 의로써 기린다면 멀지 않겠는가."

【解説】 석이 여행에서 돌아오던 날 밤 꿈에 가죽나무가 나타나 물었다.

"너는 도대체 나를 무엇에 비교해서 쓸모 없다고 하는 거냐. 결국 인간에게 소용이 되는 나무와 비교한 것이리라. 하기는 아기위나무·배나무·유자나무·등나무 따위의 유실수는 너희들에게 큰 도움이 될 것이다. 그러나 이들은 과일을 맺기에 비틀어 뜯기어 욕을 당하게 되고, 가지가 부러지고 찢어지고 한 끝에 제 명대로 못살고 죽게 된다. 그 자신의 장점이 자신의 생명을 단축시키는 것이다. 즉 자진해서 세속 사람들에게 짓밟힌다. 무릇 이 세상에선 사람이나 물건이 모두 유용한 것이 되고자 똑같은 어리석음을 되풀이하고 있다. 하지만 나는 다르다. 나는 오늘날까지 한결같이 쓸모 없는 것이 되려고 노력해 왔다. 천수가 다해 가는 지금에야 겨우 완전히 쓸모 없는 나무가 될 수 있었다. 너희들에게 쓸모 없는 것이 내게는 참으로 유용한 것이다. 만일 내가 쓸모 있다면 벌써 베어져 넘어지고 말았을 것이다. 다시 말해 너나 나나 다같이 자연계의 개물(個物)에 지나지 않는다. 물건이 물건의 가치를 평가해서 어찌하겠다는 건가. 가치를 평가하기로 말하면 쓸모 있는 것이 되고자 자신의 생명을 깎아 내는 너야말로 정말 쓸모 없는 인간이다. 쓸모 없는 인간이, 내가 쓸모 없는 나무인지 아닌지를 알 까닭이 있겠는가."

 이튿날 아침 석이 전날 밤에 꾼 꿈 이야기를 하자 제자들은 말했다.

"그토록 쓸모 없는 것이 되고 싶다면서 왜 백성을 수호하는 사당나무가 되었을까요."

"이제 쓸데없는 소린 그만해 두어라. 사당나무가 된 것은 그가 바란 것이 아니라 임시 빌린 것에 불과하다. 이러니저러니 비평해 보았자, 상대방은 자신을 알지 못하는 것들의 잠꼬대라 흘려들을 뿐이다. 기실 사당나무가 되지 않았더라도 또한 남에게 베이진 않았을 것이다. 뭐라고 하든 그 나무는 세간의 바람과 반대로 쓸모 없는 것이 되려고 노력한다. 이러한 상대를 세간의 상식으로 측량한다면, 턱도 없는 엉뚱한 견해를 낳게 될 뿐이다."

巨木의 수수께끼

> 南伯子綦, 遊乎商之丘, 見大木焉. 有異. 結駟千乘,
> 隱將芘其所藾. 子綦曰, 此何木也哉. 此必有異材夫.
> 仰而視其細枝, 則拳曲而不可以爲棟梁. 俯而見其大根,
> 則軸解而不可爲棺槨. 咶其葉, 則口爛而爲傷. 嗅之,
> 則使人狂酲, 三日而不已. 子綦曰, 此果不材之木也.
> 以至於此其大也. 嗟夫神人, 以此不材.

【解釋】 남백자기가 상구에 유력할 때 거목을 보았다. 달랐다. 사두마
차 천 대를 매어 두어도 그 그늘에 덮여 가려질 수 있었다. 자기는 말
했다. "이것이 무슨 나무일까. 이는 반드시 특이한 재목이 되리라." 그
리고 위를 우러러 본즉 그 가는 가지는 꾸불꾸불하여 동량을 만들 수가
없고, 아래를 살핀즉 굵은 뿌리는 말리고 풀려서 널을 만들 수도 없었
다. 그 잎을 핥으니 입이 부르터 쓰라렸다. 냄새를 맡은즉 몹시 취해
사흘이 갔다. 자기는 말했다. "이는 과연 쓸모 없는 나무다. 그러기에
이토록 클 수가 있었다. 슬프다. 신인이란 이렇듯 쓸모 없는 것이라니."

【解説】 남백자기(南伯子綦)가 상구(商丘) 지방을 여행하고 있을 때
유난히 눈에 뜨이는 큰 나무가 있었다. 가까이 가서 보니, 사두마차 천
대가 그 그늘 밑에 쉴 수 있을 만큼 컸다.
　'대체 이게 무슨 나무일까. 틀림없이 좋은 목재로 쓰이게 되리라.'
　그렇게 생각하면서 자세히 쳐다보았다.

그런데 가지는 이리저리 마구 꾸불꾸불 꼬여 있어서 마룻대나 들보로도 쓸 수가 없었다.

나무 밑동 역시 굵은 뿌리가 비비꼬이고 얽혀 있어서 널을 짤 수도 없었다.

나뭇잎을 씹어 보았더니 금방 입이 부르트고 쓰렸다.

잎의 냄새를 맡아 보았더니 갑자기 어지러워져서 사흘 동안이나 고통을 겪어야만 했다. 그는 그제야 깨달았다.

"그건 아무짝에도 소용없는 나무로구나. 그러니까 그렇게 자라날 수 있었던 거다. 아아, 슬프다. 신인(神人)이란 바로 그 나무와 같이 쓸모 없는 것을 쓸모 있는 것으로 전화(轉化)시킨 사람에 지나지 않을까."

不吉은 大吉

宋有荊氏者, 宜楸柏桑. 其拱把而上者, 求狙猴之杙者斬之. 三圍四圍, 求高名之麗者斬之. 七圍八圍, 貴人富商之家, 求樿傍者斬之. 故未終其天年, 而中道已夭於斧斤, 此材之患也. 故解之以牛之白顙者, 與豚之亢鼻者, 與人有痔病者, 不可以適河. 此皆巫祝以知之矣. 所以爲不祥也, 此乃神人之所以爲大祥也.

【解釋】 송나라 형지에 노나무·잣나무·뽕나무가 잘 자랐다. 한 주먹이 넘는 것은 저후가 베고, 서너 뼘이 되는 것은 아름다운 들보를 찾는 사람이 벤다. 일여덟 뼘이 되는 것은 귀인과 거붓집의 널을 찾는 사람

이 벤다. 그러므로 하늘이 준 나이를 마치지 못하고 중도에서 도끼에게 죽게 된다. 이것이 재목의 근심이다. 말하자면 이마 흰 소와 코가 흰 돼지와 치질 앓는 사람은 하신에게 맞지 않음을 무축이 이미 아는 것과 같다. 이렇듯 상서롭지 못한 것을 신인은 커다란 상서로 삼는 것이다.

【解説】 송(宋)나라의 형지(荊氏) 땅에서는 노나무·잣나무·뽕나무가 잘 자랐다.

그런데 이들 나무가 자라서 주먹 만큼씩이나 굵게 되면, 저후(狙猴—원숭이 놀리는 사람)가 원숭이의 몽치로 쓰려고 베어낸다. 세 주먹이나 네 주먹쯤 되면 목수가 베어다가 들보로 써버린다. 일곱 주먹이나 여덟 주먹쯤 되면 부자들이 베어다가 널감으로 쓴다. 그러므로 어느 한 그루도 천수를 다하는 일이 없이 모두 중도에서 넘어진다. 왜 그런가. 이것들이 세상 사람들에게 쓸모가 있기 때문이다.

이마가 흰 소, 코가 흰(亢鼻) 돼지, 치질을 앓는 사람, 이 셋은 절대로 하신(河神)에게 공양되지 않는다. 이것들은 불길해서 신에게 바쳐서는 안 된다는 것을 무축(巫祝—神事를 맡은 사람)이 잘 알고 있기 때문이다. 그러나 불길하기 때문에 이들 셋은 생명을 보전할 수 있다. 세상에서 불길하다고 보이는 것이, 신인(神人)에게 있어서는 대길(大吉)이 되는 것이다.

不具者의 利點

> 支離疏者, 頤隱於臍, 肩高於頂, 會撮指天, 五管在上, 兩髀爲脅, 挫鍼治繲, 足以餬口. 鼓筴播精, 足以

食十人. 上徵武士, 則支離攘臂, 而遊於其間. 上有大
役, 則支離以有常疾, 不受功. 上與病者粟, 則受三鍾,
與十束薪. 夫支離其形者, 猶足以養其身,　終其天年,
又況支離其德者乎.

【解釋】　지리소는 턱이 배꼽에 숨어 있고, 어깨가 정수리보다 높다. 상투는 하늘을 가리키고, 오관은 위에 가 있으며, 두 넓적다리는 옆갈비처럼 되어 있다. 바느질과 빨래 하는 것으로 넉넉히 입에 풀칠을 한다. 고책파정으로는 넉넉히 열 사람을 먹인다. 위에서 무사를 징집해도 지리소는 그 사이로 팔을 휘두르고 다닌다. 위에서 큰 역사가 있어도 지리소는 불구자라 하여 일을 받지 않는다. 위에서 병자에게 곡식을 줄 때는 삼종을 받고도 열 다발의 장작을 더 받는다. 무릇 지리소와 같은 형용의 사람도 오히려 족히 그 몸을 길러 하늘에서 준 나이를 마치거늘, 하물며 그 덕을 지리소처럼 하는 사람이야 말할 게 있겠는가.

【解説】　지리소*(支離疏)라는 사람이 있었다. 등뼈가 어찌나 굽었는지 턱이 배꼽까지 파고들었다. 어깨는 머리보다 위로 솟아 있고, 상투는 똑바로 하늘을 가리키고 있다. 두 다리는 옆구리 밑에서 갈라져 있고, 창자는 머리보다 위로 자리잡고 있다.

이런 부자유스런 몸으로 바느질감과 빨랫감을 맡아 해주며, 충분히 먹고 살아가고 있었다. 게다가 방아까지 찧어*(鼓筴播精) 주게 되면 열 명은 충분히 부양할 수 있었다.

설사 전쟁이 일어나서 징병이 실시되더라도 불구자인 그만은 아무 걱정 않고 태평스러웠다. 또 큰 공사가 시작돼도, 그는 부역에 끌려 나가는 일이 없었으므로 징집되어 가는 사람들 속을 팔을 내두르며 걸어다녀도 그만이었다.

게다가 정부에서 불구자에 대한 구호를 실시하기라도 하면, 곡식과 장작을 듬뿍 얻게 되는 것이었다.

이와 같이 몸뚱이가 쓸모 없다는 것만으로도 편안한 생애를 보낼 수가 있다. 하물며 재주와 덕에 있어서 쓸모가 없는 사람이 천수를 온전히 하지 못할 리가 없을 것이다.

【註釋】 *支離疏 지리는 支離滅裂과 같은 뜻. 신체가 제멋대로 가붙은 불구자. 疏는 두뇌작용이 둔하다는 뜻. 이는 莊子가 창작해낸 인물이다.

*鼓筴播精 鼓筴播精의 筴은 策과 통용된다. 鼓는 鼓動한다는 뜻이다. 글자 뜻대로 풀이하면 점치는 대나무 가지를 흔들거나 세어 잡는다는 뜻이 된다. 播는 흔든다는 뜻이고, 精은 곡식을 고른다는 뜻이다. 鼓筴은 점을 친다는 뜻이 되겠으나 여기서는 함께 꾀한다는 뜻으로 풀이했다. 주 고책파정이란 쌀을 찧는 일을 거드는 것이라고 풀이했다.

隱者의 獨白

孔子適楚. 楚狂接輿, 游其門曰, 鳳兮鳳兮, 何如德之衰也. 來世不可待, 往世不可追也. 天下有道, 聖人成焉, 天下無道, 聖人生焉. 方今之時, 僅免刑焉. 福輕乎羽, 莫之知載. 禍重乎地, 莫之知避. 已乎已乎, 臨人以德, 殆乎殆乎, 畫地而趨. 迷陽迷陽, 無傷吾行. 吾行卻曲, 無傷吾足. 山木自寇也, 膏火自煎也, 桂可食, 故伐之. 漆可用, 故割之. 人皆知有用之用, 而莫知無用之用也.

【解釋】 공자가 초나라로 갔다. 초나라 광접여가 그의 문 앞에서 놀며 말했다. "봉이여, 봉이여, 덕이 쇠한 걸 어찌하랴. 오는 세상은 기대

할 수가 없고, 지나간 세상은 돌이킬 수 없다. 천하에 도가 있으면 성인은 이룩하고, 천하에 도가 없으면 성인은 살아갈 뿐이다. 지금 이때에는 형만 면하면 그만이다. 복은 깃보다도 가벼운데 이를 들 줄 아는 사람이 없고, 화는 땅보다 무거운데 이를 피할 줄 아는 사람이 없다. 말시어나, 발시어다, 남을 대하기를 넉으로써 하는 것은. 위태로운지고, 위태로운지고, 땅을 그어놓고 달리는 것은. 미양(迷陽―밝은 곳을 찾아다닌다는 뜻) 미양하면 내 가는 것에 상하는 일이 없고, 내 가는 것이 각곡*하면 내 발은 상하는 일이 없다. 산의 나무는 스스로를 해치게 되고, 기름불은 스스로를 태우게 된다. 계수나무는 먹을 수 있기 때문에 베이게 되고, 옻은 쓸 수 있기 때문에 찢기게 된다. 사람은 쓸모 있는 것만을 쓸 줄 알고, 쓸모 없는 것을 쓸 줄은 모른다.

【解説】　공자(孔子)가 초(楚)나라에서 유세하던 어느 날, 광접여*(狂接輿)라 불리는 은사가 공자가 머문 집 앞을 지나가며 혼자 노래를 불렀다.

봉새여, 봉새여, 어찌하여 덕이 그 모양으로 쇠했는가.
내일에의 희망은 덧없는 것, 어제의 영광은 지나간 꿈, 지금은 다만 오늘을 살아 갈 뿐.
도가 있는 세상은 성인이 다스리는 곳, 도가 없는 세상은 성인이 숨는 곳.
이토록 어지러운 세상에서는 무사태평으로 지내는 것만한 것이 없다.
행복은 깃털보다도 가벼운데, 행복을 잡는 사람이 왜 그리도 적은 것일까.
화는 땅덩이보다도 무거운데, 화를 피하는 사람은 왜 이다지도 적은가.
내가 가는 길을 인의(仁義)로 좁히고 내가 가는 길을 남에게 강요하는 것은, 아아, 위태로운지고, 위태로운지고.
지혜를 버리고 바보가 되어, 세상의 허무 속에 몸을 맡겨라.
그러면 내 몸은 상하는 일이 없다.

산의 나무를 베는 것은 쓸 곳이 있어서요, 기름이 말라 없어지는 것은 불이 타기 때문이다.

육계(肉桂)는 먹을 수 있기 때문에 잘리고, 옻은 칠을 할 수 있기 때문에 찢기게 된다.

쓸 데 있기를 찾는 사람은 땅에 가득한데

무용지용(無用之用)을 깨달은 사람은 왜 이다지도 적은가.

〔注釋〕 *狂接輿 狂接輿는 본이름이 아니다. 《論語》『微子篇』에는 공자가 당시의 隱士들에게서 비판을 받은 일이 기록되어 있는데 이 접여도 그 중의 한 사람이다. 狂은 그가 거짓 미치광이 행세를 하고 다닌 데서 사람들이 붙인 것이었고, 그가 공자가 탄 수레 옆을 함께 지나가면서 이런 노래를 불렀다고 해서 接輿라고 편의상 이름을 붙인 것이다. 여기는 공자가 있는 곳을 찾아가서 말한 걸로 되어 있으나 《논어》에는 공자가 그의 사람됨을 알고 수레에서 뛰어내려 말을 하려고 하자 사람들 틈으로 급히 숨어 버리는 바람에 말할 기회를 얻지 못했다고 되어 있다. 그러나 그가 공자를 봉에다 비유한 것으로 보아, 때를 만나지 못하고 세상을 애써 건지려는 공자의 외롭고 고달픈 생애를 못내 안타까워했던 것을 알 수 있다.

*卻曲 卻은 피한다, 물리친다 하는 뜻. 卻曲은 꼬불꼬불하게 힘드는 걸음걸이를 하지 않는다는 뜻.

5. 德充符

王駘의 人望

1. 受刑者도 聖人

魯有兀者王駘, 從之游者, 與仲尼相若. 常季問於仲尼曰, 王駘, 兀者也. 從之游者與夫子中分魯. 立不敎, 坐不議, 虛而往, 實而歸. 固有不言之敎, 無形而心成者邪. 是何人也. 仲尼曰, 夫子聖人也. 丘也直後而未往耳. 丘將以爲師, 而況不如丘者乎. 奚假魯國, 丘將引天下而與從之. 常季曰, 彼兀者也, 而王先生. 其與庸亦遠矣. 若然者, 其用心也, 獨若之何. 仲尼曰, 死生亦大矣, 而不得與之變. 雖天地覆墜, 亦將不與之遺. 審乎無假, 而不與物遷. 命物之化, 而守其宗也.

【解釋】 노나라의 왕태는 올자다. 그러나 그를 따르는 제자가 공자의 제자에 못지 않았다. 상계가 공자에게 물었다. "왕태는 올자이나 그를 따르는 사람이 선생님과 노나라를 양분할 정도입니다. 강의나 토론을 하지 않아도 빈 것으로 가서 충실해져 온다고 합니다. 그는 말이 없는 가운데 가르침이 있고, 눈에 보이지는 않으나 마음에 이루어진 것이 있는 것 같습니다. 그는 어떤 사람입니까." "선생은 성인이다. 나도 아직

찾아보지 못했지만 장차 스승으로 섬기려 하는데 나보다 못한 사람은 말할 것이 있겠느냐. 노나라뿐만 아니라 장차 천하를 이끌고 그를 따르려 한다." 상계가 다시 물었다. "그는 올자인데도 선생님보다 훌륭하다니 보통 사람이 아닌 것 같습니다. 그런 사람의 마음씀은 대체 어떠한 것입니까." "인간에게 생사가 큰 문제이나 그를 변하게 하지 못하고, 천지가 뒤집혀도 또한 동요시키지 못한다. 그는 현상을 초월한 진리를 밝게 알아 만물의 변화에는 마음이 움직이지 않는다. 만물의 변화를 운명에 맡기고 도의 근원을 지켜 나간다."

【解説】 노(魯)나라의 왕태(王駘)는 올자(兀者—刑罰로 발뒤꿈치를 잘린 者)였지만, 제자 수가 공자(孔子)에 못지 않았다. 이에 어느 날 상계(常季)가 그것을 공자에게 물었다.

"왕태는 올자이지만 선생님과 노나라를 양분할 정도로 많은 제자를 거느리고 있습니다. 그는 강의나 토론을 하는 일이 없어도 그를 따르면 반드시 무엇을 얻어 마음이 충실해진다고 합니다. 그의 마음은 덕으로 가득 차 있어서, 말 없는 가운데 사람을 교화하니 대관절 그는 어떤 사람입니까?"

공자가 대답했다.

"그는 성인이다. 나는 아직 만나보지 못했지만 언젠가는 찾아가 가르침을 받으려 한다. 나도 그를 스승으로 모시려 하는데 나보다 못한 사람은 말할 것이 있겠느냐. 노나라뿐만 아니라 천하 사람들을 이끌고 장차 그를 따르려 한다."

"올자인데도 선생님보다 더 훌륭하다는 말씀은 이해하기 어렵지만, 아무튼 그런 인물의 마음가짐은 대체 어떤 것입니까?"

"사람들은 죽고 사는 문제를 가장 크다고 하나 생사의 문턱에서도 조금도 동요하는 일이 없고, 천지가 뒤집힌다 해도 꼼짝하지 않는다. 만물(萬物)의 실상(實相)을 통찰하여 현상계의 변화에는 흔들리지 않는다. 일체의 변화를 있는 그대로 받아들이면서도 그 근본이 되는 도를 잃지 않는다."

2. 고요한 물이 一切를 받아들인다

常季曰, 何謂也. 仲尼曰, 自其異者視之, 肝膽楚越
也. 自其同者視之, 萬物皆一也. 夫若然者, 且不知耳
目之所宜, 而游心於德之和. 物視其所一, 而不見其所
喪. 視喪其足, 猶遺土也.

常季曰, 彼爲己, 以其知得其心, 以其心得其常心.
物何爲最之哉. 仲尼曰, 人莫鑑於流水, 而鑑於止水,
唯止能止衆止. 受命於地, 唯松柏獨也在, 多夏青青.
受命於天, 唯舜獨也正, 幸能正生, 以正衆生. 夫保始
之徵, 不懼之實. 勇士一人, 雄入於九軍. 將求名而能
自要者, 而猶若此, 而況官天地, 府萬物, 直寓六骸,
象耳目, 一知之所知, 而心未嘗死, 者乎. 彼且擇日而
登假. 人則從是也. 從且何肯以物爲事乎.

【解釋】　상계가 물었다. "무슨 말씀입니까." 중니가 대답했다. "틀린
것에서 보면, 간과 쓸개도 초와 월만큼이나 멀다. 같은 것에서 보면, 만
물은 하나가 된다. 그러한 자는 귀와 눈의 즐거움을 모르고, 마음을 덕
의 조화 속에 놀게 한다. 만물을 하나로 보고 득실을 보지 않는다. 발
을 잃음을 보기를 마치 흙을 버리는 듯하였다." 상계가 물었다. "그는
지식으로 마음을 얻고, 그 마음으로 부동의 경지에 도달함으로써 몸을
수양하였는데, 무엇 때문에 사람들이 따르게 되었습니까." 중니가 대답
했다. "사람은 흐르는 물에 비춰 보지 않고 정지해 있는 물에 비춰 본
다. 오직 정지하고 있는 물만이 모습을 비추고자 하는 사람들을　멈추
게 한다. 땅의 식물 중에서 오직 소나무와 잣나무가 사철 푸를 뿐이다.
목숨을 받은 인간 중에서는 순이 홀로 천성을 옳게 지녀 올바르게 살고
또한 백성을 올바로 했다. 타고난 대로 있으면 두려움이 없다. 한 사람
의 용사가 명예를 얻고자 수많은 적군 속에 뛰어든다. 명예를　구하는

것도 이와 같은데, 천지를 지배하고 만물을 포용하며, 육신을 임시 거처로 여기고, 귀와 눈을 치레로 알며, 만물이 하나임을 깨닫고, 생사를 넘어선 사람이 무엇을 두려워하겠느냐. 사람들이 왕태를 따를 뿐 그가 무엇 때문에 사람들을 모으려 하겠느냐.”

【解説】 “그 말씀을 잘 이해할 수 없습니다.”

“말하자면, 어떤 사물이든 차별의 세계에서 보면 모두가 다르다. 우리 몸 속에 있는 간(肝) 쓸개(膽)만 하더라도 초(楚)나라와 월(越)나라만큼이나 떨어져 있다고도 볼 수 있다. 그러나 만물은 그 근본에서 보면 결국 하나인 것이다. 이 원리를 체득한 왕태 같은 사람은 일체의 사물에 대해 선택하는 일이 없이 모든 것을 텅 빈 마음으로 받아들인다. 또한 만물을 똑같은 것으로 보니, 이해 득실에 구애받지 않는다. 그러므로 왕태는 발을 하나 잃은 것쯤 흙덩이를 버리는 정도로밖에 생각하지 않을 것이다.”

“그러나 왕태가 자기의 지혜로 마음을 완성하여 어떤 것에도 동요되지 않는 경지에 도달하게 된 것이라면, 그것은 어디까지나 자기 한 개인을 위한 수양이 아니겠습니까? 그런데도 많은 사람들이 따르는 것은 무슨 까닭입니까?”

“흐르는 물은 거울이 되지 못한다. 그러나 고요히 멈춰 있는 물에는 모든 사물이 비치는 것이다. 초목 가운데서 사철 푸른 것은 소나무와 잣나무뿐이며, 사람 가운데서 천성을 옳게 지닌 이는 순(舜)뿐이다. 그러므로 순은 만백성으로부터 추앙을 받았다. 사람이 천성을 올바로 지니면 어떠한 일에도 당황하지 않게 된다. 용감한 무사는 혼자서도 수많은 구군(九軍) 속을 헤치고 들어간다. 명예를 얻기 위해선 목숨을 하찮게 여기는 것이다. 하물며 왕태는 천지를 지배하고, 만물을 자기 안에 포용하며, 육신[六骸 ─ 머리와 胴體와 四肢]을 임시 거처로 여기고, 귀와 눈을 장식품으로 알며, 지식의 구별을 초월하여 그것이 하나임을 깨닫고, 생사마저 초월한 사람인데, 무엇을 두려워하겠느냐. 왕태 같은 사람이 무엇 때문에 세상의 평판을 얻고자 하겠느냐. 오직 사람들이 왕태를 따르는 것뿐이다.”

宰相과 兀者

申徒嘉, 兀者也. 而與鄭子產, 同師於伯昏無人. 子
產謂申徒嘉曰, 我先出則子止. 子先出則我止. 其明日,
又與合堂同席而坐. 子產謂申徒嘉曰, 我先出則子止,
子先出則我止. 今我將出, 子可以止乎, 其未邪. 且子
見執政而不違, 子齊執政乎.

申徒嘉曰, 先生之門, 固有執政焉如此哉. 子而說子
之執政, 而後人者也. 聞之曰, 鑑明則塵垢不止, 止則
不明也. 久與賢人處則無過. 今子之所取大者, 先生也.
而猶出言若是. 不亦過乎. 子產曰, 子旣若是矣, 猶與
堯爭善. 計子之德, 不足以自反邪. 申徒嘉曰, 自狀其
過, 以不當亡者衆. 不狀其過, 以不當存者寡. 知不可
奈何, 而安之若命, 惟有德者能之. 游於羿之彀中, 中
央者中地也. 然而不中者命也. 人以其全足, 笑吾不全
足者多矣. 我怫然而怒, 而適先生之所, 則廢然而反.
不知先生之洗我以善邪. 吾與夫子游十九年矣, 而未嘗
知吾兀者也. 今子與我游於形骸之內. 而子索我於形骸
之外, 不亦過乎. 子產蹴然改容更貌曰, 子無乃稱.

【解釋】 신도가는 올자다. 자산과 함께 백혼무인을 선생으로　모시고
있었다. 자산이 신도가에게 말했다. "내가 먼저 나가면 당신이　남고,

당신이 먼저 나가면 내가 남겠소." 다음날 다시 스승의 집에 동석하여 자산이 거듭 다짐하였다. "내가 먼저 나가면 당신이 남고, 당신이 먼저 나가면 내가 남으리다. 지금 내가 나가려 하니 당신은 남아 있겠소, 어찌하겠소. 집정을 보고도 피하지 않으니 당신이 집정과 같다는 말이오."

신도가가 대답했다. "선생님의 문하에 당신이 말하는 집정이 있을 것인가. 당신은 집정이라고 말하며 남을 얕보는데, 듣건대 '거울이 밝으면 먼지가 끼지 않고, 먼지가 끼게 되면 흐려진다. 어진 사람과 사귀면 허물이 없다.' 하였소. 지금 당신은 선생님의 큰 덕을 배우면서도 이같은 말을 할 수 있소." 자산이 비웃었다. "당신이 그런 꼴로 요와 선을 겨루려 하는가. 자신의 덕을 헤아려 스스로 반성할 수 없소." 신도가가 말했다. "스스로 잘못을 변명하여 부당함을 뒤엎으려는 사람은 많으나, 잘못을 변명하지 않고 부당함을 받아들이는 사람은 적소. 오직 덕이 있는 사람만이 인력으로 어찌할 수 없음을 알아 그 운명에 안주할 수 있소. 예의 과녁 안에서 놀면, 그 중앙에 있는 사람은 모두 화살을 맞을 것이나 요행히 그렇지 않은 사람은 운명인 탓이오. 많은 사람들이 자기 발이 온전하다고 해서 나의 발이 온전하지 못하다고 비웃을 때마다 나는 울컥 화를 냈소. 그러나 선생님께 가면 깨끗이 잊고 돌아오게 되니, 선생님의 덕이 나를 씻어 주시는지 모르겠소. 19년을 함께 지냈으나 선생님 앞에서는 한번도 내가 올자라는 생각이 들지 않았소. 지금 당신은 나와 마음을 교류하여야 할 텐데, 나를 겉모양으로만 판단하려 하니 또한 잘못이 아니겠소." 자산이 삼가하여 태도를 바르게 하고 말했다. "더 이상 말하지 마시오."

【解説】 신도가(申徒嘉)는 올자다. 그와 자산(子産—鄭나라 재상)은 함께 백혼무인(伯昏無人)을 스승으로 모시고 있었다. 자산은 신도가를 꺼려하여 어느 날 말했다.

"내가 먼저 나가면 당신은 뒤에 남으시오. 당신이 먼저 나가면 내가 남으리다."

이튿날 두 사람은 백혼무인의 집에서 또 만났다. 자산은 다시 다짐을 주었다.

"돌아갈 때는 따로 갑시다. 내가 먼저 갈 테니 당신은 뒤에 오시오. 싫으면 당신이 먼저 나가시오. 나는 지금 나가려 하는데 어찌하겠소. 일국의 재상을 보고도 어려워하지 않으니, 당신이 나와 동등하다는 말이오?"

신도가 대답했다.

"선생님의 문하에 재상 따위가 어디 있으며, 설령 당신이 재상이라고 해도 남을 얕잡아 볼 수는 없소. 흔히 '밝은 거울에는 먼지가 끼지 않는데 먼지가 끼게 되면 흐려진다. 어진 사람과 오래 사귀면 과오를 범하지 않는다.'라는 이야기를 하오. 당신은 선생님의 덕을 배우는 몸이면서도 이런 말을 하다니 당신의 과실이 아니겠소."

"당신은 그런 꼴을 하고도 요(堯)와 어깨를 나란히 하려고 하다니 자신의 덕을 돌아보고 반성함이 어떻겠소?"

"사람들은 자신의 행위를 변명하여 발을 베일 만한 짓을 하지 않았다고 주장하기는 쉬우나, 한 마디 변명도 없이 이왕 발을 베이게 된 이상 그것을 담담하게 받아들이기는 어려운 법입니다. 덕이 높은 사람만이 자기에게 주어진 운명에 순응할 수 있지요. 인간은 결국 예(羿—전설상의 名弓)의 과녁 안에서 노니는 것과 같소. 화살을 맞지 않아 무사한 사람도 있고 화살에 맞는 사람도 있을 것이나 그것은 각자의 운명일 뿐이오. 세상에는 자기의 두 발이 성하다고 해서 나를 비웃는 사람이 많은데, 그것은 운이 좋은 것일 뿐이오. 그럴 때마다 분노가 치밀어오르지만, 선생님 앞에만 가면 깨끗이 잊게 되니 선생님의 덕이 내 마음을 씻어 주는 것이라 생각하오. 가르침을 받은 지 19년이 되었지만, 한번도 선생님 앞에서는 자신이 불구임을 의식하지 못했소. 지금 우리는 마음으로 사귐을 맺어야 할 텐데, 육체의 겉 모양만을 문제삼는다는 것은 잘못이 아니겠소."

자산은 승복하고 태도를 고쳐 말했다.

"잘못했으니 그만해 두시오."

孔子의 天刑

魯有兀者叔山無趾, 踵見仲尼. 仲尼曰, 子不謹, 前既犯患若是矣. 雖今來何及矣. 無趾曰, 吾唯不知務, 而輕用吾身, 吾是以亡足. 今吾來也, 猶有尊足者存. 吾是以務全之也. 夫天無不覆, 地無不載. 吾以夫子爲天地. 安知夫子之猶若是也. 孔子曰, 丘則陋矣. 夫子胡不入乎. 請講以所聞. 無趾出. 孔子曰, 弟子勉之. 夫無趾兀者也, 猶務學, 以復補前行之惡. 而況全德之人乎.

無趾語老聃曰, 孔丘之於至人, 其未邪. 彼何賓賓以學子爲. 彼且蘄以諔詭幻怪之名聞. 不知至人之以是爲己桎梏邪. 老聃曰, 胡不直使彼以死生爲一條, 以可不可爲一貫者, 解其桎梏, 其可乎. 無趾曰, 天刑之, 安可解.

【解釋】 노나라의 숙산무지란 올자가 발뒤꿈치를 끌고 중니를 찾았다. 중니가 말했다. "그대는 삼가지 않아 올자가 되는 화를 당했다. 이제 와서 어찌하겠다는 말인가." 무지가 말했다. "내가 비록 할 바를 알지 못하고 처신을 가볍게 하여 발을 잃었으나, 내가 찾아 온 것은 발보다 더 소중한 것이 있음을 알고 그것을 힘써 보전하려 함입니다. 무릇 하늘은 덮지 않는 것이 없고, 땅은 싣지 않는 것이 없습니다. 나는 선생

을 천지와 같이 알았는데, 이러실 줄을 어찌 알았겠습니까." 공자가 말했다. "내가 잘못했소. 어서 들어오십시오. 내가 들은 바를 말해 드리리다." 무지는 가버렸다. 공자가 제자들에게 말했다. "무지는 올자인데도 배움에 힘쓰고 과거의 잘못을 돌이켜 보충하려 한다. 너희는 몸이 온전하니 더욱 학문에 힘쓰라."

무지가 노담에게 말했다. "공구가 지인이 되려면 아직 멀었는데, 그는 어찌 번거롭게 가르치려 하는지요. 그는 괴상한 속임수로 명성을 얻으려 하니, 지인에게는 이것이 질곡임을 알지 못하는 듯합니다." 노담이 말했다. "그렇다면 생사를 하나로 알고, 옳고 옳지 못한 것을 똑같이 여기는 사람으로 하여금 그의 질곡을 풀어줌이 옳지 않을까." 무지가 말했다. "천형이니 어찌 풀 수 있겠습니까."

【解説】　노(魯)나라에 숙산무지(叔山無趾)란 올자가 있었다. 어느 날 발뒤꿈치를 끌고 공자(孔子)를 찾았다.

공자가 말했다.

"평소에 행실을 조심하지 않았기 때문에 돌이킬 수 없는 몸이 되었는데, 새삼 내게 찾아와서 어쩌겠다는 것이오?"

무지가 대답했다.

"사실 나는 사람이 힘써야 할 바를 등한히 하여 발을 잃었지만, 사람에게는 발보다 더 소중한 것이 있습니다. 나는 이 소중한 것을 지켜 가고자 선생을 찾았습니다. 나는 선생을, 만물을 덮어 주고 또한 실어 주는 천지 같은 분이라 생각했었는데, 잘못 알았던 것 같습니다."

공자가 태도를 바꾸고 말했다.

"나의 생각이 좁았소. 들어오시오. 내가 아는 것은 무엇이나 말씀드리겠습니다."

그러나 무지는 그대로 가버렸다. 뒤에 공자가 제자들을 타일렀다.

"저 무지는 올자이면서도 학문에 힘쓰고 과거의 잘못을 보충하려고 한다. 너희들은 온전한 몸을 가지고 있으니 더욱 학문에 힘써라."

무지는 노담(老聃)을 찾아가 이렇게 말했다.

"저 공자가 지인이 되려면 아직도 멀었는데, 도대체 무엇을 가지고 학자인 척할까요. 사람의 눈을 괴상하게 속여(詼詭幻怪) 단지 명성을 얻으려 하는 것 같습니다. 명성이 지인에게는 수갑이나 쇠사슬[桎梏]에 불과한데도 말입니다."

노담이 말했다.

"생사를 구분하지 않고 가(可)·불가(不可)를 하나로 보는 만물 제동(萬物齊同)의 진리를 아는 사람으로 하여금 그의 질곡을 풀어 주면 어떨까."

무지는 이렇게 대답했다.

"하늘이 주신 형벌(天刑)을 어찌 풀어 줄 수 있겠습니까."

醜男 哀駘它

1. 男女가 함께 思慕하는 醜男

魯哀公問於仲尼曰, 衛有惡人焉, 曰哀駘它. 丈夫與之處者, 思而不能去也. 婦人見之, 請於父母曰, 與爲人妻, 寧爲夫子妾者, 十數而未止也. 未嘗有聞其唱者也, 常和而已矣. 無君人之位, 以濟乎人之死, 無聚祿以望人之腹, 又以惡駭天下, 和而不唱, 知不出乎四域, 且而雌雄合乎前, 是必有異乎人者也. 寡人召而觀之, 果以惡駭天下. 與寡人處, 不至以月數, 而寡人有意乎其爲人也. 不至乎期年, 而寡人信之. 國無宰, 寡人傳國焉. 悶然而後應, 氾而若辭. 寡人醜乎, 卒授之國.
無幾何也, 去寡人而行. 寡人卹焉, 若有亡也. 若無與
樂是國也. 是何人者也.

【解釋】 노애공이 숭니에게 물었다. "위에 애태타라는 추남이 있었소.
남자도 그와 같이 있으면 사모하여 떠날 줄을 모르고, 여자가 보면 부
모에게 청하기를 '다른 사람의 아내가 되느니 차라리 선생의 첩이 되리
라.'하는 사람이 이미 수십 명이었소. 그러나 일찍이 그가 외치는 소리
를 들어 본 적이 없고 항상 남과 어울릴 뿐이었소. 군왕의 지위로 죽을
사람을 구해 주는 것도 아니고, 모은 녹으로 사람들의 배를 채워 주는
것도 아니오. 그 추함은 세상을 놀라게 하나 외치지 않고 어울릴 뿐이
며 또한 지식은 나라 안에 그치나 남녀가 앞에 모이는 것은 반드시 특
이한 점이 있기 때문일 것이오. 과인이 불러 보니 과연 천하를 놀라게
하는 추남이었소. 과인과 함께 지낸 지 몇 달이 안되어 그의 인품에 호
의를 갖게 되었고, 1년이 못되어 과인은 그를 신뢰하게 되었소. 나라
에 재상이 없어 과인은 그에게 국정을 맡기려 했소. 민망한 듯이 뒤에
대답하는데, 망설이는 것이 사양하는 것 같았소. 과인은 쑥스러웠으나
가까스로 나라를 맡겼지만 얼마 안 되어 과인을 떠나갔소. 과인은 무엇
을 잃은 듯 걱정이 되오. 이 나라를 다스리며 함께 즐길 사람이 없는
듯하니 그는 어떤 인물이오."

【解説】 노애공(魯哀公)이 공자(孔子)에게 말했다.
"위(衛)나라에 애태타(哀駘它)라는 지극히 못생긴 사내가 있었소. 그
와 접촉만 해도 남자는 그를 사모하여 떨어지지 못하고, 여자는 첩이라
도 좋으니 옆에 있게 해달라고 부모를 조른다 하오. 그러나 이 사내는
남의 비위만 맞출 뿐, 앞장서서 자기의 의견을 주장하는 일이 없다는
거요. 재산도 권력도 없는 데다가 천하에 다시 없는 추남이요, 신념도
없고 지식도 짧아 무엇 하나 취할 점이 없는 사람이지만, 모두가 그를
사모하니 특출한 사람일 것이라 생각하고 그를 불렀다오. 과연 소문과
같이 세상에 보기 드문 추남이었소. 그러나 함께 지낸 지 몇 달이 채 못

되어 호의를 갖게 되었고 1년이 안 돼서 그를 진심으로 신뢰하게 되었소. 마침 재상 자리가 비어 있었으므로 나는 그에게 국정을 맡기려 했으나 명백한 대답을 하지 않는 것이, 그런 것에는 관심이 없다는 태도였소. 그 담담한 태도에 쑥스럽기는 했으나 가까스로 국정을 떠맡겼는데, 얼마 안 되어 그는 어디론지 사라져 버렸소. 그 뒤로 나는 마음이 허전하여 무엇을 잃은 것만 같구료. 나라를 다스리며 같이 즐길 사람이 다시는 없을 것 같으니 대관절 그는 어떤 인물이기에 그렇소.”

2. 얼굴보다 實質

仲尼曰, 丘也嘗使於楚矣. 適見狊子食於其死母者. 少焉眴若, 皆棄之而走. 不見己焉爾, 不得類焉爾. 所愛其母者, 非愛其形也, 愛使其形者也, 戰而死者, 其人之葬也, 不以翣資. 刖者之屨, 無爲愛之. 皆無其本矣, 爲天子之諸御, 不爪翦, 不穿耳. 娶妻者, 止於外, 不得復使. 形全猶足以爲爾. 而況全德之人乎. 今哀駘它, 未言而信, 無功而親, 使人授己國, 唯恐其不受也. 是必才全而德不形者也.

【解釋】 중니가 대답했다. “일찍이 사신으로 초에 갔을 때, 마침 돼지 새끼가 죽은 어미의 젖을 빠는 것을 보았습니다. 잠시 후에 놀라더니 달아났습니다. 자기들을 보지 않으며, 자기들과 다름을 알았기 때문입니다. 어미를 사랑하는 것은 그 형체를 사랑함이 아니라, 그 형체를 부리는 본질을 사랑하는 것입니다. 전사자를 장사지낼 때에는 삽을 보내 주지 않고, 올자는 신을 사랑하지 않는데, 이것은 다 그 근본이 없어졌

기 때문입니다. 천자를 모시게 되면 손톱을 깎거나 귀에 구멍을 뚫지
않으며, 새신랑은 바깥 일을 쉬며 관청에서도 일을 시키지 않습니다.
형체를 보전함도 족히 그와 같은데, 하물며 덕을 온전히 하는 사람이
겠습니까. 지금 애태타는 말을 안 해도 믿고, 공이 없어도 친하게 되며
사람으로 하여금 나라를 주세 만들고노 나만 받지 않을까 염려하게 합
니다. 반드시 그는 재능이 온전하고 덕이 밖으로 나타나지 않는 사람일
것입니다."

【解説】 공자가 대답했다.

"제가 초(楚)나라에 갔을 때, 새끼 돼지가 죽은 어미의 젖을 빠는 것
을 보았습니다. 새끼 돼지는 곧 소스라치게 놀라더니 어미를 버리고 달
아나 버렸습니다. 벌써 어미 돼지의 사랑을 느낄 수 없고 살아 있을 때
의 어미가 아님을 알아차렸기 때문입니다. 새끼 돼지는 어미의 몸뚱이
가 아니라 그 마음을 사랑한 것입니다. 전사자의 관에는 삽(翣―戰功
을 찬양하는 장식물)을 꾸미지 않고, 올자(兀者)는 신에 관심이 없으니
그것은 외형보다 내용을 소중히 하기 때문입니다. 천자를 모시는 여자
는 몸에 장식을 못하게 하고, 새신랑은 바깥 일을 쉬며 공적(公的)인
일에도 면제가 됩니다. 어느 것이나 몸을 보존하려는 뜻이니 사람이 형
체를 유지하는 것도 이와 같은데, 온전한 덕을 보존하는 것은 말할 나
위 조차 없지 않겠습니까. 애태타는 자기 의견을 내세우지 않아도 남이
믿게 되고 공적이 없어도 호감을 받아 나라를 맡기게까지 하고도 오히
려 거절할까 하여 걱정하게 만들었습니다. 애태타는 구애받지 않고 천
성대로 사는 덕의 소유자임이 분명합니다."

3. 醜男의 魅力

> 哀公曰, 何謂才全. 仲尼曰, 死生存亡, 窮達貧富,

賢與不肖毀譽, 饑渴寒暑, 是事之變, 命之行也, 日夜
相代乎前, 而知不能規乎其始者也. 故不足以滑和, 不
可入於靈府. 使之和豫通, 而不失於兌. 使日夜無郤,
而與物爲春. 是接而生時於心者也. 是之謂才全.

何謂德不形. 曰, 平者水停之盛也. 其可以爲法也,
內保之而外不蕩也. 德者成和之修也. 德不形者, 物不
能離也. 哀公異日以告閔子曰, 始也, 吾以南面而君天
下, 執民之紀, 而憂其死, 吾自以爲至通矣. 今吾聞至
人之言, 恐吾無其實, 輕用吾身, 而亡其國. 吾與孔丘,
非君臣也, 德友而已矣.

【解釋】 애공이 물었다. "무엇을 일러 재주가 온전하다 하오." 중니가
대답했다. "사생존망, 궁달빈부, 현명하고 우매함, 비난과 칭찬, 기갈
과 한서 등은 사물의 변화이고 운명의 움직임이라, 밤낮으로 눈 앞에서
번갈아 일어나도 그것의 시작을 알지 못합니다. 그러므로 너그러운 마
음으로 조화를 어지럽히지 말고, 올바른 마음을 꾸준히 지속하면 만사
는 봄과 같이 됩니다. 사물과 접촉하여 그 마음에 때를 만드니, 재능이
온전하다 함은 이를 이르는 것입니다.""무엇을 일러 덕이 나타나지 않
는다 하오." 중니가 대답했다. "물이 완전히 멈추어 있을 때가 가장 평
평하기 때문에 이를 표준으로 삼습니다. 안에 간직하고도 밖으로 흔들
리지 않지요. 덕은 조화를 이루는 수양인데 덕을 밖으로 나타내지 않으
면 만물이 그를 떠나지 못합니다." 애공이 훗날 민자에게 말했다. "처
음 내가 남면하여 천하의 임금이 되었을 때 백성의 기강을 잡고 그들의
죽음을 근심하는 것으로 스스로가 할 바를 다하는 것으로 생각했소. 이
제 지인의 말을 들으니, 나는 자격이 없으며 행동을 경솔히 하여 나라
를 망칠까 두려워하오. 나와 공구는 군신이 아니라 덕으로 맺은 친구
일 뿐이오."

【解說】　애공이 물었다.

"온전한 재능이란 어떤 것이오?"

"사생(死生)과 존망(存亡), 곤궁과 영달, 현명과 우매, 비난과 칭찬, 기갈(飢渴)과 한서(寒暑) 따위는 모두 현상이 변화하는 모습이고 운명의 표현인 것으로 끊임없이 우리들 앞에 전개되지만, 인간의 지혜로는 그 인과 관계(因果關係)를 알 도리가 없는 것입니다. 따라서 이러한 변화에 마음을 어지럽히는 일이 없이 모든 것을 자기의 운명으로 알고 마음을 즐겁게 가져 일체의 사물을 있는 그대로 받아들이는 인간만이 무한히 변화하는 바깥 세계에 대해 항상 새로운 조화를 창조해 나갈 수 있습니다. 온전한 재능이란 이러한 것을 이르는 것입니다."

"그러면 덕이 밖으로 나타나지 않는다 함은?"

"고요히 멈춰 있는 물이 모든 사물의 높이를 계산하는 기준이 됩니다. 물은 본성을 안에 지니고 있으면서도 밖으로 나타내지 않기 때문에 수평(水平)을 유지할 수 있습니다. 덕이란 만물과 일체가 되어 그것을 포용하는 것입니다. 덕의 소유자는 괸 물과 같아서 사람들이 떠나지 못하게 되는 것입니다." 뒷날 애공은 민자건(閔子騫―孔子의 제자)에게 이렇게 말했다.

"나는 임금으로서, 나라를 다스리고 백성의 생활을 보호하는 것만이 최상의 정치라고 믿고 있었소. 그러나 공자에게서 지인(至人)의 이야기를 듣고, 나에게는 임금이라는 명성만이 있을 뿐 덕을 지니지 못했으니 가볍게 행동하여 나라를 망치는 일이나 없을지 두려워하게 되었소. 그것을 가르쳐 준 공자는 나의 신하가 아니라 내가 덕을 닦는 데에 없어서는 안 될 친구이오."

하늘이 길러 준다

闉跂支離無脈說衛靈公. 靈公說之, 而視全人, 其脰肩
肩. 甕㼜大癭, 說齊桓公. 桓公說之, 而視全人, 其脰
肩肩. 故德有所長, 而形有所忘. 人不忘其所忘, 而忘
其所不忘, 此謂誠忘. 故聖人有所游, 而知爲孼, 約爲
膠, 德爲接, 工爲商. 聖人不謀惡用知. 不斲惡用膠.
無喪惡用德. 不貨惡用商. 四者天鬻也. 天鬻者天食也.
旣受食於天, 又惡用人. 有人之形, 無人之情, 有人之
形, 故群於人. 無人之情, 故是非不得於身. 眇乎小哉,
所以屬於人也. 謷乎大哉, 獨成其天.

【解釋】 인기지리무신이 위영공에게 설명했다. 영공이 말을 듣고 온전한 사람을 보니 그 목이 작고 가늘었다. 옹앙대영이 제환공에게 설명했다. 환공이 말을 듣고 온전한 사람을 보니 그 목이 작고 가늘었다. 그러므로 덕이 커지면 외형을 잊게 된다. 사람이 잊을 것을 잊지 않고 잊지 않을 것을 잊으니, 이것이 정말로 잊어버리는 것이다. 그러기에 성인은 노니는 곳이 있어 앎을 곁순으로, 규범을 아교풀로, 덕을 붙들어매는 것으로, 기교를 장사하는 것으로 안다. 성인은 꾀하지 않으니 어찌 지식을 쓰며, 쪼개지 않으니 어찌 아교풀을 쓰며, 잃을 것이 없으니 어찌 덕을 쓰며, 파는 일이 없으니 어찌 장사를 하리오. 이 네 가지는 천국이다. 천국이란 하늘이 기르는 것이다. 이미 양식을 하늘에서 받았는데, 왜 인간의 노력을 하리오. 사람의 형체는 가졌으나 사람의 정은

없다. 사람의 형체를 가졌으므로 사람과 함께 사나, 사람의 정이 없으므로 그에게는 시비가 없다. 미미한 것은 사람에게 속했기 때문이나, 크고 위대한 것은 하늘의 도를 홀로 완성했기 때문이다.

【解説】　절름발이며 꼽추에다 언청이까지 겸한 인기지리무신 (闉跂支離無脤)이 위영공(衛靈公)에게 도를 말했다. 영공은 이 불구자의 말에 감동하여 그 뒤로는 육신이 온전한 사람을 도리어 이상하게 생각했다.

또 목에 큰 혹이 달린 옹앙대영(甕㼜大癭)이 제환공(齊桓公)에게 도를 말하니 환공 또한 이 불구자의 말에 감동하여 그 뒤론 육신이 온전한 사람을 보면 도리어 이상하게 생각했다.

이런 예로 알 수 있듯이 덕이 뛰어나면 외형을 잊게 된다. 반대로 외형에 사로잡히면 덕을 잊게 되니 이것이야말로 정말 망각이다.

따라서 성인은 아무것에도 사로잡힘이 없다. 지식도 쓸 데가 없고 규범은 사람을 구속하는 아교풀이며 세속적인 도덕은 허식에 불과하고 기교〔工〕도 장사의 수단으로 본다.

이런 것들이 어찌 성인을 괴롭히겠느냐.

지식과 규범, 도덕과 기교는 천국(天鬻—하늘에 의해 길러지는 것)인 것이다. 하늘이 길러 주는데 새삼 인위(人爲)를 필요로 하겠는가.

성인은 사람의 형태를 취하지만 인간의 욕정은 없다. 사람의 형태를 지닌 까닭에 인간 사회에서 살고 있으나 욕정이 없으므로 시비의 대립을 초월해 있다.

성인도 인간이라는 점에서는 미미한 존재이지만, 자연의 도를 완성한 점에서는 한없이 위대한 존재인 것이다.

情問答

惠子謂莊子曰, 人故無情乎. 莊子曰, 然.　惠子曰,

人而無情, 何以謂之人. 莊子曰, 道與之貌, 天與之形,
惡得不謂之人. 惠子曰, 既謂之人, 惡得無情. 莊子曰,
是非吾所謂情也. 吾所謂無情者, 言人之不以好惡內傷
其身, 常因自然而不益生也. 惠子曰, 不益生, 何以有
其身. 莊子曰, 道與之貌, 天與之形. 無以存惡內傷其
身. 今子外乎子之神, 勞乎子之精, 倚樹而吟, 據槁梧
而瞑. 天選子之形, 子以堅白鳴.

【解釋】 혜자가 장자에게 일러 말했다. "사람은 본디 정이 없는가." 장자가 대답했다. "그렇지." 혜자가 물었다. "사람이 정이 없다면 무엇을 가지고 사람이라 하겠는가." 장자가 대답했다. "도가 모양을 주고 하늘이 형체를 주었으니 어찌 사람이라 이르지 않겠나." 혜자가 물었다. "이미 사람이라 부르는 이상 어찌 정이 없을 수 있는가." 장자가 대답했다. "그것은 내가 말하려는 정이 아니네. 내가 정이 없다고 말하는 것은 호오로써 안으로 그 몸을 상하게 하지 않고, 항상 자연에 맡겨둘 뿐 삶에 더 보탬이 없어야 한다는 것이네." 혜자가 물었다. "삶에 보탬이 없다면 어찌 그 몸이 있을 수 있는가." 장자가 대답했다. "도가 모양을 주고 하늘은 형체를 주었으니, 호오로써 안으로 그 몸을 상하게 하지 말게. 자네는 지금 마음을 밖으로 향하게 하여 정신을 괴롭히고 있네. 나무에 기대어 읊고 오동나무 책상에 의지하여 명상에 잠기네. 그처럼 하늘이 점지한 형체를 가지고 견백의 궤변만 지껄이고 있네."

【解說】 혜자(惠子)가 장자에게 의논을 청했다.
"성인은 정(情)이 없다고 말하는데, 사람이 정을 갖지 않을 수 있는가."
"그렇지."
"정이 없는 사람을 어떻게 사람이라 할 수 있겠는가."
"하늘이 사람의 형체를 부여했으니 사람이라 하지 않고 뭐라 하겠는가."

"사람인 이상 정을 갖지 않는다는 것은 모순이 아닌가."

"내가 정이 없다고 말하는 것은 정에 사로잡히지 않음을 뜻하는 것이네. 호오(好惡)에 사로잡혀 몸을 해치는 일이 없이 일체를 자연에　내맡겨 인위적인 노력을 하지 않는 것이네."

"그러나 인위를 부정하면 자기의 몸노 보존할 수 없시 않은가."

"인간은 이미 주어진 존재네. 따라서 좋아하고 싫어함으로써 몸을 상하게 하지 말라는 것이네. 그런데 자네는 끊임없이 지식을 추구하여 의논으로 날을 보내며 자신을 괴롭히고 있네. 하늘이 모처럼 자네를 낳아주었는데, 자네는 아무 쓸모 없는 의논에 힘을 쏟으며 자신을　망치고 있지 않은가."

6. 大宗師

道만이 참다운 스승

1. 앎의 限界

> 知天之所爲, 知人之所爲者, 至矣. 知天之所爲者,
> 天而生也. 知人之所爲者, 以其知之所知, 以養其知之
> 所不知. 終其天年, 而不中道夭者, 是知之盛也. 雖然
> 有患. 夫知有待而後當. 其所待者, 特未定也. 庸詎知
> 吾所謂天之非人乎, 所謂人之非天乎.

【解釋】 하늘의 일과 사람의 일을 아는 자는 끝에 이른다. 하늘이 하
는 일을 아는 자는 하늘과 함께 산다. 사람이 하는 일을 아는 자는 그
지의 아는 바로써 그 지의 모르는 바를 키운다. 중도에 죽지 않고 천수
를 다하는 사람은 지식이 뛰어났기 때문이다. 그러나 근심이 있으니, 앎
이란 기다린 후에 얻어지는데 그 기다리는 대상이 확정되어 있지 않기
때문이다. 어찌 내가 하늘이 사람과 다름을 알고, 사람이 하늘과 다름
을 알 수 있으리오.

【解説】 하늘(자연)과 사람(인위)을 지배하는 법칙을 깨닫는 것이 앎
의 최종 목표이다. 하늘의 법칙을 알면, 일체의 변화에 순응할 수 있게

된다. 사람이 할 일을 알면, 무리함이 없이 앎을 활용할 수 있다. 이리
하여 하늘이 준 생명(天壽)을 다하는 사람을 지자(知者)라고 한다. 그
러나 이러한 단계에 이르러도 앎에는 여전히 근심이 남는다. 지적인 인
식은 대상에 대해 작용하는데 대상 자체가 끊임없이 변화하므로 명확
한 인식이 불가능하기 때문이다. 따라서 하늘과 사람의 대립마저도 명
확하지 못한 것이다.

2. 眞人의 眞知

> 且有眞人而後有眞知. 何謂眞人. 古之眞人, 不逆寡,
> 不雄成, 不謨士. 若然者, 過而弗悔, 當而不自得也.
> 若然者, 登高不慄, 入水不濡, 入火不熱. 是知之能登
> 假於道也若此. 古之眞人, 其寢不夢, 其覺無憂, 其食
> 不甘, 其息深深. 眞人之息以踵, 衆人之息以喉. 屈服
> 者, 其嗌言若哇. 其耆欲深者其天機淺. 古之眞人, 不
> 知說生, 不知惡死. 其出不訢, 其入不距. 翛然而往,
> 翛然而來而已矣. 不忘其所始, 不求其所終. 受而喜之,
> 忘而復之. 是之謂不以心捐道, 不以人助天. 是之謂眞
> 人. 若然者, 其心志, 其容寂, 其顙頯, 凄然似秋, 煖
> 然似春. 喜怒通四時, 與物有宜, 而莫知其極.

【解釋】 진인이 있은 후에 진지가 비롯되었다면, 진인이란 어떠한 사
람인가. 옛날의 진인은 역경을 거스르지 않고, 달성함을 뽐내지 않으며
일을 꾀하지 않았다. 그같은 사람은 잘못이 있어도 뉘우치지 않으며,
부딪쳐와도 스스로 취하지 않았다. 높은 데 올라도 겁내지 않고, 물에

들어가도 젖지 않으며, 불에 들어가도 뜨거워하지 않았다. 앎이 능히
도를 이룩함이 이와 같았다. 옛날의 진인은 자면서 꿈꾸지 않고, 깨어
서 근심하지 않았으며, 먹는 것도 달게 하지 않고, 호흡은 깊고 깊었다.
진인은 발뒤꿈치로 숨쉬었는데, 중인은 목구멍으로 숨쉰다. 굴복한 자
의 목구멍소리는 막히는 것만 같고, 욕심이 많은 자는 천기가 짧다. 옛
날의 진인은 삶을 기뻐할 줄 모르고, 죽음을 싫어할 줄 몰랐다. 태어남
을 하소연하지 않았고, 돌아감을 꺼리지 않았다. 무심히 갔다가 무심
히 올 뿐이었다. 그 시작한 바를 잊지 않고, 그 마친 바를 구하려 하지
않았다. 받으면 기뻐하고, 잊으면 돌아간다. 이를 일러 마음으로 도를
상하지 않고, 사람으로 하늘을 돕지 않는다고 한다. 진인은 이러한 사
람이다. 이런 사람은 마음은 생각이 없고 얼굴은 고요하며, 이마는 우
뚝하여, 엄함이 가을 같고, 온화함이 봄 같다. 기뻐하고 노함이 네 절
기를 통해 만물과 함께 조화되니, 그 끝간 데를 알 수 없다.

【解説】　그러나 진지(眞知)는 이런 약점을 갖지 않는다. 이 진지를 인
격화한 것이 진인(眞人)이다. 태고의 진인은 역경을 거역하지 않고 달
성한 것을 기뻐함이 없이 모든 것을 자연에 내맡겨 인위적인 노력을 더
하지 않았다. 실패해도 속을 썩히지 않았고, 성공해도 자랑하지 않았
다. 절벽 끝에 서도 무서워하지 않았고, 물에 빠져도 젖지 않았으며,
불에도 뜨거워하지 않았다. 〈도〉와의 이러한 일체화가 진인의 진지다.
　진인은 잘 때 꿈꾸지 않고, 깨어나서 근심이 없다. 먹어도 맛에 끌리
지 않고, 발뒤꿈치로 천천히 깊은 숨을 쉬었다. 그러나 범인들은 목구
멍으로 바쁜 숨을 헐떡거리고, 말은 패배자의 울부짖음 같다. 지나친
욕심이 타고난 생명의 힘(天機)을 고갈시키고 있는 것이다.
　진인은 삶에 집착하지 않고 죽음을 기피하지 않았다. 세상에 태어났
음을 기뻐하지 않고, 세상을 떠난다고 슬퍼하지 않았다. 무심히 왔다가
무심히 갈 뿐이었다. 자신을 자연 현상의 하나로 보고, 죽음에 개의치
않았다. 주어진 삶을 즐기다가, 죽을 때가 되면 일체를 망각하고 자연
에 되돌아갔다.
　마음으로 〈도〉를 해치지 않고, 인위로 자연을 돕지 않았으니, 진인이

란 바로 이같은 존재였다.

　진인의 마음은 무심하고 용모는 한적하며 이마는 넓고 편편하다. 추상처럼 엄한가 하면, 봄날처럼 온화하여 감정의 움직임은 계절이 바뀌듯 자연스럽고, 정신은 바깥 사물과 조화를 이루어 무한한 자유를 누린다.

3. 聖人은 無心

> 故聖人之用兵也, 亡國而不失人心, 利澤施於萬物,
> 不爲愛人. 故樂通物, 非聖人也. 有親, 非仁也. 天時,
> 非賢也. 利害不通, 非君子也. 行名失己　非士也. 亡
> 身不眞, 非役人也. 若狐不偕, 務光, 伯夷, 叔齊, 箕
> 子胥餘, 紀他, 申徒狄, 是役人之役, 適人之適, 而不
> 自適其適者也.

【解釋】　그러므로 성인이 군사를 써서 나라를 멸망시켜도 인심을 잃지 않으며, 혜택을 만대에 베풀어도 사람을 사랑한다고 하지 않는다. 따라서 만물에 통하려는 사람은 성인이 아니고, 친하려 함은 인이 아니며, 천시에 따르려 함은 현이 아니고, 이해를 통하지 못한 사람은　군자가 아니며, 이름 때문에 몸을 잃는 사람은 선비가 아니고,　자신을 잃고 진실하지 못함은 사람의 힘쓸 일이 아니다. 호불해·무광·백이·숙제·기자서여·기타·신도적 같은 이는, 남의 일에 힘쓰고, 남이 좇는 것을 좇았지, 스스로 그가 좇을 바를 좇지 못한 사람이다.

【解説】　성인이 무력을 사용하여 한 나라를 멸망시켜도, 백성들이 나라를 멸망시킨 것으로 생각하지 않고, 혜택을 만대에까지 펼쳐도 백성을 사랑한다 하지 않음은 자연에 따르고 있기 때문이다. 따라서 만물에

통달하고자 하는 사람은 성인이 아니고, 의식적으로 사람과 친하려는 사람은 인자(仁者)가 아니며, 천시(天時—때에 따라 변하는 자연의 현상)에 따르는 사람은 현자(賢者)가 아니며, 이해(利害)를 깨닫지 못하는 사람은 선비가 아니다. 본래의 자신을 잊고 본성을 상실함은 인간이 힘쓸 일이 아니다.

호불해(狐不偕)·무광(務光)·백이(伯夷)·숙제(叔齊)·기자서여(箕子胥餘—胥餘는 箕子의 이름)·기타(紀他)·신도적(申徒狄)과 같은 사람들은 자기의 신념을 관철한 것처럼 보이나, 실상은 남의 의사에 영합하고 세상 평판에 이끌려 자기의 본성을 포기한 사람들이다.

4. 天人合一

古之眞人, 其狀義而不朋, 若不足而不承. 與乎其觚而不堅也. 張乎其虛而不華也. 邴邴乎其似喜乎. 崔乎其不得已乎. 滀乎進我色也, 與乎止我德也. 厲乎其似世乎. 警乎其未可制也. 連乎其似好閉也, 悗乎忘其言也. 以刑爲體, 以體爲翼, 以知爲時, 以德爲循. 以刑爲體者, 綽乎其殺也. 以體爲翼者, 所以行於世也. 以知爲時者, 不得已於事也. 以德爲循者, 言其與有足者至於丘也. 而人眞以爲勤行者也. 故其好之也一, 其弗好之也一. 其一也一, 其不一也一. 其一與天爲徒, 其不一與人爲徒. 天與人不相勝也, 是之謂眞人.

【解釋】 옛 진인은 그 모습이 높아도 무너지지 않고, 다하지 않은 듯해도 덧붙일 것이 없었다. 유연하여 고고한 듯해도 고집하지 않고, 마

음이 넓어 청허한 듯해도 가볍지 않았다. 즐겁다 해서 그것이 기쁨과 같을 것인가. 재촉한다 해서 하는 수 없는 것인가. 안락하다 해서 내 얼굴빛에까지 나타난다지만, 서로 즐기며 내 덕에 자리한 것뿐이다. 너르다 하여 그것이 세상 일과 같을 것인가, 고원하여서 제약에 얽매임이 없는 것이다. 오래도록 침묵한다지만, 보고 듣지 않기를 좋아하는 것과 같을 것인가. 무심한 상태여서 말을 잊은 것 뿐이다. 형벌을 제 몸처럼 여기고, 예의를 날개처럼 여긴다. 앎은 시대를 따르고, 덕은 섭리를 따른다. 형벌을 제 몸처럼 여긴다는 것은 남을 죽임에 관대하고, 예의를 날개처럼 여긴다는 것은 세상에서 행하여지는 대로 따른다는 말이다. 앎으로써 시대를 따른다는 것은 일을 하지만 마지 못해서이고, 덕으로써 섭리를 따른다 함은 발이 있는 자와 함께 언덕에 도달함을 말하는 것이다. 그러나 사람들은 진인이 노력해서 행하는 것이라고 생각한다. 그러므로 좋아하는 것도 하나이고, 좋아하지 않는 것도 하나이다. 하나라고 여기는 것도 하나고, 하나가 아니라고 여기는 것도 하나다. 하나라고 함은 하늘과 함께 하는 것이고, 하나가 아니라 함은 사람과 함께 하는 것이다. 하늘과 사람이 서로 이기려 하지 않는다고 여기는 이런 사람을 진인이라 한다.

【解説】 옛날의 진인은 그 모습이 지극히 높아도 절대로 무너지는 일이 없고, 어딘가 모자라는 듯하면서도 덧붙일 것이 없고, 유연(悠然)하여 고고(孤高)한 듯하면서도 완고하지 않고, 그 마음이 청허하고 크건만 가벼운 법이 없었다. 즐거워한다 해서 그것을 진인의 기쁨이라고 말할 수 없고, 세상 일에 재촉되는 것 같지만 자연의 도리에 따르는 것뿐이었다. 안락한 빛이 얼굴에 나타나도 본성을 잃는 일이 없고, 사색에 잠겨 침묵하는 것은 무아의 경지에서 노닐기 때문이었다.

 진인은 형벌을 자기의 몸처럼 생각하고 예의를 날개처럼 여기며 지식은 시대의 흐름을 따르는 것으로, 덕은 자연의 섭리를 따르는 것으로 알았다.

 형벌을 자기 몸처럼 생각하기 때문에 남을 죽임에 있어 관용을 베풀 수 있고, 예의를 날개처럼 여기기 때문에 자유로이 세속적인 규범액서 벗어날 수 있었다. 지식이 시대의 흐름에 따른다는 것은 필연적인 움직임에 순응한다는 것이고, 덕이 자연의 섭리를 따르는 것이라 함은 남과 함께 덕이 이를 수 있는 곳에 도달할 수 있음을 말한다. 진인은 이와 같이 자연 그대로의 존재이나, 남이 보기에는 그것이 노력의 결과로 도달한 것처럼 생각된다. 진인은 자연 그대로를 따르기 때문에 차별이 없으므로 모든 것을 동일하다고 본다. 모든 것을 동일하게 보는 것은 하늘의 도리를 따름이요, 동일하지 않다고 보는 것은 사람의 작위를 따르는 것이다. 그러나 하늘의 도리를 따르든, 사람의 작위를 따르든, 진인은 주어진 환경에 순응할 뿐인 것이다. 하늘의 도리와 사람의 작위가 대립하는 일이 없는 사람을 진인이라고 한다.

5. 道에 따라 산다

死生命也. 其有夜旦之常, 天也. 人之有所不得與, 皆物之情也. 彼特以天爲父, 而身猶愛之. 而況其卓乎 人特以有君爲愈乎己, 而身猶死之. 而況其眞乎. 泉涸, 魚相與處於陸, 相呴以溼, 相濡以沫, 不如相忘於江湖. 與其譽堯而非桀, 不如兩忘而化其道.

夫大塊載我以形, 勞我以生, 佚我以老, 息我以死. 故善吾生者, 乃所以善吾死也. 夫藏舟於壑, 藏山於澤, 謂之固矣. 然而夜半有力者負之而走, 昧者不知也. 藏大小有宜猶有所遯. 若夫藏天下於天下, 而不得所遯, 是恆物之大情也. 特犯人之形而猶喜之. 若人之形者, 萬化而未始有極也, 其爲樂可勝計邪. 故聖人將游於物

> 之所不得避而皆存.　善夭善老,　善始善終,　人猶效之.
> 又況萬物之所係,　而一化之所待乎.

【解釋】 　죽고 사는 것은 운명이고 밤과 낮이 일정함은 하늘의 법칙이다. 사람이 관여할 수 없는 만물의 실상이다. 사람들은 특히 하늘을 아비라 하여 몸으로 사랑한다. 하물며 그보다 탁월한 자랴. 사람들은 특히 임금을 자기보다 낫다 하여 몸을 바친다. 하물며 그보다 참된 자랴. 못의 물이 말라 고기가 뭍에 함께 있게 되면 서로 습기를 뿜어내서 서로의 몸을 적시는 것은 강이나 호수에서 서로를 잊고 있음만 못하다. 요를 칭찬하고 걸을 비난하는 것은, 둘을 잊고 도와 일체가 됨만 못하다.

무릇 자연이 나의 형체를 주어 노력하여 살다가 늙어서는 편안하게 하고 죽으면 쉬게 한다. 그러므로 내 삶을 좋은 것이라 여김은 나의 죽음을 좋은 것이라고 여김과 같다. 무릇 배를 골짜기에 숨기고 산을 못에 감추고도 견고하다고 생각하나, 밤중에 힘있는 자가 지고 달아난다. 그러나 우매한 자는 이를 모른다. 작은 것을 큰 것에 감추면 적당하기는 하나 달아날 수가 있다. 그러나 천하를 천하 안에 감추면 달아날 수가 없다. 이것이 만물의 실정이다. 사람의 형체를 한 것을 특히 기뻐한다. 그러나 사람의 형체는 한없이 변화하여 일찍이 다함이 없었다. 그 즐거움을 어찌 다 헤아릴 수 있겠는가. 그러므로 성인은 장차 만물이 달아나지 못하는 곳에서 노닐며 모든 것을 그대로 두려 한다. 죽는 것도 좋다 하고, 늙는 것도 좋다 한다. 시작도 좋다 하고, 끝도 좋다 한다. 사람들은 이런 사람을 본받으려 한다. 하물며 만물이 매어 있고 큰 변화가 나오는 것이랴.

【解説】 　낮과 밤이 바뀌는 것처럼 죽고 사는 것은 하늘의 법칙이다. 만물의 근본 법칙은 인간의 지혜가 미칠 수 없는 곳에 있다. 사람들은 이 하늘을 어버이로서 존경하고 사랑한다. 하물며 그 하늘을 만들어 낸 자를 존경하지 않을 수 있겠는가. 한 나라의 지배자에 불과한 임금도 높게 보고 목숨까지 바친다. 하물며 만물의 참 주재자에게 귀의(歸依)하지 못할 까닭이 없다. 말라붙은 못에 있는 고기는 진흙 위에 몸을 모

아 서로의 입김으로 목숨을 지탱한다. 그러나 이렇게 서로 돕고 사는 것보다 넓은 강이나 호수 속을 헤엄쳐 다니며 서로를 잊는 편이 훨씬 자유로운 것이다.

인간 역시 질서의 테두리 속에서 착한 것을 칭찬하고 악한 것을 비난하며 사는 것보다 선악을 초월하여 〈도〉에 따라 사는 편이 훨씬 자유스럽다.

인간의 형체를 하고 태어나 고생하며 살다가 늙어서는 마음을 편안히 하고 죽어서 영원히 휴식하는 것이 인간의 한평생이니 삶을 긍정한다면 죽음도 긍정해야 할 것이다. 그러나 사람들은 삶에 집착한 나머지 삶을 유지하기에 급급하고 있다.

이것은 배를 깊은 골짜기에 감추고, 산을 못 속에 숨겨 두고는 안전하다고 믿고 있는 어부와 같다. 아무리 교묘하게 숨겼더라도 더 큰 힘을 가진 자가 어둠을 타고 훔쳐 갈지 모르는 일이다.

작은 것을 큰 것 속에 감추었다고 안전하다는 법은 없다. 그러나 천하를 천하 속에 감춰 둔다면 아무것도 잃지 않을 것이다.

사람들은 단순히 인간의 탈을 얻어 썼음을 기뻐한다. 그러나 인간의 형체는 무한히 변화하는 것이니, 그 변화에 마음을 맡기면 그 기쁨도 한이 없을 것이다. 그러므로 성인은 일체를 있는 그대로에 맡기고, 아무것도 잃어버리지 않는 경지에서 노닐고자 한다. 일찍 죽고 오래 사는 것을 동일하게 여기고 삶과 죽음을 똑같이 긍정하는 성인은 모든 사람의 사표로서 숭앙을 받는 것이다. 따라서 만물을 통괄하고 무한한 변화를 낳는 〈도〉야말로 진정한 스승이라 할 수 있겠다.

6. 道란 무엇인가

夫道, 有情有信, 無爲無形. 可傳而不可受. 可得而
不可見. 自本自根, 未有天地, 自古以固存. 神鬼神帝,

生天生地. 在太極之先, 而不爲高, 在六極之下, 而不
爲深. 先天地生, 而不爲久, 長於上古, 而不爲老. 狶
韋氏得之, 以挈天地, 伏戲氏得之, 以襲氣母. 維斗得
之, 終古不忒. 日月得之, 終古不息. 堪坏得之, 以襲
崑崙. 馮夷得之, 以游大川. 肩吾得之, 以處大山. 黃
帝得之, 以登雲天. 顓頊得之, 以處玄宮. 禺强得之,
立乎北極. 西王母得之, 坐乎少廣, 莫知其始, 莫知其
終. 彭祖得之, 上及有虞, 下及五伯. 傅說得之, 以相
武丁, 奄有天下, 乘東維, 騎箕尾, 而比於列星.

【解釋】 무릇 도란 정이 있고 믿을 수 있는 것이지만, 작위하지 않고
형체가 없다. 전할 수는 있어도 받을 수 없고, 얻을 수는 있어도 볼 수
없다. 스스로 근본이 되고 뿌리가 되어 천지가 있지 아니한 태곳적부터
이미 존재하였다. 귀신과 상제를 신으로 만들었으며, 하늘과 땅을 낳
았다. 태극보다 위에 있어도 높지 않고, 육극보다 밑에 있어도 깊지 않
다. 천지 이전에 생겼으나 오랜 것이 아니며, 상고보다 오래 되었으나
늙은 것이 아니다. 상고의 희위씨는 이를 얻어 천지를 합했고, 복희는
이를 얻어 기모를 이었다. 유두는 이를 얻어 어그러짐이 없었고, 일월
은 이를 얻어 그 운행을 그치는 일이 없었다. 감배는 이를 얻어 곤륜산
신이 되었고, 풍이는 이를 얻어 황하에서 노닐었다. 견오는 이를 얻어
대산에 거주했고, 황제는 이를 얻어 구름을 타고 하늘에 올랐다. 전욱
은 이를 얻어 현궁에 들어갔고, 우강은 이를 얻어 북극에서 살았다. 서
왕모는 이를 얻어 소광에 앉았으나 그 시작도 알 수 없고 그 끝도 알 수
없었다. 팽조는 이를 얻어 위로는 순으로부터 아래로는 오백의 시대에
까지 살았다. 부열은 이를 얻어 무정의 재상으로 천하를 지배하다가
동유에 올라 기성과 미성을 달려 열성에 끼게 되었다.

【解説】 〈도〉란 어떤 것인가. 변화하는 만상(萬象)의 근원을 생각해
보면 〈도〉의 존재를 부정할 수 없게 된다. 그러나 그것은 〈무(無)〉로

밖에 표현할 수가 없는 것으로, 마음으로 느낄 수는 있으나 감각으로 확인할 수는 없다. 그것은 어떤 것에도 의존하지 않는 독립적인 것으로, 천지가 창조되기 이전부터 존재했다. 귀신과 상제, 하늘과 땅의 근원은 모두가 〈도〉다. 태극(太極—天地가 나뉘어지기 전의 상태)보다 더 위에 있으면서도 위가 아니고, 육극(六極—天地와 사방)의 밑에 있으면서도 밑이 아니다. 유구한 과거로부터 존재하였으나 오랜 것이 없고, 늙었다고 할 것도 없다. 이 〈도〉를 얻었기 때문에 희위씨(豨韋氏—上古의 帝王)는 하늘과 땅을 연결시켰고, 복희(伏戱)는 기모(氣母—元氣의 근원)를 관장했고, 유두(維斗—北斗神)는 영겁에 걸쳐 천체 운행의 지표가 되었고, 해와 달은 그 운행을 그치는 일이 없었다.

감배(堪坏)는 〈도〉를 얻어 곤륜산신(崑崙山神)이 되었고, 풍이(馮夷)는 황하신(黃河神)이 되었고, 견오(肩吾)는 태산신(泰山神)이 되었고, 황제(黃帝)는 신선이 되어 하늘에 올랐고, 전욱(顓頊—전설상의 帝王)은 현궁(玄宮—北方의 궁전)의 왕이 되었고, 우강(禺強)은 북해신이 되었고, 서왕모(西王母)는 소광산(少廣山)에 살면서 불로 불사의 신선이 되었다. 팽조(彭祖)도 〈도〉를 얻어 순(舜)에서 오백*(五伯)의 시대에까지 살았으며, 부열(傳說)은 무정(武丁—殷의 高宗)을 보좌하여 천하를 평정한 다음 동쪽 하늘[東維]에 올라가 빛나는 별이 되었다.

【註釋】 *五伯 五霸로 보는 설도 있으나 그렇게 되면 8백 살이 아니라 천수백 살을 산 것이 되어 이야기가 모호해지므로 여기에서는 五伯으로 하여 夏에서 殷·周까지의 8백 년으로 새겼다.

道를 배운다

南伯子葵問乎女偊曰，子之年長矣，而色若孺子，何也．曰，吾聞道矣．南伯子葵曰，道可得學邪．曰，惡，惡可．子非其人也．夫卜梁倚，有聖人之才，而無聖人之道，我有聖人之道，而無聖人之才．吾欲以敎之，庶幾其果爲聖人乎．不然，以聖人之道，告聖人之才，亦易矣．吾猶守而告之．參日，而後，能外天下．己外天下矣．吾又守之七日，而後能外物．己外物矣．吾又守之．九日，而後能外生．己外生矣，而後能朝徹．朝徹而後能見獨．見獨而後能無古今．無古今而後能入於不死不生．殺生者不死，生生者不生，爲物，無不將也，無不迎也．無不毁也．無不成也，其名爲攖寧．攖寧也者，攖而後成者也．

南伯子葵曰，子獨惡乎聞之．曰，聞諸副墨之子．副墨之子，聞諸洛誦之孫，洛誦之孫，聞之瞻明，瞻明聞之聶許，聶許聞之需役，需役聞之於謳，於謳聞之玄冥，玄冥聞之參寥，參寥聞之疑始．

【解釋】 남백자규가 여우에게 물었다. "당신은 나이가 많은데도 얼굴빛이 젖먹이 같으니 무슨 까닭이오." "도를 들었기 때문이오." 남백자

규가 물었다. "도는 배울 수 있는 것이오." "안되오. 그대는 배울 사람이 못되오. 저 복양의는 성인의 재질은 있으나 성인의 도가 없고, 나는 성인의 도는 있으나 성인의 재질이 없었소. 내가 가르치고자 했으나, 그가 과연 성인이 될 수 있을는지 걱정이 되었소. 그러나 성인의 도를 성인의 재질을 가진 사람에게 일러 주는 것은 쉬운 일이오. 내가 기다렸다가 도를 일러 주었더니 사흘 뒤에는 능히 천하를 밖으로 했고, 천하를 밖으로 한 뒤에도 계속 지켜 보았더니 이레 뒤에는 능히 만물을 밖으로 했소. 만물을 밖으로 한 뒤에도 내가 계속 지켜 보았더니, 아흐레 뒤에는 능히 삶을 밖으로 했고, 삶을 밖으로 한 뒤에는 능히 조철의 경지에 들어섰소. 조철의 경지를 깨달은 뒤에는 도를 볼 수 있었고, 도를 본 뒤에는 능히 고금을 초월하였소. 고금을 초월한 뒤에는 능히 죽음도 삶도 없는 세계에 들어갈 수 있었소. 삶을 죽이는 자는 죽을 수 없고, 삶을 낳는 자는 태어날 수 없소. 이 성인의 도는 보내지 않는 것이 없고, 맞이하지 않는 것도 없으며, 헐지 않는 것이 없고, 이룩하지 않는 것도 없소. 그 이름을 영녕이라 하는데, 영녕이라고 함은 얽어맨 뒤에 이룬다는 뜻이오.

남백자규가 물었다. "당신은 어디서 도를 들었소." "부묵의 아들에게서 들었소. 부묵의 아들은 낙송의 손자에게서 듣고, 낙송의 손자는 첨명에게서 들었소. 첨명은 섭허에게서 듣고, 섭허는 수역에게서 듣고, 수역은 오구에게서 듣고, 오구는 현명에게서 듣고, 현명은 참료에게서 듣고, 참료는 의시에게서 들었소."

【解説】 남백자규(南伯子葵 — 南伯子綦로 추측됨.)가 여우(女偊)에게 물었다.

"당신은 나이가 상당히 많은데 얼굴은 어린아이같이 윤기를 띠고 있으니 어찌된 일이오."

"도를 배웠기 때문이오."

"나도 그 도를 배울 수 있겠소."

"당신은 도를 배울 그릇이 못되오. 당신은 복양의(卜梁倚)라는 사람을 알고 있소. 그는 성인(聖人)이 될 소질은 가지고 있으나 도를 닦는 방법은 몰랐소. 나는 성인이 될 소질은 없지만 도를 닦는 방법은 알고 있었소. 그래서 그에게 도를 가르치고자 하였으나 그가 과연 도를 체득하여 성인이 될 수 있는지는 의문이었소. 그러나 성인의 재질을 갖춘 사람에게 성인의 도를 가르치는 것은 쉬울 것이라 생각하여 신중을 기한 끝에 도를 일러 주었소. 그랬더니 그는 사흘이 되지 먼저 인간 세상을 잊게 되었소. 계속 지켜 보았더니 이레 뒤에는 바깥 사물을 잊게 되었고, 아흐레 뒤에는 자기의 존재를 망각하게 되었소. 자기의 삶조차 잊은 뒤에는 모든 것을 아침 햇살처럼 비추는(朝徹) 경지에 들어갔소. 그리하여 그는 일체의 대립을 초월한 〈도〉를 느꼈고, 도를 감득한 뒤에는 시간을 초월하게 되었고, 드디어 생사의 구별마저 의식하지 않게끔 되었소. 무릇 사물의 사멸(死滅)을 관장하는 것은 죽는 것이 될 수 없고, 생성(生成)을 관장하는 것은 태어나는 것이 될 수 없소. 생사를 초월한 〈도〉의 존재는 변화하는 삼라만상의 근원이면서도 모든 것을 변화에 내맡길 뿐이오. 복양의는 마침내 이러한 영녕(攖寧—萬物을 얽히게 한 뒤에 본성에 따라 편안히 해 줌.)의 경지에 도달했던 것이오."

남백자규는 경탄하여 물었다.

"그러면 당신은 누구에게서 그 도를 배웠소?"

"나는 부묵(副墨—開眼)의 아들*에게서 배웠소. 부묵의 아들은 낙송(洛誦)의 손자*에게서 배웠고, 낙송의 손자는 첨명(瞻明)에게서 배웠소. 첨명은 섭허(聶許—깨달음)에게서 배웠고, 섭허는 수역(需役—실천)에게서 배웠고, 수역은 오구(於謳—실천의 기쁨)에게서 배웠소. 오구는 현명(玄冥—幽玄한 경지)에게서 배웠고, 현명은 참료(參寥—虛無의 경지)에게서 배웠으며, 참료는 의시(疑始—道의 근원)에게서 배웠던 것이오."

[註釋] *副墨의 아들 *副墨은 書籍을 말함. 아들이라 함은 道를 아비로 보았기 때문.

*洛誦의 손자 洛誦은 書籍을 읽는 것. 손자라 함은 書籍이 아들이라면 그것을 읽는 것은 손자가 되기 때문.

生死一體

1. 莫逆之友

子祀, 子輿, 子犁, 子來, 四人相與語曰, 孰能以無爲首, 以生爲脊, 以死爲尻. 孰知生死存亡之一體者, 吾與之友矣. 四人相視而笑, 莫逆於心. 遂相與爲友.

俄而子輿有病. 子祀往問之曰, 偉哉, 夫造物者. 將以予爲此拘拘也. 曲僂發背, 上有五管, 頤隱於齊, 肩高於頂, 句贅指天. 陰陽之氣有沴. 其心閒而無事, 跰𨇧而鑑於井, 曰, 嗟乎, 夫造物者, 又將以予爲此拘拘也.

子祀曰, 汝惡之乎. 曰亡. 予何惡. 浸假而化予之左臂以爲雞, 予因以求時夜. 浸假而化予之右臂以爲彈, 予因以求鴞炙. 浸假而化予之尻以爲輪, 以神爲馬, 予因而乘之. 豈更駕哉. 且夫得者時也, 失者順也. 定時而處順, 哀樂不能入也. 此古之所謂縣解也. 而不能自解者, 物有結之. 且夫物不勝天久矣. 吾又何惡焉.

【解釋】 자사·자여·자리·자래 등 네 사람이 모여 서로 말했다. "누가 능히 무로 머리를 삼고, 삶으로 등뼈를 삼고, 죽음으로 꽁무니를 삼

내가　함께 겠나. 그리하여 사생과 존망이 일체임을 아는 자가 있다면 벗하겠네.” 네 사람이 서로 보고 웃었다. 마음에 막히는 것이 없으니 드디어 서로 벗이 되었다.

　얼마 뒤에 자여가 병에 걸렸다. 자사가 문병을 가니 자여가 말했다. “위대하구나, 저 조물자는. 장차 나를 꼽추로 만들려 하는구나.” 그의 등은 매우 구부러져 있었고, 오장이 위로 올라갔으며, 턱은 배꼽 밑에 숨었고, 어깨가 머리보다 높았고, 상투는 하늘을 가리키고 있었다. 음양의 기운이 어지러웠으나 그 마음만은 평정했다. 비척대며 우물가로 가서 모습을 비춰보더니 말했다. “아, 조물자는 장차 나를 꼽추로 만들려 하는가.”

　자사가 물었다. “그대는 그것이 싫은가.” 자여가 대답했다. “내가 왜 싫어하겠나. 병이 점점 더하여 나의 왼팔이 닭으로 변한다면 왼팔에게 새벽을 알리라고 요구하겠네. 병이 더하여 오른팔이 활모양으로 변한다면 오른팔에게 올빼미 구이를 요구하겠네. 병이 점점 더하여 꽁무니가 수레바퀴로, 마음이 말로 변한다면 이를 탈 수 있으니, 어찌 수레가 필요하겠나. 무릇 생을 얻은 것은 때를 만났음이고, 목숨을 잃는 것은 때에 순응하는 것이니, 때를 편안히 하여 운명에 따르면, 슬픔과 즐거움이 개입할 수 없네. 이것이 옛날에 이른바 현해라고 한 것이네. 구속을 스스로 풀 수 없는 것은 외부의 사물에 얽매여 있기 때문이네. 사물이 하늘을 이길 수 없음은 영구한 것이니, 내가 또 무엇을 싫어하겠나.”

【解說】　자사(子祀—子輿·子犁·子來와 같이 魯人)·자여(子輿)· 자리(子犁)·자래(子來) 등 네 사람이 함께 모여 이야기했다. 누군가가

“무(無)를 머리로 하고, 삶을 등뼈로 하며, 죽음을 꽁무니로 하여 사생(死生)과 존망(存亡)이 일체임을 깨달은 인간이 있다면 그런 사람과 벗하고 싶네.”

라고 하니, 그들은 서로 얼굴을 바라보고 빙그레 웃었다. 그들은 마음으로 친구가 된 것이다.

　얼마 뒤 자사가 병이 든 자여를 문병갔을 때 자여는 이렇게 말했다.

"조물자는 참으로 위대하구나. 이것 보게. 내 몸뚱이가 이 모양으로 뒤틀려 버렸네."

과연 그의 등은 형편없이 굽어서 창자는 위로 밀려 올라왔으며, 턱은 배꼽 밑에 처박혔고, 어깨는 머리 위로 솟았으며, 상투는 하늘을 가리키고 있었다. 이렇게 음양의 두 기운이 혼란을 빚고 있는데도 자여는 싫어하는 기색이 없었다.

자여는 비틀비틀 우물가로 걸어가더니 물에 비친 자기의 모습을 바라보며 중얼거렸다.

"정말 어지간히 비틀어졌군."

그 말을 듣고 자사가 물었다.

"꼽추가 되는 것이 싫은가?"

"아니, 이보다 더 심해진다 해도 괜찮네. 만일 왼쪽 팔이 닭처럼 된다면 왼팔을 보고 힘차게 새벽을 알리라 할 것이고, 만일 오른팔이 활처럼 된다면 올빼미를 잡아 구으라고 할 것이네. 꽁무니가 수레바퀴로 되고 마음이 말로 변한다면 그대로 타고 달리겠네. 무릇 사람이 태어나는 것은 때를 만났기 때문이며, 사람이 죽는 것은 그 때를 따르는 것뿐이네. 이렇게 운명을 따르면 기쁘고 슬프고 할 여지가 없지 않겠나. 이러한 경지를 옛사람은 현해(縣解 — 해방되어 자유스러움)라 하였네. 인간이 삶의 구속에서 해방되지 못하는 것은 외부 사물에 얽매여 있기 때문이네. 그러나 사물은 자연의 섭리를 거역할 수 없으니, 내가 무엇을 싫어하겠나."

2. 쇠붙이의 꿈

> 俄而子來有病. 喘喘然將死. 其妻子環而泣之. 子犂
> 往問之曰, 叱避, 無怛化. 倚其戶與之語, 曰, 偉哉,

造物又將奚以汝爲, 將奚以汝適. 以汝爲鼠肝乎, 以汝
爲蟲臂乎. 子來曰, 父母於子, 東西南北, 唯命之從.
陰陽於人, 不翅於父母. 彼近吾死, 而我不聽, 我則悍
矣彼何罪焉, 夫大塊載我以形, 勞我以生, 佚我以老,
息我以死. 故善吾生者, 乃所以善吾死也. 今大冶鑄金,
金踊躍曰, 我必且爲鎮鋣, 大冶必以爲不祥之金. 今一
犯人之形, 而曰人耳人耳夫造化者, 必以爲不祥之人.
今一以天地爲大鑪, 以造化爲大冶, 惡乎往而不可哉.
成然寐, 蘧然覺.

【解釋】 얼마 뒤에 자래가 병이 들었다. 헐떡거리며 곧 죽으려 하니, 처자가 둘러앉아 울고 있었다. 자리가 문병을 왔다가 꾸짖었다. "쉿, 저리 물러가라. 죽는 사람을 놀라게 마라." 자리는 문에 기대어 말했다. "조물자는 진정 위대하구나. 자네를 무엇으로 만들어 어디로 보내려고 하는지. 자네를 쥐 간으로 만들려 하는가, 벌레의 발로 만들려 하는가." 자래가 대답했다. "부모가 자식에게 명하면 동서남북을 가리지 않고 좇을 뿐이다. 하물며 음양이 사람에게 대하는 것을 어찌 부모에게 비기겠는가. 조물주가 지금 나를 죽게 하려는데, 내가 듣지 않는다면 나는 나쁜 놈이 되나 조물주에게는 허물이 없네. 무릇 자연은 나에게 형체를 주어, 고생하면서 살다가 늙으면 편안하게 하고 죽어서 아주 쉬게 만들었네. 그러므로 나의 삶을 좋다고 했으면 나의 죽음도 좋다고 해야 할 것이네. 위대한 주물사가 쇠를 부을 때, 쇠가 날뛰며 '나는 반드시 막야가 되겠다.'고 한다면, 반드시 좋지 못한 쇠라고 꾸짖을 것이네. 한번 사람의 형체를 가졌다 해서 '사람으로만, 사람으로만.' 한다면 조화자는 반드시 좋지 못한 인간이라고 꾸짖을 거네. 천지를 큰 용광로라고 생각하고, 조화를 주물사라 생각한다면, 나를 어디로 보낸들 어떻겠나." 자래는 조용히 잠들어 편안히 세상의 꿈에서 깨어났다.

【解說】 얼마 후 이번에는 자래가 병으로 위독하게 되었다. 괴로운 듯

이 숨을 몰아쉬고 있는 사래를 둘러싸고 처자들이 울며 슬퍼하고 있는데, 자리가 문병을 왔다.

"조용히 해라. 모두들 저리로 가라. 임종을 방해하는 것이 아니다."

처자들이 물러서자 자리가 문에 기대어 병상의 사래를 보고 말했다.

"조화란 참으로 위대한 거군. 대관절 이번에는 자네를 무엇으로 만들려는 것일까. 쥐 간이나 아니면 벌레의 발로라도 만들려는 것일까."

그러자 다 죽어가는 사래가 대답했다.

"부모의 명이라면, 사람은 사방 어느 곳을 가리지 않고 가지 않는가. 더구나 부모 이상으로 절대적인 하늘의 섭리가 나를 죽게 만들려 하는데, 죽고 싶지 않다고 따르지 않으면 나의 잘못이 아니겠는가. 인간으로 육신을 받아 태어나서, 삶을 지고 괴로워하며, 늙음을 맞아 편히 되고, 죽음으로써 쉬게 되는 것, 이것이 인간의 일생인 만큼, 삶을 좋은 것으로 긍정하는 것과 마찬가지로 죽음 또한 긍정하지 않으면 안 되네. 예를 들면 말일세, 주물사(鑄物師)가 쇠붙이를 녹여 칼을 만드는데, 쇠가 발버둥치며 '나는 어떤 일이 있더라도 막야(鏌鎁)와 같은 명검(名劍)이 되고 싶다.'고 울부짖는다면, 주물사는 틀림없이 '이 돼먹지 않은 녀석!' 하고 화를 낼 것이네. 사람으로 태어났다고 해서 '무슨 일이 있더라도 사람으로 태어나야 한다.'고 울부짖는다면, 쇠붙이와 마찬가지가 아니겠나. 조물주는 반드시 '이 돼먹잖은 녀석!' 하고 화를 낼 것이 틀림없네. 말하자면 천지는 용광로와 같고, 조물주는 주물사와 같아서 어떤 모양으로 만들어지든 상관할 필요가 없네."

말을 끝마치고 사래는 잠이 들 듯 저 세상으로 갔다.

하늘의 무리와 사람의 무리

1. 亡人 앞에서 노래한다

子桑戶, 孟子反, 子琴張, 三人相與友曰, 孰能相與
於無相與, 相爲於無相爲. 孰能登天游霧, 撓挑無極,
相忘以生, 無所終窮. 三人相視而笑, 莫逆於心. 遂相
與友. 莫然有閒, 而子桑戶死. 未葬, 孔子聞之, 使子貢
往侍事焉. 或編曲, 或鼓琴, 相和而歌, 曰, 嗟來桑戶
乎, 嗟來桑戶乎, 而已反其眞, 而我猶爲人猗. 子貢趨而進
曰, 敢問臨尸而歌, 禮乎, 二人相視而笑, 曰, 是惡知禮意.

子貢反, 以告孔子曰, 彼何人者邪. 修行無有, 而外
其形骸. 臨尸而歌, 顏色不變. 無以命之. 彼何人者邪.
孔子曰, 彼游方之外者也. 而丘游方之內者也. 外內不
相及. 而丘使女往弔之. 丘則陋矣. 彼方且與造物者爲
人, 而遊乎天地之一氣. 彼以生爲附贅縣疣, 以死爲決
疣潰癰. 夫若然者, 又惡知死生先後之所在. 假於異物,
託於同體, 忘其肝膽, 遺其耳目, 反覆終始, 不知端倪.
芒然彷徨乎塵垢之外, 逍遙乎無爲之業. 彼又惡能憒憒
然, 爲世俗之禮, 以觀衆人之耳目哉.

【解釋】　자상호·맹자반·자금장 세 사람이 서로 모여 벗하여 말했다.

"누가 능히 서로 벗함이 없이 서로 벗하며, 서로 위함이 없이 서로 위할 수 있겠는가. 누가 능히 하늘에 올라 안개 속에서 놀며, 무극에 함께 어울려서 삶을 잊고 다함이 없을 수 있을까." 세 사람이 서로 보고 웃으며 마음에 거스름이 없는지라, 서로 더불어 벗하였다.

얼마 뒤 자상호가 죽었다. 장사를 치르지 않는 것을 공자가 듣고, 자공에게 가서 일을 돕게 했다. 그들은 발을 엮고 혹은 금을 타며 서로 노래하였다. "아아, 상호여, 아아 상호여, 너는 이미 참으로 돌아갔는데, 우리는 아직도 사람으로 있구나. 아!" 자공이 뛰어들었다. "감히 묻겠소. 시체 앞에서 노래하는 것도 예이오?" 두 사람이 서로 보고 웃으면서 말했다. "이 사람이 어찌 예의 본 뜻을 알리오."

자공이 돌아가 공자에게 고했다. "그들은 어떤 사람입니까. 아무런 수행도 없이 예를 잊고, 시체 앞에서 노래하면서도 안색이 변치 않으니, 대체 뭐라고 이름할 수 있겠습니까. 그들은 어떤 사람입니까." 공자가 대답했다. "그들은 세상 밖에서 노는 사람이요, 나는 세상 안에서 노는 사람이다. 밖과 안이 서로 미치지 않거늘 내가 너로 하여금 가서 조상케 하였으니, 내가 곧 잘못이다. 저들은 또 조물주와 벗이 되어, 천지의 첫 기운에서 놀려 한다. 저들은 삶을 군살을 붙이거나 혹을 매단 정도로 생각하고, 죽음을 혹을 끊고 종기를 터뜨리는 정도로 생각한다. 한데 그같은 사람들이 어찌 죽음과 삶의 앞뒤를 구별하겠느냐. 다른 물질로 인해, 같은 몸을 받았다고 생각하여, 간담과 이목을 잊고, 반복되는 시작과 끝을 알려 함이 없이 멍하게 세속의 밖에서 방황하며, 무위의 일에 소요한다. 그러한데 어찌 수다스럽게 세속의 예를 닦아 뭇사람의 이목을 살피겠는가."

【解說】 자상호(子桑戸)・맹자반(孟子反)・자금장(子琴張) 세 사람이 이런 이야기를 하게 되었다.

"무심히 서로 사귀고, 무심히 행동하는 사람은 없을까. 세속을 떠나 하늘 높이 노닐며, 생사를 잊고 영원의 세계에서 사는 사람은 없을까."

세 사람은 뜻이 통하여 빙긋 웃으며, 함께 친구가 되었다.

세월은 흘러 이윽고 자상호가 죽게 되었는데, 장례식도 치르지 않고 시체를 버려 두자, 그 소식을 들은 공자가 제자인 자공(子貢)을 보내 장례식을 치르게 했다.

　자공이 자상호의 집에 와보니, 맹자반은 봉당에서 거적을 엮고, 자금장은 금을 타면서

　아아 자상호여
　그대는 벌써 고향에 돌아갔거늘
　우리는 아직도 이 세상을 방황한다.

하며 노래하고 있었다.

　자공은 이에 "시신을 앞에 놓고 노래를 하다니, 죽은 사람에 대한 예의가 아니잖소." 하고 나무랐다.

　두 사람은 얼굴을 마주보며 쓴웃음을 지으며 말했다.

　"이 사람은 예의 근본이 무엇인지를 모르는 모양이군."

　기가 막힌 자공은 돌아와 공자에게 곧 사실을 보고했다.

　"대관절 그들은 어떤 사람들입니까. 교양이라고는 티끌만큼도 없고, 예의를 송두리째 무시해 버리고 죽은 사람 옆에서 노래를 부르고도 태연한 모습이었습니다. 정말 이해할 수가 없습니다. 대관절 어떤 사람들입니까."

　공자는 대답했다.

　"글쎄다. 그들은 세상 테두리 밖에서 살고 있고 나는 그 테두리 안에 있는 사람이다. 사는 세계가 전혀 틀리는 것도 생각잖고 조상을 보낸 내가 생각이 모자랐다. 그들은 조물주와 벗하여 우주의 근원에서 놀려 하는 인간이다. 삶을 혹이나 사마귀 정도로 생각하고 죽음을 종기가 터지는 정도로 생각한다. 따라서 삶을 기뻐하지도 않고, 죽음을 두려워하지도 않는다. 육체를 빚은 물건으로 생각하여 간(肝)과 쓸개, 귀와 눈을 다 잊고 생멸(生滅)의 무한한 순환 속에 몸을 맡긴다. 이리하여 그들은 속세를 떠나 무위자연의 경지에서 소요하는 것이다. 애써 세속의 예법을 지켜 세상 사람들의 비위를 맞추려고 생각할 리가 없다."

2. 하늘의 君子는 사람의 小人

> 子貢曰, 然則夫子何方之依. 孔子曰, 丘, 天之戮民
> 也. 雖然, 吾與汝共之. 子貢曰, 敢問其方. 孔子曰,
> 魚相造乎水, 人相造乎道. 相造乎水者, 穿池而養給.
> 相造乎道者, 無事而生定. 故曰, 魚相忘乎江湖, 人相
> 忘乎道術. 子貢曰, 敢問畸人. 曰, 畸人者, 畸於人
> 而侔於天. 故曰, 天之小人, 人之君子, 人之君子, 天
> 之小人也.

【解釋】 자공이 물었다. "그러면 선생님은 어째서 세속에서 삽니까."
"나는 하늘이 죄준 사람이다. 그러나 나는 너와 함께 이 길을 계속 가
리라." 자공이 물었다. "그 방법이 무엇입니까." 공자가 대답했다. "고
기는 물에서 서로 자라고, 사람은 도에서 서로 자란다. 물에서 자라는
고기는 못을 팜으로써 영양을 얻고, 도에서 자라는 사람은 일이 없으면
안정되는 것이다. 그래서 〈고기는 강호에서 서로 잊고, 사람은 도술에
서 서로 잊는다.〉고 했다." 자공이 묻되 "기인은 무엇입니까.""기인은
사람에게서 떨어져 나와 하늘과 같이한다. 그러므로 〈하늘의 군자는
사람의 소인이요, 사람의 군자는 하늘의 소인이다.〉라고 했다."

【解説】 그들을 칭찬하는 공자의 말이 자공에게는 이상했다.
"그렇다면 선생님께서는 왜 규범에 따르고 계십니까."
"나는 천형(天刑)을 받은 사람이다. 인간 사회 밖으로 나가고 싶어도
나갈 수 없는 운명을 지녔다. 그래서 아쉬운 대로 너희들과 함께 보다
구애받지 않는 삶을 살도록 애쓰는 것이다."
"그 방법은 무엇입니까."
"고기는 강에서 서로 잊고, 사람은 〈도〉 속에서 서로 잊는다는 말을
알고 있느냐? 고기를 살리는 것이 물이듯, 인간을 참으로 살리는 것은
도밖에 없음을 알아야 한다. 고기는 못 속에 있으면 절로 자라나고, 도

로 나아가는 사람은 무위(無爲) 속에 있어야만 그 천수를 다할 수 있는
것이다."
　자공은 다시 질문을 계속했다.
"그렇다면, 기인(畸人)이란 무엇입니까."
"세속 사람들의 눈으로 보면 그들이 이상할 세 틀림 없다. 그것은 그
들이 세속에 사로잡히지 않고 자연 그대로 있기 때문이다. 그러기에〈하
늘의 군자는 사람의 소인이요, 사람의 군자는 하늘의 소인.〉이라고 한
말이 있지 않느냐."

잠을 깬 人間

顔回問仲尼曰, 孟孫才, 其母死, 哭泣無涕, 中心不
戚, 居喪不哀, 無是三者, 以善處喪蓋魯國. 固有無其
實而得其名者乎. 回壹怪之.
　仲尼曰, 夫孟孫氏盡之矣. 進於知矣. 唯簡之而不得,
夫已有所簡矣. 孟孫氏不知所以生, 不知所以死, 不知
就先, 不知就後. 若化爲物, 以待其所不知之化已乎.
且方將化惡知不化哉. 方將不化惡知已化哉. 吾特與汝,
其夢未始覺者邪. 且彼有駭形, 而無損心, 有旦宅, 而
無情死. 孟孫氏特覺. 人哭亦哭, 是自其所以乃. 且也
相與吾之耳矣. 庸詎知吾所謂吾之乎.
　且汝夢爲鳥而厲乎天, 夢爲魚而沒於淵. 不識今之言

者, 其覺者乎, 夢者乎. 造適不及笑. 獻笑不及排. 安
排而去化, 乃入於寥天一.

【解釋】 안회가 중니에게 물었다. "맹손재는 그 어머니가 죽어서 울되 눈물을 흘리지 않았고, 슬퍼하지 않았으며, 상을 치르는 데도 서러워하지 않았습니다. 이 셋이 없이도 상을 잘했다고 노나라에 퍼지니, 실상이 없이 이름을 얻는 일이 있을 수 있습니까. 이해할 수가 없습니다."

중니가 대답했다. "맹손씨는 다했을 뿐만 아니라 오히려 더 나아간 것이다. 줄일 수 없었던 형식을 그는 줄인 것이다. 맹손씨는 살고 죽는 까닭을 알려고 하지 않으며, 어느 것이 먼저이고 뒤임을 알려 하지 않는다. 변화에 따라 물이 되어, 그 알지 못하는 바의 변화를 기다릴 뿐이다. 지금 당장에 화했다고 보는 그것이 화하지 않은 그것인지 누가 알겠으며, 지금 화하지 않았다고 보는 그것이 이미 화한 그것인지 누가 알겠는가. 우리들은 처음부터 그 꿈에서 깨지 못한 것이다. 또 그는 형체는 있지만 마음은 해치지 않으며, 삶과 죽음을 바꾸어도 정신은 죽지 않는다고 보는 것이다. 맹손씨는 진실로 깨달은지라, 사람이 울면 따라서 운다. 또한 서로 자신이라고 하는 것도, 어떻게 내가 이른바 나라는 것을 알리오. 또 꿈에 새가 되면 하늘에 날고, 고기가 되면 못에 잠기는데, 지금 말하고 있는 것이 꿈꾸는 것인지, 깨어 있는 것인지 어떻게 알랴. 마땅함을 가리는 것이 웃는 것만 못하고 웃는 것이 가만히 있는 것만 못하다. 가만히 있는 것에 안주하여 변화에서 벗어나면 도와 일체가 되는 것이다."

【解説】 "저는 도저히 이해되지 않습니다."
안회(顔回)가 불만스럽게 말했다.
"맹손재(孟孫才)는 어머니의 상을 입어 예법대로 소리 내어 우는 시늉은 했으나 눈물 한 방울 흘리지 않았고, 얼굴은 담담하여 슬퍼하는 기색이 없었으며, 상을 치르는 데 애도의 정을 다한다고는 볼 수 없었습니다. 그런데도 모범적인 상례였다고 온 노나라가 칭찬하니, 실상이 없이 이름만 얻은 것이 아닙니까."

공자는 끄덕였다.

"맹손재는 우리들의 지식을 초월한 인물이다.　네가 이해하지　못하는 것도 무리가 아니다.　인간에게 있는 최대의 미혹은 삶에 대한 집착이다. 이 점을 깊이 생각하여, 생사가 구별이 없다는 결론을 얻는 것은 특히 뛰어난 사람이 아니면 불가능한 일이다.　그러나 이 정도로써는 아직 구속에서 벗어났다고 할 수 없다.　맹손재쯤 되면 생사를 초월하고,　좋고 나쁜 것을 구별하지 않는다.　자연의 변화를 그대로 무심히 받아들일 뿐이다.　지금 나는 변화라는 말을 썼으나, 변화나 불변도 실은 그 한계를 정할 수가 없는 것이다.　생사나 변화에 사로잡혀 있는 우리들은 꿈 속을 헤매고 있는 것이다.　맹손재에게는 형체의 변화만　있을 뿐 마음은 움직이지 않는다.　죽음도 단지 이곳에서 저곳으로 집을 옮기는 것에 불과한 것이다.　맹손씨는 특히 깨친 사람이라 무슨 일에도 거역함이 없어 남이 울면 자신도 운다.　그러므로 사람들로부터 환영을 받는 것이다."

잠시 쉬었다가 공자는 다시 말을 이었다.

"우리들이 자신이라고 믿고 있는 현재의 형체는 과연 자기일까?　꿈 속에서 새가 되면 사람이란 것을 잊고서 하늘 높이 날고,　고기가 되면 물 속 깊숙이 헤엄쳐 다닌다.　인간으로서 이야기를 주고 받고 하는 현실도 꿈인지 어찌 알리오.　시비를 내세워 남을 비난하는 것보다는 웃으며 용서하는 것이 좋으며,　웃고 용서하는 것보다는 자타의 구별을 잊고 자연의 변화에 융화하는 것이 더욱 좋다.　자연의 변화에 융화하여 변화하는 것마저 잊어버릴 때 비로소 모든 대립을 초월한 〈도〉와 하나가 되는 것이다."

入墨을 없앤다

意而子見許由.　許由曰,　堯何以資汝.　意而子曰,　堯

謂我, 汝必躬服仁義, 而明言是非. 許由曰, 而奚爲來
軹, 夫堯旣已黥汝以仁義, 而劓汝以是非矣. 汝將何以
遊夫遙蕩恣睢轉徙之途乎. 意而子曰, 雖然, 吾願遊於
其藩.

　許由曰, 不然. 夫盲者無以與乎眉目顏色之好, 瞽者
無以與乎靑黃黼黻之觀. 意而子曰, 夫無莊之失其美,
據梁之失其力, 黃帝之亡其知, 皆在鑪捶之間耳. 庸詎
知夫造物者之不息我黥, 而補我劓, 使我乘成以隨先生
邪. 許由曰, 噫, 未可知也. 我爲汝言其大略. 吾師乎,
吾師乎. 螯萬物而不爲義. 澤及萬世而不爲仁. 長於上
古而不爲老. 覆載天地, 刻彫衆形, 而不爲巧. 此所遊
已.

【解釋】 의이자가 허유를 보니 허유가 물었다. "요는 너에게 무엇을
주었는가." 의이자가 대답했다. "요는 나에게 반드시 인의를 실천하고,
옳고 그름을 밝히라고 하였습니다." 허유가 물었다. "너는 무엇하러 왔
느냐. 요가 이미 너에게 인의를 몸에 새기고 시비로써 코를 베었으니,
장차 무엇으로 요동하고 자유스럽고 변화하는 길에서 노닐 수 있겠느
냐." 의이자가 대답했다. "그렇지만 그 울타리 안에서 놀고 싶습니다."
허유가 말했다. "안 된다. 장님은 눈썹과 눈과 안색의 아름다움을 알
수 없을 뿐더러 푸르고 노란 옷들의 아름다움을 볼 수 없다." 의이자가
물었다. "무장이 자신의 아름다움을, 거량이 그 힘을, 황제가 그 앎을
잊은 것은 모두가 다시 달구어 만든 것이거늘, 내게도 저 조물자가 먹
물을 없애고, 코 벤 것을 붙여 완전한 형상을 갖고 선생을 따를 수 있
게 할지 어떻게 알겠습니까." 허유가 대답했다. "아아, 알 수는 없도다.
그러나 너를 위해 그 대략을 말하리라. 내 스승은, 내 스승은 만물을
바로하고도 의롭다 하지 않고, 은택이 만세에 미치어도 어질다 하지 않
고, 상고보다 오래어도 늙다고 하지 않고, 하늘을 덮고 땅을 실어 뭇

모양을 새기어도 훌륭한 솜씨라 하지 않는다. 이것이 그 노는 바다.”

【解説】　의이자(意而子)가 허유(許由)에게 배움을 청하자 허유가 이렇게 물었다.

“그대는 요(堯)에게서 배웠다는데, 무엇을 배웠는가.”

“인의(仁義)의 실천에 힘쓰고, 시비와 선악을 분명히 하라고 배웠습니다.”

“그렇다면 뭣하러 새삼 나를 찾았느냐. 요가 이미 그대의 이마에 인의를 새겨 넣고, 시비라는 칼로 코를 잘라 버렸는데, 자유롭고 거리낌이 없는 큰 길로 어찌 인도할 수 있겠느냐.”

그러나 의이자는 굽히지 않고 말했다.

“당연한 말씀이지만, 설사 〈도〉에는 이르지 못해도 근처에라도 가고 싶습니다.”

“안 된다. 장님은 앞에 미인이 서 있을지라도 그 아름다움을 볼 수가 없으며, 수놓은 비단을 들고 있어도 그 아름다움을 알 수 없다. 그대는 이미 〈도〉와는 인연이 없어졌다.”

“옛날 미녀 무장(無莊)이 그의 아름다움을, 용사인 거량(據梁)이 그의 힘을, 지자인 황제(黃帝)가 그의 지혜를 잊은 것은 모두 〈도〉의 불길에 녹아 다시 단련된 때문이라고 들었습니다. 그렇다면 조물자가 나에게도 입묵을 녹여 없애고, 코를 처음대로 붙여 선생님의 가르침을 배울 수 있게끔 해줄 수 있을 것입니다.”

“그대의 소원대로 잘 될지는 알 수 없으나, 그토록 소원이라면 이야기하여 보겠네. 내가 스승으로 삼은 〈도〉는 만물을 있게끔 해주고 한없는 은혜를 베풀면서도 그 자신은 무심하여 자신이 은혜를 베푼다는 것을 느끼지 않는다. 유구한 과거에서 영겁의 미래에 걸쳐 하늘과 땅을 덮고 삼라만상을 쉴 새 없이 만들어 내면서도 힘을 자랑하지 않는 위대한 존재이다. 그래서 나도 이 스승을 따라 〈무〉의 경지에서 놀려 하는 것이다.”

坐 忘

顔回曰, 回益矣. 仲尼曰, 何謂也. 曰, 回忘仁義矣.
曰, 可矣, 猶未也. 他日復見曰, 回益矣. 曰, 何謂也.
曰, 回忘禮樂矣. 曰, 可矣, 猶未也. 他日復見曰, 回
益矣. 曰, 何謂也. 曰, 回坐忘矣.

仲尼蹵然曰, 何謂坐忘. 顔回曰, 墮肢體, 黜聰明,
離形去知, 同於大通. 此謂坐忘. 仲尼曰, 同則無好也.
化則無常也. 而果其賢乎. 丘也請從而後也.

【解釋】 안회가 말했다. “저는 더하였습니다.” 중니가 물었다. “무슨
말이냐.” “저는 인의를 잊었습니다.” “됐으나 아직 멀었다.” 안회가 다
른 날 다시 보고 말하였다. “저는 또 더하였습니다.” 중니가 물었다.
“무슨 뜻이냐.” “저는 예악을 잊었습니다.” “좋으나 아직 멀었다.” 안
회는 다른 날 다시 보고 말했다. “또 더함이 있었습니다.” 중니가 물었
다. “무슨 말이냐.” “좌망을 합니다.” 중니가 놀라서 물었다. “좌망이
란 무엇이냐.” 안회가 대답했다. “지체를 버리고 총명을 물리치며, 형
체를 떠나고 앎을 버려서, 대통과 같게 되는 것을 좌망이라 합니다.” 중
니가 말했다. “같게 되면 좋아함이 없고, 화하면 상이 없나니, 과연 어
질도다. 내 너를 따르리라.”

【解説】 안회(顔回) 가 공자에게 말했다.
“제 수양이 꽤 진보한 것 같습니다.”

"어째서?"

"저는 인의(仁義)를 잊게 되었습니다."

"알겠다. 훌륭한 일이다. 그러나 아직 멀었다."

뒷날, 안회는 다시 공자에게 말했다.

"저는 보다 진보했습니다."

"그래서?"

"저는 예악을 잊게 되었습니다."

"장하다. 그러나 아직 멀었다."

뒷날, 안회는 다시 공자를 보고 말했다.

"저는 보다 진보했습니다."

"어떻게?"

"저는 좌망(坐忘)할 수가 있습니다."

"좌망?"

공자는 깜짝 놀라 태도를 고쳐 물었다.

"무엇을 가리켜 하는 말이냐?"

"몸에서 힘을 빼어 일체의 감각을 잊고, 몸과 마음이 완전히 텅 비어 도와 하나가 되는 것입니다."

공자는 크게 끄덕였다.

"도와 하나가 되면, 시비 선악에 사로잡히지 않고 도와 함께 변화하여 무한한 자유를 얻을 수가 있을 것이다. 장하다. 네가 벌써 거기에까지 나아갔으니, 내가 네 뒤를 좇아야겠구나."

하늘이냐 사람이냐

子輿與子桑友, 而霖雨十日, 子輿曰, 子桑殆病矣.

裹飯而往食之.　至子桑之門,　則若歌若哭.　鼓琴曰,　父
邪母邪,　天乎人乎.　有不任其聲,　而趨擧其詩焉.　子輿
入曰,　子之歌詩,　何故若是.　曰,　吾思乎使我至此極者
而弗得也.　父母豈欲吾貧哉.　天無私覆,　地無私載.　天
地豈私貧我哉.　求其爲之者而不得也.　然而至此極者,
命也夫.

【解釋】　사여와 자상은 친구다. 장마가 열흘 되던 날, 자여는 '자상이
아마 굶주려 누웠겠다.'고 생각하여 밥을 싸들고 먹이러 갔다.　자상의
문에 이르니 자상이 금을 뜯으며 노래하는 것 같기도 하고 우는 것 같
기도 한 소리로 "아비냐 어미냐, 하늘이냐 사람이냐." 하며 견디지 못
하는 듯한 목소리로 시를 읊고 있었다. 자여가 들어가 물었다. "자네는
왜 그런 시를 읊고 있는가." "내가 왜 이 지경에 이르렀는지를 생각해
봤지만 알 수가 없었네. 부모가 어찌 내가 가난하기를 바랄 것인가. 하
늘은 사사로이 덮음이 없고, 땅은 사사로이 실음이 없으니, 천지가 어
찌 사사로이 나를 가난하게 하겠는가. 이렇게 한 것을 찾아보았으나 알
수가 없으니, 내가 이 지경에 이른 것은 명인가 보네."

【解說】　자여(子輿)와 자상(子桑)은 서로 마음이 통하는 친구였다.
장마가 한 열흘 되던 날, 자여가 문득 생각했다.
　'자상이란 친구, 먹을 것이 없어서 퍼져 누워 있으리라.'
　자여는 밥 꾸러미를 들고 자상의 집을 찾았는데, 안에서 노래인지 우
는 건지 모를 알 수 없는 이상한 소리가 금소리와 함께 들려왔다.
　"아버진가, 어머닌가, 하늘인가, 사람인가……."
　굶은 탓인지 숨넘어가는 소리로 이렇게 되풀이하고 있었다. 자여가 안
으로 들어가 말했다.
　"이상한 노래구나. 어찌된 건가?"
　자상이 대답했다.
　"나는 무엇 때문에 이토록 가난한지 한번 생각해 보았네. 그러나 도무

지 알 수가 없지 않은가. 설마 부모가 자식이 가난하기를 원했을 리 없고, 더구나 공평무사한 천지가 나만을 차별 대우해서 이 꼴을　만들었을 리도 없지 않겠는가. 이모저모로 생각하여 보았으나 도저히 알 수가 없네. 누가 그렇게 한 것이 아닌데도, 이토록 가난한 것은 역시 운명이 아니겠는가."

7. 應帝王

是非世界

齧缺問於王倪. 四問而四不知. 齧缺因躍而大喜, 行
以告蒲衣子. 蒲衣子曰, 而乃今知之乎. 有虞氏不及泰
氏. 有虞氏其猶藏仁以要人, 亦得人矣而非始出於非人.
泰氏其臥徐徐, 其覺于于, 一以己爲馬, 一以己爲牛.
其知情信, 其德甚眞, 而未始入於非人. .

【解釋】 설결이 왕예에게 물었다. 네 번 물어도 네 번 모두 모른다 했
다. 설결이 이에 뛰어오를 듯이 기뻐하며 포의자에게 쫓아가 말했다.
포의자가 듣고 “자네는 이제야 알겠는가. 유우씨는 태씨에 미치지 못한
다. 유우씨는 비록 인을 지니라고 사람들에게 권하여 얻게 했으나 처음
부터 비인에 지나지 않는다. 태씨는 그 잠자리도 느긋할 뿐 아니라 깨
어서도 서두르지 않는다. 누가 자기를 말로 여기건, 소로 여기건 개의
치 않는다. 그의 앎이야말로 믿을 수 있는 것이며, 그의 덕이야말로 참
된 것이니, 처음부터 비인의 무리에 끼이지 않았다.”

【解説】 설결(齧缺)이 스승인 왕예(王倪)에게 네 번을 물어 보았으나
거듭해서 모른다는 대답뿐이었다.
 문득 깨달은 바가 있어 껑충껑충 뛰며 기뻐하다가 한달음에 포의자(蒲
衣子—王倪의 스승?)에게로 달려가 고했다. 그 이야기를 들은 포의

자는 이렇게 말했다.

"이제야 그것을 깨달았느냐. 성천자(聖天子)라고 불리는 유우씨(有虞氏―舜)만 해도 옛 제왕인 태씨(泰氏)에게는 미치지 못한다네. 물론 유우씨가 인덕(仁德)으로써 사람들을 감화시키려 했고, 그 성과도 있다 하지만 그거야말로 바로 그가 살잘못을 가리고 있다(非人)는 증거일세. 그에 비해 태씨는 누가 자기를 말[馬]이니 소[牛]니 해도 아예 개의치 않았기 때문에 잠을 잘 때는 느긋하고, 깨어나서는 단잠을 잤다는 기색뿐이었네. 무지(無知)의 지(知), 무위(無爲)의 덕(德)을 갖추었기에 인위적인 세계에 휩쓸려 들어가는 일이 없었지."

參見은 必要하다

肩吾見狂接與. 狂接與曰, 日中始何以語女. 肩吾曰, 告我君人者以己出經式義度, 人孰敢不聽而化諸. 狂接與曰, 是欺德也. 其於治天下也. 猶涉海鑿河, 而使蚊負山也夫聖人之知也, 治外乎. 正而後行, 確乎能其事者而已矣. 且鳥高飛, 以避矰弋之害, 鼷鼠深穴乎神丘之下, 以避熏鑿之患. 而曾二蟲之無知.

【解釋】 견오가 광접여를 만나 보았다. 광접여가 물었다. "일중시는 네게 무엇을 말하던가." 견오가 대답했다. "내게 '임금된 사람이 몸으로써 경식과 의도를 나타내면 누가 감히 들어서 화하지 않겠는가.' 하였습니다." 접여가 말했다. "그것은 덕을 속이는 짓이다. 천하를 그렇게

다스린다 함은 내를 파서 바다를 끌어들이고, 모기로 하여금 산을 지게 하는 것과 같다. 성인의 다스림이 어찌 밖을 다스리겠느냐. 바르게 한 뒤에 행하고 확고하게 일을 할 뿐이다. 새는 높이 날아 주살에 다침을 피하고, 생쥐는 신단 밑에 깊이 구멍을 뚫음으로써 불을 때거나 파헤칠 걱정을 던다. 그런데 사람이 어찌 그 두 벌레보다 무지할 수 있겠느냐."

【解說】 일중시(日中始)의 제자 견오(肩吾)가 광접여(狂接輿)에게 가르침을 청하자 접여가 물었다.

"일중시는 어떻게 가르치더냐."

"우리 선생은 '임금된 사람은 솔선 수범하여 사회 질서를 바로잡아 나가야만 백성들의 추앙을 받아 천하를 다스려 나갈 수가 있다.'고 했습니다."

"그처럼 남에게 보이기 위한 덕에 지나지 않는 것으로 천하를 다스리려 하는 것은, 한 줄기 내를 파 놓고 온 바다의 물을 전부 그리로 흘려 보내려고 한다든가, 한 마리의 모기에게 태산을 지우려는 것과 마찬가지이다. 성인은 외면적인 제도나 법을 이렇게 저렇게 해보려고 하지 않고, 먼저 자신의 천성을 제대로 키워서 백성들에게도 각각 자신에 맞는 생활을 하게 한다. 성인의 정치란 바로 이런 것이다. 저 새를 보라. 하늘 높이 날아올라 화살에 맞을 위험을 피하고 있다. 또 생쥐는 신단 구석 깊숙이 집을 지어 자기 몸을 편안히 지키고 있다. 새나 쥐들마저 누가 가르쳐 주지 않아도 제 살 길을 다 알고 있거늘 하물며 사람이겠는가. 공연한 참견을 할 필요가 없다."

無名人의 가르침

天根遊於殷陽, 至蓼水之上. 適遭無名人而問焉, 曰,請問爲天下. 無名人曰, 去. 汝鄙人也, 何問之不豫也.
子方將與造物者爲人. 厭則又乘夫莽眇之鳥, 以出六極
之外, 而遊無何有之鄉, 以處壙垠之野. 汝又何帠以治
天下感予之心爲. 又復問. 無名人曰, 汝遊心於淡, 合
氣於漠, 順物自然, 而無容私焉, 而天下治矣.

【解釋】 천근이 은양에 놀며 요수 위에 이르렀을 때 마침 무명인을 만나서 물었다. "천하를 다스리는 방법을 묻습니다." 무명인이 대답했다. "가라, 너 구차한 사람아. 어찌 그따위 시시한 것을 묻느냐. 나는 바야흐로 조물자와 더불어 벗하고 있지만, 싫어지면 또 망묘의 새를 타고 육극 밖으로 나가 무하유지향에 노닐다가 광랑의 들에서 살려 하는데, 너는 또 어찌하여 천하를 다스리는 것으로 내 마음을 어지럽히려 하느냐." 천근이 다시 물으니 무명인이 대답했다. "너는 마음을 맑은 곳에 놀게 하고, 기운을 고요한 데에 합하여, 만물의 자연에 따라 사사로움을 섞는 일이 없게 하라. 그러면 천하가 다스려질 것이다."

【解說】 천근(天根)이 은양(殷陽—殷山 남쪽)을 지날 때 요수(蓼水) 근처에서 무명인(無名人)을 만났다.

한눈에 상대가 비범한 사람임을 알아차린 천근은 곧 말을 걸었다.

"천하를 다스리는 방법을 가르쳐 주시겠습니까."

"물러가거라. 말 같지 않은 질문을 하고 있느냐. 나는 지금 조물자와 노니는 참이다. 놀다가 싫어지면 〈망묘(莽眇)의 새 (허무한 기운)〉를 타고 우주 밖으로 나가 〈무하유(無何有)의 고을(허무의 세계)〉과 〈광랑(壙垠)의 들(멀고 넓은 들)〉에 가서 실컷 놀면 된다. 그런데 너는 엉뚱한 수작을 하고 있지 않느냐. 천하를 다스린다는 이야기는 나의 흥을 깨뜨릴 뿐이다."

그러나 천근은 단념하지 않고 거듭 가르침을 청했다. 무명인은 마지못해 한 마디로 잘라 말했다.

"마음에 있는 일체를 버리고 무심으로 돌아가라. 만물을 있는 그대로 맡겨 두고 인위적인 노력을 모두 버려라. 그러면 천하는 자연히 잘 다 스려진다."

才能은 몸을 망친다

陽子居見老聃曰, 有人於此. 鬻疾强梁, 物徹疏明, 學道不勌. 如是者可比明王乎. 老聃曰, 是於聖人也, 胥易技係, 勞形怵心者也. 且曰, 虎豹之文來田, 猨狙 之便, 執斄之狗來藉. 如是者可比明王乎. 陽子居蹵然 曰, 敢問明王之治. 老聃曰, 明王之治, 功蓋天下, 而 似不自己. 化貸萬物, 而民弗恃, 有莫擧名, 使物自喜. 立乎不測, 而遊於無有者也.

【解釋】 양자거가 노담에게 말했다. "빠르고 굳세며, 사물을 명철하게 알고, 도를 배우기를 싫어하지 않는 사람이 있다면 가히 명왕에 비할 수 있겠지요." 노담이 말했다. "그런 사람은 성인에게 있어서는 오히려 하급 관리나 기공처럼 몸을 괴롭히고 마음을 두렵게 하는 자에 불과하 네. 범과 표범의 무늬는 사냥꾼을 부르고 원숭이의 재빠름과 삵괭이를 잡는 개는 사슬을 부른다. 이같은 사람을 명왕에 비할 수 있겠는가." 양자거가 움찔하여 물었다. "감히 명왕의 다스림을 묻겠습니다." 노담 이 말했다. "명왕의 다스림은 공히 천하를 덮어도 자기에서 비롯된 것 인 양하지 않고, 교화가 만물에 미쳐도 백성은 그것을 모른다. 하는 일

이 있어도 이름을 붙일 수 없고, 만물로 하여금 스스로 기쁘게 하며, 자신은 헤아릴 수 없는 데 서서 무유에 노는 사람이다.”

【解説】 양자거(陽子居)가 노담(老聃)에게 물었다.

“민첩하고 과감한 행동력과 투철한 통찰력을 겸비하고서 도를 배우기를 잠시도 게을리하지 않는 사람이라면 옛 성왕과 어깨를 나란히 할 수 있지 않을까요.”

노담은 고개를 옆으로 저었다.

“뭐라고. 성왕에 비교가 된다고. 그따위 녀석은 고작 말단 관리에 지나지 않네. 하찮은 재주에 사로잡혀 몸과 마음을 괴롭히고 있는 가련한 녀석이라네. 그런 서툰 재주는 도리어 몸을 망치는 것이니, 범과 표범은 아름다운 털가죽 때문에 사냥꾼에게 죽게 되고, 원숭이나 사냥개는 날쌘 것 때문에 쇠사슬에 얽매이게 되네. 그런 녀석을 어떻게 태고의 성왕에 비할 수 있겠나.”

“그러면 옛 성왕의 다스림은 어떤 것이었습니까?”

“성왕의 공덕은 천하를 온통 뒤덮고 있지만 사람들의 눈에는 그와 천하는 아무 관계도 없는 것처럼 보이며, 그 교화가 만물에 비치고 있지만 백성들은 전혀 그것을 느끼지 못하네. 천하를 다스리고도 그 흔적을 남기지 않네. 그러고도 만물로 하여금 각각 그 장소를 얻게 하며, 자신은 인간의 지혜가 짐작조차 할 수 없는 허무의 세계에서 노니네. 이것이 태고의 성왕들의 정치라네.”

逃亡친 神巫

鄭有神巫曰季咸.　知人之生死存亡,　禍福壽夭.　期以

歲月旬日若神. 鄭人見之, 皆棄而走. 列子見之而心醉,
歸以告壺子, 曰, 始吾以夫子之道爲至矣. 則又有至焉
者矣. 壺子曰, 吾與汝旣其文未旣其實. 而固得道與,
衆雌而無雄, 而又奚卵焉. 而以道與世亢必信. 夫故使
人得而相女. 嘗試與來以予示之.

明曰, 列子與之見壺子. 出而謂列子曰, 嘻, 子之先
生死矣. 弗活矣. 不以旬數矣. 吾見怪焉, 見溼灰焉,
列子入, 泣涕沾襟, 以告壺子. 壺子曰, 鄉吾示之以地
文. 萌乎不震不正. 是殆見吾杜德機也. 嘗又與來.

明日又與之見壺子. 出而謂列子曰, 幸矣. 子之先生
遇我也, 有瘳矣. 全然有生矣. 吾見其杜權矣. 列子入,
以告壺子. 壺子曰. 鄉吾示之以天壤. 名實不入, 而機
發於踵. 是殆見吾善者機也. 嘗又與來.

明日又與之見壺子. 出而謂列子曰, 子之先生不齊,
吾無得而相焉, 試齊, 且復相之. 列子入以告壺子. 壺
子曰, 吾鄉示之以太沖莫勝. 是殆見吾衡氣機也. 鯢桓
之審爲淵, 止水之審爲淵, 流水之審爲淵. 淵有九名.
此處三焉. 嘗又與來.

明日又與之見壺子. 立未定, 自失而走. 壺子曰, 追
之. 列子追之, 不及. 反以報壺子曰, 已滅矣, 已失矣.
吾弗及也. 壺子曰, 鄉吾示之以未始出吾宗. 吾與之虛
而委蛇. 不知其誰何. 因以爲弟靡. 因以爲波流, 故逃
也.

然後列子自以爲未始學而歸, 三年不出, 爲其妻爨,
食豕如食人, 於事無與親. 彫琢復朴, 塊然獨以其形立.
紛而封哉, 一以是終.

【解釋】 정나라에 계함이라는 신무가 있었다. 사람의 사생 존망과 화복 수요를 맞히는 데에 해와 달과 순일까지 틀림이 없어 귀신같았다. 정나라 사람들은 그를 보면 모두가 피해 달아났다. 열자가 보고 심취하여 돌아가 호자에게 말했다. "지금껏 저는 선생님의 도를 지극한 것으로 생각했는데, 이제 보니 그보다 더 지극한 사람이 있습니다." 호자가 말했다. "내가 너와 더불어 그 글은 다했으나 그 실상은 다하지 못했는데, 어찌 진실로 도를 얻었다고 하느냐. 뭇 암컷이 수컷이 없으면 어떻게 알이 생기겠느냐? 네가 도로써 세상과 맞서 그들의 신용을 얻으려 하니까 남이 너의 상을 볼 수 있게 된 것이다. 시험삼아 함께 와서 나를 보여 봐라."

이튿날 열자가 더불어 호자를 보니, 계함이 나와 열자에게 일러 말하였다. "슬프다. 당신 선생은 죽을 것이오. 열흘을 견디지 못하겠소. 나는 이상한 것을 보았소. 젖은 재를 보았소." 열자가 들어가 눈물로 옷깃을 적시며 호자에게 고했다. 호자가 말했다. "아까 나는 지문을 보였다. 터질 듯이 움직이지도 않고 그치지도 않는 상이지. 그자가 내 생기가 꽉 닫힌 것을 본 것이리라. 시험삼아 또 데리고 오라."

이튿날 또 그를 데리고 호자를 보았다. 나와 열자에게 말했다. "다행이오. 당신 선생은 나를 만나 병이 낫게 되겠소. 완전히 살게 되었소. 꽉 닫힌 것이 움직이는 것을 보았소." 열자가 들어가 호자에게 고하니, 호자가 말했다. "아까 내 보이기를, 천양으로 했다. 이름과 실상이 들어가지 않고 기가 발꿈치에서 나오는 것이다. 아마 내게서 생성의 기운을 본 것이리라. 시험삼아 또 데리고 오라."

이튿날 또 데리고 호자를 보았다. 나와 열자에게 일러 말했다. "당신 선생은 한결같지가 않으니, 상을 볼 수가 없소. 좀 진정시킨 뒤에 다시 보리다." 열자가 들어가서 호자에게 말하니 호자가 말했다. "나는 아까 태충막승으로써 보여 주었다. 그가 아마 내게서 절대의 조화를 본 것이리라. 소용돌이치는 물도, 고요한 물도, 흐르는 물도 못이 된다. 못은 아홉 가지 이름이 있는데 이것은 셋에 해당한다. 시험삼아 또 데리고 오라."

이튿날 또 데리고 호자를 보았는데, 선 채로 앉기도 전에 그만 정신을 잃고 달아났다. 호자가 말했다. "쫓아라." 열자가 이를 쫓다가 미치지 못하고 돌아와 호자에게 보고했다. "이미 사라져 놓쳐 버린지라 미치지 못하였습니다." 호자가 말했다. "아까 나는 미시출 오종으로써 했다. 즉 마음을 텅 비우고 현상의 변화에 그대로 따라 분별을 못하도록 바람부는 대로 혼들리고, 물결치는 대로 혼들리는지라 무서워 도망간 것이다."

그런 뒤로 열자는 스스로 배움의 모자람을 깨닫고 돌아가 3년을 나오지 않았다. 아내를 위해 밥을 짓고, 돼지 기르기를 사람 기르듯 하며, 일에 있어서 치우침이 없었다. 새기고 다듬는 것에서 소박함으로 돌아가 괴연히 홀로 그 모양대로 서 있었으니, 만물을 있는 그대로 두고 간섭하지 않은 채 일생을 마쳤다.

【解説】　정(鄭)나라에 계함(季咸)이라는 신통한 무당 관상쟁이가 있었다. 사람들의 생사 길흉을 귀신같이 알고 있어서 어느 해, 어느 달, 어느 날짜까지 정확히 알아맞혔다.

정나라 사람들은 그를 보면, 불길한 예언을 들을까봐 정신없이 도망쳐 달아나는 형편이었다.

어느 날 이 계함을 우연히 만난 열자(列子)가 그의 재주에 반하여 스승인 호자(壺子)에게 와서,

"저는 지금까지 선생님이 말씀하시는 〈도〉만이 최고의 것인 줄 믿고 있었습니다만, 세상에는 그보다 더한 것이 있는 모양입니다."

하고 계함에 대한 이야기를 했다. 호자는 열자를 조용히 타일렀다.

"너에게 나는 지금껏 도에 관해 많은 것을 가르쳐 왔지만 그것은 말뿐으로, 〈도〉 그 자체는 아직 보여 준 일이 없다. 그런데 너는 〈도〉를 충분히 알고 있는 것처럼 생각하고 있는 모양이구나. 아무리 암탉이 많이 있어도 수탉이 없는 한 생명이 있는 알은 낳지 못하는 법이다. 생명력이 없는 그같은 〈도〉를 자랑으로 생각하고, 사람들과 겨루어 자신을 돋보이게 하려니까 관상쟁이 따위에게 속을 들여다보이게 된 것이다. 아무튼 말보다는 실지로 시험해 보는 것이 좋으니, 한번 그 무당 관상쟁이를 데리고 와서 나를 점쳐 보도록 해라."

이튿날 열자는 계함을 데리고 호자를 만났다. 호자의 얼굴을 두루 살피고 난 계함은 밖으로 나와 열자에게 이렇게 말했다.

"안타깝게도 당신 선생님은 머지 않아 죽을 것 같소. 고작 오래 가야 열흘일 거요. 이상한 기운이 얼굴에 나타나 있소. 마치 물에 젖은 재〔灰〕처럼 생기없는 기색이……."

열자는 놀라 방으로 달려들어가 눈물을 흘리며 이 말을 호자에게 알렸다. 그러나 호자는 태연했다.

"그렇겠지. 아까 나는 그 자에게 〈지문상(地文相)〉을 보여 주었으니까. 움직이지 않는 대지(大地)의 상(相)을 말이다. 녀석은 내 생기가 꽉 닫혀져 있는 것을 본 것이겠지. 어디 다시 한번 그자를 데리고 오도록 해라."

이튿날 열자는 다시 계함을 데리고 와서 호자를 보게 했다. 방에서 나온 계함은 열자에게 말했다.

"운이 참 좋았소. 당신 선생님은 나를 만난 탓으로 완전히 원기를 되찾게 되었소. 이제는 아무 걱정이 없소. 꽉 닫혀져 있던 생기가 새로 움직이기 시작하는 것이 분명히 보였소."

기뻐 어쩔 줄 모르며 열자는 즉시 호자에게 이를 보고했다. 그러나 호자는 태연했다.

"그럴테지. 아까 나는 그자에게 〈천양(天壤―天地)의 상〉을 보여 주었던 것이다. 뭐라고 이름 지어 부를 수도 잡을 수도 없지만, 그래도 분명히 움직이기 시작한 생기가 발뒤꿈치 근처에서부터 올라오는 그런 생기다. 놈은 내게서 그런 생성(生成)의 움직임을 본 것이다. 시험삼아 또 한번 그자를 데리고 오너라."

그 이튿날 열자는 다시 또 계함을 데리고 왔다. 전과 마찬가지로 호자의 얼굴을 다 살피고 난 계함은 연방 고개를 갸웃거리며 말했다.

"이상하게 당신 선생은 만날 때마다 상이 변하고 있소. 이래 가지고는 아무리 나라 해도 알아낼 도리가 없소. 먼저 생각을 조용히 할 필요가 있소. 그러면 내가 앞 일을 말할 수 있을 거요."

열자가 이 말을 전하자 호자는 이렇게 말했다.

"음, 그렇겠지. 아까 나는 그자에게 〈태충막승(太冲莫勝)의 상〉을 보여 주었던 것이다. 대립과 항쟁의 일체가 사라진 태허(太虛)의 상을 말이다. 그녀석은 나에게서 모든 것이 절대의 조화를 유지하고 있는 것을 알아본 것이리라. 내 마음은 강물의 못과 같은 것이다. 소용돌이치는 물, 처음부터 움직이지 않는 물, 흘러 쉬지 않는 물, 이 모든 것들이 한데 모여 조용하고 밑바닥을 알 수 없는 깊은 못을 이루는 것이다. 무릇 못에는 아홉 가지 상이 있다. 내 마음도 온갖 상을 다 갖추고 있으면서 전혀 움직이지 않고 있는 것이다. 그러나 나는 그자에게 아직 그 중에서 세 가지밖에 보이지 않았다. 시험삼아 다시 한번 데리고 오너라."

이튿날 열자는 다시 계함을 데리고 왔다. 그런데 계함은 호자의 얼굴을 보자마자 깜짝 놀라 뒤도 돌아보지 않고 달아났다.

"뒤를 쫓아라."

호자의 이 말에 열자는 곧장 뒤를 쫓았다. 그러나 금방 모습이 보이지 않아 쫓아갈 수가 없었다. 그는 맥없이 돌아와 그것을 보고했다.

"벌써 얼굴도 그림자도 볼 수가 없습니다. 도저히 뒤를 쫓을 수가 없었습니다."

"뭐 괜찮다. 아까 나는 그자에게 〈미시출오종(未始出吾宗)의 상〉을 보여 주었던 것이다. 나의 생각을 완전히 버리고 무심히 상대방의 움직임에 따르므로 내가 어떤 사람인지를 알아 볼 수 없는 그런 상을 말이다. 바람이 불면 부는 대로 흔들리고 물결이 밀어닥치면 물결 따라 떠다니는 식으로 상대방이 움직이는 대로 따라 움직이기 때문에, 놈은 자기의 본색이 드러날까봐 겁이 나서 도망친 것이다."

이후, 열자는 자기의 부족함을 뼈저리게 느꼈다. 그는 고향 집으로 내려가 몇 해 동안 한 발짝도 대문 밖으로 나오지 않고 수행(修行)에 힘을 썼다.

아내를 대신해서 부엌에 가서 밥을 짓기도 하고, 돼지를 사람과 똑같이 기르는 등, 일체의 차별을 두지 않았다. 허식을 버리고 소박한 것에 돌아가 초연히 세속을 떠나 살았다.

이리하여 그는 만물을 있는 그대로 맡겨 두고, 인위적인 노력을 더함이 없이 마음 편안히 일생을 마칠 수 있었다.

至人의 마음

> 無爲名尸.　無爲謀府.　無爲事任.　無爲知主.　體盡無
> 窮,　而遊無朕,　盡其所受於天,　而無見得.　亦虛而已.
> 至人之用心若境.　不將不迎,　應而不藏.　故能勝物而不
> 傷.

【解釋】　명예의 주인이 되지 말고 주모자가 되지 마라. 책임자가 되지
말고 앎의 주인이 되지 마라. 무궁을 체득하여 허무의 세계에서 놀아
라. 하늘에서 받은 바를 다하면서도 얻음을 보이는 일이 없이하는, 곧
허일 뿐이어야 한다. 지인의 마음 씀은 거울과 같다. 보내지도 않고 맞
지도 않으며, 응하여 간직하지도 않는다. 그러므로 능히 만물에 견디고
상하지 않는다.

【解說】　이름을 멀리하고 재주를 부리지 마라. 책임자가 되지 말고 지
혜를 초월하라. 영원한 것과 한 몸뚱이가 되어 허무의 세계에서 놀라.
자기에게 주어진 천성을 온전히 하는 것만으로 좋은 것이다. 그 이상
더하지 말아라. 한 마디로 말하면 마음을 텅 비게 하는 것이다.
　지인(至人)의 마음은 거울 같은 것이다. 자신은 가만히 움직이지 않
고 있어 오는 것은 그대로 비춰 주지만, 가버리면 아무런 흔적도 없다.
그러므로 어떤 것에도 대응하지만, 해를 입는 일이 없다.

渾沌의 죽음

南海之帝爲儵, 北海之帝爲忽, 中央之帝爲渾沌. 儵與忽, 時相與遇於渾沌之地. 渾沌待之甚善. 儵與忽謀報渾沌之德. 曰, 人皆有七竅, 以視聽食息. 此獨無有. 嘗試鑿之. 日鑿一竅. 七日而渾沌死.

【解釋】 남해의 임금을 숙이라 하고, 북해의 임금을 홀, 중앙의 임금을 혼돈이라 한다. 숙과 홀은 가끔 서로 더불어 혼돈의 땅에서 만났다. 혼돈이 대하기를 심히 잘했다. 숙과 홀은 혼돈의 덕을 갚기로 하였다. "사람은 다 일곱 구멍이 있어 보고 듣고 먹고 숨쉬고 하는데, 그만 홀로 가지지 않았다. 시험삼아 그를 뚫어 주자." 하고 하루 한 구멍씩 뚫었는데, 이레가 되자 혼돈은 죽고 말았다.

【解説】 남해(南海)의 제왕은 숙(儵), 북해의 제왕은 홀(忽), 중앙의 제왕은 혼돈(渾沌)이다. 숙과 홀이 가끔 혼돈의 땅에서 모인 일이 있는데 그때마다 후대를 받았다.

혼돈의 후대에 감사한 두 사람은 뭔가 보답을 하려고 서로 상의했다. "이렇게 하는 것이 어떨까. 인간은 누구나 눈과 귀와 입과 코의 일곱 구멍으로 보고 듣고 먹고 숨쉰다. 그런데 혼돈에게만 구멍이 없으니 뚫어 줌이 어떨까?"

그래서 숙과 홀은 혼돈의 몸에 매일 하나씩 구멍을 뚫었고 그 결과 혼돈은 7일을 넘기지 못한 채 죽어 버렸다.

外　篇

8. 騈拇

天下의 法道

騈拇枝指, 出乎性哉, 而侈於德, 附贅縣疣, 出乎形哉, 而侈於性, 多方乎仁義, 而用之者, 列於五藏哉, 而非道德之正也, 是故騈於足者, 連無用之肉也, 枝於手者, 樹無用之指也, 多方騈枝於五藏之情者, 淫僻於仁義之行, 而多方於聰明之用也, 是故騈於明者, 亂五色, 淫文章, 青黃黼黻之煌煌, 非乎, 而離朱是已, 多於聰者, 亂五聲, 淫六律, 金石絲竹黃鐘大呂之聲, 非乎, 而師曠是已, 枝於仁者, 擢德塞性, 以收名聲, 使天下簧鼓, 以奉不及之法, 非乎, 而曾史是已, 騈於辯者, 累瓦結繩, 竄句游心於堅白同異之間, 而敝跬譽無用之言, 非乎, 而楊墨是已, 故此皆多騈旁枝之道, 非天下之至正也.

【解釋】 붙은 발가락과 육손은 나면서부터 있는 것이나 덕에서 볼 때 덧붙은 것이다. 사마귀나 혹은 형체가 생긴 후에 붙은 것이나 성에서 볼 때 역시 덧붙은 것이다. 인의를 과다히 쓰려는 것은 그것이 오장에 짜낸다 해도 도덕의 본연은 아니다. 그래서 발가락이 붙은 것은 소용이

없는 군살을 덧붙인 것이며, 손에 가지가 난 것은 쓸데없는 손가락이 돋은 것이며, 오장의 정에 여러 가지가 붙고 돋는 것은 인의의 바름을 빗나가게 하여 총명한 척해 보이는 것일 뿐이다. 그러므로 빛에 빠지는 자는 오색에 어지럽고 무늬에 넋을 잃는다. 청황색 옷의 휘황함이 이 때문이 아닌가? 이주가 이와 같았다. 여러 가지로 귀를 사용하는 자는 오성에 어지러워지고 육률에 빠져든다. 금석사죽·황종·대려의 소리가 이 때문이 아닌가? 사광이 이와 같았다. 어진 것에 과도한 자는 덕을 뽑고 성을 막아서 명성을 얻으려 한다. 피리나 북을 가지고 천하로 하여금 미치지 못할 걸 받들게 하려는 법이 아니겠느냐? 증삼이나 사추가 이와 같았다. 변설에 빠진 자는 기와와 기와를 끈으로 묶는 것처럼 쓸데없이 옛말을 훔쳐서 견백동이의 사이에서 논다. 아무 쓸모가 없는 말을 찬미하는 것이 아니겠느냐? 양자나 묵자가 이와 같았다. 이러한 것은 모두 도에 군살을 붙인 것일 뿐, 천하의 지정이 아니다.

【解説】 네발가락(騈拇)과 육손이(枝指)는 태어나면서부터 선천적인 것이지만, 정상인과 비교한다면 군더더기일 뿐이다. 사마귀나 혹 같은 것도 후천적인 것으로서 역시 군더더기에 불과하다.

마찬가지로 인의(仁義)를 너무 지나치게 세상에 결부시킨다는 것은 비록 그것이 사람의 오장에서 짜낸 지혜일지라도 진정한 도덕에 어긋날 뿐이다.

다시 말해 발가락이 붙은 것은 군살을 덧붙인 것이고, 육손이는 소용도 없는 손가락 하나를 더 갖고 있는 것이며, 오장의 진실함 속에서 다시 인의를 쳐든다는 것은 불필요한 의미를 첨가시켜 쓸데없이 총명한 척해 보이는 것에 불과하다.

그러므로 과도하게 눈을 사용하는 것은 색채를 보기만 해도 마음이 들떠서 갖가지 무늬를 대하면 정신을 잃도록 그것에 빠져든다. 청색·황색 무늬를 휘황하게 수놓은 예복 따위를 만드는 것은 그런 까닭에서다. 그런 사람의 하나로 이주(離朱)를 들 수 있을 것이다.

또 과도하게 귀를 사용하는 자는 오음(五音)을 듣기만 해도 마음이 들뜨고 육률(六律)에 이르러서는 정신을 잃도록 그것에 빠져든다. 금석사

죽*(金石絲竹)이며 황종(黃鐘)·대려(大呂) 따위는 그래서 만들어진 것이다. 그런 사람의 하나로 사광(師曠)을 들 수 있을 것이다.

　또 과도하게 인(仁)에 치우친 자는 성정(性情)을 거슬러서라도 명성을 얻고자 한다. 천하의 이목을 모으고 그들에게 불가능한 일을 강요하려 드는 것이 그 좋은 증거이다. 그런 사람으로는 증삼(曾參)이나 사추(史鰌)를 들 수 있을 것이다.

　또 과도하게 변론에 치우친 자는 기왓장과 기왓장을 노끈으로 매듭지으려는 듯 쓸데없이 옛 사람의 글귀를 훔쳐다가 견백동이(堅白同異)의 궤변을 장식하기에 기운을 탕진한다. 그런 사람들로는 양자(楊子)와 묵자(墨子)를 들 수 있다.

　이와 같은 것들은 모두 본질에서 벗어난 무가치한 도리일 뿐, 천하의 법도라 할 지정(至正)이 아니다.

〔註釋〕 *金石絲竹　모두 악기의 이름으로 金은 鐘, 石은 磬, 絲는 琴瑟, 竹은 笙簫를 말한다.

君子나 小人이 다 奴隷

臧與穀二人, 相與牧羊, 而俱亡其羊. 問臧奚事, 則挾筴讀書. 問穀奚事, 則博塞以遊. 二人者事業不同, 其於亡羊均也. 伯夷死名於首陽之下, 盜跖死利於東陵之上. 二人者所死不同, 其於殘生傷性均也. 奚必伯夷之是, 而盜跖之非乎. 天下盡殉也. 彼其所殉仁義也,

則俗謂之君子. 其所殉貨財也, 則俗謂之小人. 其殉一
也, 則有君子焉, 有小人焉. 若其殘生損性, 則盜跖亦
伯夷已. 又惡取君子小人於其問哉.

【解釋】 장과 곡 두 사람이 함께 양을 치다가 둘 다 그 양을 잃었다. 장에게 어찌된 일이냐고 물은즉 책을 끼고 글을 읽은 탓이라 했다. 곡에게 어찌된 일이냐고 물으니 노름하고 놀았기 때문이라 했다. 두 사람이 한 일은 같지 않으나 그 양을 잃은 것에 있어서는 같다. 백이는 이름 때문에 수양산 밑에서 죽고, 도척은 이익 때문에 동릉산 위에서 죽었다. 두 사람이 죽은 바는 틀리나, 삶을 해쳐 성품을 상하게 한 것은 같다. 어찌 꼭 백이가 옳고 도척이 그르다 할 것인가. 천하는 다 죽게 된다. 그들이 따라 죽는 것이 인의면 세속에서 일러 군자라 하고, 재물에 따라 죽었다면 세속에서는 소인이라 한다. 그 따라 죽는 것은 하나인데, 이른바 군자도 있고 소인도 있다. 그 삶을 천히 여기고 성품을 해침에는 도척이나 백이나 마찬가지다. 또 어찌 그 사이에서 군자와 소인을 취하리오.

【解說】 남녀 두 사람의 종이 각각 양을 지키고 있었는데, 두 사람 다 양을 놓쳐 버렸다.
 주인이 그 이유를 추궁하자 남자 종〔臧〕은
"책을 읽고 있었습니다."
하고, 여자 종〔穀〕은
"쌍륙을 하고 놀았습니다."
하고 대답했다. 이 두 사람의 행실에는 분명히 차이가 있으나 양을 놓쳐버린 근본적인 과실에 있어서는 아무런 차이도 없다.
 의사(義士)로 알려진 백이(伯夷)나 흉적으로 악명 높은 도척(盜跖)의 경우 역시 똑같다고 할 수 있다. 백이는 대의명분을 고집하다 수양산에서 굶어 죽었고, 도척은 이욕에 쫓겨 동릉산(東陵山)에서 죽었다. 두 사람이 죽게 된 까닭은 각각 다르지만, 가장 중요한 생명을 해치고 자연의 본성을 일그러뜨린 점에서는 아무런 차이도 없다. 백이가 바르고 도척은 간악하다고 딱 잘라 평가할 수는 없는 일이다.

지금 천하 사람들은 모두 본래의 자기를 잊고 바깥 사물의 노예로 전락했다. 그래서 그 노예로 만든 대상이 〈인의〉일 경우엔 군자로서 존경을 받고, 〈재물〉의 경우엔 소인이라 일컬어진다.

그러나 이 둘 사이에 도대체 무슨 차이가 있다는 것인가. 앞에서도 말하였듯이 생명을 해치고 본성을 비뚤어지게 만든 근본적인 것에 있어서는 백이나 도척이나 매한가지다. 군자니 소인이니 하고 구별을 해본들 무슨 큰 뜻이 있겠는가.

9. 馬 蹄

本性과 自由

馬蹄可以踐霜雪, 毛可以禦風寒, 齕草飲水, 翹足而陸, 此馬之眞性也, 雖有義臺路寢, 無所用之, 及至伯樂, 曰我善治馬, 燒之剔之, 刻之雒之, 連之以羈馽編之以皁棧, 馬之死者十二三矣, 飢之渴之, 馳之驟之, 整之齊之, 前有橛飾之患, 而後有鞭莢之威, 而馬之死者已過半矣, 陶者曰, 我善治埴, 圓者中規, 方者中矩, 匠人曰, 我善治木, 曲者, 中鉤, 直者應繩, 夫埴木之性, 豈欲中規矩鉤繩哉, 然且世世稱之曰, 伯樂善治馬, 而陶匠善治埴木, 此亦治天下者之過也, 吾意善治天下者不然, 彼民有常性, 織而衣, 耕而食, 是謂同德, 一而不黨, 命曰天放.

【解釋】 말은 발굽으로 서리나 눈을 밟고 털로 바람과 추위를 막는다. 풀을 먹고 물을 마시며 발을 들어 뛴다. 이것이 말의 진정한 본성이다. 비록 장려한 거처가 있다고 하더라도 필요없는 것이다. 백락이 나타나서는 "나는 말을 잘 다룬다."고 하며 털을 지지고 낙인을 새겨 고삐를 매어서는 외양간에 집어 넣었다. 죽는 말이 열에 두세 마리나 되었다. 배를 곯리고 목마르게 하고 달리게 하고 뛰게 하고 정렬하여 늘어 세우

기도 했다. 앞에서는 재갈에 끈을 달아 근심케 하고 뒤에서는 채찍을 쳐서 위협했다. 이래서 말은 반이 넘게 죽어 갔다. 도자는 말한다. "나는 찰흙을 잘 다루어 둥글게 함이 그림쇠 같고, 모나게 함이 곡척과 같다." 장인은 말한다. "나는 나무를 잘 다뤄 굽게 함이 갈고랑쇠에 맞고, 곧게 함이 먹줄과 같다." 무릇 찰흙이나 나무의 본싱이 그림쇠나 곡척이나 갈고랑쇠나 먹줄처럼 되기를 원하겠느냐? 그러나 세상에서는 칭하기를 백락은 말을 잘 다루고, 도장은 찰흙과 나무를 잘 다룬다고 한다. 천하를 다스리는 자 또한 이와 같은 것이다. 내가 뜻하는 바 천하를 잘 다스린다 함은 그런 것이 아니다. 저 백성들에게는 상성이 있는 바, 짜서 옷 해 입고, 갈아서 먹는 것이니 이것이 동덕이다. 합쳐 하나가 되고 편벽되지 않은 것을 천방이라고 하는 것이다.

【解說】 말의 발굽은 서리나 눈을 밟으며 그 털은 바람과 추위를 막아 준다. 말은 또한 풀을 먹고 물을 마시며 발걸음도 날래게 뛰어다닌다. 이것이 말의 본성이다. 고대 광실 따위도 그에게는 불필요한 것이다.

　그런데도 백락(伯樂)은 "나는 말을 잘 다룬다."고 호언 장담하면서 말의 털을 태우거나 깎고, 발톱을 깎아 낙인을 찍은 다음 고삐를 매어 마구간에 넣어 길렀다. 그 결과 열 마리 중 두세 마리가 죽었다. 또 훈련을 시킨다면서 굶기거나 목이 타게 하고 달리거나 뛰게 하고, 때로는 대열을 지어 달리게 했다. 또한 재갈에 끈을 달았고 뒤에선 채찍으로 위협했다. 그 결과 죽는 말이 반을 넘어섰다.

　도자(陶者―옹기장이)는 이렇게 말한다. "나는 찰흙을 잘 다뤄서 둥근 그릇을 만들면 그림쇠를 댄 것 같고, 네모 그릇을 만들면 곡척에 들어맞는다." 또 장인(匠人―목수)은 이렇게 말한다. "나는 나무를 잘 다뤄서 굽게 깎으면 갈고랑쇠에 맞고 곧게 하면 먹줄을 친 듯하다." 그러나 찰흙이나 나무의 본성이 어찌 그림쇠며 곡척·갈고랑쇠며 먹줄과 같기를 바라겠는가. 하지만 세상 사람들은 옛부터 백락을 말의 명인, 도자나 장인은 흙과 나무를 잘 다룬다고 칭찬해 온다. 천하의 위정자들 역시 그와 같은 것이 아니겠는가.

나는 이렇게 생각한다. 천하를 잘 다스린다는 것은 결코 그러한 것이 아니다. 백성들에게도 그들의 본성이 있다. 그리하여 추우면 길쌈하여 옷을 입고 배가 고프면 농사를 지어 먹게 마련이다. 이것을 자연의 본성〔同德〕이라 하며 각자가 천성을 좇아 순진한 것을 자유〔天放〕라 한다.

伯樂의 罪

> 夫馬陸居則食草飮水, 喜則交頸相靡, 怒則分背相踶, 馬知已此矣, 夫加之以衡扼, 齊之以月題, 而馬知介倪, 闉扼鷙曼, 詭銜竊轡, 故馬之知, 而態至盜者, 伯樂之罪也, 夫赫胥氏之時, 民居不知所爲, 行不知所之, 含哺而熙, 鼓腹而遊, 民能以此矣, 及至聖人, 屈折禮樂, 以匡天下之形, 縣企仁義, 以慰天下之心, 而民乃始踶跂好知, 爭歸於利, 不可止也, 此亦聖人之過也.

【解釋】 무릇 말은 땅에 살면서 풀을 먹고 물을 마신다. 기쁘면 목을 맞대고 서로 비비며, 노하면 등을 돌리고 서로 발길질을 한다. 말의 지혜는 여기까지밖에 이르지 못했다. 그런데 굴레를 씌우고 재갈을 물리며 이마치레로써 다스리려 하자 말이 꾀를 내게끔 되었다. 가로대를 부수고, 멍에를 벗고, 재갈을 물어뜯고, 고삐를 끊는다. 따라서 말의 지혜를 도둑의 모습으로까지 이르게 한 것은 백락의 죄다. 저 혁서씨 시대의 사람들은 머물러도 할 바를 몰랐고, 가려 해도 그 갈 데를 몰랐다.

배불리 먹고 즐기며, 배를 두드리며 놀았다. 이렇게밖에 할 줄 모르던 백성들을 성인이 나타나서 몸을 굽혀 예악을 지키게 하고, 천하로 하여금 치장하게 하면서, 인의로써 천하의 마음을 사려 들었다. 백성들이 이때부터 애써 지혜를 좋아하게 되고, 이익을 좇아 다투며 그 멈출 바를 모르게 되었다. 이것 역시 성인의 죄다.

【解説】 말은 땅에 살면서 풀을 먹고 물을 마신다. 홍이 나면 서로 목을 마주 비비고 노여우면 서로 발길질을 한다. 말의 지혜란 기껏 이 정도였다. 그런데 그 말에게 굴레를 씌우고, 재갈을 물리며, 이마에 월제(月題—이마 치레)를 박아 괴롭히면 말도 또한 갖은 꾀를 다 내게 된다. 가로대를 부러뜨리고 멍에를 벗어던지고 재갈을 물어뜯고 고삐를 끊어 버리려 든다. 별다른 지혜가 없었던 말을 이렇게끔 만든 것은 오로지 백락(伯樂)의 죄다.

 혁서씨(赫胥氏—상고의 제왕)가 지배하던 태곳적만 해도 사람들은 집에 있어야 할 일이 없고, 길을 떠나려 해도 갈 곳이 없었다. 입이 미어지게 음식을 먹고 즐기며 배를 두들기며 만복감을 누렸었다. 오직 그렇게 살던 백성들이 이른바 성인(聖人)들이 출현하면서부터 괴로워지게 되었다. 몸을 굽혀 예악(禮樂)을 지키게 하고, 겉치장에 신경을 쓰게 하면서도 인의(仁義)를 내세워 천하 사람들의 마음을 사려 들었다. 이로부터 사람들은 애써 꾀를 생각해 냈고, 앞을 다투어 이익을 좇게 되었다. 이야말로 성인이 저지른 죄다.

10. 胠 篋

위험한 聖人

1. 큰 도둑

將爲胠篋探囊發匱之盜, 而爲守備, 則必攝緘縢, 固
扃鐍. 此世俗之所謂知也. 然而巨盜至, 則負匱揭篋擔
囊而趨, 唯恐緘縢扃鐍之不固也. 然則鄕之所謂知者,
不乃爲大盜積者也. 故嘗試論之. 世俗之所謂知者, 有
不爲大盜積者乎. 所謂聖者, 有不爲大盜守者乎. 何以
知其然邪. 昔者齊國隣邑相望, 雞狗之音相聞, 罔罟之
所布, 耒耨之所刺, 方二千餘里, 闔四竟之內, 所以立
宗廟社稷, 治邑屋州閭鄕曲者, 曷嘗不法聖人哉. 然而
田成子一旦殺齊君而盜其國. 所盜者豈獨其國邪, 並與
其聖知之法而盜之. 故田成子有乎盜賊之名, 而身處堯
舜之安. 小國不敢非, 大國不敢誅, 十二世有齊國. 則
是不乃竊齊國, 並與其聖知之法, 以守其盜賊之身乎.

【解釋】 상자를 열고 자루를 더듬고 궤를 뒤지는 도둑을 막으려면, 반
드시 봉하고 묶어놓으며 빗장과 장식을 탄탄하게 한다. 이것이 이른바

세속의 지혜다. 그러나 큰 도둑에 이르면 궤짝을 지고 상자를 들고 자루째 메고 달아날 판이라 그들은 봉한 것과 빗장과 장식이 여물지 못한 것을 오히려 두려워한다. 따라서 고을의 이른바 지혜로운 자는 곧 큰 도둑을 위해 쌓는 사람이 아닌가. 그러므로 시험삼아 논한다. 이른바 세속의 지자로서 도둑을 위해 쌓지 않은 자가 있는가. 이른바 성인치고 큰 도둑을 위해 지키지 않은 자가 있는가. 무엇으로 그러한 연유를 아는가. 옛날 제나라엔 이웃 고을이 서로 바라보고, 닭이나 개 울음 소리가 들렸으며, 그물 치고 쟁기질하는 곳이 사방 2천 리나 되었다. 사경 안에 종묘 사직을 세워 읍옥과 주려와 향곡을 다스리는 바가 어느 것 하나 성인을 본따지 않은 게 있었던가. 그러나 전성자가 하루 아침에 제왕을 죽이고 나라를 도둑질했다. 도둑질한 것이 어찌 그 나라만인가. 성지의 법까지 도용했었다. 그리하여 전성자는 도둑의 이름을 가지고도 몸은 요·순의 편안함을 누렸으나 소국은 감히 시비하지 못하고, 대국도 감히 치지 못했으니, 12대에 걸쳐 제나라를 지배했다. 이것이 곧 제나라를 도둑질하고, 아울러 그 성지의 법까지 차지함으로써 그 도적의 몸을 지킨 것이 아닌가.

【解説】 재물을 도둑맞지 않기 위해 자루끈을 단단히 매고, 금궤나 상자에 자물쇠를 굳게 채운다. 이것이 이른바 세상 사람들의 지혜다. 그러나 좀도둑의 경우라면 모르지만, 큰 도둑은 오히려 그런 것을 더욱 좋아한다. 그릇째 몽땅 들고 가기에는 끈이나 자물쇠가 튼튼할수록 편리하기 때문이다.

그러고 보면 세상에서 통용되는 지혜란 큰 도둑을 대신해서 물건을 잘 보관해 두는 것이라 해도 과언이 아닐 것이다.

생각건대 성인이니 지혜 있는 사람이니 하고 떠들어 대는 사람들치고 큰 도둑을 감싸 주지 않은 사람이 있었을까.

일찍이 제(齊)나라는 산물이 풍부해서 온 나라 농사는 풍작이었다. 모든 마을이 풍족했었다. 조상과 토지신의 제사에서부터 행정 구역의 구분*에 이르기까지 성인(聖人)의 치국법 그대로였다. 그러던 어느 날 대신인 전성자(田成子—齊의 大臣)가 하루 아침에 임금인 간공(簡公)을 죽이고 나라를 도둑질하고 말았다. 도둑질한 것은 나라만이 아니었다. 그는 성인의 치국법까지 그대로 적용하여 민심을 장악했던 것이다. 그러므로 전성자는 나라 도둑인데도 불구하고 요·순(堯舜) 못지않은 안정된 지위를 보존할 수가 있었다. 그러나 그의 불의(不義)를 꾸짖는 나라도 없었고, 제나라를 정벌코자 토벌 군사를 일으키는 나라도 없었으므로 자손은 12대에 걸쳐 제나라를 지배할 수 있었다.

　이야말로 나라를 훔친 큰 도둑에게 성인과 지자가 봉사한 좋은 예가 아닌가.

【註釋】 *행정구역의 구분 원문은 邑屋·州閭·鄕曲으로 되어 있다. 3백 畝(1畝는 3백 坪)를 屋, 15戸를 閭, 1백 閭을 州, 5州를 鄕이라 한다.

2. 聖人이 없으면 天下가 太平해진다

故盜跖之徒, 問於跖曰, 盜亦有道乎. 跖曰, 何適而無有道邪. 夫妄意室中之藏, 聖也. 入先, 勇也. 出後, 義也. 知可否, 知也. 分均, 仁也. 五者不備, 而能成大盜者, 天下未之有也. 由是觀之, 善人不得聖人之道不立, 跖不得聖人之道不行, 天下之善人少, 而不善人多, 則聖人之利天下也少, 而害天下也多. 故曰, 脣竭則齒寒, 魯酒薄而邯鄲圍, 聖人生而大盜起. 掊擊聖人, 縱舍盜賊, 而天下始治矣. 夫川竭而谷虛, 丘夷而淵實. 聖人已死, 則大盜不起, 天下平而無故矣.

【解釋】 그러므로 도척의 무리가 척에게 물었다. "도둑에게도 또한 도

가 있습니까." 척이 말했다. "어디를 간들 도가 없겠느냐. 무릇 방안에 감춰 둔 것을 알아맞히는 것은 성이요, 먼저 들어가는 것은 용이요, 뒤에 나오는 것은 의요, 가부를 아는 것은 지요, 고르게 나누는 것은 인이다. 다섯 가지를 갖추지 못했는데도 능히 큰 도둑이 된 자는 일찍이 천하에 없었다." 이렇게 살펴보면 착한 사람이 성인의 도를 얻지 못하면 서지 못하듯이 척이 성인의 도를 얻지 못했다면 행하지 못했으리라. 천하에 착한 사람은 적으나 착하지 못한 자는 많다. 곧 성인이 천하를 이롭게 하는 일은 적으나 천하를 해치는 일은 많다. 그러므로 말한다. "입술이 없으면 이가 차고, 노나라 술이 묽어서 한단이 포위되었다. 성인이 생겨서 큰 도둑이 일어난다." 성인을 배격하고, 도적을 놓아 버려야 천하는 마침내 다스려진다. 무릇 냇물이 마르면 골짜기가 비고, 언덕이 무너지면 못이 메워진다. 성인이 이미 죽으면 큰 도둑이 일어나지 않아 천하는 태평하여 일이 없다.

【解説】 언젠가 유명한 도둑 도척(盜跖)에게 부하들이 물었다.
"도둑에게도 도(道)가 필요합니까?"
"물론이다."
도척은 다시 이렇게 대답했다.
"무엇을 하든 사람에겐 도가 필요한 것이다. 우리들로서는 물건이 어디에 있는가를 꿰뚫어보는 것이 성(聖)이요, 맨 먼저 침입하는 것이 용(勇)이며, 맨 뒤를 지켜 철수하는 것이 의(義)다. 전진과 후퇴를 그르치지 않도록 상황을 바르게 판단하는 것이 지(知)요, 얻은 것을 공평하게 나눠 주는 것이 곧 인(仁)이다. 이 다섯 가지 덕을 체득치 못한 채 큰 도둑이 된 전례는 없다."
이와 같이 성인의 도에 의존하는 일은 착한 사람에 국한된 것만은 아니다. 도척과 같은 큰 도적만 하더라도 성인의 도에 따르지 않고는 큰 도적이 될 수 없었다. 더구나 착한 사람이 적고 악한 사람이 많은 것이 이 세상이 아닌가. 그러고 보면 성인은 사회에 공헌하기보다는 해독을 끼친 편이 훨씬 더 많다고 하지 않을 수 없다. 입술이 없으면 이가 차다. 노(魯)나라가 술을 아꼈기에* 조(趙)나라 서울이 포위당하였듯이 성인과 큰 도둑 사이에도 똑같은 인과관계가 성립된다. 성인이 있음으로써 성인의 지혜를 훔치는 큰 도둑이 나타나는 것이다. 따라서 태평시대를 실현하려면, 도둑 따위는 안중에 두지 말고 성인부터 근절시킬 일이다. 냇물이 다하면 골짜기는 마르고, 언덕이 무너지면 못은 묻힌다. 마찬가지로 성인이 없어지면 큰 도둑도 자취를 감추게 되어 틀림없이 태평 무사한 세상이 도래할 것이다.

【註釋】 *노나라가 술을 아꼈기에 초선왕(楚宣王)이 제후와 회맹할 때 노공공(魯恭公)이 바친 술이 맛없었다. 이에 선왕이 노나라를 치자 그 틈을 타서 양혜왕(梁惠王)이 조(趙)나라를 쳤다. (楚와 趙는 同盟國임.)

3. 좀도둑은 死刑, 큰 도둑은 出世

聖人不死, 大盜不止. 雖重聖人而治天下, 則是重利盜跖也. 爲之斗斛以量之, 則並與斗斛而竊之, 爲之權衡以稱之, 則並與權衡而竊之, 爲之符璽以信之, 則並與符璽而竊之, 爲之仁義以矯之, 則並與仁義而竊之. 何以知其然邪. 彼竊鉤者誅, 竊國者爲諸侯. 諸侯之門, 而仁義存焉, 則是非竊仁義聖知邪. 故逐於大盜, 揭諸侯, 竊仁義, 並斗斛權衡符璽之利者, 雖有軒冕之賞弗能勸, 斧鉞之威弗能禁. 此重利盜跖, 而使不可禁者, 是乃聖人之過也.

【解釋】 성인이 죽지 않으면 큰 도둑이 그치지 않는다. 비록 성인을 거

듭 기용하여 천하를 다스려도, 이는 곧 도척을 거듭 이롭게 할 뿐이다. 두곡을 만들어 주어 그것으로 되게 하면 곧 두곡을 함께 훔치고, 권형을 만들어 그것으로 달게 하면, 곧 권형을 함께 훔친다. 부절과 옥새를 만들어 그것으로 믿게 하면, 곧 부절과 옥새를 함께 훔치고, 인의로써 바로잡으려 히면 곧 인의를 함께 훔친다. 무엇으로 이를 아느냐? 혁대고리를 훔친 자는 죽고, 나라를 훔친 자는 제후가 된다. 제후의 문전에 인의가 있다면 이는 곧 인의와 성지를 훔친 것이 아닌가. 그러므로 큰 도둑이 제후의 간판을 내세워 인의를 훔쳐 두곡·권형·부새의 이점을 아울러 쓸 수 있는 자를 몰아내는 데는 비록 높은 지위가 걸려 있다 해도 권할 수 없고 형벌의 위엄으로도 금할 수 없다. 이렇게 거듭 도척을 이롭게 하고 금하지 못하게 함은 곧 성인의 허물이다.

【解説】 성인이 존재하는 한 큰 도둑은 끊이지 않는다. 그것을 막기 위해 최대한으로 성인의 지혜를 움직이면 움직일수록 큰 도둑은 그만큼 살찌기 마련이다.

　성인이 되〔斗斛〕나 저울〔權衡〕을 만들면 도둑은 그것을 고스란히 훔치고 만다. 부절(符節)이나 옥새(玉璽)를 만들면 그것 또한 고스란히 훔쳐가 버린다. 인의를 말하면 인의까지도 그대로 훔쳐 버린다.

　혁대고리를 훔치는 자는 사형에 처하지만 나라를 훔친 자는 제후가 된다. 나라를 도둑질한 자들은 도두가 인의를 간판으로 내세워 제후의 지위에 앉아 있지 않은가. 인의와 성지(聖知)를 훔친 것이 아니고 무엇이겠는가.

　인의를 훔치고, 치국법을 훔친 큰 도둑의 소행이 천하의 인정을 받는 세상에서 포상이나 형벌이 얼마만한 효과를 가져오겠는가. 고작 좀도둑을 막는 정도의 역할밖에 하지 못한다.

　이와 같이 큰 도둑을 더욱 살찌게 하고 악을 억제할 수 없게 만든 책임은 다른 사람 아닌 성인이 겨야 한다.

4. 自己 귀로 들어라

故絶聖棄知大盜乃止, 攘玉毀珠, 小盜不起, 焚符破
璽, 而民朴鄙, 掊斗折衡, 而民不爭. 殫殘天下之聖法,
而民始可與論議. 擢亂六律, 鑠絶竽瑟, 塞瞽曠之耳,
而天下始人含其聰矣. 滅文章, 散五采, 膠離朱之目,
而天下始人含其明矣. 毀絶鉤繩, 而棄規矩, 攦工倕之
指, 而天下始人有其巧矣. 故曰, 大巧若拙. 削曾史之
行, 鉗楊墨之口, 攘棄仁義, 而天下之德始玄同矣. 彼
人含其明, 則天下不鑠矣. 人含其聰, 則天下不累矣.
人含其知, 則天下不惑矣. 人含其德, 則天下不僻矣.
彼曾史楊墨師曠工倕離朱, 皆外立其德, 而以燻亂天下
者也, 法之所無用也.

【解釋】 그러므로 성을 끊고 지혜를 버리면 큰 도둑이 없어진다. 옥을
내던지고 구슬을 부수면 작은 도둑이 일어나지 않는다. 부절을 불태우
고 옥새를 부수면 백성이 소박하고 검소해진다. 말을 깨고 저울을 꺾으
면 백성이 다투지 않는다. 천하의 성법을 모조리 없애면 백성이 비로소
함께 논의하게 된다. 6률을 뽑아 흩트리고, 생황과 금을 녹여 끊고, 사
광의 귀를 막으면 천하 사람들의 귀가 비로소 총명해진다. 문장을 없애
고, 오채를 흩트리고, 이주의 눈을 붙이면 천하 사람들의 눈은 비로소
밝아진다. 먹줄과 자를 버리고 부수며, 공수의 손가락을 꺾어야 천하
사람들의 손이 비로소 공교로워진다. 그러므로 말한다. 〈크게 공교로
운 것은 서툰 것과 같다.〉 증삼과 추의 행실을 깎아 내리고, 양자와 묵
자의 입을 막아 인의를 물리치면 천하의 덕이 비로소 같게 된다. 사람
마다 그 밝음을 지니면 천하는 어지럽지 않게 되고, 사람마다 그 총명
을 지니면 천하는 곧 번거롭지 않게 된다. 사람마다 지혜를 지니면 천

하가 현혹되지 않는다. 사람마다 그 덕을 지니면 천하는 편벽되지 않는다. 저 증삼·사추·양자·묵자·사광·공수·이주는 모두 그 덕을 밖으로 세움으로써 천하를 어지럽힌 자들이니 그 법을 쓸 필요가 없는 것이다.

【解説】 그러므로 성인의 지혜를 버리게 되면 큰 도둑은 자취를 감춘다. 보물을 부숴 없애면 좀도둑의 뒤가 끊어진다. 부절을 태우고 옥새를 부수고, 말[斗]과 저울을 망가뜨려 버리면, 민중은 소박한 본성으로 돌아가 평화로운 사회가 이루어진다. 이렇게 성인이 정한 법을 전폐시킨 뒤라야 비로소 사람들은 자신을 되찾아 자기가 하고 싶은 말로 이야기할 수 있는 것이다.

음계(音階)의 구별을 없애고, 악기를 태워 버리고, 사광(師曠 —晋의 樂士)의 귀를 막아 버려야만 사람들은 자기 귀로 들을 수 있다

장식을 버리고, 색채를 잊고, 이주(離朱—黃帝 시대의 千里眼)의 눈을 막아 버려야만 사람들은 참으로 자기의 눈을 가지고 볼 수 있다.

먹줄을 끊고, 자를 꺾고, 공수(工倕—堯代의 木手)의 손가락을 못쓰게 만들어야만 사람들은 참으로 자기의 손으로 만들 수 있다.

〈너무 공교로운 것은 서툰 것과 같다.〉고 말하지 않았던가.

저 증삼(曾參—孔子의 제자)과 사추(史鰌—衛의 대부)의 덕행을 배격하고, 양자(楊子—楊朱)와 묵자(墨子—墨翟)의 변설을 봉하여 버리고 인의를 뿌리째 뽑아 버려야만, 사람들은 진실한 덕으로 되돌아갈 수 있다.

참다운 총명을 지니고 있는 한 외부 사물에 현혹되는 일은 없다. 참다운 지혜를 가지고 있는 한 미망(迷妄)에 빠지는 일은 없다. 참다운 덕을 지니고 있는 한 자신을 잃는 일은 없다. 저 증삼·사추·양자·묵자·사광·이주·공수의 무리들이 자신들의 덕을 자랑하여 세상에 모범을 보이려 했기 때문에 사회는 큰 혼란에 빠졌던 것이다. 그들의 가르침에서 취할 것이 뭐가 있겠는가.

5. 슬기

> 子獨不知至德之世乎. 昔者容成氏, 大庭氏, 伯皇 氏,
> 中央氏, 栗陸氏, 驪畜氏, 軒轅氏, 赫胥氏, 尊盧氏, 祝
> 融氏, 伏羲氏, 神農氏, 當是時也, 民結繩而用之, 甘其
> 食, 美其服, 樂其俗, 安其居, 隣國相望, 雞狗之音相
> 聞, 民至老死而不相往來, 若此之時, 則至治已. 今遂
> 至使民延頸擧踵曰, 某所有賢者, 贏糧而趣之. 則內棄
> 其親, 而外去其主之事, 足跡接乎諸侯之境, 車軌結乎
> 千里之外, 則是上好知之過也. 上誠好知而無道, 則天
> 下大亂矣. 何以知其然邪. 夫弓弩畢弋機變之知多, 則
> 鳥亂於上矣. 鉤餌罔罟罾笱之知多, 則魚亂於水矣. 削
> 格羅落罝罘之知多, 則獸亂於澤矣. 知許漸毒頡滑堅白
> 解垢同異之變多, 則俗惑於辯矣. 故天下每每大亂, 罪
> 在於好知.

【解釋】 그대 홀로 지덕의 세상을 알지 못하는가. 옛날 용성씨·대정
씨·백황씨·중앙씨·율륙씨·여축씨·헌원씨·혁서씨·존로씨·축융
씨·복희씨·신농씨 들의 당대 백성들은 줄을 매어 쓰고 음식을 달게
먹고, 옷을 아름답게 입고, 풍속을 즐기며 안락하게 살았다. 이웃 나라
가 서로 바라보이고, 닭과 개 소리가 서로 들려도 백성들은 늙어 죽을
때까지 서로 내왕하지 않았다. 이와 같은 때를 잘 다스려졌던 때라 한
다. 지금은 드디어 백성들로 하여금 목을 빼고 발뒤꿈치를 쳐들어 어
느 곳에 현자가 있는가 하면서 양식을 싸들고 달려가게 하기에 이르렀
다. 즉 안으로 그 어버이를 버리고 밖으로 그 임금의 일을 버리고 발자
취가 제후의 지경까지 닿고, 수레바퀴 흔적은 천 리 밖에 이어지니, 이
는 곧 위에서 지혜를 좋아하는 탓이다. 위에서 진실로 지혜는 좋아하

나 도가 없으면 곧 천하는 크게 어지러워진다. 무엇으로 그 까닭을 아는가. 저 쇠뇌와 필익과 기변의 지혜가 많으면 새는 위에서 어지러워진다. 구이·망고·삼태그물·통발의 지혜가 많으면 고기가 물에서 어지러워진다. 깎은 말뚝과 그물과 덫의 지혜가 많으면 짐승은 들판에서 어지러워진다. 지혜로 속임과, 보이지 않게 해침과, 다루기 힘든 것과 견백·해구·동이의 변설이 많으면 곧 세속의 분변을 현혹하게 한다. 그러므로 천하는 그때마다 크게 어지러워진다. 죄는 지혜를 좋아한 데 있다.

【解説】　참다운 덕이 유지되었던 태고 시대는 어떠했던가.

　용성씨(容成氏)로부터 대정씨(大庭氏)·백황씨(伯皇氏)·중앙씨(中央氏)·율륙씨(栗陸氏)·여축씨(驪畜氏)·헌원씨(軒轅氏)·혁서씨(赫胥氏)·존로씨(尊盧氏)·축융씨(祝融氏)·복희씨(伏羲氏)를 거쳐 신농씨(神農氏)에 이르기까지의 오랜 세월을 통해 사람들은 글자를 갖지 않고, 줄을 매어 기억을 돕고 있었다.

　누구나 있는 그대로의 생활에 만족하여 아무 욕망도 품지 않았다. 그러므로 닭의 울음 소리가 들려 올 정도로 이웃 나라가 가까이 있어도 사람들은 서로 내왕하는 일이 없었다. 이런 시대야말로 참으로 세상이 잘 다스려졌다고 말할 수 있다.

　그런데 오늘날 인간은 지혜를 좇고, 이익을 추구하여 잠시도 편할 날이 없다. 현자(賢者)의 소문을 들으면 먼 길도 마다 않고 부모를 버리고, 임금의 명령을 팽개쳐 버리면서까지 달려가려 한다. 사람들은 현자를 찾아 각국을 두루 돌아다니느라 수레의 혼적이 천 리 먼 곳에까지 미치는 형편이다. 그 이유는 지배자들이 지혜를 중시하기 때문이다.

　지배자가 지혜만 소중히 알고 도를 잃어버렸기 때문에 사람들은 본래의 자기를 잃고, 세상은 어지러울 대로 어지러워진 것이다.

　새를 잡기 위해 우리들이 쇠뇌와 주살 따위의 기구를 만들면 새는 그만큼 그 자연 속에서 편히 살 수 없게 되지 않았던가. 또 낚시바늘과 어살〔魚箭〕 따위의 어구를 만들면 만들수록 고기는 그 물 속에서 편안히 살 수 없지 않았던가.

또 그물과 덫 따위의 사냥 도구를 만들면 만들수록 짐승은 그 자연에서 편안히 있을 수 없지 않았던가. 사람의 경우도 똑같은 말을 할 수 있다.

인위적인 일에 힘쓰고, 궤변을 희롱하며, 슬기를 자랑하는 사람이 많으면 많을수록 사람들은 본래의 자기를 잃고 만다. 세상이 구원할 수 없을 정도로 어지러워지고 만 것도 그 근원을 캐고 보면 지배자가 지혜를 중시한 소치였다.

11. 在　宥

自然에 맡기라

聞在宥天下不聞治天下也, 在之也者, 恐天下之淫其
性也, 宥之也者, 恐天下之遷其德也, 天下不淫其性,
不遷其德, 有治天下者哉, 昔堯之治天下也, 使天下欣
欣焉, 人樂其性, 是不恬也, 桀之治天下也, 使天下瘁
瘁焉, 人苦其性, 是不愉也, 夫不恬不愉, 非德也, 非
德也, 而可長久者, 天下無之.

【解釋】　천하를 자연에 맡긴다는 것은 들었으나, 천하를　다스린다는
것은 듣지 못했다. 있는 대로 두는 것은 천하가 그 본성을 어지럽힐까
봐 두려워서이며, 너그럽게 하는 것은 천하가 그 덕을 고치는 것을 두
려워해서이다. 천하가 그 본성을 어지럽히지 않고, 그 덕을 고치지 않
는 것이 바로 천하를 다스리는 것이다. 옛날 요가 천하를 다스린 것은
천하를 기쁘게 한 것이니, 사람들이 그 본성을 즐겨야 했다. 이는 고요
한 것이 아니었다. 걸이 천하를 다스린 것은 천하를 괴롭게 한 것이니,
사람들이 그 본성을 괴롭혀야 했다. 이는 즐거움이 못 되었다. 무릇 고
요하지도 즐겁지도 않은 것은 덕이 아니다. 덕이 아니고도 장구한 것은
천하에 없다.

【解説】 천하를 자연에 맡겨 둔다(在宥)는 말은 들었어도 천하를 다스려야 된다는 말은 들어 보지 못했다. 있는 대로 두는 것은 천하 사람들이 그 본성을 어지럽힐까 두려워서며, 너그럽게 하는 것은 타고난 덕이 변질될까 걱정해서이다. 그리하여 천하 사람들이 자기의 본성을 지키고 덕을 그대로 지닐 수 있다면 구태여 천하를 다스려야 할 필요가 없을 것이다.

옛날 요(堯)가 천하를 다스릴 때에는 사람들로 하여금 기쁘게 살도록 했기 때문에 사람들은 굳이 기쁘게 살려고 힘써야 했다. 또 걸(桀)이 천하를 다스릴 때에는 사람들이 비참하게 살도록 하였기에 사람들은 산다는 것을 짐스럽게 생각할 수밖에 없었다. 억지로 기뻐해야 하거나 괴로운 것은 덕을 파괴하는 일이며, 그렇듯 덕을 깨뜨리고도 영구하게 집권한 일은 없는 것이다.

마음의 千變萬化

崔瞿問於老聃曰, 不治天下, 安藏人心. 老聃曰, 汝愼無攖人心, 人心排下而進上, 上下因殺, 淖約柔乎剛强, 廉劌彫琢, 其熱焦火, 其寒凝冰, 其疾俛仰之間, 而再撫四海之外, 其居也淵而靜, 其動也縣而天, 僨驕而不可係者, 其唯人心乎.

【解釋】 최구가 노담에게 물었다. “천하를 다스리지 않고도 인심을 안

장할 수 있습니까?” 노담이 대답했다. “너는 조심해서 인심을 교란하지 말도록 해라. 인심이란 깎아내릴 수도 있고 추켜올릴 수도 있다. 올리고 내리는 것은 옥에 가두거나 죽이는 것과 같다. 유약한 것은 딱딱하고 강한 것을 부드럽게 하나 날카로운 것은 깎거나 간다. 그 열이 불길 같고 그 차가움이 얼음장 같다. 금방 사해의 밖에까지 미치고, 가만히 있으면 금방 못처럼 고요해지고, 움직이면 뛰어 하늘에 이른다. 이렇게 광분하고 교만해서 잡아맬 수 없는 것이 인심이다.

【解説】　최구(崔瞿)가 노담(老聃)에게 물었다.

“선생님께서는 천하를 다스리지 말라고 하시는데, 그렇다면 민심은 어떤 방법으로 안정시킬 수 있겠습니까?”

“너는 부디 조심하여 사람들의 마음을 어지럽히지 않도록 해라. 사람의 마음이란 깎아내릴 수도 있고 추켜 줄 수도 있다. 어느 것이나 다 치명적이다. 부드러운 것은 딱딱하고 강한 것을 부드럽게 하고 날카로운 것은 깎거나 갈아서 만물을 자극시킨다. 불길같이 타오르기도 하고, 얼음장처럼 차가워지며, 순식간에 이 세상 밖으로 뛰어나간다. 가만히 있으면 못물처럼 고요하고 움직이면 공중으로 날아오른다. 이렇듯 천변만화해서 결코 종잡을 수 없는 것이 바로 사람의 마음이다.”

萬物의 生育法

雲將東遊, 過扶搖之枝, 而適遭鴻蒙, 鴻蒙方將拊髀雀躍而遊, 雲將見之, 倘然止, 贄然立, 曰, 叟何人邪, 叟何爲此, 鴻蒙拊髀雀躍不輟, 對雲將曰, 遊, 雲將曰,

朕願有問也，鴻蒙仰而視雲將曰吁，雲將曰，天氣不合，
地氣鬱結，六氣不調，四時不節，今我願合六氣之精，
以育羣生，爲之奈何，鴻蒙拊髀雀躍掉頭曰，吾弗知，
吾弗知雲將不得問，又三年，東遊，過有宋之野，而適
遭鴻蒙，雲將大喜，行趨而進曰．天忘朕邪，天忘朕邪．
再拜稽首願聞於鴻蒙．鴻蒙曰，浮游不知所求，猖狂不
知所往，遊者鞅掌，以觀無妄，朕又何知，雲將曰，朕
也自以爲猖狂，而百姓隨予所往，朕也不得已於民，今
則民之放也，願聞一言，鴻蒙曰，亂天之經，逆物之情，
玄天弗成，解獸之羣，而鳥皆夜鳴，災及草木，禍及止
蟲，意，治人之過也，雲將曰，然則吾奈何，鴻蒙曰，
意，毒哉，僊僊乎歸矣，雲將曰，吾遇天難，願聞一言，
鴻蒙曰，意，心養，汝徒處無爲，而物自化，墮爾形體，
吐爾聰明，倫與物忘，大同乎涬溟，解心釋神，莫然無
魂，萬物云云，各復其根，各復其根而不知，渾渾沌沌，
終身不離，若彼知之，乃是離之，無問其名，無闚其情，
物故自生，雲將曰，天降朕以德，示朕以默，躬身求之，
乃今也得，再拜稽首，起辭而行．

【解釋】　운장이 동쪽을 유력중에 부요의 가지 옆을 지나다가　홍몽을
만났다. 마침 홍몽은 넓적다리를 두들기면서 새처럼 신나게 뛰며 놀고
있었다. 운장이 보고 홀연히 멈추더니 꼼짝도 않고 섰다가 물었다. "노
인은 어떤 사람입니까? 무얼 하고 계십니까?" 홍몽은 넓적다리를 두
드리며 새처럼 뛰면서 멈추지 않고 운장에게 말했다. "놀고 있다." 운
장이 말했다. "저는 여쭈고 싶은 것이 있습니다." 홍몽이 운장을 쳐다
보며 말했다. "허!" 운장이 말했다. "천기가 합하지 않고, 지기가 펴
지지 못하니, 육기가 조화하지 않고 사시는 차례가 없습니다. 지금 저

는 육기의 정을 합하고 군생을 기르고자 합니다. 어떻게 해야 합니까?”
홍몽은 넓적다리를 두들기고 머리를 저으면서 새처럼 뛰며 말했다.“나
는 모른다. 나는 몰라.” 운장은 대답을 듣지 못했다. 3년이 지난 후,
동쪽을 유력 중에 송나라의 들판을 지나다가 때마침 홍몽을 만난 운장
은 크게 기뻐하며 달려가 말했다. “하늘 같은 분이여, 저를 잊었습니
까? 하늘 같은 분이여, 저를 잊으셨습니까?” 두 번 절하고 머리를 조
아려 홍몽에게 들으려 하니 홍몽이 말했다. “떠돌아다니지마는 구하는
바가 없다. 멋대로 가면서도 그 가는 바를 모른다. 무망을 보며 집착없
는 세계에 노는 자가 또 무엇을 알겠느냐?” 운장이 말하였다. “저 역
시 멋대로 떠돌아다니는 몸입니다. 그러나 백성이 내가 가는 바를 따르
니 제가 부득이 백성에게 속하는 것입니다. 지금 백성을 위해 한 말씀
듣고 싶습니다.” 홍몽이 말했다. “하늘의 법을 어지럽히고 사물의 실정
에 거스른다면, 자연의 활동이 그치고 만다. 짐승의 무리는 흩어지고,
새들은 모두 밤에만 운다. 재화가 초목에까지 미치고 벌레에까지 미치
게 된다. 이가 치인의 허물이다.” 운장이 말했다. “그러면 저는 어찌해
야 합니까?” 홍몽이 말했다. “아! 귀찮구나. 빨리 돌아가거라.” 운
장이 말했다. “저는 하늘 같은 분을 만나기가 어렵습니다. 한 말씀만
듣고 싶습니다.” 홍몽이 말했다. “아! 마음을 길러라. 네가 만약 무위
에 처한다면 만물이 저절로 화하리라. 네 형체를 떨어뜨리고 네 총명을
떨어 버려서 자신과 만물을 잊는다면 자연의 기와 한 몸이 될 수 있을 것
이다. 마음을 풀고 정신에서 벗어나 막연히 혼이 없도록 해라. 그러면
만물이 그 근본을 회복한다. 그 근본으로 돌아간 것조차 모르면 혼돈한
무차별의 세계에서 종신토록 떠나지 않는다. 그러나 그를 알게 되면 그
것은 떠나가 버린다. 그 이름을 묻지 않고 그 실정을 엿보지 않아야 한
다. 이러면 만물은 스스로 생리를 얻는다.” 운장은 말했다. “하늘 같
은 분께서는 저에게 덕을 내리셨습니다. 침묵을 저에게 보여 주셨습니
다. 오랫동안 구하던 것을 이제 얻었습니다.” 운장은 두 번 절하고 일
어나 인사하고 떠났다.

【解説】 운장(雲將)이 동쪽을 유력하던 중에 부요(扶搖 ― 神木)의 가

지 아래를 지나다가 홍몽(鴻蒙)을 만나게 되었다. 때마침 홍몽은 신이 나서 넓적다리(혹은 볼기)를 두드리며 새처럼 깡충깡충 뛰어 놀고 있었다. 그것을 정신없이 바라보던 운장은 이윽고 그 까닭을 물어 보았다.

"노인장께선 어떤 분이시며, 또 무엇을 하고 계시는 겁니까?"

"이렇게 노는 거지 뭐!"

"제가* 무얼 물어봐도 되겠습니까?"

"허어!"

"천기(天氣)는 조화를 잃고, 지기(地氣)는 펼쳐지지 못하고 있으며, 육기(六氣)는 고르지 못하고, 사시(四時)는 차례가 없습니다. 그래서 나는 육기의 정수를 모아 만물을 키우고자 하는데, 어떤 방법이 있겠습니까?"

홍몽은 그때까지도 여전히 깡충깡충 뛰놀면서 이렇게 대답할 뿐이었다.

"나는 몰라, 몰라."

운장은 더 이상 물을 수 없었다.

그뒤 3년이 지나 이번에는 송나라 어느 들을 지나다가 홍몽을 다시 만나게 되었다. 운장은 크게 기뻐하며 달려가 말을 걸었다.

"하늘 같으신 분이여, 나를 잊었습니까? 나를 잊었습니까?"

그리고 두 번 머리를 조아리고 문답을 얻으려 했다. 그러나 홍몽은 이렇게 말할 뿐이었다.

"나는 세상을 방황하지만 바라는 것도 없으며, 내가 어디로 가는지조차 알지 못한다. 집착할 바가 없으므로 무엇이 부족하지도 않으며 다만 참된 움직임을 볼 뿐이다. 그런 내가 무엇을 더 알겠나?"

"나 역시 사실은 자유인으로 행동해 왔습니다만 백성들이 언제나 뒤를 따라다니고 있어서 어쩔 수 없이 그들과 같이 지냅니다. 부디 한 말씀 해 주시기를 바랍니다."

"천지의 법칙을 어지럽히고 만물의 실정을 거스른다면 자연의 활동은 끊어지고 만다. 그 결과 짐승들이 무리를 흩고, 새들이 밤에 울며, 재앙이 초목이며 벌레에까지 미치게 된다. 이 모든 것이 다스리고자 하기 때문이다."

"그렇다면 저는 어떻게 처신해야 됩니까?"

“정말 귀찮구나. 빨리 돌아가라.”

“나는 하늘 같으신 분을 좀처럼 만날 수 없습니다. 부디 이 자리에서 한 말씀 해 주십시오.”

홍몽은 마지못해 대답했다.

“먼저 마음을 잘 길러라. 네가 만일 무위(無爲) 속에 몸을 둔다면 만물은 저절로 생육된다. 네 몸을 잊고, 네 정신을 떨어 버려서 자신과 사물을 아울러 망각한다면 자연의 근원과 더불어 한 몸이 될 것이다. 마음의 집착을 풀어 버리고 정신의 속박에서 벗어나 무엇도 아는 바 없는 상태가 되어라. 그렇게 되면 만물은 모두 스스로 알지 못한 채 근원으로 돌아갈 것이다. 그것들은 또한 혼돈 속에서 다시는 근원을 떠나는 일이 없을 것이다. 만일 그것들이 근원으로 돌아온 것을 깨닫는다면 그 순간부터 그것들은 다시 근원에서 떨어지게 된다. 그런 만큼 그 근원이란 무엇이냐고 물어서도 안 되며, 그 모습을 알고자 해도 안 된다. 그래야만 만물은 저절로 나고 키워질 것이다.”

“하늘 같으신 분께서 저에게 진정한 덕이 무엇인지 가르쳐 주시었습니다. 그리고 침묵이 무엇인지도 가르쳐 주셨습니다. 오래도록 구하던 것을 이제 비로소 얻었습니다.”

운장은 비로소 두 번 절하고 일어나 작별 인사를 한 다음 어디론가 떠났다.

〔註釋〕 *제가 秦始皇 이전에는 짐 (朕)이란 말이 자기를 가리키는 말 로 널리 사용되었다.

12. 天　地

天地가 비록 크다 하지만

天地雖大, 其化均也, 萬物雖多, 其治一也, 人卒雖衆, 其主君也, 君原於德, 而成於天, 故曰, 玄. 古之君, 天下無爲也, 天德而已矣.

【解釋】　천지가 비록 크다 하지만 그 화함이 고르고, 만물이 비록 많다 하지만 그 다스림은 한가지다. 사람들이 비록 많다 하지만 그 주인은 임금이고, 임금의 근원은 덕에 있으니 다스림의 도를 이루는 것을 현이라 한다. 옛 임금들은 무위로 천하를 다스리고 천덕을 따랐을 뿐이었다고 한다.

【解説】　천지는 비록 광대하더라도 조화가 미치지 않은 바 없고, 만물이 비록 잡다하다지만 그 다스림이야말로 한가지에 지나지 않는다. 사람들 또한 너무 많다지만 그 주인은 임금 한 사람일 뿐이며, 임금은 덕(德)을 근본으로 삼아 다스림의 도를 이루어 그것을 현(玄)이라고 한다. 그러기에 옛말에도 〈태곳적의 제왕(帝王)들은 인위(人爲)를 떠나 자연의 덕을 따랐을 뿐.〉이라고 한 것이다.

象罔이 으뜸

黃帝遊乎赤水之北, 登乎崑崙之丘, 而南望還歸, 遺
其玄珠, 使知索之而不得, 使離朱索之而不得, 使喫詬
索之而不得也, 乃使象罔, 象罔得之, 黃帝曰, 異哉,
象罔乃可以得之乎.

【解釋】 황제가 적수의 북쪽을 여행했다. 곤륜산에 올라 남쪽을 바라
보고 돌아오다가 현주를 잃어버렸다. 지를 시켜 찾았으나 얻지 못했다.
이주를 시켜 찾았으나 얻지 못했다. 끽구를 시켜 찾아도 얻지 못했다.
그래서 상망을 시켰더니 상망이 찾았다. 황제가 말했다. "이상하다. 상
망이 마침내 찾게 되다니……."

【解説】 황제(黃帝)가 적수(赤水―남방의 밝은 빛)의 북쪽 기슭(玄
境)에 노닌 적이 있다. 그때 그는 곤륜산(崑崙山)에 올라 남쪽을 바라
보고 돌아오다가 그만 현주(玄珠―道)를 잃어버렸다. 그래서 지(知―
智慧)라는 신하에게 그것을 찾게 했으나 찾지 못했다. 이주(離朱―視
力)도 끽구(喫詬―言辯)도 찾아내지 못했는데, 상망(象罔―無心)만
이 그것을 찾아낼 수 있었다. 황제는 한탄했다.
"이상하다. 상망이 찾아낼 줄이야……."

꾸중 듣는 聖人

堯觀乎華, 華封人曰, 嘻, 聖人. 請祝聖人. 使聖人壽. 堯曰辭. 使聖人富. 堯曰辭. 使聖人多男子. 堯曰辭. 封人曰, 壽富多男子, 人之所欲也. 女獨不欲, 何邪. 堯曰, 多男子則多懼, 富則多事, 壽則多辱. 是三者非所以養德也, 故辭. 封人曰, 始也我以女爲聖人邪, 今然君子也. 天生萬民, 必授之職. 多男子而授之職, 則何懼之有. 富而使人分之, 則何事之有. 夫聖人鶉居而鷇食, 鳥行而無彰. 天下有道, 則與物皆昌, 天下無道, 則修德就閒. 千歲厭世, 去而上儒. 乘彼白雲, 至於帝鄕. 三患莫至, 身常無殃. 則何辱之有. 封人去之, 堯隨之, 曰請問. 封人曰, 退已.

【解釋】 요가 화에 들렀다. 화의 봉인이 말했다. "아아, 성인이시여, 청컨대 성인을 축복하리라. 성인으로 하여금 오래 살게 하소서." 요가 말했다. "사양하오." "성인으로 하여금 부자되게 하소서." 요가 말했다. "사양하오." "성인으로 하여금 아들이 많게 하소서." 요가 말했다. "사양하오." 봉인이 말했다. "수·부·다남은 사람의 바라는 바이거늘 홀로 그대만이 바라지 아니함은 어째서요." 요가 대답했다. "아들이 많으면 걱정이 많고, 부하면 일이 많고, 오래 살면 욕이 많소. 이 셋은 덕을 기르는 바가 아니기에 사양하오." 봉인이 말했다. "처음 나는 그대

를 성인으로 알았으나 이제 보니 군자구료. 하늘이 만민을 낳으면 반드시 일을 주오. 아들이 많다 한들 일을 주면 무슨 걱정이 있으리오. 부가 많아도 이를 여러 사람에게 나누어 갖게 하면 무슨 일이 있으리오. 무릇 성인은 메추라기처럼 살며, 병아리처럼 먹고, 새처럼 다녀서 눈에 띄지 않소. 천하에 도가 있으면 만물과 더불어 번창하고, 천하에 도가 없으면 덕을 닦으며 한가한 곳으로 나가오. 천 살을 살다 세상이 싫어지면 버리고 하늘의 신선이 되어, 흰구름을 타고 상제의 고을에 이르오. 세 가지 걱정에 다다름이 없고, 몸은 항상 재앙이 없소. 곧 무슨 욕됨이 있으리오." 봉인은 갔다. 요가 따라가며 말했다. "묻고 싶소." 봉인이 말했다. "물러가시오."

【解說】 요(堯)가 민정 시찰차 화(華)에 갔을 때의 일이다.
 화의 봉인(封人―국경을 지키는 관리)은 요를 보자 이렇게 축수했다.
"오오, 성인이시여. 청컨대 성인께 축복을 드리게 해 주십시오. 부디 오래오래 사십시오."
 그러나 요는 이를 거절했다.
"그러면 부자가 되십시오."
 요는 그것도 거절했다.
"그럼 아드님을 많이 두기를 빕니다."
 요는 그것마저 거절했다. 그러자 봉인은 의외라는 듯이 물었다.
"대관절 어찌된 일입니까. 수와 부와 다남(多男)은 누구나가 다 바라는 것이 아닙니까?"
"아들이 많으면 걱정이 끊일 날이 없소. 부자가 되면 귀찮은 일을 다 감당할 수가 없소. 오래 살면 그만큼 욕을 당하는 경우가 많아지오. 그런 것들은 덕을 쌓는 데 방해가 될 뿐이오. 그래서 모처럼의 호의를 거절한 것이오."
 그러자 봉인은 태도를 돌변하여 말했다.
"이제 보니 내가 잘못 본 모양이오. 당신은 고작 군자에 지나지 않는군요. 인간은 모두가 하늘로부터 생을 부여받은 것이오. 따라서 제각기 그에게 알맞는 일자리를 갖기 마련이오. 아들이 몇 명이 되든 제각기 천분에 맞는 길을 걸어가게 하면 걱정이 생길 리 없소. 또 아무리 부를 얻어도 그것을 사람들에게 나눠 주면 번거로울 게 없소. 성인이란 메추리와 같이 장소를 가리지 않고 살며, 병아리처럼 주는 것을 먹고, 하늘을 나는 새처럼 자취를 남기지 않는 법이오. 즉 모든 것을 자연 그대로에 맡길 뿐 인위적으로 하지 않는 사람이오. 도가 있는 세상이면 만물과 함께 번영하고, 도가 없는 세상이면 남몰래 숨어 살며 자기의 덕을 닦소. 그리고 천 년을 살며 이 세상이 살기 싫어지면 땅 위를 떠나 흰구름을 타고 하늘 나라에서 논다오. 이같이 구속이 없는 세상에서 노니는 자는 아무리 오래 살더라도 욕된 꼴을 당하는 일이 없을 것이오."

　말을 마친 봉인은 놀라 눈을 크게 뜨고 있는 요를 뒤에 남긴 채 가려 했다.

"잠깐만. 물어 보고 싶은 말이 있소."

　요는 황급히 뒤를 쫓았으나 봉인은 뒤돌아보려고도 하지 않고 말했다.

"이제 볼일이 없소."

泰初에 無가 있었다

泰初有無, 無有無名, 一之所起, 有一而未形, 物得以生謂之德, 未形者有分, 且然無間謂之命, 留動而生物, 物成生理謂之形, 形體保神, 各有儀則, 謂之性, 性修反德, 德至同於初, 同乃虛, 虛乃大, 合喙鳴, 喙鳴合, 與天地爲合, 其合緡緡, 若愚若昏, 是謂玄德, 同乎大順.

【解釋】 태초에 무가 있었다. 유는 없었고 이름도 없었다. 하나가 일어나 하나가 있었으나 형태는 없었다. 만물이 이를 얻어 생겨났으니 이를 덕이라 한다. 형태 없는 이것이 갈라졌으나, 그 사이가 없었는데, 이를 명이라 한다. 머물고 움직이면서 만물을 낳았는데, 만물이 생리를 이루니 이를 형이라 한다. 형태가 정신을 가지게 되고 이것들이 따르게 되는 법칙을 성이라 한다. 성을 닦으면 덕으로 돌아가고 덕은 처음과 같은 상태에 이른다. 같은 것은 허며, 허는 큰 것이다. 입에서 나오는 모든 소리가 새소리처럼 흘러나오고 입에서 나오는 모든 소리가 새소리처럼 되면 천지와 더불어 하나가 되는 것이다. 그렇게 합해지면 인위가 없어지므로 어리석고 무지한 사람처럼 보인다. 이것을 일러 현덕이라 하는데, 대순과 하나가 되는 것이다.

【解説】 태초(泰初)에 무(無)가 있었다. 따라서 일체의 존재가 있을 리 없고 그 명칭 또한 없었다. 이윽고 그 무에서 하나(一)가 생겼으나, 그 또한 형태는 없는 것이었다. 하지만 만물은 그 하나로 하여 나게〔生〕 되었으니 그러한 것을 덕(德)이라고 말한다. 이 형태도 없는 하나는 이윽고 다시 하나하나 갈라져 나가는 바―그것을 명(命)이라고 하는데―그들 사이에 어떤 차이가 있는 것은 아니었다.

이 하나는 머물고 움직이면서 문득 하나의 물(物)을 낳는데, 그 물이 나서 살아가는 이치가 따르게 되는 것을 형(形)이라고 한다. 그리고 그 형이 정신을 가지면서 형과 정신이 자연히 따르게 되는 자연의 법칙을 성(性)이라고 한다.

그러므로 누구나 자기의 성을 닦으면 본연의 덕으로 돌아갈 수 있고, 그 끝에 이르러선 태초와 일치할 수 있다. 이렇게 일치할 수 있다는 것은 허(虛)와 같다는 말로서, 이 허는 곧 일체의 원인인지라 무한히 큰 것이다.

따라서 허의 경지에 이르게 되면, 입에서 나오는 말도 마치 새가 지저귀듯 무심(無心)에서 흘러나오게 되며, 또 그렇게 된다는 것은 그 덕이 천지와 하나로 됨을 뜻한다. 천지와 하나로 되면 이미 인위적인 것은 모두 떨어 버린 상태이기에 어리석거나 무지한 사람으로 여겨질 뿐이다. 이와 같은 사람을 가리켜 유현한 무위의 덕을 체득했다 하며, 자연에 따르는 대순(大順)과 같다 하는 것이다.

混沌氏의 生活法

子貢南遊於楚, 反於晉, 過漢陰, 見一丈人, 方將爲圃畦. 鑿隧而入井, 抱甕而出灌. 搰搰然, 用力甚多, 而見功寡. 子貢曰, 有械於此, 一日浸百畦. 用力甚寡, 而見功多, 未子不欲乎. 爲圃者卬而視之, 曰奈何. 曰, 鑿木爲機, 後重前輕. 挈水若抽, 數如泆湯. 其名爲橰. 爲圃者忿然作色而笑曰, 吾聞之吾師. 有機械者, 必有機事. 有機事者, 必有機心. 機心存於胸中, 則純白不備. 純白不備, 則神生不定. 神生不定者, 道之所不載也. 吾非不知, 羞而不爲也.

子貢瞞然慚, 俯而不對. 有間, 爲圃者曰, 子奚爲者邪. 曰, 孔丘之徒也. 爲圃者曰, 子非夫博學以擬聖, 於于以蓋衆, 獨弦哀歌, 以賣名聲於天下者乎. 汝方將忘汝神氣, 墮汝形骸, 而庶幾乎. 而身之不能治, 而何暇治天下乎. 子往矣, 無乏吾事. 子貢卑陬失色, 頊頊然不自得, 行三十里而後愈.

其弟子曰, 向之人, 何爲者邪. 夫子何故見之變容失色, 終日不自反邪. 曰, 始以爲天下一人耳. 不知復有夫人也. 吾聞之夫子, 事求可, 功求成. 用力少, 見功多者, 聖人之道. 今徒不然. 執道者德全, 德全者形全, 形全者神全, 神全者, 聖人之道也. 託生與民並行, 而不知其所之. 汒乎淳備哉. 功利機巧, 必忘夫人之心. 若夫人者, 非其志不之. 非其心不爲. 雖以天下譽之, 得其所謂, 贅然不顧. 以天下非之, 失其所謂, 儻然不受. 天下之非譽, 無益損焉. 是謂全德之人哉, 我之謂風波之民. 反於魯, 以告孔子.

孔子曰, 彼假修渾沌氏之術者也. 識其一不知其二, 治其内而不治其外. 夫明白入素, 無爲復朴, 體性抱神, 以遊世俗之間者, 汝將固驚邪. 且渾沌氏之術, 予與汝何足以識之哉.

【解釋】 자공이 남쪽의 초나라를 노닐다가 진나라로 돌아와 한음을 지날 때 한 노인이 채소밭에 두렁을 내는 것을 보았다. 굴을 뚫어 우물로 들어갔다가 물독을 안고 나와 밭에 부었다. 끙끙대며 힘을 많이 쓰기는 하나 결과는 보잘 것이 없었다. 자공이 말했다. "여기 하루에 백 두렁을 적실 수 있는 기계가 있소. 힘을 쓰는 것은 심히 적으나 공을 보는 것은 많으니, 노인장께선 이를 바라지 않습니까." 포자가 쳐다보고 말했다. "어떻게?" 자공이 대답했다. "나무를 깎아 기계를 만들되 뒤는 무겁고 앞은 가볍게 합니다. 물을 끄는 것이 뽑아올리듯 하고, 빠르기가 끓는 물 같습니다. 그 이름을 고라고 한다오." 포자가 분연히 얼굴빛을 바꿔 웃으며 말했다. "내 우리 스승에게 들으니 '기계가 있는 자는 반드시 그런 일이 있고, 그런 일 있는 자는 반드시 그런 마음이 있다. 그런 마음이 가슴속에 있으면 순백을 갖추지 못한다. 순백을 갖추지 못하면 잡념이 생겨 안정이 되지 않고, 잡념이 생겨 안정이 되지 않는 자는 도를 받아들일 곳이 없다.' 했소. 내 이를 알지 못하는 게 아니라 부끄러움을 사지 않기 위해서요."

만연해진 자공이 부끄러워 고개를 숙여 대답하지 못하자 잠시 후 포자가 말했다. "그대는 무얼 하는 사람이오." 자공이 대답했다. "공구의 제자입니다." 포자가 말했다. "그대는 박학으로 거룩한 체하고, 탄식하는 말로 뭇사람들을 덮고, 외줄로 슬프게 노래하며 그 명성을 천하에 파는 자가 아니오. 그대 이제 제 신기를 잊고, 그대의 형해를 버리는 것이 어떠하오. 당신 몸도 다스리지 못하면서 어느 겨를에 천하를 다스리겠소. 내 일을 방해하지 말고 그만 가오." 자공은 부끄러워 얼굴빛을 잃었다. 어쩔 줄 모르고 30리를 간 뒤에야 마음이 가라앉았다.

그의 제자가 물었다. "아까 그자는 어떤 사람입니까. 선생님은 그를 보고 무슨 까닭으로 얼굴이 변하고 얼굴빛을 잃어 종일토록 마음을 돌이키지 못합니까." 자공이 말했다. "처음 나는 천하엔 오직 한 사람뿐인 줄로 알았다. 다시 그런 사람이 있는 줄을 미처 몰랐다. 내 스승께 들었다. '일은 옳은 것을 구하고, 공은 이룩됨을 구하라. 힘을 적게 들여 많은 공을 보는 것이 성인의 도다.'라고. 이제 그렇지 않음을 알았다. 도를 지닌 자는 덕이 온전하고, 덕이 온전한 자는 얼굴이 온전하고, 얼굴이 온전한 자는 신이 온전하니 신이 온전한 자가 곧 성인의 도다. 삶을 의지하여 백성들과 더불어 함께 걸어가나 그 가는 곳은 알지 못한다. 말로는 그 마음씀을 헤아리지 못한다. 공리심과 작위는 분명 그자의 마음에는 없다. 그와 같은 사람은 마음에 없으면 가지 아니하고, 마음에 없으면 하지 아니한다. 비록 온 천하가 옳다고 칭찬하며 취하려는 말이라도 오연히 돌아보지 않고, 온 천하가 그 말한 바를 잘못이라 비난해도 당연한 것으로 받아들이지 않는다. 천하의 비난이나 칭찬이 유익하고 해될 것이 없기 때문이다. 이를 전덕의 사람이라 한다면 나는 풍파의 백성이라 할 것이다." 노나라에 돌아와 공자에게 아뢨다.

공자는 말했다. "그는 혼돈씨의 술에 가탁해 수행하는 사람이다. 그러기에 그 하나를 알되 둘을 모르며, 그 안을 다스리되 그 밖을 다스리지 못한다. 무릇 명백하여 질소하고, 무위로 순박해지며, 자기 정신이면서도 세속을 노니는 사람이었다면 어찌 네가 놀랄 수 있었겠느냐. 혼돈씨의 술이라면 나나 네가 아는 것으로 어찌 미칠 수 있겠느냐."

【解説】 공자의 제자 자공(子貢)이 초(楚)나라 여행을 마치고 진(晋)나라로 가던 중 한수(漢水) 남쪽(漢陰)에 다다랐을 때 한 노인이 들에서 일을 하고 있었다.

노인은 밭에 파둔 우물의 밑바닥에까지 내려가서 물동이에 물을 길어 올라와 밭에다 열심히 뿌리고 있었다.

땀을 뻘뻘 흘리며 일을 했으나 하는 일에 좀처럼 표가 나지 않았다. 보다 못한 자공이 말을 건넸다.

"노인장, 힘들지 않으십니까. 그런 수고를 하지 않으시더라도 하루에 백 두렁의 밭을 적실 수 있는 장치가 있습니다. 그걸 쓰시면 힘들이지 않고도 일이 빨리 진행되는 편리한 점이 있습니다. 그래 보시는 것이 어떻겠습니까."

"어떻게 하는 것이오."

노인은 얼굴을 들며 물었다.

"무자위라는 건데, 통나무에 가로 막대기를 걸친 뒤 앞쪽엔 두레박을, 뒤쪽 끝엔 무거운 돌을 매단 것입니다. 상하로 움직이기만 하면 마치 물을 빨아올리듯 길어 올릴 수 있고, 끓어오르는 기세로 물은 넘쳐흐르게 됩니다."

노인은 한순간 정색을 했으나 이윽고 가엾다는 듯 웃음을 띠며 말했다.

"나는 스승님으로부터 이렇게 배웠소. 기계가 있으면 반드시 그것을 이용하고자 하는 데서 작위(作爲)가 생긴다. 작위가 생기면 어느덧 타고난 마음은 잃어버리고 잡념이 뒤이어 끊이지 않는 법이고, 마음이 잡념으로 어지러워지면 도를 얻을 도리가 없다고. 나라고 해서 무자위를 쓸 줄 모르는 바는 아니나 거기까지 타락하고 싶지 않기에 쓰지 않을 뿐이오."

노인의 말에 부끄러움을 느낀 자공은 대답할 바를 몰라 고개를 숙이고 말았다.

조금 뒤 노인(圃者)이 물었다.

"그런데 그대는 누구요."

"노나라 공자(孔子—孔丘)의 제자입니다."

"뭐, 공자라고? 그럼 당신도 박식을 자랑하고 성인인 체하며, 거만한 몸짓으로 세상 사람들을 현혹시키고, 멋대로 비장한 소리로 이름을 팔며 돌아다니는 패겠군. 도라는 것은 말이오, 그런 슬기를 버리고, 겉형식을 완전히 잊어버리지 않으면 체득하지 못하는 거요. 천하와 국가를 논하는 틈틈이 조금은 자기 반성을 해야 하지 않겠소. 일에 방해되니 그만 돌아가 보오."

자공은 완전히 기가 죽어 얼굴빛을 잃고 정신없이 그 자리를 떠났다. 30리를 걸어도 자기가 걷고 있는지조차 모를 지경이었다.

겨우 제정신으로 돌아간 자공에게 제자가 물었다.

"그 노인이 어떤 분이길래 그토록 몹시 마음이 산란하셨습니까?"

"나는 지금까지 천하에 우리 스승님보다 더 훌륭한 사람은 없는 줄로 믿어 왔는데, 그같이 훌륭한 노인이 계실 줄이야. 나는 스승님에게서 이렇게 배웠다. '가장 좋은 방법으로 일의 성취를 기하도록 하라. 행동하는 이상 최대의 효과를 올려라. 이것이 성인의 도란 것이다.'라고. 그런데 성인의 도라는 것은 그런 것이 아님을 알았다. 도에 따르는 자는 온전한 덕이 갖춰진다. 온전한 덕이 갖춰지면 타고날 때의 본성을 보존할 수 있다. 그러면 무심의 경지를 내 것으로 할 수 있다. 이 무심의 경지를 보존하는 거야말로 성인의 도인 것이다. 그 노인처럼 무심의 경지에 달한 사람은 세속 안에 살면서도 일체에 구애받지 않는다. 날 때부터의 마음을 지니고 있기에 작위도 공리심도 없다. 언제나 자기 마음의 본성에 따라 행동하지, 세상의 칭찬이나 비난 따위에 일체 마음이 흔들리지 않는다. 이래야만 비로소 온전한 덕을 갖춘 사람이라 할 수 있다. 그에 비하면 나 같은 존재는 동요해 마지 않는 〈풍파(風波)의 백성〉이라고밖에 말할 수가 없다. 정말 부끄러운 일이다."

노나라로 돌아온 자공은 즉시 공자에게 그 노인의 이야기를 했다.

그러자 공자는 자공을 타일렀다.

"그 노인은 태고의 득도자(得道者)인 혼돈씨로 자처하고 있는 데 불과하다. 그는 도의 일면밖에 모르는 것 같다. 그러기에 마음의 순일(純一)을 지킬 줄은 알고 있되 현실 사회에는 등을 돌리려 하는 것이다. 만일 그 노인이 참으로 무심의 경지에 도달하여 날 때부터의 순박함을 지니고 있으면서도 세속에 동화되어 있었다고 하면, 네 눈에 그런 것이

보일 리 만무하다. 혼돈씨의 사는 방법은 나나 너에게는 이해될 수 없
는 것이니 말이다.”

聖人·德人·神人

諄芒將東之大壑, 適遇苑風於東海之濱, 苑風曰, 子
將奚之, 曰將之大壑, 曰奚爲焉, 曰, 夫大壑之爲物也,
注焉而不滿, 酌焉而不竭, 吾將遊焉, 苑風曰, 夫子無
意於橫目之民乎, 願聞聖治, 諄芒曰, 聖治乎, 官施而
不失其宜, 拔擧而不失其能, 畢見其情事, 而行其所爲,
行言自爲, 而天下化, 手撓顧指, 四方之民, 莫不俱至,
此之謂聖治, 願聞德人, 曰, 德人者, 居無思, 行無慮,
不藏是非美惡, 四海之內, 共利之之謂悅, 共給之之謂
安, 怊乎若嬰兒之失其母也, 儻乎若行而失其道也, 財
用有餘, 而不知其所自來, 飲食取足, 而不知其所從,
此謂德人之容, 願聞神人, 曰, 上神乘光, 與形滅亡,
此謂照曠, 致命盡情, 天地樂, 而萬事銷亡, 萬物復情,
此之謂混冥.

【解釋】 순망이 동쪽의 대학으로 가다가 우연히 동해 바닷가에서 원풍
을 만났다. 원풍이 말했다. “당신은 어디로 가시오？”“대학으로 가
오.”“무엇하러 가시오？”“저 대학의 됨됨이는 부어도 차지 않고, 퍼

내도 마르지 않소. 나는 거기서 놀 작정이오." 원풍이 물었다. "그러면 당신은 사람에게는 뜻이 없소? 성치를 듣고 싶소." 순망이 말했다. "성치란 시정 포교에 있어 그 의를 잃음이 없어야 하오. 또 인재를 발탁함에 그 능력을 보아야 하고, 사리를 잘 보아 그에 따라 행해야 하오. 말도 꾸밈 없이 자연 그대로 하면 천하가 화하게 되오. 손을 들거나 턱을 끄덕이기만 해도 백성이 따르오. 이것이 성치인 것이오." "덕인에 대해 듣고 싶소." "덕인이란 자리 할 때 생각이 없고 행할 때 염려하지 않소. 시비·선악을 지니지 않고 사해의 모든 것들과 이익을 같이하는 것을 기쁨으로 여기며, 함께 족한 것을 평안으로 여기오. 애처로워 어미를 잃은 갓난아기 같고, 멍청하여 길을 잃은 사람 같소. 재화는 쓰나 남음이 있어도 어디서 오는지를 모르며, 음식을 배부르게 취해도 그 맛을 모르오. 이것이 덕인의 모습이오." "신인에 대해 듣고 싶소." "신인은 빛을 타고 만물을 비추나 그 모습은 보이지 않소. 이것을 조광이라 하오. 천명에 이르고 실정에 다하니 천지와 더불어 같이 즐기며 만사를 잊고 만물을 본정으로 돌아가게 하오. 이것을 혼명이라 하오."

【解説】 순망(諄芒―안개)이 동쪽의 대학(大壑―東海)으로 놀러가나가 동해 바닷가에서 우연히 원풍(苑風―산들바람)을 만났다.   원풍이 물었다.

"어디로 가시오?"

"대학에 가오."

"무슨 일이오?"

"대학이란 곳은 크고 깊어 물을 부어도 차는 일이 없고, 아무리 퍼내도 마르는 일이 없소. 그래서 나는 그곳에서 놀며 즐길 작정이오."

"그럼 그대는 세상 사람*에겐 관심이 없단 말이오? 그렇다면 나에게 성인의 정치를 가르쳐 주시구려."

"성인의 정치란 벼슬을 임명하고 법령을 공포함에 있어서 정당함을 잃지 않고, 인재를 발탁함에 있어서 적재적소를 얻게 하며, 모든 일의 사성을 속속들이 알아 그 해야 할 바를 행하고, 언행을 삼가 수신(修身)하는 것을 으뜸으로 삼는 것이오. 그렇게 하면 천하는 저절로 감화되어, 다만 손을 들어 가리키고, 턱을 끄덕이기만 해도 천하 백성이 모두 따르게 되오.”

“그럼 덕인(德人)이란 무엇이오?”

“가만히 있어도 생각하는 바가 없고, 행동한다 해도 계획이 없으며, 시비선악(是非善惡) 따위를 마음 속에 간직하지 않소. 그리하여 온 천하 사람들과 이익을 같이하는 것을 자기 기쁨으로 삼고, 함께 모자람이 없이 사는 것을 편안함으로 삼소. 마치 어린이가 어머니를 여읜 듯이 의지할 바 없고, 길을 잃어 버린 듯이 갈 바가 없소. 남아 돌도록 쓰는 재물이 어디서 생기는지 모르며, 배부르게 먹은 음식 또한 어디서 생기는지 생각지 않소. 이런 사람을 덕인이라고 하오.”

“그럼 신인(神人)이란 어떤 사람이오?”

“신과 같이 광명 속에 머물면서도 그것을 잊어버리니 그것을 조광(照曠—빛나고 빈 것)이라고 하오. 생명의 본원에 이르고, 만물의 실정에 깊이 미치니 모든 일에 얽매이지 않으며, 모든 것을 오로지 그 본래의 모습으로 돌아가게 하오. 이른바 혼명(混冥)이니, 이 경지에 오른 사람이 바로 신인이오.”

〔註釋〕 *세상 사람　原文은 橫木으 │ 로서 역시 사람을 가리키는 말.

세 사람이 길을 갈 때

三人行而一人惑, 所適者猶可致也. 惑者少也, 二人惑, 則勞而不至, 惑者勝也, 而今也以天下惑, 予雖有祈嚮, 不可得也, 不亦悲乎.

【解釋】 세 사람이 가고 있는데, 한 사람이 잘못 해도 가는 곳에 이를 수는 있다. 잘못한 자가 적기 때문이다. 두 사람이 잘못하면 애써도 이르지 못한다. 잘못한 사람이 이기기 때문이다. 지금 천하가 잘못 흘려 있는데, 나만이 갈 곳을 구한다 해도 얻을 수 없는 것이다. 슬프지 않느냐?

【解説】 세 사람이 길을 갈 때, 그 중 한 사람이 길을 잘못 든다면 그래도 목적지를 찾아갈 가능성은 남아 있다. 그러나 셋 중에서 둘이 길을 잘못 드는 경우는 어떻게 되겠는가. 아무리 고생하여 보았자 목적지를 찾아갈 수는 없을 것이다. 미혹한 자가 많기 때문이다. 지금 천하가 모두 미혹한데 나 혼자만 도를 구한다지만 얻을 수 없을 것이다. 참으로 슬픈 일이 아니겠는가.

문둥이의 아이

> 厲之人, 夜半生其子, 遽取火而視之, 汲汲然, 惟恐
> 其似己也.

【解釋】 문둥이가 밤중에 그 자식을 낳고서, 급히 불을 비춰 보았다. 서두른 까닭인즉 행여 자기와 같지 않을까 두려워서였다.

【解説】 문둥이가 밤중에 아이를 낳았다. 그러자 그는 황급히 등불을 켜들고서 갓난아이의 얼굴을 들여다 보았다. 행여 자기와 같은 문둥이가 아닐까 걱정이 되어서였다.

13. 天　道

끝없는 運行

天道運而無所積, 故萬物成, 帝道運而無所積, 故天下歸, 聖道運而無所積, 故海內服. 明於天, 通於聖, 六通四辟於帝王之德者, 其自爲也, 昧然無不靜者矣, 聖人之靜也, 非曰靜也善, 故靜也, 萬物無足以鐃心者, 故靜也, 水積則明燭鬚眉, 平中準, 大匠取法焉, 水靜猶明, 而況精神, 聖人之心, 靜乎天地之鑑也, 萬物之鏡也.

【解釋】 천도의 운행은 막힘이 없다. 그로써 만물이 생성한다. 제왕의 도는 운행에 막힘이 없다. 그로써 천하가 돌아오는 것이다. 성도는 운행에 막힘이 없다. 그로써 온 세계가 복종하는 것이다. 하늘에 밝고, 성에 통하고, 제왕의 덕에 통달한 자는 자연 그 자체이므로 고요하지 않을 수가 없다. 성인의 고요함은 그것이 좋아서 고요한 것은 아니다. 만물이 마음을 어지럽힐 수가 없으므로 고요한 것이다. 물이 고요하면 수염이나 눈썹까지 비추이며, 그 평평함이 기준이 되어 훌륭한 목수도 그것을 법으로 취한다. 물이 고요해도 밝거늘, 정신이야 어떻겠는가? 성인의 마음은 고요하니 천지의 거울이요, 만물의 거울이다.

【解說】 천도(天道)는 끝없이 운행하여 멈추는 일이 없다. 그러기에 만

물이 생성하는 것이다. 제왕의 도 또한 끝없이 운행하여 멈추는 일이 없다. 그러기에 천하 사람들이 그에게 돌아가는 것이다. 성인의 도 역시 끝없이 운행한다. 그러기에 천하가 그를 따르는 것이다.

만일 천도를 밝히고 성인의 도에 통하여 제왕의 도를 통틀어 이해하는 사람이 있다면 그 사람은 자연(自然) 그 자체이기에 고요〔靜〕할 것이다.

성인이 고요하다는 것은 그것이 좋은 것이어서 고요해지는 것이 아니다. 만물의 어느 것도 그 마음을 어지럽히지 못하기에 고요한 것이다.

물이 고요하면 수염이나 눈썹까지도 비춰 주며, 그 편평함은 장인(匠人)이 본뜰 만큼 수준기(水準器) 구실을 하게 된다. 물이 고요해도 모든 것을 밝게 비춰 줄 수 있거늘 영묘한 성인의 마음이 고요한 경우에는 더 말할 나위 있을까. 그야말로 천지의 거울이자 만물의 거울인 것이다.

소든 말이든

士成綺見老子而問曰, 吾聞夫子聖人也. 吾固不辭遠道而來願見, 百舍重趼而不敢息. 今吾觀子非聖人也. 鼠壤有餘蔬, 而棄妹之者, 不仁也. 生熟不盡於前, 而積斂無崖. 老子漠然不應.

士成綺明日復見曰, 昔者吾有刺於子, 今吾心正卻矣. 何故也. 老子曰, 夫巧知神聖之人, 吾自以爲脫焉. 昔者子呼我牛也, 而謂之牛, 呼我馬也, 而謂之馬. 苟有

其實, 人與之名而弗受, 再受其殃. 吾服也恆服. 吾非
以服有服. 士成綺雁行避影, 履行, 遂進而問, 修身若
何. 老子曰, 而容崖然, 而目衝然, 而顙頯然, 而口闞
然, 而狀義然, 似繫馬而止也. 動而持, 發而機, 察而
審, 知巧而覩於泰. 凡以爲不信. 邊竟有人焉, 其名爲
竊.

【解釋】 사성기가 노자를 보고 물었다. "나는 선생이 성인이라 들었소. 먼 길을 사양치 않고 와서 뵙기를 원했습니다. 백 집을 지나 발이 부르터도 감히 쉬지 못했습니다. 지금 선생을 보니 성인이 아니오. 쥐가 있는 곳에도 남은 음식이 있는데 누이를 돌보지 않음은 어질지 못합니다. 날 것과 익은 것이 떨어지지 않고, 쌓고 거두는 것이 끝이 없습니다." 노자는 막연히 대답하지 않았다.

　사성기가 이튿날 다시 와서 뵙고 말했다. "어제는 제가 선생을 비난한 바 있었는데, 지금 제 마음이 가라앉은 것은 무슨 까닭입니까." 노자는 말했다. "무릇 교지 신성한 자는 자기 스스로 벗은 줄로 생각하오. 어제 당신이 나를 소라 불렀다면 소라 했을 것이고, 말이라 불렀다면 말이라 했을 것이오. 적어도 존재하는 실상에 사람이 이름을 붙여 주는데 이를 받지 않는다면 다시 재앙을 받게 되오. 나는 언제나 굴복할 뿐이오. 결코 굴복해야겠다고 의식적으로 굴복하는 일은 없소." 사성기가 뒤를 좇아 그림자를 밟지 않도록 조심하며 나아가 물었다. "어떻게 몸을 닦아야 되는지요." 노자가 말했다. "당신 얼굴은 애연하고, 눈은 날카로우며, 이마는 툭 튀어나오고, 입은 감연하고, 형상은 의연하여 말을 붙들어 매어 둔 것 같소. 움직일 준비가 되어 있어 나가기만 하면 빠르고, 살피는 바가 자세하며, 지식과 기교에 있어서는 거만하게 보이는 등 모두가 불신을 낳게 하오. 변경에 그런 자가 있었다면 도둑의 이름을 들을 것이오."

【解説】 사성기(士成綺)가 노자(老子)를 만나보고 대뜸 그를 힐난했

다.

"나는 선생이야말로 참다운 성인이라는 소문을 그대로 믿고 있었습니다. 선생을 뵙기 위해 먼 길을 마다 않고 밤낮을 가림이 없이 몇 날을 걸어 발이 부르텄으나 쉬지 않았습니다. 그러나 실제로 뵙고 보니 실망할 뿐입니다. 댁에는 쥐구멍 근처에까지 먹다 남은 음식들이 흩어져 있는데, 피를 나눈 누이동생은 돌보려 하지 않으시니 이래서야 어디 인간이라고 할 수 있겠습니까. 더구나 선생은 여전히 재산을 모으기에 여념이 없습니다."

그러나 노자는 담담한 표정으로 한 마디 대꾸조차 하려 들지 않았다. 이튿날 사성기는 다시 노자를 찾아와 사과했다.

"어제 저는 선생께 대단히 실례되는 말씀을 드렸습니다. 지금은 부끄러움으로 몸이 죄어드는 것만 같습니다. 그런데 이건 대관절 어떻게 된 영문입니까."

"당신은 지자(知者)니 성인이니 하는 관념에 사로잡혀 있는 모양인데, 나는 그런 것을 벗어난 지 이미 오래요. 어제 만일 당신이 나를 소라고 했다면, 나는 자신을 소라고 인정했을 것이며, 말이라고 했다면 역시 말인 줄로 알았을 것이오. 남이 그렇게 말하는 데는 그만한 이유가 있을 것이 아니오. 그것을 못마땅하게 생각해서 반대하고 나서면, 더 심한 봉변을 당하게 되는 거요. 나는 조금도 저항을 하는 법이 없소. 그것도 자연히 그렇게 되는 것이지 의식적으로 저항을 억누르는 것은 아니라오."

사성기는 깊이 깨달은 듯 머리를 숙인 채, 일어나 나가려는 노자의 그림자를 피하면서 따라 나가 공손히 가르침을 청했다.

"저는 어떻게 몸을 닦으면 좋겠습니까?"

"당신 풍채는 당당하고 위압적이오. 엄숙한 얼굴, 날카로운 눈초리, 번듯한 이마, 용맹스런 입언저리, 어느 것 하나 뜯어 보아도 가슴 속의 달리는 말을 억누를 길이 없는 그런 무엇이 있소. 당장 움직일 것만 같은 만반의 태세를 취하고, 한번 놓아 버리기만 하면 화살처럼 재빠르고, 명찰(明察)은 미치지 않는 곳이 없는, 지략을 자랑하는 오만한 상(相)이오. 그러나 그런 것은 모두 인간 본래의 모습은 아니오. 당신 같

은 사람이 국경 근처를 얼씬거리고 있으면, 당장 비적(匪賊)으로 오인
받을 것이오."

聖人의 찌꺼기

桓公讀書於堂上. 輪扁斲輪於堂下. 釋椎鑿而上, 問
桓公曰, 敢問公之所讀者何言邪. 公曰, 聖人之言也.
曰, 聖人在乎. 公曰, 已死矣曰, 然則君之所讀者, 古
人之糟魄已夫. 桓公曰, 寡人讀書, 輪人安得議乎. 有
説則可, 無説則死. 輪扁曰, 臣也, 以臣之事觀之. 斲
輪徐則甘而不固. 疾則苦而不入. 不徐不疾, 得之於手,
而應於心. 口不能言, 有數存焉於其間. 臣不能以喻臣
之子, 臣之子亦不能受之於臣, 是以行年七十而老斲輪.
古之人與其不可傳也死矣. 然則君之所讀者, 古人之糟
魄已夫.

【解釋】 환공은 대청 위에서 책을 읽고, 윤편이 대청 아래서 수레바퀴
를 깎고 있었다. 윤편은 망치와 끌을 놓고 올라와 환공에게 물었다."감
히 묻습니다만, 읽고 계신 책엔 무슨 말이 있습니까." 공이 대답했다.
"성인의 말씀이다." 그가 물었다. "그 성인이 살아 있습니까." 공이 대
답했다. "이미 죽었다." 그가 말했다. "그렇다면 임금께서 읽으시는 것
은 성인의 찌꺼기겠습니다." 환공이 말했다. "과인이 책을 읽는데 윤인

따위가 어찌 논평할 수 있으리오. 설명이 있으면 좋거니와 그렇지 못하다면 죽이겠다.” 윤편이 말했다. “신은 신의 일에 비추어 여쭈었습니다. 수레바퀴를 깎는데, 헐거우면 수월하나 단단하지가 못하고, 빡빡하면 힘이 들어가지 않습니다. 헐겁지도 빡빡하지도 않게 하려면 손에서 얻고 마음에 응하는 바가 있어야 합니다. 입으로는 능히 말할 수 없는 수치가 그 사이에 있는 것입니다. 신이 이를 신의 자식놈에게 깨우쳐 주지 못했고, 신의 자식 또한 이를 신에게서 물려받지 못했습니다. 때문에 나이가 일흔이 된 늘그막에도 여전히 수레바퀴를 깎습니다. 옛사람도 중요한 것은 전하지 못하고 죽었을 것입니다. 그럴진대 임금께서 읽으시는 책도 옛사람의 찌꺼기일 것입니다.”

【解說】 제환공(齊桓公)이 글을 읽고 있노라니, 목수 윤편(輪扁)이 일을 멈추고 올라왔다.
“그 책에는 대관절 어떤 것들이 씌어져 있습니까.”
“이거 말이냐. 이건 성인의 말씀이다.”
“그 성인은 지금도 살아 계십니까.”
“아니다. 옛날 분으로 지금은 살아 계시지 않는다.”
“그렇다면 거기에 씌어진 것은 옛사람의 찌꺼기 같은 것이로군요.”
“찌꺼기라고? 목수인 네가 무엇을 안다고 여러 소리를 하느냐. 이유가 있다면 모르되 그렇지 않다면 무사하지 못할 것이다.”
“소인은 그저 오랜 생활의 경험에서 그런 생각을 했을 뿐입니다. 예를 들어 수레바퀴 축의 구멍은 너무 크게 깎아도 못쓰고, 너무 작게 깎아도 안 되는 법입니다. 굴대와 구멍이 꼭 들어맞아야 하는데 이것은 호흡을 잘 맞추어야만 되는 것입니다. 그 비결은 말로써는 도저히 설명될 수 없는 것이지만, 또 절대로 우연히 맞게 되는 것도 아닙니다. 소인이 자식에게 그 비결을 깨치게 해주려고 하나 좀처럼 잘 되지 않습니다. 그래서 나이 일흔이 되도록 여지껏 이 일을 소인이 직접 하고 있습니다. 옛사람들도 참으로 중요한 대목은 말로 표현하지 못한 채 죽어 버리지 않았겠습니까. 그러고 보면 임금께서 읽고 계신 책도 옛사람의 찌꺼기 같은 것임에 틀림이 없을 줄 아옵니다.”

14. 天　運

어째서 宇宙現象이 일어나는가?

天其運乎, 地其處乎, 日月其爭於所乎,　執主張是,
執維綱是,　執居無事推而行是,　意者其機緘而不得已邪,
意者其運轉而不有能自止邪,　雲者爲雨乎, 雨者爲雲乎,
執隆施是,　執居無事淫樂而勸是,　風起北方, 一西一東,
有上彷徨,　執噓吸是,　執居無事而披拂是,　敢問何故,
巫咸袑曰,　來, 吾語女,　天有六極五常,　帝王順之則治,
逆之則凶,　九洛之事,　治成德備,　監照下土,　天下戴
之, 此謂上皇.

【解釋】 하늘은 스스로 도는가？ 땅은 스스로 처해 있는가？ 일월은
스스로 서로 다투고 있는가？ 누가 이를 주장하는 것인가？ 누가 이를
뒷받침하는 것인가？ 누가 편히 앉아 이를 추진하는 것인가？ 기관을
다는 이가 있어 부득이하게 되는 것인가？ 운전하는 근원이 있어 스스
로는 멈출 수가 없는 것인가？ 구름은 비를 스스로 내리고, 비는 구름
을 스스로 만드는가？ 누가 이를 구름과 비로 만드는 것인가？ 누가 편
안히 앉아 일이 없어 장난으로 이를 권하는 것인가？ 바람은 북방에서
일어나 서로 동으로 가고 혹은 위에서 방황하는데, 누가 이를 뿜고 빨
아들이는 것인가？ 누가 편히 앉아 할 일이 없어 이를 흩고 모으고 하

는 것인가? 감히 그 이유를 묻겠소." 무당 함소가 대답했다. "오라. 내
너를 위해 말하겠노라. 하늘에는 육극과 오상이 있다. 제왕이 이를 따
르면 다스려지고, 이를 거스르면 흉해진다. 구락의 일에서 다스림이 이
루어지고 덕이 갖추어져 하토를 비추고 천하가 떠받드니 이것을 일러
상황이라 하는 것이니라."

【解説】 "하늘은 스스로 돌아가는 것인가? 땅은 스스로 머무는 것인
가? 일월은 스스로 서로 좇아 갈 길을 가는 것인가? 그렇지 않다면
누가 있어 이를 주장하는 것인가? 누가 있어 이를 통할하는 것인가?
누가 편안히 앉아서 이를 추진시키는 것인가? 혹은 어떤 근원이 있어
할 수 없이 움직여지는 것인가? 혹은 제 힘으로 움직이기는 했으나 제
힘으로 그치지 못하는 것인가? 구름이 스스로 풀려 비가 되는것인가?
비가 스스로 올라가 구름이 되는 건가? 그렇지 않으면 누가 구름을 일
으키고 비를 내리게 하는 것인가? 누가 편안히 앉아서 장난으로 이렇
게 하는 것인가? 바람은 북에서 생겨 동으로 서로 불고, 혹은 그냥 하
늘에 맴돌기도 하는데, 그것은 과연 무엇이 뿜고 빨아들이고 하는 것인
가? 누가 편안히 앉아서 그렇게 주재하는 것인가?"
　내가 무당 함소(咸招)에게 이와 같이 물었더니 그는 이렇게 대답했다.
"이리 오라. 내가 너를 위해 대답해 주겠다. 하늘에는 육극(六極)과
오상(五常―五行)이 있는데, 제왕이 그것에 따라 다스리면 천하가 잘
다스려질 것이고, 그것에 역행하면 천하가 어지러워질 것이다. 구락지
사*(九洛之事)의 일에서 다스림이 이루어지고 덕이 갖추어져서 천하를
두루 비추게 되면, 천하가 모두 이를 떠받들게 될 것이니, 이를 가리켜
상황(上皇)이라 하는 것이다."

〔註釋〕 *九洛之事 夏의 禹가 治水
　할 때 洛水에서 나왔다고 하는 마
　흔 다섯 자의 글씨를 洛書라 하는
　데, 《書傳》의 洪範九疇는 이 낙
서의 理致에 의하여 만든 것이라
하며, 八卦의 법도 여기서 나왔다
고 한다.

짚으로 만든 개

孔子西遊於衛, 顏淵問師金曰, 以夫子之行爲奚如.
師金曰, 惜乎, 而夫子其窮哉. 顏淵曰, 何也. 師金曰,
夫芻狗之未陳也, 盛以篋衍, 巾以文繡, 尸祝齊戒以將
之, 及其已陳也, 行者踐其首脊, 蘇者取而爨之而已,
將復取而盛以篋衍, 巾以文繡, 遊居寢臥其下. 彼不得
夢, 必且數眯焉. 今而夫子, 亦取先王已陳芻狗, 聚弟
子遊居寢臥其下.

【解釋】　공자가 서쪽 위나라로 유세를 떠난 후 안연이 사금에게 물었
다. "선생님의 이번 여행이 어떻겠소?" 사금이 말했다. "애석하오. 선
생은 곤궁할 것이오." 안연이 물었다. "왜 그렇소?" 사금이 말했다.
"저 진상되지 않은 추구는 대바구니에 넣고 수놓은 보자기로 싸서 재
계한 시축이 다루지만, 진상이 끝나면 행인이 목이나 등을 밟고, 풀 베
는 자가 주워 땝니다. 이것을 다시 주워다가 대바구니에 넣어 수놓은
보자기로 싸서 잠자리에 두고 같이 지낸다면 편한 꿈을 얻지 못하고 반
드시 수차 헛소리를 지를 것입니다. 지금 선생은 역시 선왕이 이미 진
상한 추구를 주워다가 그 밑에서 제자와 자고 놀고 하지 않습니까?"

【解説】　공자(孔子)가 서쪽 위(衛)나라로 유세를 떠나고 난 뒤였다.
본국에 남아 있던 안연(顏淵—顏回)은 노(魯)나라 악관 사금(師金)

에게 물었다.

"우리 선생님의 이번 길에 대해 그대는 어떻게 생각하오?"

"유감이지만 곤경에 빠질 것이오."

"그 까닭은 무엇이오?"

"제사 때에 쓰는 짚으로 만든 개가 있지 않소. 그것은 상에 올리기 전만 해도 대바구니에 넣어 수놓은 보자기로 싸고 목욕 재계한 시축(尸祝)이 손수 다루게 마련입니다. 하지만 제사가 끝나는 대로 길가에 내버려 행인이 짓밟고 지나가게 합니다. 그것을 나무꾼이 줍게 되면, 가져다가 군불에 집어넣습니다. 만일 그것을 다시 주워다가 바구니에 넣고 수놓은 보자기로 소중하게 싸서 모셔 둔 채 그 곁에서 잠을 잔다면 악몽에 시달려 몇 번이고 가위눌린 헛소리를 지르게 될 것입니다. 그런데 지금 그대의 선생님도 옛 성왕(聖王)들이 쓰다 버린 짚으로 만든 개를 어디선가 주워다가 제자들과 함께 그 밑에서 놀기도 하고 잠을 자기도 하는 게 아니겠습니까? 그러니 곤경을 맞을 게 뻔합니다."

醜女의 흉내

且子獨不見夫桔槹者乎, 引之則俯, 舍之則仰, 彼人之所引, 非引人也, 故俯仰而不得罪於人, 故夫三皇五帝之禮義法度, 不矜於同, 而矜於治, 故譬三皇五帝之禮義法度, 其猶柤梨橘柚邪, 其味相反, 而皆可於口, 故禮義法度者, 應時而變者也, 今取猨狙而衣以周公之

服, 彼必齕齧挽裂, 盡去而後慊, 觀古今之異, 猶猨狙
之異乎周公也, 故西施病心, 而矉其里, 其里之醜人,
見而美之, 歸亦捧心而矉其里, 其里之富人見之, 堅閉
門而不出, 貧人見之, 挈妻子而去之走, 彼知矉美, 而
不知矉之所以美.

【解釋】 그대는 저 용두레를 그대 혼자만이 보지 못하지는 않았을 거요. 당기면 내려가고, 놓으면 올라오지요. 그것은 사람이 끄는 대로일 뿐 그것이 사람을 끄는 것은 아니오. 그래서 내려가거나 올라오거나 사람에게 허물을 받지는 않지요. 저 삼황 오제의 예의 법도도 같다고 해서 좋은 것이 아니라, 다스리는 데에서 좋았던 것입니다. 그래서 삼황 오제의 예의 법도도 아가위·배·귤·유자와 같이 그 맛은 서로 다르지만 입에 맞는 점에서는 모두가 좋았던 것에 비할 수 있습니다. 그 때문에 예의 법도란 것은 때에 따라 변하는 것입니다. 지금 원숭이를 잡아다가 주공의 옷을 입힌다면 그놈은 반드시 물어 뜯어서 벗은 후에야 성이 찰 것입니다. 고금의 차이를 보건대 원숭이와 주공의 차이에 비유할 수 있소. 전에 서시가 가슴이 아파 마을에서 눈살을 찌푸리고 있으니 그 마을의 추녀가 그 아름다움을 보고 돌아와 가슴에 손을 얹고 눈살을 찌푸리고 있었다 하오. 마을의 부자들은 이를 보자 문을 닫은 채 나오지 않고, 가난한 자들은 이를 보자 처자를 거느리고 도망갔다 하오. 그 추녀는 눈살을 찌푸리고 있는 아름다움은 알았지만, 눈살을 찌푸리고도 아름답게 보이는 그 점은 몰랐던 것이오.”

【解說】 사금(師金)은 계속해서 안연(顏淵)에게 말했다. “그대는 용두레[桔槹]를 알 거요. 당기면 내려가고 손을 놓으면 올라옵니다. 용두레란 사람의 힘에 따라 움직일 뿐, 그것이 사람을 움직이는 것은 아닙니다. 그러기에 그것이 오르건 내리건 사람들이 말하지 않습니다. 마찬가지로 태고의 삼황 오제(三皇五帝)가 만든 옛날 제도의 가치를 인정하는 것은 그것이 서로 같아서가 아닙니다. 아가위 · 배 ·

귤·유자와 같이 맛이 제각기 다르지만 어느 것이나 입에 맞기 때문입니다. 그러기에 옛날 제도는 시대에 따라 변하게 마련입니다. 지금 원숭이를 데려다가 주공(周公)이 입던 옷을 걸쳐 준다면 반드시 물어뜯거나 찢어 버리고 말 것입니다. 고금의 차이를 보건대 바로 원숭이와 주공 정도의 차이가 아니겠습니까. 전에 미인인 서시(西施)가 언짢은 일이 있어 가슴에 손을 대고 눈살을 찌푸렸더니 그 마을의 추녀들은 그것을 어여쁘게 여겨 모두들 가슴에 손을 대고 눈살을 찌푸렸다 합니다. 그 때문에 같은 마을의 부자들은 그것을 차마 못보겠다 해서 문을 잠그고 밖에 나오지 않았으며 가난뱅이들은 아예 처자를 이끌고 마을을 등졌다 합니다. 그 추녀들은 눈살 찌푸린 서시의 아름다움만 알았지 왜 아름다운가는 몰랐던 것입니다. 성인이 한 일이라고 해서 무작정 흉내를 내는 일은 그 추녀가 흉내내는 것이나 다를 바 없습니다."

15. 刻　意

선비의 사는 方式

刻意尚行, 離世異俗, 高論怨誹, 爲亢而已矣, 此山谷之士, 非世之人, 枯槁赴淵者之所好也, 語仁義忠信, 恭儉推讓, 爲修而已矣, 此平世之士, 敎誨之人, 遊居學者之所好也, 語大功, 立大名, 禮君臣, 正上下, 爲治而已矣, 此朝廷之士, 尊主強國之人, 致功并兼者之所好也, 就藪澤, 處閒曠, 釣魚閒處, 無爲而已矣, 此江海之士, 避世之人, 閒暇者之所好也, 吹呴呼吸, 吐故納新, 熊經鳥申, 爲壽而已矣, 此道引之士, 養形之人, 彭祖壽考者之所好也, 若夫不刻意而高, 無仁義而修, 無功名而治, 無江海而閒, 不道引而壽, 無不忘也, 無不有也, 澹然無極, 而衆美從之, 此天地之道, 聖人之德也, 故曰, 夫恬惔寂寞, 虛無無爲, 此天地之平, 而道德之質也, 故曰, 聖人休休焉, 則平易矣, 平易則恬惔矣, 平易恬惔, 則憂患不能入, 邪氣不能襲, 故其德全而神不虧.

【解釋】 뜻을 닦고 행동을 고상히 하며 세상을 떠나 세속과는 달리 처

신하며 높은 이론과 원망 비방으로 잘난 체하는 사람은 산골의 선비이다. 이 세상 사람이 아니다. 마른 몸으로 못에 뛰어드는 것을 좋아하는 자들이다. 인의 충신을 말하고 공손 검소하고 겸양하여 몸을 닦는 것은 평범한 세속의 선비이다. 남을 선한 곳으로 이끌려는 사람이다. 유세하거나 머물면서 배우는 것을 좋아하는 자들이다. 큰 공을 말하고, 큰 이름을 내세우고, 군신의 예를 지키고, 상하를 바르게 하여 다스리려는 것은 조정의 선비이다. 임금을 존중하고 나라를 강하게 하는 사람이다. 공을 세우고 남의 나라를 삼키는 것을 좋아하는 자들이다. 숲이나 진펄을 헤치고 광야에 거처하며 고요한 곳에서 낚시를 드리우고 무위를 즐기는 사람은 강해의 선비이다. 세상을 피하는 사람이다. 한가한 것을 좋아하여 심호흡으로 썩은 것을 토하고 새 것을 마시고, 곰처럼 매달리고, 새처럼 펴며, 장수를 위하는 사람은 도인의 선비이다. 형체를 기르는 사람이다. 팽조처럼 사는 것을 좋아하는 사람들이다. 만약에 갈지 않고도 높고, 인의가 없이도 닦아지고, 공명이 없이도 다스려지고, 강해가 없이도 한가하고, 도인하지 않고도 장수한다면 일체를 망각할 수 있고 일체를 소유할 수 있을 것이다. 또한 마음은 한 극단에 서지 않고 아름답지 않는 것이 없게 될 것이다. 이것이 천지의 도며 성인의 덕이다. 그래서 〈비고 적막하고 허무한 가운데 무위하는 것이 천지의 고른 것이며 도덕의 근본이다.〉 하는 것이며, 또 〈성인은 여기서 쉰다.〉고 하는 것이다. 쉬면 평이해지고 평이하면 염담하게 된다. 평이하고 염담하게 되면 우환이 들어올 수 없고 사기가 내습할 수 없다. 이러면 그 덕은 온전하게 되고 정신은 이지러지지 않게 된다.

【解說】 오로지 뜻을 갈되 고상한 행동과 고답적인 담론으로써 세상을 비방하고 사람을 원망하는, 저 혼자 잘난 체하는 사람들이 있다. 이른바 산골 선비들이다. 혹은 불평하며, 혹은 괴로웠던 나머지 물에 빠져 죽기 일쑤다.

인의(仁義)와 충신(忠信)을 말하며 공손하고 겸양하며 오로지 자기 몸을 닦는 사람들이 있다. 이른바 세속의 선비들이다. 세상을 평화롭게 하고자 하며, 혹은 남을 착하게 이끌고자 하며 혹은 천하를 유세(遊說)

하거나 학교를 세워 교육에 종사하고 있다.

큰 공업(功業)을 말하고, 큰 이름을 세우며, 군신 간의 예의와 상하 관계를 바로잡는 것을 천하를 다스리는 일로 삼는 사람들이 있다. 이른바 조정의 관리들이다. 혹은 임금을 받들어 나라를 강하게 하고자 하며, 혹은 공을 세워 남의 나라 땅을 병탄하려 든다.

시골로 돌아가 산천에 노닐며 한가하게 낚시질이나 하면서 무위를 즐기는 사람들이 있다. 이른바 강해(江海—江湖)의 선비들이다. 혹은 세상을 피하거나, 혹은 한가하게 지낸다.

심호흡을 해서 묵은 공기를 토하고 새 공기를 들이마시며, 곰처럼 거꾸로 나무에 매달리고, 새처럼 몸을 펴서 장수하려는 사람들이 있다. 이른바 도인(道引—導引)의 선비들이다. 혹은 신선술(神仙術)로 양생*하고자 하며, 선비 혹은 팽조(彭祖)처럼 장수하려 든다.

하지만 뜻을 갈지 않아도 행동이 고상하고, 인의가 없이도 몸을 닦으며, 공명(功名)이 없이도 나라를 다스리고, 강해가 없어도 한가하며, 도를 끌어들이지 않고도 오래 살 수 있다면, 모든 것을 잊어버리고도 어느 것 하나 없는 것 없고, 마음이 비어 끝이 없고, 모든 아름다움은 스스로 따를 것이다. 이것이 곧 천지의 도이며 성인의 덕이다.

그러기에 〈허심하여 고요하며, 허무 속에서 무위의 덕을 지키는 것이 천지 속에서 가장 평화로운 생활방식이며 도덕의 본질.〉이라고 옛사람이 말한 것이다. 또한 〈성인은 허심·고요·허무·무위의 경지에서 쉰다.〉고도 하는 것이다. 무위에 쉬면 마음이 고요하고, 마음이 고요하면 곧 편안할 것이다. 마음이 고요하고 편안하면 모든 근심 걱정이 깃들지 않을 것이며, 온갖 나쁜 기운도 그를 덮칠 수가 없는 것이다. 이렇게 되면 그의 덕은 온전할 수 있고, 정신은 손상되는 일이 없게 된다.

〔註釋〕　*신선술로 양생　導引이라는　　따위의 道家 養生法의 일종.
　　것은 靜座하여 호흡을　조절하는

16. 繕 性

造化의 理致

繕性於俗, 俗學以求復其初, 滑欲於俗, 思以求致其
明, 謂之蔽蒙之民, 古之治道者, 以恬養知, 知生而無
以知爲也, 謂之以知養恬, 知與恬交相養, 而和理出其
性.

【解釋】 본성을 세속에서 다스려, 속학으로써 그 처음으로 돌아가려고
바라는 자가 있다. 세속에서 욕망을 어지럽혀 놓고서도 그 밝음을 찾
으려고 생각하는 자가 있다. 이를 일러 몽매한 백성이라 한다. 옛날 도
를 다스린 자는 고요한 것으로써 지식을 길렀으니, 즉 난 것을 알 뿐,
아는 것으로써 더하지 않았다. 이를 일러 지혜로써 고요한 것을 기른다
고 한다. 지혜와 고요함이 만나 서로 길러질 때 조화된 이치가 그 본성
에서 나온다.

【解說】 타고난 본성을 세속의 학문(儒·墨)으로 다스려 자신의 참된
모습을 찾고자 한다. 혹은 세속의 지혜로써 자신의 지혜를 어지럽혀 놓
고도 그 지혜의 밝음을 찾는다. 이런 사람들을 일러 본성을 덮어 어리
석어진(蔽蒙) 몽매한 백성이라 한다.

옛날에 도를 닦는 사람들은 물욕을 떠난 고요함 속에서 지혜를 기르
려 하였다. 타고난 본성을 그대로 지닐 뿐 인위적인 방법으로 지혜를

구하려 하지 않았다는 말이다. 이야말로 참다운 지혜로 고요함을 기르는 것이다. 이렇게 참다운 지혜와 고요함이 서로 길러져 어울릴 때 비로소 조화와 질서가 인간의 본성으로부터 저절로 나오게 마련인 것이다.

17. 秋　水

河伯의 깨달음

秋水時至, 百川灌河, 涇流之大, 兩涘渚崖之間, 不辯牛馬, 於是焉, 河伯欣然自喜, 以天下之美爲盡在己, 順流而東行, 至於北海, 東面而視, 不見水端, 於是焉, 河伯始旋其面目, 望洋向若而歎, 曰野語有之曰, 聞道百, 以爲莫己若者, 我之謂也, 且夫我嘗聞少仲尼之聞, 而輕伯夷之義者, 始吾弗信, 今我睹子之難窮也, 吾非至於子之門, 則殆矣, 吾長見笑於大方之家.

【解釋】 가을물이 때가 되어 모든 개천이 황하로 몰려드니, 흐르는 물이 매우 컸다. 양쪽 기슭이나 언덕 사이에 있는 소와 말을 분별할 수 없었다. 이와 같아서 하백은 흔연히 스스로 기뻐서 천하의 아름다움이 전부 자기에게 있다고 생각했다. 흐르는 대로 따라 동쪽으로 가서 북해에 이르렀다. 동쪽을 바라보니 물의 끝을 볼 수 없었다. 이에 하백은 그 얼굴을 돌려 큰 바다를 바라보며 약을 향해 탄식하여 말했다. “속담에 말하기를 〈몇 가지 도를 듣고서는 자기만한 자가 없는 줄 안다.〉고 하였는데, 나를 이르는 말이구려. 〈중니의 견문이 보잘것 없고, 또 백이의 의를 가벼이 본다.〉는 말을 듣고도 믿지 않았었는데, 오늘 당신을

보니 난궁합니다. 내가 당신의 문에 이르지 않았더라면 위태할 뻔했습니다. 내가 오래도록 대방가의 웃음을 보아야 했을 테니까 말입니다."

【解説】　가을물이 장마를 만나 모든 물이 황하(黃河)로 몰려들자, 그 물결이 참으로 크고 넓어서 양쪽 기슭에 소가 있는지 말이 있는지조차 구별이 안 될 지경이었다. 이에 하백(河伯―黃河神)은 자랑스럽게 뽐내며 천하의 장관(壯觀)이 모두 자기에게 있다고 생각했다. 그러나 물을 따라 동으로 흘러가 북해(北海)에 이르러도 그 끝나는 바가 없었다. 하백은 비로소 얼굴빛이 달라진 채 약(若―北海神)에게 고개를 숙였다. "속담에 〈겨우 백 개쯤의 도리를 듣고는 천하에 자기만한 자가 없는 줄 안다.〉는 말이 있었습니다만 그 말이 바로 나를 두고 이른 말일 줄이야. 일찍이 나는 〈중니(仲尼―孔子)의 견문을 보잘것 없다고 생각하고, 백이(伯夷)의 의(義) 또한 가벼이 여기는 사람이 있다.〉는 말을 듣고도 믿지를 않았었소. 그러나 이제 그대의 가없음을 내 눈으로 보게 되다니……. 만일 내가 그대를 찾아나서지 않았던들 길이길이 대방가(大方家―大得道者)의 비웃음거리가 될 뻔했구려."

크게 이기다

夔憐蚿, 蚿憐蛇, 蛇憐風, 風憐目, 目憐心, 夔謂蚿曰, 吾以一足, 趻踔而行, 予無如矣, 今子之使萬足, 獨奈何, 蚿曰, 不然, 子不見夫唾子乎, 噴則大者如珠,

小者如霧，雜而下者，不可勝數也，今予動吾天機，而
不知其所以然，蚿謂蛇曰，吾以衆足行，而不及子之無
足，何也，蛇曰，夫天機之所動，何可易邪，吾安用足
哉，蛇謂風曰，予動吾脊脅而行，則有似也，今子蓬蓬
然，起於北海，蓬蓬然，入於南海，而似無有，何也，
風曰，然，予蓬蓬然，起於北海，而入於南海也，然而
指我則勝我，鰌我亦勝我，雖然，夫折大木，蜚大屋者，
唯我能也，故以衆小不勝爲大勝也，爲大勝者，唯聖人
能之.

【解釋】 기는 그리마를 부러워하고, 그리마는 뱀을 부러워하고, 뱀은 바람을 부러워하고, 바람은 눈을 부러워하고, 눈은 마음을 부러워한다. 기가 그리마를 보고 말하였다. "나는 한 발로써 껑충 뛰어가는 것조차 쉽지 않은데, 그대는 만족을 움직여 가느라고 얼마나 노고가 많겠나?" 그리마가 대답했다. "그렇지 않네. 그대는 저 침을 뱉는 사람을 보지 못했는가? 뱉으면 큰 것은 구슬 같고 작은 것은 안개 같네. 섞여 나오는 것이 수를 셀 수가 없네. 지금 내가 움직이는 것도 나의 천기일 뿐, 왜 그런지를 모르네." 그리마가 뱀에게 말했다. "나는 여러 발로써 가는데도 그대의 발없는 것에 미치지 못한다. 왜 그런가?" 뱀이 말했다. "저 천기의 움직이는 바가 어찌 쉽겠는가? 내가 어찌 발을 사용하겠는가?" 뱀이 바람에게 물었다. "나는 나의 등과 갈비를 움직여서 가는데 아직도 발로 가는 것과 흡사하네. 지금 그대는 휭 하고 북해에서 일어나 휭 하고 남해로 가네. 형체도 없는 것 같은데 어떻게 그리 하는가?" 바람이 말했다. "그렇지. 나는 휭 하고 북해에서 일어나 휭 하고 남해로 들어가네. 그러나 손가락으로 막아도 나를 이기고, 발길로 자도 나를 이기네. 그런 반면에 큰 나무를 꺾고 큰 집을 날리는 일은 나만이 할 수 있는 일이네. 그러므로 작은 것에 짐으로써 큰 것에 이기는 것이네. 큰 것에 이기는 것은 오직 성인만이 가능하네."

【解説】　발 하나밖에 없는 기(夔)는 발이 많은 그리마〔蚿〕를 부러워하고, 그리마는 발이 없어도 자유로운 뱀을 부러워하고, 뱀은 형태가 없는 바람을 부러워하고, 바람은 움직이지 않고도 멀리 볼 수 있는 눈〔目〕을 부러워하고, 눈은 보지 않고도 많은 것을 알 수 있는 마음을 부러워한다.

한번은 기가 그리마에게 물었다.

"나는 한 발로 경중경중 뛰면서 가지만 그 한 개의 발조차 마음대로 움직여지지 않는다. 그런데 그대는 그렇게 많은 발을 어떻게 일일이 움직일 수 있는가"

그리마가 대답했다.

"별것이 아니다. 사람들이 침을 뱉는 것을 본 적이 있는가. 힘차게 침을 뱉으면 큰 것은 구슬처럼 크고, 작은 것은 안개처럼 뿜어 나오지 않던가. 그것들이 서로 섞여서 떨어지는 것은 이루 헤아릴 수조차 없다네. 그렇다고 사람이 일부러 그렇게 침을 뱉는 것은 아니야. 나 역시 타고난 대로 움직일 뿐 어떻게 해서 그렇게 되는지는 모르네."

그리마가 뱀에게 물었다.

"나는 여러 개의 발로 가는데도 발이 하나도 없는 그대를 따라갈 수 없는 이유가 무엇인지 아는가?"

뱀이 대답했다.

"천기(天機)를 말할 수 없네. 내가 어떻게 그것을 바꿀 수 있는가."

뱀이 바람에게 물었다.

"나는 몸을 비틀어 움직이는 만큼 발을 갖고 있는 것이나 다름없네. 하지만 그대는 형태도 없는 터에 어떻게 북해에서 일어나 남해로 갈 수 있는가?"

바람이 대답했다.

"그대 말이 옳네. 나는 북해에서 일어나 남해로 갈 수는 있으나, 누가 손가락 하나로 막아도 그것을 꺾지 못하네. 또 나를 발길로 차도 어쩔 수 없네. 그러나 큰 나무를 꺾고 큰 집을 부숴 버릴 수가 있네. 작은 것에 짐으로써 큰 것에 이기는 게 아닐까. 성인들은 그렇게 크게 이긴다고 들었네."

거북의 出世

莊子釣於濮水. 楚王使大夫二人往先焉. 曰, 願以境
內累矣. 莊子持竿不顧, 曰, 吾聞楚有神龜, 死已三千
歲矣, 王巾笥而藏之廟堂之上. 此龜者, 寧其死爲留骨
而貴乎. 寧其生曳尾於塗中乎. 二大夫曰, 寧生而曳尾
於塗中. 莊子曰, 往矣. 吾將曳尾於塗中.

【解釋】　장자가 복수에서 낚시를 했다. 초왕이 두 사람의 대부를 보내어 이렇게 말하게 했다. "바라건대 나랏일로 번거로움을 끼치고 싶습니다." 장자는 낚싯대를 손에 쥔 채 돌아보지도 않고 말했다. "초나라에는 죽은 지 이미 3천 년이나 된 신귀가 있는 데 왕이 이를 비단보에 싸서 상자에 담아 묘당 위에 간직해 두었다는 소리를 들었소. 이 거북은 죽어서 껍질을 남기는 편이 귀할 것이겠소, 아니면 꼬리를 진흙 속에 끌며 사는 게 편하겠소." 두 대부가 대답했다. "차라리 살아서 꼬리를 진흙 속에 끄는 게 낫소." 장자가 말했다. "가시오. 나도 진흙 속에 꼬리를 끌겠소."

【解説】　장자가 언제나 하듯 복수(濮水)에서 낚시를 즐기고 있는데, 초(楚)나라의 두 중신이 왕의 명령을 받고 찾아왔다.
　사자는 말했다.
　"초나라의 재상이 되어 주십시오. 우리 임금님의 원이옵니다."
　장자는 낚싯줄을 드리운 채 뒤도 돌아보지 않고 말했다.

"귀국에는 죽은 지 3천 년이 된 영험스런 거북의 등껍질이 있다고 합니다. 아무튼 임금께선 그것을 비단보로 싸서 상자에 넣어 두고 소중히 제사를 드린다니 말입니다. 그런데 그 거북을 보시오. 죽은 뒤에 제사를 받는 편과, 살아서 흙탕물 속에 꼬리를 끌고 다니는 편을 생각해 볼 때 어느 편이 더 낫겠소."

"그야 살아 있는 편이 더 좋겠지요."

그러자 장자는 말했다.

"자, 그만 돌아가 주시지요. 나도 진흙 속에 꼬리를 끌며 살고 싶소."

솔개의 먹이

惠子相梁, 莊子往見之. 或謂惠子曰, 莊子來, 欲代子相. 於是惠子恐, 搜於國中, 三日三夜, 莊子往見之, 曰, 南方有鳥, 其名爲鵷鶵, 子知之乎. 夫鵷鶵發於南海, 而飛於北海. 非梧桐不止, 非練實不食, 非醴泉不飮. 於是鴟得腐鼠, 鵷鶵過之, 仰而視之, 曰嚇. 今子欲以子之梁國而嚇我邪.

【解释】 혜자가 양나라의 재상이 되자 장자가 가 보았다. 어떤 자가 혜자에게 이렇게 일렀다. "장자가 당신을 대신해서 재상이 되려고 왔다." 이에 두려워한 혜자는 사흘 낮 사흘 밤 동안 온 나라를 뒤졌다. 장자가 나타나 그에게 말했다. "남쪽에 사는 원추라는 새를 자네는 아는가. 무

룻 원추는 남해를 떠나 북해로 나는데 오동나무가 아니면 멈추지 않고, 연실이 아니면 먹지 않고, 예천물이 아니면 마시지 않는다네. 여기에 썩은 쥐를 얻은 솔개가 원추가 지나가는 것을 쳐다보고 '이놈!' 하고 소리쳤다네. 지금 자네도 양나라를 가지고 욕심을 내어 나를 위협하려 하는가."

【解説】 혜자(惠子)가 양(梁)나라 재상으로 있을 때의 일이다. 장자는 재상이 된 친구를 만나 보려고 훌쩍 양나라를 찾았다. 그런데 재빨리 이 소식을 들은 한 사람이 혜자에게 고자질을 했다.

"장자가 찾아왔다 합니다. 틀림없이 당신을 밀어 낼 생각으로 왔을 것입니다."

이 말에 놀란 혜자는 사흘 낮 사흘 밤 동안 온 나라 안을 샅샅이 뒤져 장자를 찾게 했다.

그런 일이 있은 뒤 홀연히 혜자 앞에 모습을 나타낸 장자는 이렇게 말했다.

"남쪽 나라에 원추(鵷鶵 — 봉황새)라는 새가 있네. 어떤 새인지 아나. 남해에서 북해로 건너가는 멀고 먼 길에도 오동나무가 아니면 쉬지 않는다네. 연실(練實 — 대나무 열매)이 아니면 먹지 않고, 예천(醴泉 — 물맛이 단 샘)의 물이 아니면 마시지도 않는 새네. 그런데 썩은 쥐를 주운 솔개가 마침 머리 위로 지나가는 원추를 보고 모처럼 얻은 먹이를 빼앗길 것 같은 생각이 들어 힘찬 목소리로 원추를 위협했다고 하네. 그런데 자네 역시 이 솔개처럼 양나라라는 먹이를 나에게 빼앗기지 않으려고 나를 위협하겠다는 것인가?"

18. 至　樂

어리석은 일

天下有至樂, 無有哉, 有可以活身者, 無有哉, 今奚
爲奚據, 奚避奚處, 奚就奚去, 奚樂奚惡, 夫天下之所
尊者, 富貴壽善也, 所樂者, 身安, 厚味, 美服, 好色,
音聲也, 所下者, 貧賤夭惡也, 所苦者, 身不得安逸,
口不得厚味, 形不得美服, 目不得好色, 耳不得音聲,
若不得者, 則大憂以懼, 其爲形也亦愚哉.

【解釋】 천하에 지락이 있을까 혹은 없을까? 자신의 몸을 안전히 살
게 할 수 있을까 없을까? 지금 무엇을 해야 하고, 무엇에 의거하고,
무엇을 피하고, 무엇에 처하고, 무엇을 취하고, 무엇을 버리고, 무엇
을 즐기고, 무엇을 싫어해야 하는가? 무릇 천하가 존경하는 것은 부귀
수선이다. 즐기는 바는 몸을 안녕히 하고, 맛있게 먹고, 아름답게 입고,
좋은 색깔을 보고, 좋은 소리를 듣는 것이다. 천히 보는 것은 빈천과
일찍 죽는 것과 악한 병이다. 싫어하는 건 몸이 안일하지 않고, 입이 좋
은 맛을 얻지 못하고, 형체가 좋은 옷을 입지 못하고, 눈이 좋은 색을
보지 못하고, 귀가 좋은 소리를 듣지 못하는 것이다. 이런 것을 얻지
못하면 근심하여 우울해진다. 형체를 위하는 이런 것들은 어리석은 일
이다.

【解說】 천하에 지극히 즐거운 일이 있을까, 없을까. 자기 몸을 안전히 살리는 길이 있을까, 없을까. 그런 것이 있다고 하면 우리들은 무엇을 하고, 무엇에 의거하고, 무엇을 피하고, 무엇에 거처하며, 무엇에 따르고, 무엇을 멀리하며, 무엇을 즐기고, 무엇을 싫어할 것인가.

 무릇 천하에서 높이 치는 것은 부귀(富貴)와 수선(壽善)이며, 즐기는 것은 한 몸의 안락함과 맛있는 음식, 아름다운 의복과 좋은 빛깔과 듣기 좋은 음악이다. 또 천하게 여기는 것은 가난과 일찍 죽는 것과 맛난 음식을 먹지 못하며, 아름다운 옷을 입지 못하며, 좋은 빛깔을 보지 못하고, 좋은 소리를 듣지 못하는 것이다.

 그리하여 만일 그것들을 얻지 못할 때는 크게 걱정하고 두려워하게 마련이니, 이야말로 한 몸뚱이만 위하는 어리석은 짓이 아니겠는가.

莊子의 아내

莊子妻死, 惠子弔之, 莊子則方箕踞, 鼓盆而歌, 惠子曰, 與人居, 長子, 老, 身死, 不哭, 亦足矣, 又鼓盆而歌, 不亦甚乎, 莊子曰, 不然. 是其始死也, 我獨何能無槪然, 察其始而本無生, 非徒無生也, 而本無形. 非徒無形也, 而本無氣, 雜乎芒芴之間, 變而有氣, 氣變而有形, 形變而有生, 今又變而之死是相與爲春秋冬夏四時行也, 人且偃然寢於巨室, 而我噭噭然, 隨而哭之, 自以爲不通乎命, 故止也.

【解釋】 장자의 처가 죽자 혜자가 조상을 갔는데, 장자는 다리를 뻗고

앉아서 분을 두드리며 노래하고 있었다. 혜자가 말했다. "함께 더불어 살며 자식을 기르다가 늙어서 몸이 죽었는데, 곡하지 않는 것은 괜찮다 해도 분을 두드리며 노래를 하다니 심하지 않은가?" 장자가 대답했다. "그렇지 않아. 처음 죽었을 때는 나라고 해서 어찌 느낌이 없었겠는가? 아내의 처음과 본원을 살펴보니 생이 없었어. 생명이 없었을 뿐만 아니라 본래는 형체도 없었어. 형체가 없었을 뿐만 아니라 본래는 기도 없었어. 혼돈 사이에 섞여 있다가 변하여 기가 있게 되고, 기가 변하여 형이 생기고, 형이 변하여 생명이 생긴 것이네. 지금 또 춘추동하의 사시가 가는 것처럼 변하여 이처럼 죽었네. 지금 처가 큰 방에서 잠들려 하는데 내가 시끄럽게 곡을 한다면 내가 너무 천명에 불통한 것처럼 생각되네. 그래서 그친 것이네."

【解説】 장자의 아내가 죽었다. 혜자가 조상을 가서 본즉, 장자는 두 다리를 뻗치고 앉아 분(盆)을 두드리며 노래를 부르고 있었다. 혜자는 어이없어 하며 물었다.

"부인은 자네와 그래도 부부로 살았고, 자식을 길렀으며, 자네를 위해 늙지 않았는가. 그런 부인이 돌아가셨는데, 설사 곡을 하지 않는다는 건 그렇다 치고, 굳이 분을 두드리며 노래까지 한다는 것은 너무 심한 일이 아닌가."

장자가 대답했다.

"그렇지 않네. 처음에 아내가 죽었을 때는 나 역시 슬퍼했네. 그러나 그가 이 세상에 태어나기 이전을 곰곰이 따져 본즉, 생명이란 원래 없었네. 그리고 육체도 없었으며, 나아가서는 육체를 형성하는 음양의 두 기운조차 없었다네. 모든 것이 혼돈 속에 뒤섞여 있다가 변화를 얻어 기(氣)가 생겼고, 그 기가 변화해 형체를 이루었으며, 그 형체가 변화해서 생명이 생긴 것이네. 그리고 이제 다시 변화를 얻어 죽음으로 돌아간 것일세. 이것은 춘하추동이 되풀이 순환하는 거나 같은 이치일세. 지금 내 아내는 천지라는 거대한 방안에서 편히 잠자려 하는데 내가 굳이 시끄럽게 곡을 해댄다는 것은 도대체 천명을 모르는 소행일 걸세. 그래서 곡을 하지 않는 거네."

骸骨과의 對話

莊子之楚, 見空髑髏. 髐然有形. 撽以馬捶, 因而問之曰, 夫子貪生失理, 而爲此乎. 將子有亡國之事, 斧鉞之誅, 而爲此乎. 將子有不善之行, 愧遺父母妻子之醜, 而爲此乎. 將子有凍餒之患, 而爲此乎. 將子之春秋故及此乎. 於是語卒, 援髑髏枕而臥. 夜半, 髑髏見夢曰, 子之談者似辯士. 視子所言, 皆生人之累也, 死則無比矣. 子欲聞死之說乎. 莊子曰, 然. 髑髏曰, 死無君於上. 無臣於下, 亦無四時之事. 從然以天地爲春秋. 雖南面王, 樂不能過也. 莊子不信, 曰, 吾使司命, 復生子形, 爲子骨肉肌膚, 反子父母妻子閭里知識. 子欲之乎. 髑髏深矉蹙頞曰, 吾安能棄南面王樂, 而復爲人間之勞乎.

【解釋】 장자가 초나라로 가서 빈 촉루를 보았는데, 형태를 갖고 있었다. 그는 말채찍으로 치며 원인을 물었다. "그대는 삶을 탐하여 이치를 잃고 이렇게 되었는가. 아니면 망국의 일로 중형을 받아 이렇게 되었는가. 그것도 아니면 그대는 행실이 좋지 못해 부모 처자에게 누를 끼칠 것이 부끄러워 이렇게 되었는가. 혹은 춥고 배고픈 나머지 이렇

게 되었는가. 혹은 나이를 다하고 이렇게 되었는가." 그는 말을 마치자 해골을 당겨 베고 누우니 밤중에 해골이 꿈에 나타나 말했다. "그대가 말하는 것은 변사를 닮았다. 말하는 바를 보니 모두 산 사람의 누다. 죽으면 이런 것이 없다. 임자는 죽음의 이야기를 듣고 싶은가." 장자가 말했다. "그렇소." 해골이 말했다. "죽음에는 위로 임금이 없고, 아래로 신하가 없으며 또 사시의 변화도 없다. 으레 천지로써 춘추를 삼는다. 비록 남면한 왕의 즐거움인들 더 나을 수 없다." 장자가 믿지 않고 말했다. "내 사명으로 하여금 다시 그대의 얼굴과 뼈와 살과 피부를 만들어 그대의 부모 처자며 마을 친지들에게 돌려 준다면 그대 이를 원하겠소." 해골이 깊이 눈살을 찌푸리고 이마를 찡그리며 말했다. "내 어찌 능히 남면한 왕의 즐거움을 버리고 인간의 노고로 돌아가리오."

【解說】 장자가 초나라에 여행을 갔을 때의 일이다. 앙상한 해골 하나가 들판에 뒹굴고 있는 것을 보았다. 장자는 말에서 내려 들고 있던 채찍으로 이를 두들기며 말을 걸었다.

"이 무슨 꼴인가. 그대는 방탕한 짓을 하다가 이 꼴이 되었는가. 나라를 망치려다가 죄를 받아 목이 잘렸는가. 부모 처자에게 얼굴을 대하지 못할 짓을 하고 자살이라도 했단 말인가. 아니면 헐벗고 굶주린 끝에 이 꼴이 되었는가. 그것도 아니면 천수를 다하고서 이 꼴이 되었는가." 말을 마치자 장자는 해골을 끌어당겨 이를 베고 잠이 들었다.

한밤중에 해골의 본인이 나타나 말했다.

"그대도 제법 입을 놀리는군. 하지만 임자가 한 말은 모두 뜬 세상의 번거로운 이야기들뿐, 죽은 사람의 세계에는 그런 게 없지. 어때, 죽은 자의 세계에 흥미는 없는가?"

"제발 좀 들려 주구려."

"죽은 자의 세계에는 임금이니 신하니 하는 구별이 일체 없지. 과거도 미래도 없고, 하늘과 땅도 마찬가지로 영원한 세계지. 비록 이 세상의 왕이나 제후들의 생활인들 이 죽음의 세계처럼 즐기지는 못할걸."

장자는 해골의 말을 그대로는 믿지 않았다.

"내가 저승의 신(司命)에게 말해서 임자를 다시 옛날 그대로의 모습으로 되돌려 부모 처자와 친지들이 있는 곳으로 보내 줄 수 있는데, 그렇게 해볼 생각은 없소?"
그러자 해골은 얼굴을 찡그리며 이렇게 말했다.
"왕과 제후들도 미칠 수 없는 즐거움을 버리고 괴로움이 많은 인간 세상으로 되돌려 주겠다니, 그걸 말이라고 하는가."

19. 達　生

達　人

達生之情者,　不務生之所無以爲,　達命之情者,　不務
知之所無奈何.

【解釋】　생의 뜻에 통달한 사람은 생의 어찌할 수 없는 일에는 힘쓰지
아니한다.　명의 뜻에 통달한 사람은 지혜가 어찌할 수 없는 일에는 힘
쓰지 아니한다.

【解說】　생명의 진실을 밝게 꿰뚫은 사람은 생명의 본질로써　어떻게
할 수도 없는 일에는 처음부터 체념하고 노력을 기울이려　하지도 않는
다.
　천명의 진실을 환히 꿰뚫은 사람은 사람의 지혜로써 어떻게　할 수도
없는 일에는 처음부터 알려고 하지도 않는다.

매미잡이 꼽추의 祕訣

仲尼適楚, 出於林中, 見痀僂者承蜩, 猶掇之也, 仲
尼曰, 子巧乎, 有道邪, 曰, 我有道也, 五六月, 累丸
二而不墜, 則失者錙銖, 累三而不墜, 則失者十一, 累
五而不墜, 猶掇之也, 吾處身也, 若厥株拘, 吾執臂也,
若槁木之枝, 雖天地之大, 萬物之多, 而唯蜩翼之知,
吾不反不側, 不以萬物易蜩之翼, 何爲而不得, 孔子顧
謂弟子曰, 用志不分, 乃凝於神, 其痀僂丈人之謂乎.

【解釋】 중니가 초나라에 가다가 숲속에서 꼽추가 떨어진 물건을 줍듯
이 매미를 잡는 것을 보았다. 공자가 물었다. "참 기묘하구려. 비결이
라도 있소?" "나는 도가 있소. 오뉴월에 장대 끝에다가 흙덩이를 두
개 포개어서 그것이 떨어지지 않으면 잃는 것이 적게 됩니다. 세 개 포
개어 떨어지지 않으면 잃는 것이 열에 하나고, 다섯 개 포개어도 떨어
지지 않으면 땅의 것을 줍듯이 잡을 수 있습니다. 내 몸을 놀리는 것이
마치 고목 등걸 같고 내 팔을 뻗는 것이 마치 고목 가지 같아져서 비록
천지가 크고 만물이 많다 해도 오직 매미 날개만을 알게 되니 몸을 돌
리거나 솟구칠 필요도 없소. 매미 날개를 만물로도 바꾸지 않으니, 어
떻게 한들 잡지 못하겠소?" 공자가 제자를 돌아보고 말했다. "뜻을 흩
지 않고 정신을 응결시킨다는 말이 있지 않느냐? 이 꼽추 노인을 두고

이른 말일 것이다."

【解説】　공자(孔子—仲尼)가 초(楚)나라로 가는 길에 한 꼽추가 숲속에서 매미를 잡는 것을 보게 되었다. 그 사람은 마치 땅에 떨어진 물건을 줍듯이 아주 수월하게 매미를 잡는 것이었다.

"참 잘도 잡는구려. 무슨 비결이라도 있소?"

공자가 탄복해 꼽추에게 말을 걸었다.

"물론 비결이 있죠. 오뉴월에 장대를 세우고, 그 위에 둥그런 흙덩이 두 개를 포개 놓고 그것이 떨어지지 않도록 연습을 하면 됩니다. 세 개를 포개 놓고도 떨어뜨리지 않으면 열 마리 중에서 한 마리 정도를 놓칠 뿐이며, 다섯 개를 놓고도 그러하면 땅에 있는 것을 줍듯이 수월하게 매미를 잡을 수 있습니다. 그 정도에 이르면 몸놀림은 마치 고목 등걸 같아지고, 팔을 뻗쳐도 고목 가지와 같아지는 무심한 경지입니다. 광대한 천지, 다양한 만물도 눈에 들어오지 않은 채 오직 매미만이 내 마음을 차지하게 됩니다. 몸을 뒤치거나 솟구칠 필요도 없습니다. 만물과도 바꾸지 않는 매미이거늘 어떻게 한들 안될 것이 있겠소."

공자는 제자들을 돌아보고 말했다.

"뜻을 분산시키지 않고 정신을 집중한다는 말이 있잖느냐. 바로 이 꼽추 노인을 두고 하는 말일 게다."

單豹와 張毅

魯有單豹者,　巖居而水飮,　不與民共利,　行年七十,　而猶有嬰兒之色,　不幸遇餓虎,　餓虎殺而食之, 有張毅

者, 高門懸薄, 無不走也, 行年四十, 而有內熱之病以
死, 豹養其內, 而虎食其外, 穀養其外, 而病攻其內,
此二子者, 皆不鞭其後者也.

【解釋】 노나라에 선표란 자가 있었는데, 바위 틈에 살면서 물을 마시
고 사람과 더불어 이를 꾀하지 않으니 나이 일흔에 갓난아기의 얼굴색
과 같았다. 불행히도 굶주린 호랑이를 만나 잡아먹혔다. 장의란 자가
있어 큰 집이건 작은 집이건 가리지 않고 뛰어다녔으나 나이 마흔에 열
병으로 죽었다. 표는 그 안을 길렀으나 호랑이가 그 밖을 먹어 버렸고,
의는 그 밖을 길렀으나 병이 그 안을 공격하였다. 이 두 사람은 모두
그 뒤지는 것을 채찍질하지 않은 자들이다.

【解說】 노(魯)나라에 선표(單豹)라는 자가 있었다. 바위굴에 숨어
물이나 마시며 살면서 세속의 이익을 꾀하지 않았다. 그래서인지 나이
일흔이 되어서도 얼굴빛이 어린애와 같았다. 그러나 불쌍히도 굶주린
호랑이를 만나 잡하먹히고 말았다. 또 장의(張毅)라는 자가 있었다. 그
는 부잣집이건 가난뱅이 집이건 가리지 않고 분주히 다니면서 이익을
꾀했다. 그러나 나이 마흔이 되어 열병을 앓다가 죽었다.
 선표는 그 속마음을 잘 길렀으나 호랑이에게 그 바깥쪽 육체를 먹혀
버렸고, 장의는 바깥쪽 행실을 잘 닦았으나 안에서 병이 생긴 것이다.
둘 다 그 모자라는 쪽을 채찍질하지 못했기에 목숨을 잃은 것이다.

돼지와 自己

祝宗人元端以臨牢筴, 說彘曰, 汝奚惡死, 吾將三月

> 犧汝, 十日戒, 三日齊, 藉白茅, 加汝肩尻乎彫俎之上,
> 則汝爲之乎, 爲彘謀曰, 不如食以糠糟, 而錯之牢筴之
> 中, 自爲謀, 則苟生有軒冕之尊, 死得於豚楯之上, 聚
> 僂之中, 則爲之, 爲彘謀則去之, 自爲謀則取之, 所異
> 彘者何也.

【解釋】 축종인이 의관을 갖추고 돼지 우리에 가서 돼지에게 말했다. "너는 어찌 죽기를 싫어하느냐? 석 달이나 네게 맛있는 것을 주고, 열흘은 재계하고, 사흘을 삼갔다. 흰 띠풀로 엮은 자릴 깔고 조각된 도마 위에 너의 어깨와 꽁무니를 올려 제사지내려니 너는 어떠냐?" 돼지를 위해서는 누구나 말할 것이다. "강조를 먹고 우리 속에서 사는 것만 못하다." 그러나 자신을 위해서는 누구나 살아서 고귀하게 되고 죽어서 아름답게 장식된 좋은 영구차에 올려진다면 생을 희생할 것이다. 돼지를 위해서는 버리고, 자기를 위해서는 취하니, 돼지와 다를 바가 무엇이냐?

【解説】 축종인(祝宗人―祭祝官)이 제복(祭服)을 입고 돼지막에 나아가 돼지에게 말했다.

"너는 무엇 때문에 죽기를 싫어하는가? 나는 너를 위해 석 달이나 맛있는 음식을 주었고, 또 이제는 열흘이나 내 몸을 깨끗이 하고 사흘이나 몸을 삼갔다. 이제 흰 띠풀로 엮은 자리를 깔고, 너를 잡아 무늬있는 제기(祭器) 위에 차려놓고 신에게 제사지내려 한다. 너는 어떻게 생각하느냐."

누구라도 이런 돼지를 생각할 때는 겨나 술지게미를 먹고 좁은 울 속에 살지언정 오래 사는 편이 낫다고 생각하기 마련이다. 그러나 자기 자신을 놓고 생각할 경우에는 만일 살아서 고귀한 자리에 오르고 죽어서는 훌륭한 관과 영구차에 뉘어 성대히 묻힐 수 있다면 목숨 따위는 얼마든지 희생하려 든다. 돼지를 위해서는 목숨의 희생을 반대하면서도 자기를 위해서는 그것을 찬성하는 것이다. 이런 차이는 무엇 때문일까.

鬪 鷄

紀渻子爲王養鬪雞. 十日而問, 雞已乎. 曰未也. 方
虛憍而恃氣. 十日又問, 曰未也. 猶應嚮景. 十日又問,
曰未也. 猶疾視而盛氣. 十日又問, 曰幾矣. 雞雖有鳴
者已無變矣. 望之似木雞矣. 其德全矣. 異雞無敢應者,
反走矣.

【解釋】 기성자가 왕을 위해 투계를 길렀다. 열흘이 지나자 물었다.
"닭은 쓸 만한가." 기성자는 말했다. "아직 멀었습니다. 바야흐로 헛
교만을 부리며 기운을 믿습니다." 열흘 만에 또 묻자 대답했다. "아직
멀었습니다. 오히려 소리와 그림자에 응합니다." 열흘 만에 또 묻자 대
답했다. "아직 멀었습니다. 오히려 질시하며 기운을 돋웁니다." 열흘
후에 다시 묻자 대답했다. "어지간합니다. 비록 우는 닭이 있어도 변
함이 없습니다. 바라보면 나무로 만든 닭과 같은즉 이는 그 덕이 온전
하기 때문입니다. 다른 닭이 감히 덤비지 못하고 달아납니다."

【解説】 기성자(紀渻子)는 투계를 기르기로 유명한 사람이었다. 왕이
그에게 투계 한 마리를 훈련시키라고 명령하였다.
　열흘쯤 지나 왕이 경과를 물었다.
　"어떤가. 어느 정도 쓸 만하게 되었겠지."
　그러자 기성자는 이렇게 대답했다.
　"아직 멀었습니다. 지금은 덮어놓고 살기를 띠면서 줄곧 적을 찾기만

합니다."

 그로부터 열흘이 지나자 왕이 또 물었다.

 "아직 멀었습니다. 다른 닭의 울음소리를 듣거나 근처에 닭이 있다는 기척만 느껴도 곧 싸울 기세가 등등해집니다."

 또 열흘이 지나서 왕이 묻자

 "아직 멀었습니다. 다른 닭의 모습을 보면 노려보며 성을 냅니다."

 다시 열흘이 지나 왕이 묻자 이번에는 이렇게 대답했다.

 "이젠 됐습니다. 옆에 다른 닭이 아무리 울며 싸움을 걸어와도 전혀 움직이는 기색조차 없이 마치 나무로 만든 닭처럼 보입니다. 이야말로 덕이 차 있는 증거입니다. 이렇게 되면 더할 것이 없습니다. 그 어떤 닭도 당해 내지 못할 것입니다. 그 모습만 보아도 달아나고 말 것입니다."

木手의 祕訣

梓慶削木爲鐻. 鐻成. 見者驚猶鬼神. 魯侯見而問焉, 曰,
子何術以爲焉. 對曰, 臣工人, 何術之有. 雖然有一焉.
臣將爲鐻, 未嘗敢以耗氣也. 必齊以靜心. 齊三日, 而
不敢懷慶賞爵祿. 齊五日, 不敢懷非譽巧拙. 齊七日,
輒然忘吾有四枝形體也. 當是時也, 無公朝. 其巧專而
外骨消. 然後入山林. 觀天性, 形軀至矣. 然後成見鐻,

然後加手焉. 不然則已, 則以天合天. 器之所以疑神者,
其是與.

【解釋】 재경이 나무를 깎아 거를 만들었다. 다 된 거를 보고 사람들은 놀라 귀신 같다고 하였다. 노왕이 보고 물었다. "그대는 무슨 재주로 만드는가." 재경이 대답했다. "신은 공인인데 무슨 재주가 있겠습니까. 그러나 한 가지는 있습니다. 신이 바야흐로 거를 만들려고 하면 미리 감히 기운을 소모하지 않습니다. 반드시 재계하여 마음을 고요히 합니다. 사흘 동안 재계하면 감히 경상작록을 품지 않고, 닷새 동안 재계하면 감히 비난이나 칭찬, 잘되고 못됨을 생각지 않습니다. 이레 동안 재계하면 문득 저의 사지와 형체를 잊게 됩니다. 이에는 공조도 없어지고, 순수한 공교로움으로써 외형적인 기교도 사라지게 합니다. 그런 뒤에 산 속으로 들어갑니다. 나무 질이나 생긴 모양을 보아 고르기에 이릅니다. 그런 뒤에 마음에 거를 그려보고, 비로소 손을 대게 됩니다. 그렇지 못하면 그만둡니다. 곧 하늘과 하늘이 합치는 것이니, 이때문에 신이 만든 걸로 의심합니다."

【解説】 노(魯)나라의 이름난 목수 재경(梓慶)이 나무를 깎아 거(鐻 ─樂器의 이름)를 만들었다. 어찌나 잘 만들어졌던지 보는 사람마다 크게 놀라서, 이는 반드시 귀신의 재주라고 혀를 내둘렀다. 노나라 임금도 이를 보고 감복한 나머지 재경을 불러 물었다.

"그대에게 숨은 재주라도 있는가?"

그러자 재경은 이렇게 대답했다.

"목수인 제게 무슨 숨은 재주가 있겠습니까. 그러나 제 나름대로 만드는 방법이 있습니다. 거를 만들 때는 절대로 잡념을 품지 않습니다. 먼저 재계(齊戒)하여 마음을 가라앉힙니다. 사흘을 계속하면 이욕(利欲)을 잊고, 닷새를 계속하면 세상의 평판에 마음을 쓰지 않게 되어 잘 만들어 보리라는 생각마저 잊게 되고 맙니다. 이윽고 이레째가 되면 갑자기 자신을 잊는 경지에 들어갑니다. 그렇게 되면 전혀 무심 상태여서 나라의 위엄마저 잊고 맙니다. 이 경지에 도달한 다음에야 비로소 산으로 가서 재목을 찾게 됩니다. 재목은 나무 성질이나 생긴 모양이 거를 만들기에 적당한 것을 고릅니다. 나무가 정해지면 마음속에 만들려는 모양을 거의 그려보고 그 나무에 꼭 들어맞는지 어떤지를 정한 다음 제작에 착수합니다. 만일 마음에 맞는 나무가 없으면 거를 만들지 않습니다. 결국 나무의 천성과 제 천성이 하나가 된 다음에야 비로소 거가 만들어지는 것입니다. 귀신이 한 일이라고 사람들로부터 칭찬을 받는 것도 그 때문일 것입니다."

20. 山　木

巨木과 울지 못하는 거위

莊子行於山中，見大木技葉盛茂，伐木者止其旁而不取也，問其故，曰，無所可用，莊子曰，此木以不材得終其天年，夫子出於山，舍於故人之家，故人喜，命豎子殺雁而烹之，豎子請曰，其一能鳴，其一不能鳴，請奚殺，主人曰，殺不能鳴者．

【解釋】 장자가 산속을 지나다 가지와 잎이 무성한 거목을 봤다. 나무꾼이 그 옆에 선 채 베지 않았다. 그 이유를 묻자 "쓸 데가 없소."라고 대답했다. 장자가 말했다. "이 나무는 재목이 안 되므로 그 천수를 다할 수 있었다." 장자가 산에서 나와 옛친구의 집에 묵었다. 친구가 반가와 하인에게 거위를 잡아 삶으라고 명했다. 하인이 물었다. "하나는 잘 울고, 하나는 울지를 못하는데, 어느 것을 죽일까요?" 주인이 대답하였다. "울지 못하는 것을 죽여라."

【解説】 장자가 어느 산속을 지나다가 가지와 잎이 무성한 큰 나무를 하나 보았다.

　그런데 나무꾼은 그 옆에 서 있으면서도 그것을 베려 하지 않았다. 이유를 물었더니 '쓸모가 없기 때문.'이라는 대답이었다.

장자는 느끼는 바가 있어서 중얼거렸다.

"이 나무는 쓸모가 없는 탓으로 타고난 수명을 다할 수 있구나."

장자는 산을 내려오자 옛친구의 집에서 묵게 되었다.

친구는 반가운 나머지 하인에게 거위를 잡아 삶으라고 했다.

이에 하인이 물었다.

"하나는 잘 울고, 하나는 잘 울지 못하는데, 어느 놈을 잡을까요?"

그러자 주인이 말했다.

"울지 못하는 놈을 잡아라."

千金과 갓난아기

假人之亡與, 林回棄千金之璧, 負赤子而趨, 或曰,
爲其布與, 赤子之布寡矣, 爲其累與, 赤子之累多矣,
棄千金之璧, 負赤子而趨, 何也, 林回曰, 彼以利合,
此以天屬也.

【解釋】 가인이 도망을 칠 때다. 임회라는 자는 천금의 구슬을 버린
채 갓난아기를 업고 도망쳤다. 누군가가 물었다. "그 값을 따져도 갓난
아기가 적고, 그 누를 따진다면 갓난아기가 더 많소. 굳이 천금의 구
슬을 버리고 갓난아기를 업고 도망친 것은 무엇 때문이오?" 임회가 대

답했다. "보배는 이익으로 맺은 것이고, 갓난아기는 천명으로 이어진
것이오."

【解說】　가(假)나라 사람이 도망칠 때의 이야기다.　임회(林回)라는 자
는 천금의 보배를 내버려둔 채 갓난아기만 업고 도망쳤다. 그것을 본
누군가가 물었다.
"값을 치더라도 천금 쪽이 낫고, 편리하기도 천금 쪽이다. 그런데 굳
이 천금을 버리고 갓난아기를 업고 왔는가?"
　그러자 임회는 이렇게 대답했다.
"천금은 나와 이익으로 맺어져 있지만, 이 애는 나와 운명으로 맺어
져 있다."

쫓는 자는 쫓긴다

莊周遊乎雕陵之樊. 覩一異鵲, 自南方來者. 翼廣七
尺, 目大運寸. 感周之顙而集於栗林. 莊周曰, 此何鳥
哉, 翼殷不逝, 目大不覩. 蹇裳躩步, 執彈而留之. 覩
一蟬, 方得美蔭, 而忘其身, 螳蜋執翳而搏之, 見得而
忘其形, 異鵲從而利之. 見利而忘其眞. 莊周怵然曰,
噫, 物固相累, 二類相召也. 捐彈而反走. 虞人逐而誶
之. 莊周反入, 三月不庭. 藺且從而問之, 夫子何爲頃
間甚不庭乎. 莊周曰, 吾守形而忘身, 觀於濁水而迷於

淸淵. 且吾聞諸夫子曰, 入其俗, 從其俗. 今吾遊於雕
陵而忘吾身, 異鵲感吾顙, 遊於栗林而忘眞. 栗林虞人,
以吾爲戮. 吾所以不庭也.

【解釋】 장주가 조릉의 울타리에서 놀고 있었다. 이상한 까치 한 마리가 남쪽에서 날아오는 것을 보았다. 날개 폭이 일곱 자에다 눈의 크기가 한 치나 되는 새였다. 장주의 이마를 스치고 밤나무 숲에 앉았다. 장주가 말했다. "이 무슨 새냐. 날개가 커도 지나가지 못하고 눈이 커도 보지 못하니." 옷자락을 걷고 걸음을 빨리하여 이를 맞히려 했다. 자세히 보니, 바야흐로 아름다운 그늘 속에서 그 몸을 잊고 있는 매미 한 마리가 있고, 버마재비는 앞 발을 들어 그것을 치려 한다. 얻을 것만 생각하고 그 형체를 잊고 있다. 이상한 까치는 그를 쫓느라고 참(몸)을 잊고 있었던 것이다. 장주가 두려워하며 말했다. "아아, 만물은 본디 서로 괴롭히고, 두 종류는 서로 부르는구나." 탄자를 버리고 돌아나왔다. 숲지기가 쫓아와 꾸짖었다. 장주는 석 달 동안 뜰에 나오지 않았다. 인저가 따라와 물었다. "스승님은 요즈음 무엇 때문에 통 뜰에도 나오지 않으십니까." 장주가 대답했다. "나는 형을 지키느라 몸을 잊었고, 흐린 물을 보느라 맑은 못을 잊었다. 또 내가 선생에게 듣기로는 '세속에 들어가면 그 세속을 좇으라.'고 하셨는데, 이제 내가 조릉에 놀며 내 몸을 잊고 이상한 까치가 내 이마를 스치는지라 밤나무 숲에 놀며 참을 잊으니 밤나무 숲지기는 나를 죄인 취급했었다. 이것이 내가 뜰에 나가지 않는 까닭이다."

【解說】 장자가 조릉(雕陵)에서 사냥을 즐기고 있노라니, 남쪽에서 이상한 까치가 날아왔다. 날개는 일곱 자나 되고, 눈은 한 치나 되는 큰 까치다. 그놈이 장자의 이마를 살짝 스치고 날아가서 가까운 밤나무 숲에 앉았다.

"이상한 새다. 큰 날개를 가지고 있는 주제에 잘 날지를 못하며, 큰 눈을 가지고 있으면서 마치 눈뜬 장님 같지 않은가."

상자는 이렇게 중얼거리면서 소매를 걷어붙이고 재빨리 밤나무 숲속으로 들어가 까치에게 화살을 겨누었다.

그런데 자세히 바라보니 까치는 나무에 붙어 있는 버마재비를 노리고 있었다. 그 버마재비는 또 시원한 나무 그늘에서 신나게 울고 있는 매미를 노리고 있지 않겠는가. 버마재비도 까치도 먹이에 마음을 앗긴 나머지 자기 몸이 위험에 빠져 있는 것도 모르고 있었다. 장자는 두려운 생각이 들었다.

"먹이를 노리는 것이 또 먹이가 된단 말인가. 이익을 좇는 자는 해를 부른다. 위험하기 짝이 없구나."

상자는 활과 화살을 버리고 급히 밤나무 숲을 빠져 나왔다. 그러나 뒤쫓아온 밤나무 숲지기에게 붙잡혀 밤도둑이라고 실컷 욕설을 들었다.

그 뒤 장자는 석 달 동안 방에 틀어박혀 뜰에도 나오지 않았다. 제자인 인저(藺且)가 이상히 여겨 그 까닭을 물었다.

"대관절 어찌된 일입니까. 요즘은 뜰에도 나오지 않으시니 말입니다."

상자는 이렇게 대답했다.

"나는 외계의 사물에 마음을 뺏겨 자기 자신의 우매함을 모르고 있었다. 흐린 물에 마음을 앗겨 맑은 못에 몸을 비춰 보는 것을 잊고 있었나. '세속에 살고 있는 한 세속의 규칙에 따르라.'는 교훈이 있다. 그런데 석 달 전에 조릉에서 놀 때 이마를 스치고 날아간 큰 까치에게 정신이 팔려 금령도 미처 생각지 못하고 밤나무 숲속으로 들어가지 않았겠나. 그 때문에 숲지기에게 엉뚱한 의심을 받아 욕을 보았던 것이다. 그런 자신이 부끄러워 이렇게 틀어박혀 있는 것이다."

미움받은 美女

陽子之宋, 宿於逆旅. 逆旅有妾二人. 其一人美, 其

一人惡. 惡者貴而美者賤. 陽子問其故. 逆旅小子對曰,
其美者自美, 吾不知其美也. 其惡者自惡, 吾不知其惡
也. 陽子曰, 弟子記之. 行賢而去自賢之行, 安往而不
愛哉.

【解釋】 양자가 송나라로 가서 여관에 묵었다. 여관 주인에게 첩이 둘 있었다. 그 하나는 아름답고 다른 하나는 못났는데, 못난 여자를 귀여워하고, 아름다운 여자는 천하게 여겼다. 양자가 그 까닭을 물으니 여관 주인이 대답했다. "아름다운 쪽은 스스로 아름답다 하니 내가 그 아름다움을 알지 못하고, 못난 쪽은 스스로 못났다 하니 그 못남을 알지 못합니다." 양자가 말했다. "제자들아, 기억하라. 행실이 어질어도 스스로 행실이 어질다고 내세우지 않으면 어디 간들 사랑을 받지 않겠느냐."

【解説】 양자(陽子─楊朱)가 송(宋)나라를 여행할 때 어느 여인숙에 묵었다.

여인숙 주인에게 첩이 둘 있었는데, 한 여자는 눈이 번쩍 뜨일 정도로 아름다웠고, 또 한 여자는 보기 딱할 정도로 밉게 생겼다.

그런데 무슨 까닭인지 여인숙 주인은 못난 여자 쪽을 더 귀여워하고 있었다. 이상히 여긴 양자가 그 연유를 물은즉 그는 이렇게 말했다.

"어여쁜 여자는 얼굴이 예쁜 것만 믿고서 설치는 통에 점점 보기가 싫어졌지만, 못난 여자는 그 못난 것을 부족하게 여겨 모든 일에 겸손하고 조심을 하기 때문에 그 마음가짐이 귀여워서 못난 것을 잊게 되었죠."

이 말을 들은 양자는 제자에게 이렇게 말했다.

"잘 알아 두어라. 훌륭한 일을 하고도 스스로 뽐내는 일이 없는 그런 사람이라면 누구나 만백성에게 사랑을 받지 않을 리가 없다."

21. 田子方

田子方의 스승

田子方侍坐於魏文侯, 數稱谿工, 文侯曰, 谿工子之師邪, 子方曰, 非也, 無擇之里人也, 稱道數當, 故無擇稱之, 文侯曰, 然則子無師邪, 子方曰, 有, 曰, 子之師誰邪, 子方曰, 東郭順子, 文侯曰, 然則夫子何故未嘗稱之, 子方曰, 其爲人也眞, 人貌而天虛, 緣而葆眞, 清而容物, 物無道, 正容以悟之, 使人之意也消, 無擇何足以稱之, 子方出, 文侯儻然, 終日不言, 召前立臣, 而語之曰, 遠矣, 全德之君子, 始吾以聖知之言, 仁義之行, 爲至矣, 吾聞子方之師, 吾形解而不欲動, 口鉗而不欲言, 吾所學者, 直土梗耳, 夫魏眞爲我累耳.

【解釋】 전자방이 위문후를 모시고서 여러 번 계공을 칭찬하였다. 문후가 물었다. "계공은 선생의 스승이오?" 자방이 대답하였다. "아닙니다. 저희 마을 사람입니다. 도를 자주 말하지요. 그래 무택이 칭송하는 것입니다." 문후가 물었다. "그러면 선생은 스승이 없소?" 자방이 대답했다. "있습니다." "선생의 스승은 누구요?" 자방이 말했다. "동

곽순자입니다.” 문후가 물었다. “그러면 선생은 왜 아직까지 그를 칭찬하지 않았소?” 자방이 대답했다. “그 사람됨이 진실하여 사람의 모양을 하였으나 천심을 가지고 있습니다. 마음을 비우고 천진을 보전하여 만물을 안고 있습니다. 무도한 것에는 바른 얼굴로 뉘우치게 하고, 사람으로 하여금 나쁜 것을 없앱니다. 무택이 어찌 그를 족히 칭찬할 수 있겠습니까?” 자방이 나가자 문후는 멍하니 종일토록 말하지 않았다. 앞에 서 있는 신하들을 불러 이윽고 말했다. “멀도다, 완전한 덕의 군자와는. 처음 나는 성인이나 지자의 말과 인의의 행동을 지극한 것으로 알았다. 그런데 자방의 스승 이야기를 들으니 내 형체가 풀어져 움직일 마음이 일지 않고, 입은 닫혀져 말하고 싶은 마음이 없어졌다. 내가 배운 것은 바로 토우와 같은 것이었다. 위나라도 나에게는 누가 될 뿐이다.”

【解説】 전자방*(田子方)이 위문후(魏文侯)를 모시고 앉은 자리에서 자주 계공(谿工)을 칭찬했다.

그래서 위문후가 물었다.

“계공은 선생의 스승이오?”

“아닙니다. 저와 한 마을 사람인데, 자주 도에 합당한 말을 하므로 제가 자주 말씀드리는 것입니다.”

“그러면 선생에게도 스승이 계시오?”

“네, 있습니다.”

“선생의 스승은 누구시오?”

“동곽순자(東郭順子)라 합니다.”

“그런데 선생은 왜 한번도 그분 이야기를 꺼내지 않으시오?”

“그분의 사람됨은 진실 그 자체입니다. 비록 외모는 사람과 같다지만, 정신은 자연과 일체가 되어 있습니다. 자연에 순응하여 진실을 보존하고, 밝은 마음으로 만물을 포용하고 있습니다. 무도한 사람에게는 엄격한 태도를 취해 그 잘못을 깨닫게 하고, 악인에 대해서는 그 사악한 마음을 없애 줍니다. 그러니 그런 분을 제가 어찌 다 말씀드릴 수 있겠습니까?”

자방이 물러간 뒤에 문후는 멍하니 앉아서 온종일 침묵을 지켰다. 이윽고 시립한 신하에게 이렇게 말했다.

"나 같은 것은 거리가 멀구나. 덕을 완전히 갖춘 군자라니……. 처음에 나는 성인이나 지자의 말과, 인의의 행동을 최고의 것으로 알고 있었다. 그러나 지금 자방의 스승 이야기를 듣고 보니 온몸이 나른해져서 꼼짝할 수도 없고, 입은 닫혀져 말하기도 귀찮아졌다. 생각건대 내가 배운 것이란 토우(土偶―진흙으로 만든 인형)와 같은 게 아닐까. 나는 이제서야 이 나라 같은 것은 내게 번거로운 방해물밖에 안 된다는 것을 깨닫게 되었다."

〔註釋〕 *田子方 魏文侯의 스승으로 │ 이름은 無擇.

道家와 儒家

溫伯雪子適齊, 舍於魯. 魯人有請見之者. 溫伯雪子曰, 不可. 吾聞中國之君子, 明乎禮義, 而陋於知人心. 吾不欲見也.

至於齊, 反舍於魯. 是人也又請見. 溫伯雪子曰, 往也蘄見我, 今也又蘄見我. 是必有以振我也. 出而見客, 入而歎. 明日見客, 又入而歎. 其僕曰, 每見之客也, 必入而歎, 何邪. 曰, 吾固告子矣, 中國之民, 明乎禮義, 而陋乎知人心. 昔之見我者, 進退一成規, 一成矩,從容一若龍, 一若虎. 其諫我也似子, 其道我也似父.
是以歎也.
　仲尼見之而不言. 子路曰, 吾子欲見溫伯雪子久矣.
見之而不言, 何邪. 仲尼曰, 若夫人者, 目擊而道存矣.
亦不可以容聲矣.

解釋】 온백설자가 제나라로 가다 노나라에서 묵었다. 노나라 사람으
로 보기를 청하는 자가 있었다. 온백설자가 말했다. “안 된다. 내 들으
니 중국의 군자는 예의에는 밝으나 사람의 마음을 아는 데는 어둡다고
하다. 나는 보기를 원하지 않는다.”
제나라에 갔다가 돌아와 노나라에서 묵었다. 이 사람이 또 보기를 청
하다. 온백설자가 말했다. “먼젓번에도 나를 보기를 청하고, 이제 또
나를 보기를 청하니, 이는 반드시 나를 깨우치려 함이리라.” 나가 손을
보고 들어와 탄식했다. 그 이튿날도 손을 보고 와 또 탄식했다. 심부름
꾼이 물었다. “손을 보고 올 때마다 반드시 탄식함은 어쩐 일이옵니까.”
그는 말했다. “내 본래 그대에게 말하지 않던가. 중국의 백성은 예의
에는 밝으나 사람의 마음을 아는 데는 어둡다고. 아까 나를 본 사람은
나아오고 물러감이 하나는 규를 이르고 하나는 구를 이루어 종용함이
한편으로는 용과 같았고, 한편으로는 범 같았다. 나를 간하는 것은 자
식과 같고, 나를 타이르는 것은 아비와 같았다. 그래서 탄식하였다.”
그를 만나본 중니는 말이 없었다. 자로가 물었다. “스승께서는 온백
설자를 보고자 하신 지 오래인데, 보고도 말하지 않으심은 어째서입니
까.” 중니가 말했다. “그와 같은 사람은 눈으로 보아도 도가 있었다. 역
시 말로써 어떻다고 할 수가 없구나.”

解説】 온백설자(溫伯雪子—雪子는 字)가 제나라로 여행가던 도중
노나라 서울에서 묵게 되었다.
그러자 그 소문을 듣고 재빨리 만나기를 청해 온 사람이 있었다. 그러

나 온백설자는 이를 받아들이려 하지 않았다.

"나는 거절하겠다. 이 지방의 선생들은 도덕이니 예법이니 하는 것에 대해서는 몹시 자상하나 사람의 마음에 관해서는 전혀 둔감하다 하니, 그런 자들은 만나고 싶지 않다."

그리고 제나라에서 돌아오는 도중 다시 노나라 서울에서 묵게 되었는데, 앞서 찾아왔던 자가 또 만나기를 청했다.

"한 번 거절을 당하고도 거듭 만나고 싶어하는 것을 보니, 끝까지 나를 깨우쳐 줄 생각인 모양이다."

이렇게 말한 온백설자는 딴 방으로 그를 불러들여 만났다.

그를 보내고 돌아온 온백설자는 크게 한숨을 내쉬었다.

이튿날 그를 다시 만난 뒤에도 여전히 한숨만 쉴 뿐이었다.

그 모습을 보고 심부름하는 사람이 물었다.

"그분만 만나면 으레 한숨을 내쉬시니 어찌된 일입니까?"

"음, 앞서도 말하였듯이 이 지방 사람들은 도덕이니 예절이니 하는 것에만 까다로울 뿐, 사람의 심리 같은 것은 전혀 느끼지 못한다. 아까 그자 역시 행동거지는 한 치도 어긋남이 없이 훌륭했다. 풍채도 당당해서 임금을 능가할 만한 위엄을 갖추고 있었다. 그리고 마치 어버이가 자식을 대하듯 간절하고 정답게 나를 타일러 주었기에 자연 한숨이 나올 수밖에 없었다.

그런데 온백설자를 만난 사람은 바로 공자(孔子)였다. 공자는 집으로 돌아오자 한 마디의 말도 하려 하지 않았다. 이 모양을 보고 이상하게 여긴 자로(子路)가 물었다.

"스승님께서는 온백설자를 그토록 만나 보고 싶어하셨으면서 그 원을 푼 이제 아무 말씀도 없으니 어찌된 일입니까?"

"그는 듣던 것보다 뛰어난 인물이었다. 한번 보기만 해도 전체가 〈도〉 그 자체임을 느낄 수 있었다. 도저히 말로는 그를 설명할 수가 없구나."

魯나라에 儒生은 몇인가

莊子見魯哀公. 哀公曰, 魯多儒士, 少爲先生方者.
莊子曰, 魯少儒. 哀公曰, 擧魯國而儒服, 何謂少乎.
莊子曰, 周聞之, 儒者冠圜冠者, 知天時, 履句屨者,
知地形, 緩佩玦者, 事至而斷. 君子有其道者, 未必爲
其服也. 爲其服者, 未必知其道也. 公固以爲不然, 何
不號於國中曰, 無此道而爲此服者, 其罪死. 於是哀公
號之五日, 而魯國無敢儒服者. 獨有一丈夫, 儒服而立
乎公門. 公卽召而問以國事. 千轉萬變而不窮. 莊子曰,
以魯國而儒者一人耳. 可謂多乎.

【解釋】 장자가 노애공을 만나니 애공이 말했다. “노나라에는 유생이
많아 선생의 도를 배울 사람이 적겠소.”장자가 말했다. “노나라에는 유
생이 적습니다.”애공이 물었다. “노나라 어디에서나 유복을 입는데,
어찌 적다 하오.”장자가 말했다. “나는 〈유생이 둥근 관을 쓰는 것은
천시를 앎이오, 모난 신을 신는 것은 땅의 모양을 앎이요, 느슨히 결을
차는 것은 일이 닥치면 결단을 내림.〉이라고 들었습니다. 도가 있는 군
자라고 해서 반드시 그 옷을 입는 것이 아니고, 그 옷을 입은 자라 해
서 반드시 그 도를 아는 것은 아닙니다. 임금께서 진실로 그렇지 않다
고 생각하신다면 나라 안에 〈그 도가 없으면서도 유복을 입은 자는 그
죄로 죽는다.〉는 호령을 어찌 내리지 않습니까.” 이에 애공이 호령을

내리자 닷새만에 노나라에는 감히 유복을 입는 사람이 없었으나 오직 한 사나이가 유복 차림으로 공문에 서 있었다. 애공이 곧 불러들여 나랏일을 물으니 천전만변하여 궁함이 없었다. 장자가 말했다. "노나라를 통틀어 유생은 오직 한 사람뿐인데, 어찌 많다고 할 수 있습니까."

【解説】   장자가 노애공(魯哀公)을 만났다. 애공이 말했다.

"노나라에는 유생(儒生)이 많소. 모처럼 오셨지만 선생의 도를 들을 사람은 아마 없을 거요."

그러자 장자는 말했다.

"아닙니다. 노나라에 유생이 많다고는 할 수 없을 겁니다."

"무슨 말씀을 하십니까. 노나라에서는 모든 백성이 유복(儒服)을 입고 있다 해도 과언이 아닙니다. 그런 말씀을 하시는 까닭은 무엇입니까?"

"유생이 쓰는 둥근 관은 하늘의 이치를, 네모난 신은 땅의 법칙을, 허리에 차고 있는 결(玦—반원형의 장식용 구슬)은 결단력을 나타낸 것이라 듣고 있습니다. 그러나 그런 것들은 하나의 상징에 지나지 않을 뿐 그것이 곧 그 자체가 될 수는 없는 것입니다. 그러므로 참으로 군자의 도를 닦고 있는 사람이라고 해서 반드시 유복을 입는 것은 아니며, 유복을 입고 있다 해서 또 반드시 군자의 도를 닦는다고 할 수는 없습니다. 제 말이 믿기지 않으시면 전국에 〈군자의 도를 닦지 않았으면서 유복을 입은 자는 사형에 처한다.〉는 포고령을 내려 보십시오."

애공은 그의 말대로 포고령을 내렸다. 닷새가 지나자 노나라에는 유복을 입은 자가 거의 없어졌는데, 단 한 사람이 유복을 입고 대궐 문에 서 있었다.

애공은 그를 불러들여 국정에 대해 물어 보았다. 그는 종횡무진 묻는 말에 척척 대답을 했다.

장자는 애공에게 말했다.

"전국에 유생은 한 사람밖에 없는 것 같습니다. 그러니 어떻게 많다고 하겠습니까."

그림의 眞髓

宋元君將畫圖. 衆史皆至. 受揖而立, 舐筆和墨. 在外者半. 有一史後至者, 儃儃然不趨, 受揖不立. 因之舍. 公使人視之, 則解衣般礴, 臝. 君曰, 可矣, 是眞畫者也.

【解釋】 송원군이 바야흐로 그림을 그리게 하였다. 많은 묵객들이 몰려 왔다. 읍을 받고 서서 붓을 핥고 먹을 갈았다. 밖에 있는 사람이 반이었다. 한 묵객이 늦게 이르렀는데, 유유히 빨리 걷지도 않고, 읍을 받고도 서지 않더니 곧 집으로 가버렸다. 임금이 사람을 보내 보게 하였더니 옷을 벗고 벌거숭이로 누워 있었다. 임금이 말했다. "되었다. 이 사람이야말로 정말 화가로구나."

【解說】 송원공(宋元公)이 전국의 화공을 불러 모아 그림을 그리게 했을 때의 일이다.

모인 화공들은 자리에 앉자 붓을 빨고 물감을 풀어 솜씨를 보이기에 여념이 없었다.

모인 사람이 어찌나 많았던지 반 이상은 회장 안에 채 들어오지도 못하고 밖에 있어야만 했다.

조금 뒤늦게 온 한 화공이 있었다. 그림을 그리라는 명령을 받고도 자리에 앉으려 하지 않은 채 조금도 당황함이 없이 자기의 숙소로 가버렸

다. 이상하게 생각한 원공이 사람을 보내 그를 지켜 보게 하였더니 그
는 옷을 훌훌 벗어던진 알몸으로 번듯이 누워 있다는 것이었다.

이를 전해 들은 원공은 감탄한 나머지 무심코 이런 말을 했다.

"그 사람이야말로 정말 화가다."

22. 知北遊

말없는 가르침

知北遊於玄水之上, 登隱弅之丘, 而適遭無爲謂焉,
知謂無爲謂曰, 豫欲有問乎若, 何思何慮則知道, 何處
何服則安道, 何從何道則得道, 三問, 而無爲謂不答也,
非不答, 不知答也, 知不得問, 反於白水之南, 登狐闋
之丘, 而覩狂屈焉, 知以之言也, 問乎狂屈, 狂屈曰,
唉, 予知之, 將語若, 中欲言, 而忘其所欲言, 知不得
問, 反於帝宮, 見黃帝而問焉, 黃帝曰, 無思無慮始知
道, 無處無服始安道, 無從無道始得道, 知問黃帝曰,
我與若知之, 彼與彼不知也, 其孰是邪, 黃帝曰, 彼無
爲謂眞是也, 狂屈似之, 我與汝終不近也, 夫知者不言,
言者不知, 故聖人行不言之敎.

【解釋】 지가 북쪽의 현수 가에서 놀다 은분이란 언덕에 올랐을 때 무위위를 만났다. 지가 무위위에게 말했다. "나는 당신에게 묻고 싶은 것이 있소. 어떻게 생각하고 어떻게 헤아리면 도를 알 수 있소? 어디에 살고 어떤 일을 행해야 도에 안주할 수 있소. 무엇을 따르고 무엇에 말미암아야 도를 얻을 수 있소?" 세 번 물었으나 무위위는 대답이 없었

다. 대답하지 않은 것이 아니라 답을 몰랐다. 지가 묻지 못하고 백수 남쪽으로 돌아와 호결이란 언덕에 올랐을 때 광굴을 만났다. 지가 그 말을 광굴에게 물었더니 광굴은 말했다. "응, 내가 알고 있소. 당신에게 말해 주겠소." 말하려는 도중에 그 말할 것을 잊어버렸다. 지가 대답을 얻지 못하고 제궁에 돌아가 황제를 보고 물었다. 황제는 대답했다. "생각지 않고 헤아리지 않는 것이 도를 아는 첫걸음이다. 아무 데도 거처하지 않고 아무것도 행하지 않는 것이 도에 안주하는 첫걸음이다. 아무것도 따르지 않고 아무것에도 말미암지 않는 것이 도를 얻는 첫걸음이다." 지는 황제에게 물었다. "나와 그대는 이를 알고 저들은 모르오. 누가 올바르겠소?" 황제는 대답하였다. "무위위가 진실로 바르고 광굴은 비슷하며, 나와 그대는 끝내 가깝지 않다. 무릇 지자는 말하지 않고, 말하는 자는 모르는 사람이다. 그 때문에 성인은 말하지 않고 가르친다."

【解説】 지*(知)가 어느 때 북쪽 현수(玄水)가에서 놀 때 은분(隱弅)이라는 언덕에서 우연히 무위위(無爲謂)와 만났다. 그래서 지는 무위위에게 말을 걸었다.

"나는 그대에게 묻고 싶은 것이 있소. 무엇을 생각하고 무엇을 헤아리면 도(道)를 알 수 있겠소? 어떤 곳에 살고 어떤 일을 하면 도에 안주할 수 있겠소? 무엇을 따르고 무엇에 말미암아야 도를 얻을 수 있겠소?"

지가 세 번이나 같은 질문을 되풀이하였지만 무위위는 대답하지 않았다. 대답하지 않은 것이 아니라 무위위는 사실 대답할 줄을 몰랐다. 지는 더 묻지 못하고 백수(白水)의 남쪽으로 돌아와 호결(狐闋)이라는 산에 올랐다가 광굴(狂屈)을 만나게 되었다. 지는 같은 말을 광굴에게 물었다.

"응, 그건 내가 알고 있소. 내 그대에게 말해 드리리다."

그는 말을 꺼내려다가 문득 무엇을 말하고자 했는지를 잊어버리고 말아서 더 말을 잊지 못했다. 지는 광굴에게서도 대답을 얻지 못한 채 제궁(帝宮)으로 돌아가 황제(黃帝)에게 물어 보았다. 황제는 이렇게 대답했다.

"아무것도 생각지 않고, 아무것도 헤아리지 않아야 도를 알 수 있다. 사는 곳이 없고 하는 바가 없어야 도에 편안하다. 따르는 것이 없고 말미암은 것이 없어야 도를 얻는다."

지는 다시 황제에게 물었다.

"그렇다면 이제 그대와 나는 도에 대해 아는 것이지만 저 무위위와 광굴은 모르는 것이 되오. 과연 어느쪽이 정말로 아는 것이 되겠소?"

이에 황제가 대답했다.

"무위위야말로 진짜로 도를 아는 사람이며, 광굴은 그에 가깝다고 할 수 있다. 하지만 나나 그대는 도에서 멀리 떨어져 있다. 그러기에 옛사람이 〈참으로 아는 사람은 말하지 않고, 말하는 자는 그것을 모르는 자다. 그러므로 성인은 말없는 가르침을 행한다.〉고 하는 것이다.

【註釋】 *知 知識이라는 추상 개념을 의인화한 것으로 이 篇에 나오는 玄水, 隱弅, 無爲謂, 白水, 狐闋, 狂屈, 帝宮, 黃帝 등은 모두 이와 같은 표현이다.

忘我의 잠

齧缺問道乎被衣. 被衣曰, 若正汝形, 一汝視, 天和將至. 攝汝知, 一汝度, 神將來舍. 德將爲汝美, 道將爲汝居. 汝瞳焉, 如新出之犢, 而無求其故. 言未卒, 齧缺睡寐. 被衣大説, 行歌而去之, 曰, 形若槁骸, 心

若死灰. 眞其實知不以故自持. 媒媒晦晦, 無心而不可
與謀. 彼何人哉.

【解釋】　설결이 피의에게 도를 물었다. 피의가 말하였다. "그대의 형세를 바로 하고, 그대의 시선을 한결같이 하오. 천화가 장차 이를 것이오. 그대의 앎을 거두고, 그대의 헤아림을 한결같이 하오. 신명이 와서 머물 것이오. 덕이 장차 그대의 아름다움이 되고, 도가 장차 그대의 집이 될 것이오. 그대는 눈을 갓난 송아지처럼 뜨고 그 까닭을 알려고 하지 마오." 말이 끝나지 않았는데도 설결은 잠이 들었다. 피의는 크게 기뻐하여 노래를 부르면서 돌아갔다. "모양은 마른 뼈와 같고, 마음은 죽은 재와 같다. 실상을 아는 것을 참으로 하고, 까닭을 가지고 스스로 자랑하지 않는다. 어둡고 깜깜하여 무심한지라 더불어 꾀할 수 없으니 저 자는 어떤 사람일까."

【解説】　설결(齧缺)이 피의(被衣)에게 도(道)를 물었다. 피의가 말했다.

"먼저 전신의 힘을 빼고 시선을 자연스럽게 하시오. 조화가 절로 몸에 갖춰지게 될 거요. 그런 다음 사려와 분별을 쫓아 버리고 마음을 무(無)로 하면, 만유(萬有)의 실상(實相)을 절로 느껴 알게 되오. 그것이 곧 〈도〉와 한 몸이 되고, 도의 움직임과 합치된 상태인 것이오. 금방 태어난 송아지와 같은 마음, 그리고 왜 그렇게 되었는지 의식조차 하지 않는 상태가 그것인 것이오."

이야기 도중 설결은 어느 사이엔지 곱게 잠이 들어 있었다. 더할 수 없이 만족해 한 피의는 노래를 부르면서 돌아갔다.

몸은 마른 나무
마음은 죽은 재
슬기를 버리고
참으로 돌아간다.
망연히

그저 황홀히

텅 비어

밑바닥도 모르고

사람이면서

또

사람이 아니다.

境界가 없는 境界

東郭子問於莊子曰, 所謂道, 惡乎在. 莊子曰, 無所
不在. 東郭子曰, 期而後可. 莊子曰, 在螻蟻. 曰, 何
其不邪. 曰, 在稊稗. 曰, 何其愈下邪. 曰, 在瓦甓.
曰, 何其愈甚邪. 曰, 在屎溺. 東郭子不應.

莊子曰, 夫子之問也, 固不足質. 正獲之問於監市履
狶也, 每下愈況. 汝唯莫必, 無乎逃物. 至道若是, 大
言亦然. 周徧咸三者, 異名同實. 其指一也. 嘗相與游
乎無何有之宮, 同合而論, 無所終窮乎. 嘗相與無爲乎.
澹而靜乎, 漠而淸乎, 調而閒乎. 寥已吾志, 無往焉,
而不知其所至. 去而來, 而不知其所止. 吾已往來焉,
而不知其所終. 彷徨乎馮閎, 大知入焉, 而不知其所窮.
物物者, 與物無際, 而物有際者, 所謂物際者也, 不際

> 之際, 際之不際者也. 謂盈虛衰殺, 彼爲盈虛非盈虛,
> 彼爲衰殺非衰殺, 彼爲本末非本末, 彼爲積散非積散也.

【解釋】 동곽자가 장자에게 물었다. "이른바 도는 어디에 있습니까." 장자가 대답했다. "없는 곳이 없소." "어디라고 지적해 주어야 알겠습니다." "개구리와 개미에게 있소." "어찌 그리 하찮은 것에 있습니까." "돌피에도 있소." "어찌 점점 더 내려갑니까." "기와와 벽돌에도 있소." "어찌 점점 더 심해집니까." "똥 오줌에도 있소." 동곽자는 대답하지 않았다.

장자가 설명하였다. "선생의 물음은 처음부터 본바탕에 미치지 못했소. 정획이 감시에게 돼지 감별법을 물으니, 아래일수록 더 좋다 했소. 그대는 〈반드시〉라고 말하지 말아야 만물을 놓치는 일이 없소. 도에 이르기도 그렇고, 말이 되기도 그렇소. 〈두루〉 〈고루〉 〈다〉, 이 셋은 이름은 달라도 속은 같아 그 가리키는 바는 하나요. 시험삼아 우리 함께 무하유의 궁에 가지 않겠소. 거기서 도와 어울려 무소종궁을 논하지 않겠소. 시험삼아 무위와 더불지 않으려오. 담담하고 고요한가, 맑고 깨끗한가, 조화되고 한가로운가. 이렇듯 허적하게 됨이 나의 뜻이오. 돌아오는 바가 없으므로 그 이르는 바도 모르오. 가서 와도 그 그침을 모르오. 내 이미 오고감이 끝났으나 그 끝하는 바를 모르오. 풍굉을 헤매고, 크게 안다 해도 그 막다른 것은 모르오. 만물을 만물이게끔 하는 것은 만물과 더불어 가없음이며, 가있음은 소위 만물이게끔 하는 것이 아니오. 가없는 경계는 경계가 가없다는 것이오. 차고 비고 쇠하고 줄어든다는 것은, 즉 차고 비더라도 그것이 아니오. 쇠하고 줄어들더라도 그것이 아니오. 뿌리니 끝이니 하는 것도 그것이 아니오, 모으고 흩는 것도 그것이 아니오."

【解說】 동곽자(東郭子)가 장자에게 물었다.

"당신이 말하는 〈도〉는 어디에 있습니까."

"어디에나 있소."

"예를 들어 분명히 보여 주셨으면 합니다."

"벌레 속에 있소."

"그렇다면 아주 천한 것이로군요."

"피[稗] 속에도 있소."

"점점 형편 없군요."

"벽돌 속에도 있소."

"점점 더 심해가는군요."

"똥오줌 속에도 있소."

놀리는 것으로 알았던지 동곽자는 입을 다물고 말았다. 그제서야 장자는 조용히 설명하기 시작했다.

"어디에 있느냐고 물으니 그렇게 대답할 수밖에 더 있소. 당신의 질문은 핵심을 잃고 있소. 살찐 돼지의 감별법을 정획(正獲―신전 담당 관리)이 감시(監市―시장 감독)에게 물었더니 그는 '머리보다는 등을, 등보다는 궁둥이를, 궁둥이보다는 발을 보아야 한다. 아래로 내려올수록 그 여부를 잘 알 수 있다.'고 했다 하오. 지금 내가 도에 대하여 천한 것만을 예로 든 것도 그러는 편이 도의 전모를 아는 데 더 도움이 되기 때문이오. 진실한 〈도〉는 사물을 떠나서 존재하지는 않으나 그렇다고 해서 어디에 있다고 한정지을 수도 없소. 그것은 참다운 가르침이 어떤 한 가지 형식에 한정되지 않는 것과 같소. 가령 나는 지금 〈도〉는 어디에고 두루 존재한다는 뜻으로 말을 하였지만, 그것을 표현하는 데도 두루[周]니 고루[徧]니 다[咸]니 하는 여러 가지 말로 표현할 수 있을 것이오. 말은 비록 다르지만 그 내용은 똑같은 것이오. 당신도 나도 다 같이 〈무하유(無何有)의 궁(宮)〉에 놀며, 만물제동(萬物齊同)의 경지를 얻어 끝이 없는 도의 이치를 따라 무위자연으로 되어 보고픈 생각은 없소. 거기에는 허무하고 정적한 가운데도 조화로 차 있는 세계가 펼쳐질 것이오. 마음은 텅 비어 있어서 사물의 유래라든가, 진행이라든가 결과 같은 것에 마음을 쓰는 일도 없소. 이처럼 〈풍굉(馮閎―太虛)〉 속을 노닐 수 있게 되어야만 한없는 진지(眞知)를 내것으로 할 수 있게 되오. 만물을 만물 그것이 되게 하는 〈도〉는 만물에 두루 내재하는 것이지 만물과 경계를 갖지 않소. 만일 경계를 갖는다면 그것은 다른 물건과 구별되는 물건의 하나가 되어 〈도〉가 될 수 없을 것이오. 그렇다고 해서 만물 그 자체가 〈도〉라는 것은 아니오. 〈도〉와 만물의 경계는, 말하자면 경계가 없는 경계인 것이오. 만물의 생멸(生滅)을 맡고 있으면서 그 자체는 그것을 초월한 존재, 그것이 바로 〈도〉인 것이오."

雜　篇

23. 庚桑楚

庚桑楚의 煩悶

老聃之役, 有庚桑楚者, 偏得老聃之道, 以北居畏壘
之山, 其臣之畫然知者去之, 其妾之挈然仁者遠之, 擁
腫之與居, 鞅掌之爲使, 居三年, 畏壘大壤, 畏壘之民,
相與言曰, 庚桑子之始來, 吾洒然異之, 今吾日計之而
不足, 歲計之而有餘, 庶幾其聖人乎, 子胡不相與尸而
祝之, 社而稷之乎, 庚桑子聞之, 南面而不釋然, 弟
子異之, 庚桑子曰, 弟子何異於子, 夫春氣發而百草生,
正得秋而萬寶成, 夫春與秋, 豈無得而然哉, 天道已行
矣, 吾聞至人尸居環堵之室, 而百姓猖狂, 不知所如往,
今以畏壘之細民, 而竊竊欲俎豆子于賢人之間, 我其杓
之人邪, 吾是以不釋於老聃之言.

【解釋】 노담의 제자에 경상초란 자가 있었다. 노담의 도의 한 조각을
얻어, 북으로 가 외루산에서 살았다. 그 하인 중 똑똑한 자는 보내고,
그 계집종 중 고분고분하고 어진 자는 멀리하여, 추한 자들과 함께 살
고 열심히 일하는 자들만을 부렸다. 3년을 지내자 외루산은 풍족해졌
다. 외루산 사람들이 서로 모여 말하기를, "경상자가 처음 왔을 때 우

리는 놀라고 이상하게 여겼다. 지금 우리가 하루하루를 계산하면 부족
하지만, 1년을 통해 계산하면 남는다. 그분은 성인이 아닌가? 우리 그
분을 시축과 사직으로 모셔보지 않으려나?" 경상자가 이 말을 듣고 남
면하여 석연치 않아 하니 제자들이 이상히 여겼다. 경상자는 말했다.
"너희들은 왜 나를 이상히 여기느냐? 무릇 봄기운이 나면 온갖 풀이
생기고 가을이 되면 온갖 곡식이 영근다. 무릇 봄과 가을이라 할지라
도 그 이치를 얻지 않고는 그렇게 될 수 없다. 천도가 이미 행한 것이
니라. 내가 듣기로 '지인은 작은 방에서 조용히 살지만, 백성들은 마음
대로 날뛰어 오고 가는 바를 모른다.'고 했다. 지금 외루산의 하찮은
백성들이 쓸데없이 수군대어 나를 현인으로 받들려 하니 그러면 내가
사람의 표본이 되지 않느냐? 내가 노자의 가르침에 면목이 없게 되니
이러는 것이다."

【解説】 노자(老子―老聃)의 제자 중에 경상초(庚桑楚)라는 사람이
있었다. 얼마 동안 노자의 도를 체득한 다음 북쪽으로 가서 외루산(外
㾾山)에 머물러 살았다.

 그는 하인 중에서 똑똑하고 분별력이 있거나 고분고분하며 마음이 착
한 사람은 모두 내보냈다. 그리하여 경상초와 같이 사는 자들은 대개
무뚝뚝하거나 순박한 사람들뿐이었다.

 경상초가 외루산에 머문 지 3년, 그 일대 사람들은 생활이 풍족함을
깨닫고는 서로 놀라서 이야기를 주고 받았다.

 "저 경상(複姓) 선생님이 처음 이사해 왔을 때 우리는 놀라고 수상히
여겼었다. 그런데 그후 우리들의 살림을 본즉 하루하루 모자랄 뿐인데
도 1년을 두고 계산해 보면 수입이 남아돌아간다. 이것은 아무래도 경
상 선생님 덕택일 게야. 그분이 성인이 아니라면 이런 일이 있을 수 있
겠는가? 우리는 그분을 시축(尸祝)처럼 받들고, 사직(社稷)의 신으로
모시자."

 이 말을 전해 들은 경상초는 남향해 앉은 채 떨떠름한 표정을 짓고 있
었다. 그래서 제자들이 그 까닭을 물어 보았더니 경상초는 이렇게 대
답했다.

"너희들은 내가 이상하게 보이느냐. 무릇 봄기운이 돌면 온갖 초목이 싹트고 가을이 되면 모든 열매가 영근다. 그러나 봄이나 가을 역시 자연의 법칙에 의거하지 않고도 그런 능력을 발휘할 수 없을 것이다. 이 마을이 풍족하게 된 것도 천도가 작용한 탓이며, 나 때문인 것은 아니다. 나는 노자로부터 '지인(至人)은 소그만 방에서 고요히 살 뿐, 남의 일에 간섭하지 않으며 백성들은 마음대로 행동하여 무엇이 도(道)인지 모른다.'는 말씀을 들었다. 그런데 이제 이 마을의 백성들은 좀스럽게 수군거려 나를 마치 현인처럼 받들려 하고 있다. 그렇게 되면 나는 사람들의 표본이 되지 않느냐. 그래서야 나는 노자의 가르침을 따르지 못한 것이니 스승에게 면목이 없다. 그 때문에 언짢은 것이다."

老子의 嘆息

南榮趎贏糧, 七日七夜, 至老子之所, 老子曰, 子自楚之所來乎, 南榮趎曰, 唯, 老子曰, 子何與人偕來之衆也, 南榮趎懼然顧其後, 老子曰, 子不知吾所謂乎, 南榮趎俯而慙, 仰而歎曰, 今者吾忘吾答, 因失吾問, 老子曰, 何謂也, 南榮趎曰, 不知乎, 人謂我朱愚, 知乎, 反愁我軀, 不仁則害人, 仁則反愁我身, 不義則傷彼, 義則反愁我已, 我安逃此而可, 此三言者, 趎之所患也, 願因楚而問之, 老子曰, 向吾見若眉睫之間, 吾因以得汝矣, 今汝又言而信之, 若規規然, 若喪父母, 揭竿而求諸海也, 女亡人哉, 惘惘乎, 汝欲反汝情性, 而無由入, 可憐哉.

【解釋】 남영추가 양식을 지고 이레 만에 노자의 거소에 이르렀다. 노자가 물었다. "자네는 경상초가 있는 곳에서 왔는가." 남영추가 대답했다. "네." 노자는 말했다. "자네는 어찌하여 저리 많은 사람과 함께 왔는가?" 남영추는 깜짝 놀라 뒤를 돌아보았다. 노자가 말했다. "자네는 내가 말한 바를 모르는군." 남영추가 얼굴을 숙이고 부끄러워하며 탄식해 말했다. "지금 저는 제 답을 잃었습니다. 그로 인해 저의 물음마저 잊었습니다." 노자가 물었다. "그것이 어떤 것인데?" 남영추가 답했다. "알지 못하면 남들이 나를 어리석다 하고, 알면 도리어 내 몸을 근심케 합니다. 어질지 못하면 남을 해치게 되고, 어질면 도리어 내 몸을 근심케 합니다. 의롭지 못하면 남을 상하게 하고, 의로우면 도리어 나를 근심케 합니다. 저는 어떻게 해야 이런 데서 벗어날 수 있겠습니까? 이 세 가지가 저의 고민입니다. 그래서 경상 선생께 물어 선생님을 찾아왔습니다." 노자가 말했다. "아까 자네의 미간을 보고 어떤 사람인지 알았네. 이제 자네의 말을 들으니 그것이 확실해졌네. 자네는 소심히 여러모로 마음쓰지만, 그것은 마치 부모를 잃은 자가 바다에서 상대로 찾고 있는 것과 같네. 자네는 돌아갈 집이 없는 자처럼 망망하기만 하네. 자네는 자네의 성정으로 돌아가려 하나 돌아갈 곳을 모르니 가련하구만."

【解説】 남영추(南榮趎)는 길을 떠난 지 이레 만에 노자의 거처에 이르렀다. 노자가 물었다.
"자네는 경상초가 보내서 왔는가?"
남영추는 공손히 대답했다.
"네."
"그런데 자네는 웬 사람들을 그렇게 많이 데리고 왔나?"

남영추는 노자의 말에 깜짝 놀라서 뒤돌아 보았으나, 물론 자기의 뒤에 사람들이 있을 리 없었다. 그러자 노자가 한탄했다.

"자네는 내 말뜻을 잘 모르는군."

남영추는 얼굴을 숙이고 부끄러워하다가, 이윽고 노자를 우러러보며 이렇게 말씀을 올렸다.

"이제 저는 무슨 말씀을 올려야 할지 모르겠습니다. 여기 올 때까지 여쭈어 보고자 했던 말까지도 다 잊어버리고 말았습니다."

"그래, 무슨 일인데? 잘 생각해 보게나."

남영추는 한참 만에 겨우 생각해 냈다.

"무지하면 어리석다 비웃는 사람들이 있으며, 지혜가 있으면 자기의 몸을 괴롭힐 뿐이라 생각합니다. 또 인자하지 않으면 남을 해치게 되고, 인자하면 자기 몸을 괴롭히게 될 뿐입니다. 의롭지 않으면 남을 상하게 하고, 의로우면 자기를 괴롭히게 됩니다. 이러한 지혜와 어짊, 그리고 의로움이 바로 저의 고민거리입니다. 그래서 경상초 선생의 소개로 선생님께 여쭤 보고자 찾아왔던 것입니다."

노자가 대답했다.

"나는 아까 자네 얼굴을 보고서 자네가 어떤 사람인지 대강 눈치챈 바가 있네. 이제 자네 말을 듣고 본즉 내가 짐작했던 대로군. 자네는 꽤 여러모로 마음을 쓰고 있지만, 마치 부모를 잃은 갓난 아기가 장대를 들고 부모를 찾아 바닷속을 휘젓는 거나 마찬가지일세. 자네는 돌아갈 집을 잃은 사람처럼 어쩔 줄 몰라 하며, 자기 본성을 찾으려 해도 그 방법을 모르는 사람과 같네. 참으로 불쌍한 일이야."

24. 徐無鬼

개와 말의 鑑定法

徐無鬼因女商見魏武侯, 武侯勞之曰, 先生病矣, 苦
於山林之勞故, 乃肯見於寡人, 徐無鬼曰, 我則勞於君,
君有何勞於我, 君將盈耆欲, 長好惡, 則性命之情病矣,
君將黜耆欲, 掔好惡, 則耳目病矣, 我將勞君, 君有何
勞於我, 武侯超然不對, 少焉, 徐無鬼曰, 嘗語君, 吾
相狗也, 下之質, 執飽而止, 是狸德也, 中之質, 若視
日, 上之質, 若亡其一, 吾相狗, 又不若吾相馬也, 吾
相馬, 直者中繩, 曲者中鉤, 方者中矩, 圓者中規, 是
國馬也, 而未若天下馬也, 天下馬有成材, 若郵若失,
若喪其一, 若是者, 超軼絶塵, 不知其所, 武侯大悅而
笑.

【解釋】 서무귀가 여상의 주선으로 위무후를 만났다. 무후가 위로하여
말했다. "선생은 피곤한 것 같소. 산림의 노고 때문에 나를 찾아 온 것
이구려." 서무귀가 대답했다. "제가 임금을 위로하러 왔습니다. 임금께
서 어찌 저를 위로하겠습니까? 임금은 욕망을 차게 하고 호오를 조장
하게 되니, 본성이 자연히 병듭니다. 그렇다고 욕망을 버리고 호오의

감정을 버리신다면 이목이 병듭니다. 그러니 제가 임금을 위로할 수는 있어도, 임금께서야 어찌 저를 위로할 수 있겠습니까?” 무후가 머리를 숙인 채 아무 대꾸를 못했다. 잠시 후 서무귀가 말했다. “시험삼아 임금께 개의 상을 본 말씀을 드리겠습니다. 하급은 배만 부르면 끝나니 마치 살쾡이와 같고, 중급은 마치 해를 노리는 듯하고, 상급은 마치 그 몸이 없는 것처럼 합니다. 제가 개를 상보는 것은 말을 상보는 것보다는 못합니다. 제가 말의 상을 보면 곧장 달리는 것은 마치 먹줄을 친 듯하고, 돌 때에는 그림쇠 같고, 모로 뛸 때에는 곡척과 같고, 원으로 뛸 때에는 그림쇠 같으면, 한 나라의 말이라 할 수 있습니다. 그러나 이는 천하의 말에는 아직 미치지 못하니, 천하의 말은 타고난 소질이 있어 보기에는 멍청하고 마치 자기 몸을 잊은 듯하나 일단 달리면 빠르기가 말할 수 없어 그 있는 곳을 알 수조차 없을 지경입니다.” 무후가 크게 기뻐하여 웃었다.

【解説】 서무귀(徐無鬼)가 여상(女商)의 주선으로 위무후(魏武侯)를 만났다.

무후는 그를 보자 이렇게 말했다.

“선생은 몹시 피곤해 보이는구려. 산속 생활에 시달린 나머지 일부러 나를 찾아오신 것 같소.”

“그게 아닙니다. 저야말로 임금을 위로해 드릴까 하고 찾아왔습니다. 임금께서 저를 위로하신다니 말도 안 됩니다. 임금께서 권세를 쥐고 있는 것 하나만으로도 그 이유를 밝힐 수 있습니다. 권세를 쥐면 자연 좋고 싫어하는 것이 뚜렷해지며, 그 결과 본성을 손상하게 됩니다. 그렇다고 욕망을 억제해 좋고 싫은 것을 가리지 않으신다면, 관능의 즐거움이 사라져 눈과 귀와 온갖 감각 기관이 못쓰게 되지 않겠습니까. 그러므로 제가 임금을 위로해 드릴 수는 있을지언정 임금께서 저를 위로하시지는 못한다는 것입니다.”

무후는 말할 바를 잊은 채 고개를 숙이고 있었다.

서무귀는 다시 말했다.

“제가 개를 감정하는 법에 대해 말씀드려 볼까요. 개에게는 상·중·

하의 세 등급이 있습니다. 하치의 개는 먹을 것만 생기면 정신없이 퍼먹어 배가 불러야 끝을 냅니다. 따라서 살쾡이나 다름없습니다. 중치쯤 되면 마치 해라도 노리듯이 기개가 있어 보입니다. 그러나 상등 개가 되면 자기 몸조차 잊어버리고 있는 듯이 보이는 것입니다. 그러나 저의 개의 식별은 말의 감정법보다는 못합니다. 곧장 달릴 때는 마치 먹줄을 친 듯 바르고, 빙글빙글 돌 때에는 그림쇠를 댄 듯하고, 방형(方形)으로 나아갈 때는 곡척을 댄 듯이 정확하게 움직이는 말은 한 나라에서 가장 뛰어난 말이라 할 수 있습니다. 그러나 그 말은 천하의 명마에는 미치지 못합니다. 천하의 명마란 타고난 소질을 갖추고 있는 것으로서 얼른 보기에는 멍청하여 어디 하나 쓸모가 없어 보이며, 제 몸뚱이마저 잊고 있는 듯합니다. 그러나 그 말이 일단 달리기 시작하면 그 빠르기가 마치 어디를 가는지조차 모를 지경입니다."

이 이야기에 무후는 크게 기뻐했다.

惠子의 墓 앞에서

莊子送葬, 過惠子之墓, 顧謂從者曰, 郢人堊慢其鼻端, 若蠅翼, 使匠石斲之, 匠石運斤成風, 聽而斲之, 盡堊而鼻不傷, 郢人立不失容, 宋元君聞之, 召匠石曰, 嘗試爲寡人爲之, 匠石曰, 臣則嘗能斲之, 雖然, 臣之質死久矣, 自夫子之死也, 吾無以爲質矣, 吾無與言之矣.

【解釋】 장자가 장의 행렬을 뒤따르다 혜자의 묘를 지나게 되자, 제자들을 돌아보고 말했다. "영에 어떤 사람이 백토를 파리 날개처럼 코 끝에 바르고, 장석에게 깎아 내리게 했다. 그는 장석이 도끼로 바람이 일도록 내리쳤는데도 가만히 있었다. 백토가 다 떨어졌으나 코는 상하지 않았고, 영인은 그 모습을 변치 않고 서 있었다. 송원군이 이를 듣고 장석을 불러 말했다. '과인을 위해 시험삼아 그 재주를 보여 주게나.' 장석이 대답했다. '신은 예전에는 할 수 있었으나 이미 그 상대가 죽은 지 오래입니다.' 나도 혜자가 죽은 후로는 상대가 없어졌으니, 더불어 말할 길이 없구나."

【解説】 장자는 장의 행렬을 따라가다가 우연히 혜자(惠子)의 묘 앞을 지나게 되었다. 장자는 그곳에 우두커니 서 있더니 뒤를 따르던 제자들에게 이런 이야기를 들려 주었다.

"초(楚)나라 서울인 영(郢)에 유명한 대목(大木)이 있었다. 장석(匠石)이라고 하는데, 어느 날 그에게 누가 찾아오더니 자기 코에 백토를 파리 날개처럼 바른 다음 장석에게 깎아 내리게 했다. 장석이 도끼를 휘둘러 그것을 내리치는데 바람소리가 윙윙거리도록 맹렬한 것이었다. 하지만 그 사람은 가만히 서 있을 뿐 움쩍도 하지 않았다. 보니 백토는 떨어졌으나 코에는 금 하나 가지 않았다. 그런데 이 이야기를 들은 송원군(宋元君)이 장석을 불러 다시 한번 재주를 보여 달라고 부탁했다. 그러나 장석은 이렇게 말할 뿐이었다. '저는 전에는 그 재주를 부릴 수 있었지만, 그 상대가 이미 죽고 없어서 다시 할 도리가 없습니다.' 나 역시 혜자가 죽은 뒤로는 상대가 없어졌다. 논하고자 해도 그럴 만한 상대가 없는 거야."

吉祥의 相

子綦有八子. 陳諸前, 召九方歆曰, 爲我相吾子, 孰
爲祥. 九方歆曰, 梱也爲祥. 子綦瞿然喜曰, 奚若. 曰,
梱也, 將與國君同食, 以終其身. 子綦索然出涕曰, 吾
子何爲以至於是極也. 九方歆曰, 夫與國君同食, 澤及
三族, 而況父母乎. 今夫子聞之而泣, 是禦福也. 子則
祥矣, 父則不祥. 子綦曰, 歆, 汝何足以識之, 而梱祥
邪. 盡於酒肉入於鼻口矣. 而何足以知其所自來. 吾未
嘗爲牧, 而牂生於奧, 未嘗好田, 而鶉生於宎, 若勿怪
何邪. 吾所與吾子遊者, 遊於天地. 吾與之邀樂於天,
吾與之邀食於地. 吾不與之爲事, 不與之爲謀, 不與之
爲怪, 吾與之乘天地之誠, 而不以物與之相攖. 吾與之
一委蛇, 而不與之爲事所宜. 今也然有世俗之償焉. 凡
有怪徵者, 必有怪行. 殆乎非, 我與吾子之罪, 幾天與
之也. 吾是以泣也.

無幾何, 而使梱之於燕. 盜得之於道. 全而鬻之則難,
不若刖之則易. 於是乎刖而鬻之於齊. 適當渠公之街,
然身食肉而終.

【解釋】　자기에게는 여덟 아들이 있었다.　그들을 앞에 불러 놓고 구방인을 불러 물었다.　“나를 위해 내 아들들의 상을 봐 주시오. 누가 복된가를.” 구방인이 대답했다.　“곤이 복됩니다.” 자기는 깜짝 놀라 기뻐하며 말했다.　“어째 그렇소?”“곤은 장차 임금과 같은 음식을 먹으며 일생을 마칠 것입니다.” 자기는 놀라 눈물을 흘리면서 말했다.　“내 자식이 어쩌다 이 지경에 이르렀단 말인가.” 구방인이 말했다.　“무릇 임금과 같이 먹으면 그 은택이 삼족에까지 미치는데 하물며 부모야 말할 것이 있겠습니까.　지금 선생이 이를 듣고 우는 것은 복을 막는 것입니다.　아들은 복되나 아버지의 상은 불길합니다.” 그러자 자기가 말했다.　“구방인, 그대는 과연 무엇을 안다 하여 곤을 복되다 하는 거요.　술과 고기는 코와 입으로 들어가는 것으로 끝나는 거요.　그대가 어찌 그 복이 말미암은 바를 알겠소.　내 일찍이 짐승을 친 적이 없는데 암양이 집의 서남쪽에서 나오고,　사냥을 좋아하지 않았는데 메추라기가 집의 동남쪽에서 나온다면,　그대는 이를 이상히 여기지 않겠소.　나는 내 자식들과 함께 그저 하늘과 땅에서 사는 거요.　즐거움을 하늘에서 얻고 먹는 것을 땅에서 얻소.　우리는 남과 함께하지 않으며,　함께　꾀하지도 않고 이상한 짓을 하지도 않았소.　나는 애들과 함께 하늘과 땅의 정성에 힘입었고,　만물과 서로 얽히어 있지 않소.　나는 애들과 한결같이 자득한 모습으로,　남과 함께 일의 됨됨이를 어떻다 하지 않았소.　그런데도 세속의 보상이 있을 수 있소?　무릇 괴이한 조짐이 있는 사람은 반드시 괴이한 행동이 있었기 때문이오.　이는 아마 나나 내 자식의 죄가 아니라 하늘이 준 게 아닌가 하오.　내 이래서 우는 거요.” 얼마 안 있어 곤은 연나라에 가게 됐는데,　도중에 도둑에게 잡혔다.　그들은 곤을 온전히 팔기는 어려우니 발을 자르면 될 것이라 하여 그의 발을 자르고 제나라에 팔았다.　그는 마침 거공에게 팔려 그의 문지기가 되었으나 몸은 고기를 먹으며 일생을 마쳤다.

【解說】　남곽자기(南郭子綦)에게 여덟 아들이 있었다.　어느 날 자기는 아들들을 불러 모아 놓고,　관상술의 대가인 구방인(九方歅)을 불러 들였다.

"자식들 중에서 누가 가장 행복하게 될지 점쳐 보아 주시오."

"곤(梱)이란 아드님이 제일 행복하게 되겠습니다."

자기는 매우 기쁜 듯이 물었다.

"그렇다면 이 아이에게 어떤 좋은 상이 나타나 있다는 것이오?"

"이 아드님은 머잖아 임금님 것과 같은 맛있는 음식을 먹는 신분이 되어 평생을 안락하게 보내게 될 것입니다."

자기는 금새 얼굴빛이 변하며 눈물을 흘렸다.

"내 자식이 그런 불행 속에 떨어질 줄이야……."

"무슨 그런 말씀을. 국왕 것과 같은 음식을 들 수 있는 처지가 되면, 그 혜택이 일가친척에게도 미치게 될 것이고, 더구나 부모의 행복이야 얼마나 크겠습니까. 그런데도 그 말씀을 듣고 눈물을 흘리시는 것은, 자진해서 행운을 사양하는 것이 아닙니까? 아드님에게는 좋은 상이 나타나 있는데, 슬프게도 아버님 되시는 당신에게는 불길한 상이 나타나 있습니다."

안타까운 듯이 이렇게 말하는 구방인에게 자기는 이렇게 대답했다.

"당신은 대체 무엇을 안다고 내 자식이 행복하게 된다고 하는 거요? 당신에게 보이는 것은 고작 맛있는 음식을 먹을 수 있다는 것 뿐으로, 그것이 어떻게 해서 그렇게 되는지 그 까닭은 모르고 있지 않소? 지금까지 가축을 기른 일도 없고, 사냥을 나간 일도 없는 우리 집에 갑자기 암양이 서남쪽에서 태어나고, 메추라기가 동북쪽에서 태어난다는 그런 엉뚱한 이야기를 한다면 이상하다고 생각되지 않소? 나는 자식들과 함께 천지 자연 속에 놀면서 있는 그대로의 생활에 만족하여 왔소. 우리들은 다같이 세속에 사로잡히지 않았고, 지혜나 꾀를 쓰는 일도 없었으며, 세상을 놀라게 한 행동도 없었소. 천지 자연의 이치에 따라, 밖의 일로 인해 마음을 어지럽히는 일이 없이 살아 왔소. 자기를 고집하지 않고, 일은 되어가는 대로 맡겨 이것저것 좋은 것을 선택하는 일이 일체 없었소. 그런 우리들에게 세속적인 보상이 주어질 리가 없소. 이상한 징조가 나타나는 자에게는 반드시 이상한 일이 있는 법이오. 그같은 일을 한 기억조차 없는 우리 부자에게 그런 이상한 징조가 나타난다는 것은, 아마 하늘이 준 운명일 것이오. 이것을 슬퍼하지 않고 어찌

하겠소."

그 뒤 얼마 되지 않아 자기는 곤을 시켜 연(燕)나라로 가게 했는데, 곤은 도중에 산적을 만나 붙잡히고 말았다.

산적들은 젊은 곤을 그대로 두었다가는 도망칠 염려가 있다고 생각해 그의 나리를 살라 버린 다음 제나라에 팔아넘겼다.

제거공(齊渠公)에게 팔려가 문지기가 된 곤은, 구방인의 예언대로 임금과 같이 고기를 먹으며 그 생애를 마쳤다.

25. 則　陽

벼슬길을 求하는 法

則陽游於楚，夷節言之於王，王未之見，夷節歸，彭陽見王果曰，夫子何不譚我於王，王果曰，我不若公閱休，彭陽曰，公閱休奚爲者邪，曰，冬則擉鼈於江，夏則休乎山樊，有過而問者，曰，此予宅也，夫夷節已不能，而況我乎，吾又不若夷節，夫夷節之爲人也，無德而有知，不自許，以之神其交，固顛冥乎富貴之地，非相助以德，相助消也，夫凍者假衣於春，暍者反冬乎冷風，夫楚王之爲人也，形尊而嚴，其於罪也，無赦如虎，非夫佞人正德，其孰能撓焉，故聖人，其窮也，使家人忘其貧，其達也，使王公忘其爵祿而化卑，其於物也，與之爲娛矣，其於人也，樂物之通，而保己焉，故或不言而飮人以和，與人並立而使人化，父子之宜，彼其乎歸居，而一閒其所施，其於人心者，若是其遠也，故曰，待公閱休.

【解釋】 즉양이 초에 머물렀다. 이절이 왕에게 말했으나, 왕이 보려

하지 않으므로 이절은 돌아왔다. 측양은 왕과를 보고 말했다. "선생께
서 저를 왕에게 천거해 주시지 않겠습니까?" 왕과가 대답했다. "나는
공열휴에 미치지 못하오." 측양이 물었다. "공열휴란 어떤 사람입니
까?" "겨울에는 강에서 자라를 잡고, 여름에는 산속에서 쉬오. 지나
가던 자가 물으니, 대답하기를 '이것이 내 집이다.'고 했소. 이절이 이
미 하지 못한 일을 내가 어찌 할 수 있겠소? 나는 이절을 당할 수 없
소. 무릇 이절의 사람됨이 덕은 없지만 지혜는 있소. 스스로 난 체하지
않고, 그 교제를 귀신처럼 해치우고 있소. 원래 부귀에 눈이 멀어 버린
자라 서로 도와서 덕을 키우지는 못하고, 서로 도와서 덕을 없앨 인물
이오. 무릇 언 사람은 봄이 되어 옷을 빌고, 더위를 먹은 자는 겨울에
도 찬 바람을 쐬려 한다는 것이오. 저 초왕은 사람됨이 엄하고 존대하
여 범죄에 대해서는 호랑이처럼 용서가 없소. 아주 간사한 사람이나 올
바른 덕을 가진 사람이 아니고서는 어떻게 그를 굴복시킬 수 있겠소?
성인은 빈궁해도 가족으로 하여금 그 가난함을 잊게 하고, 영달해서는
왕공으로 하여금 그 작록을 잊고 비천으로 돌아가게 하는 것이오. 사물
에 있어서는 함께하여 즐기게 하고, 사람에 있어서는 통하여 즐기지만
자기를 보존하오. 그리하여 혹 말이 없더라도 사람으로 하여금 화평을
만끽하게 하고, 사람과 더불어 살면서 사람을 화하게 한다오. 아비는
아비, 자식은 자식으로서 있어야 할 모습을 갖게 하고, 그 베푸는 데
있어서도 숨어서 나오지 않고 한다오. 오, 성인의 마음은 이처럼 고매
하므로 나는 공열휴를 좇으라는 것이오."

【解説】 측양(則陽)이라는 자가 벼슬길을 구해 초(楚)나라에 왔다. 우
선 왕의 측근인 이절(夷節)을 통해 보았으나 왕이 만나 주지를 않았다.
그래서 이번에는 왕과(王果)를 찾아가 부탁했다.
  그러나 왕과는 한 마디로 거절하며, 공열휴(公閱休)에게 찾아가 보라
는 것이었다. 이에 측양이 그 사람됨에 대해 묻자 왕과는 이렇게 대답
했다.
"그 사람은 겨울이면 강에서 자라를 잡고, 여름이면 산속에서 일월과
벗삼아 놀고 있소. 누군가 그에게 집이 어디냐 물었더니 '강가와 산속'

이라는 대답을 했다고도 하더군요. 아무튼 나로서는 저 지혜많다는 이절이 못하는 일을 떠맡아 해낼 수가 없소. 이절은 비록 덕은 없다 하겠지만, 굉장히 지혜가 많아서 늘 겸손한 척하며 남과의 교제를 귀신처럼 해나가는 사람이오. 하지만 부귀에 눈이 먼 사람이라 서로 돕고 지낼수록 덕을 향상시키기는커녕 덕을 손상시키기 일쑤인 인물이오. 이런 속담을 들은적 있소? 〈몸이 언 사람은 봄이 되어 옷을 빌며 더위를 먹은 사람은 겨울이 되어 찬바람을 쐬고자 한다.〉 초나라 임금은 그 사람 됨이 존대하고 엄격하며, 범죄자에 대해서는 호랑이처럼 조금도 용서가 없소. 그에게는 아주 간사한 악당이 달라붙어 그의 마음을 녹이든가, 고상한 인격자가 그 미친 것 같은 마음을 식혀 주지 않는 한 다른 도리가 없소. 그런데 성인이란 도를 체득한 사람이기에 가난하여도 가족이 가난함을 잊은 채 도를 즐기게 하며 영달하면 왕공(王公)으로 하여금 그의 존귀함을 잊은 채 백성들과 동화하도록 만들어 버리오. 어떤 사물이나 적응해 즐기고, 어떤 인물이나 교제해 즐기지만 결코 자기를 잊는 일은 없소. 그러기에 굳이 말하지 않더라도 주위 사람이 평화롭게 하고 함께 사는 사람들을 감화해 나가오. 아버지는 아버지, 자식은 자식으로서 있어야 할 모습으로 돌아가게 하고, 그 덕을 순수한 마음으로 베풀어서 마치 천지의 덕과 같을 뿐이오. 성인의 심경이 이렇듯 고매하기에 나는 나보다도 공열휴를 찾아가 부탁하라는 거요."

달팽이 뿔 위의 싸움

魏瑩與田侯牟約, 田侯牟背之. 魏瑩怒, 將使人刺之犀首聞而恥之, 曰, 君爲萬乘之君也, 而以匹夫從讎.
衍請受甲二十萬, 爲君攻之. 虜其人民, 係其牛馬, 使
其君內熱發於背, 然後拔其國. 忌也出走, 然後抶其背,
折其脊. 季子聞而恥之, 曰, 築十仞之城, 城者既七仞矣,
則又壞之, 此胥靡之所苦也. 今兵不起七年矣, 此王之
基也. 衍亂人, 不可聽也. 華子聞而醜之, 曰, 善言伐
齊者, 亂人也. 善言勿伐者, 亦亂人也. 謂伐之與不伐
亂人也者, 又亂人也, 王曰, 然則若何. 曰, 君求其道
而已矣.

　惠子聞之, 而見戴晉人. 戴晉人曰, 有所謂蝸者, 君
知之乎. 曰然. 有國於蝸之左角者, 曰觸氏. 有國於蝸
之右角者, 曰蠻氏. 時相與爭地而戰. 伏尸數萬, 逐北,
旬有五日而後反. 君曰, 噫, 其虛言與. 曰, 臣請爲君
實之. 君以意在四方上下有窮乎. 君曰, 無窮. 曰, 知
遊心於無窮, 而反在通達之國, 若存若亡乎. 君曰, 然.
曰, 通達之中有魏, 於魏中有梁, 於梁中有王. 王與蠻
氏有辯乎. 君曰, 無辯, 客出, 而君惝然若有亡也. 客
出, 惠子見. 君曰, 客大人也. 聖人不足以當之. 惠子
曰, 夫吹筦也, 猶有嗃也. 吹劍首者, 吷而已矣. 堯舜
人之所譽也. 道堯舜於戴晉人之前, 譬猶一吷也.

【解釋】　위영이 전후모와 화약을 맺었으나 전후모가 이를 배반했다. 위영이 노하여 사람을 시켜 살해하려 하자 서수가 이를 듣고 부끄러워하며 말했다. "임금은 만승의 임금이십니다. 어찌 필부 같이 원수를 갚으려 하십니까. 연에게 20만을 주신다면 왕을 위해 공격하여 그 백성을 사로잡고, 그 마소를 끌어오고, 그 임금으로 하여금 내열이 등 밖으

보까지 나오게 한 다음 그 나라를 뽑아 버리겠습니다. 전기가 달아난다면 그 등을 치고 그 등뼈를 꺾어 버리겠습니다.” 계자가 이를 듣고 부끄러워하며 말했다. “열 길 성을 쌓아 가는 중 이미 일곱 길을 쌓았는데 그것을 곧 허물어 버린다면 백성들이 심히 괴로워할 것입니다. 이제 군사를 일으켰던 지도 어언 일곱 해이니 이는 왕업의 기초가 되는 것입니다. 영은 난인이니 그 말을 들어선 안 됩니다.” 화자가 다시 이 말을 듣고 추하게 여겨 말했다. “제가 치자고 말하는 사람은 난인입니다. 그러나 치지 말라고 하는 사람도 난인입니다. 치자고 하는 자와 치지 말자고 하는 자를 난인이라고 하는 사람 또한 난인입니다.” 왕이 말했다. “그러면 어떻게 해야 하오?” “임금은 도를 구할 뿐입니다.” 혜자가 이 말을 듣고 대진인을 보였다. 대진인이 말했다. “왕께서는 달팽이란 것을 아십니까?” “아오.” “그 달팽이의 왼쪽 뿔에 나라를 가진 사람을 촉씨라 하고 오른쪽 뿔에 나라를 가진 사람을 만씨라 불렀습니다. 그들은 가끔 서로 땅을 차지하려고 싸웠습니다. 쓰러진 시체가 수만이었는데 도망치는 것을 보름 동안이나 쫓고 나서야 돌아오기도 했습니다.” 왕이 말했다. “허어, 거짓말이겠지…….” 대진인이 말했다. “신은 왕을 위해 이를 증명하겠습니다. 왕께선 상하 사방에 끝이 있다고 생각하십니까?” “무궁하오.” “마음이 무궁에 노닐 줄 아는 사람이 나라에 생각이 미치면 있는 것과 없는 것이 다 같은 것이 됩니다.” “과연 그렇겠소.” “그 생각이 미치는 곳에 위나라가 있고, 위나라 안에 양이 있고, 양 안에 다시 왕이 있습니다. 그렇다면 왕과 만씨와의 구별이 있겠습니까?” “다름이 없겠구려.” 대진인이 나가자 왕은 창연히 넋을 잃고 있었다. 혜자가 들어오자 왕이 말했다. “그는 과연 큰 사람이오. 성인도 아마 그를 당하지 못할 것이오.” 혜자가 말했다. “피리를 불면 큰 소리가 나나 칼구멍을 불면 획 하는 소리가 날 뿐입니다. 요·순을 사람들이 칭송하나 요·순을 대진인 앞에서 말하는 것은 한 번 획 하는 소리에 지나지 않는 것입니다.”

【解說】 위혜왕(魏惠王 — 魏罃)이 제위왕(齊威王 — 田侯牟 혹은 田因)과 서로 화친을 맺었으나 제나라가 일방적으로 이를 깨뜨렸다.

격노한 혜왕은 제나라에 자객을 보내 위왕을 암살하려 했다. 그때 장군 공손연(公孫衍—犀首)이 이를 반대하고 나섰다.

"대국의 임금은, 그런 야비한 보복 수단을 취해서는 안 됩니다. 그보다는 바라옵건대 신에게 군사 20만을 빌려 주십시오. 신이 임금을 대신해서 제나라로 쳐들어가 백성들을 노예로 만들고 재산을 약탈하여, 제나라 왕으로 하여금 분을 못이겨 병이 나게끔 만든 뒤에 도성을 함락시키겠습니다. 제왕이 항복을 하면 모르되 만일 도망을 치는 일이 있으면 이를 끝까지 추격하여 여지없이 쳐부수고 말겠습니다."

어진 신하로 알려진 계자(季子)가 이 말을 듣고 반대했다.

"높이 열 길 되는 성을 쌓는데 일곱 길 높이까지 쌓다가 이를 허물어 버린다면, 인부들의 고생이 얼마나 크겠습니까. 지금 우리 나라는 전쟁을 그친 지가 일곱 해나 되는데, 이야말로 왕업(王業)의 기초가 되는 것입니다. 무력에 호소하려는 공손연은 질서를 파괴하는 자입니다. 그의 의견을 받아들이지 마십시오."

덕이 높기로 이름이 있는 화자(華子)가 다시 이를 비판했다.

"전쟁을 주장하는 공손연과 같은 사람은 원래부터 질서를 파괴하는 무리에 틀림없지만, 부전(不戰)의 이(利)를 주장하는 계자와 같은 사람 역시 이해에 사로잡혀 자연의 질서를 파괴하는 사람이라 말하지 않을 수 없습니다. 실은 그들을 비판하고 있는 나 자신부터가 시비에 사로잡혀 질서를 파괴하는 사람이긴 합니다만……."

"그럼 어떻게 하면 좋겠소?"

왕의 질문에 화자는 대답했다.

"도를 닦는 사람 하나면 족합니다."

왕이 잘 이해하지 못하는 것을 보자 혜자(惠子)가 대진인(戴晋人)을 추천했다.

왕을 만나게 된 대진인이 물었다.

"달팽이란 것을 알고 계십니까?"

"알고 있소."

"그 달팽이의 왼쪽 뿔에는 촉씨(觸氏)라는 사람의 나라가 있고, 오른쪽 뿔에는 만씨(蠻氏)라는 사람의 나라가 있어서, 계속 영토 분쟁을 되풀이하고 있었습니다. 한번은 보름 동안이나 격전을 벌인 끝에 쌍방 모두 전사자를 수만 명씩이나 내고서야 겨우 군사를 거두었다고 합니다."

"농담도 이만저만이 아니구려."

"결코 농담이 아닙니다. 그 증거를 이제부터 말씀드리겠으니 잘 들어주십시오. 대왕께서는 이 우주의 상하사방에 끝이 있다고 생각하십니까?"

"끝이 없겠지."

"그러면, 마음이 그 무궁한 세계에 놀고 있는 사람이 이 땅 위의 나라들을 내려다본다면 거의 있거나 없거나 한 작은 존재라 말할 수 있지 않겠습니까."

"하긴 그렇게 말할 수도 있겠소."

"바로 그러한 나라들 속에 위나라가 있고 위나라 속에 양(梁)이란 도읍이 있고, 또 그 도읍 안에 대왕이 계십니다. 그러고 보면 대왕과 만씨에 무슨 차이가 있겠습니까?"

"으음, 별 차이가 없겠군."

대진인이 물러가고, 왕이 멍청히 넋나간 사람처럼 앉아 있는데 혜자가 들어왔다.

"정말 큰 인물이었소. 성인도 그를 미치지 못하리라."

왕의 감탄에 혜자도 머리를 크게 끄덕였다.

"피리를 불면 높은 소리가 울려퍼지지만, 칼자루 구멍을 불면 그저 획하고 입김 소리만 날 뿐입니다. 요·순에 대한 사람들의 칭찬의 소리도 대진인의 앞에서는 이 획 하는 소리로밖에는 들리지 않을 것입니다."

물에 잠기다

孔子之楚, 舍於蟻丘之漿. 其隣有夫妻臣妾登極者.

子路曰, 是稯稯何爲者邪, 仲尼曰, 是聖人僕也. 是自
埋於民, 自藏於畔. 其聲銷, 其志無窮. 其口雖言, 其
心未嘗言. 方且與世違, 而心不屑與之俱. 是陸沈者也.
是其市南宜僚邪. 子路請往召之. 孔子曰, 已矣. 彼知
丘之著於己也. 知丘之適楚也, 以丘爲必使楚王之召己
也. 彼且以丘爲佞人也. 夫若然者, 其於佞人也. 羞聞
其言. 而況親見其身乎. 而何以爲存. 子路往視之, 其
室虛矣.

【解釋】　공자가 초나라에 갔을 때 의구의 한 주막에서 묵게 되었는데
그 이웃의 한 부부가 하인들과 같이 지붕 꼭대기에 올라가 보고 있었
다. 자로가 물었다. "저 무리들은 누구입니까." 중니가 말했다. "저들
은 성인들로 하인배처럼 사는 사람들이다. 스스로 백성 사이에 묻혀 있
으며 스스로 밭두덩에 묻혀 살고 있다. 저들의 명성은 사라졌으나　그
뜻은 한없이 깊다. 저들의 입은 말을 하나 그 마음은 말을 하지 않는
다. 세속을 등져 살고 있고 마음 또한 세속과 함께하기를 원치 않고
있다. 이를 뭍에 잠겨 사는 사람이라 하는데 저들이 바로 시남의료일
것이다. 자로가 그들을 불러 오자고 했더니 공자는 "그만둬라. 저들은
내가 자기들을 알아 본 것을 안다. 내가 초나라로 가는 것도 알고 내
가 초왕으로 하여금 저들을 부르게 할 것으로 알고 있다. 저들은 나를
간사한 사람으로 알고 있다. 무릇 그같은 사람들은 간사한 사람의 말을
듣는 것조차 수치로 알고 있다. 그런데 그 몸을 보이겠느냐? 너는 어
찌해 저들이 있을 것이라 생각하느냐." 자로가 가서 보니 과연 그 집은
텅 비어 있었다.

【解説】　공자 일행이 초나라로 유세를 갔을 때의 일이다.
　어느 날 의구(蟻丘)의 어느 주막에서 묵게 되었다. 그러자 근처 지붕
위에서 이쪽을 구경하고 있는 부부와 그 하인인 듯한 사람들이 보였다.
　이를 눈치챈 자로(子路)가 화를 냈다.

"무례한 것들! 대체 어떤 놈들이기에 저토록 무례하단 말입니까?"

공자가 조용히 타일렀다.

"몸을 하인들 속에 묻은 어진 사람들이라고나 할까. 자진해서 백성들 속에 묻혀 농부가 된 사람들이다. 그들의 이름은 세상에서 잊혀진 지 이미 오래지만, 그들의 정신만은 자유의 경지를 거닐고 있다. 그 말과 행동은 세상 사람들과 조금도 다를 것이 없지만, 속마음은 세속을 등지고 〈허(虛)〉에 편안히 살려 하고 있다. 이것이 〈뭍에 잠긴다. (陸沈)〉는 생활 방법인 것이다. 아마 시남의료(市南宜僚—楚의 賢人)가 틀림없을 것이다."

"그러면 찾아가 불러 오겠습니다."

"공연한 짓이다. 시남의료라면 나를 만날 리가 없다. 그는 내가 초나라 서울로 가면 초왕을 만나 혹시 그를 등용하도록 권고하지나 않을까 걱정하고 있을 것이다. 그는 나를 남의 비위나 잘 맞추는 그런 사람으로 생각하고 있다. 나의 말만 들어도 그는 귀가 더러워졌다고 생각할 것이다. 그런 그가 왜 나를 만나려 하겠는가. 너는 그들이 아직 그 집에 남아 있을 것으로 생각하느냐?"

자로가 반신반의하며 그 집을 찾아갔으나 과연 사람 하나 남지 않고 텅 비어 있었다.

26. 外　物

外　物

外物不可必，故龍逢誅比干戮，箕子狂，惡來死，桀紂亡，人主莫不欲其臣之忠，而忠未必信，故伍員流於江，萇弘死於蜀，藏其血，三年化而爲碧，人親莫不欲，其子之孝，而孝未必愛，故孝己憂而曾參悲，木與木相摩則然，金與火相守則流，陰陽錯行，則天地大絨，於是乎有雷有霆，水中有火，乃焚大槐，有甚憂，兩陷而無所逃，螴蜳不得成，心若縣於天地之間，慰暋沈屯，利害相摩生火甚多，衆人焚和，月固不勝火，於是乎有僨然而道盡.

【解釋】 자기 밖에 있는 모든 사물은 필연적인 것이 없다. 그로써 용봉은 주살되었고 비간은 살육당했으며 기자는 미쳤다. 악래는 죽임을 당했고 걸·주는 망했다. 군주는 신하의 충성을 바라지 않는 일이 없지만 충성을 다한다 해서 반드시 믿는 것은 아니다. 그로써 오운은 강에 떠내려 갔고, 장홍은 촉에서 자살했는데 그 피를 묻었던 바 3년 후에 구슬로 변했다. 부모치고 그 자식이 효도하기를 바라지 않는 자가 없다. 하나 효도한다 해서 반드시 사랑받지는 못한다. 그로써 효기는 근심했

고 증삼은 슬퍼했다. 나무와 나무를 서로 비비면 불이 일어나고 쇠와 불을 서로 합치면 쇠가 녹아 흐른다. 음양이 잘못 행해지면 천지가 크게 엇갈려 번개가 치고 천둥이 친다. 뇌우가 일면 홰나무가 탄다. 사람도 또한 심한 근심이 있으면 이해에 빠져 도망갈 곳이 없게 된다. 정신의 조화를 얻을 수 없어 마음은 마치 천지 간에 매달린 것 같아, 위로하고 괴로워하고 빠지고 머뭇거린다. 이해가 서로 들끓어 불을 튀김이 심하다. 사람들은 이해에 빠져 마음의 조화를 스스로 불태워 버린다. 달과 같은 인간의 마음이 이 불을 이길 수는 없다. 이리하여 무너지고 기울어져서 도가 없어지게 된 것이다.

【解說】 자기 밖에 있는 일체의 사물은 어느 하나도 반드시 절대적인 것이 아니다.

그러기에 명성을 구한 용봉(龍逢)은 하(夏)나라 걸왕(桀王)의 손에 죽었고, 비간(比干)은 은(殷)나라 주왕(紂王)에 의해 피살되었으며, 기자(箕子)는 광인(狂人) 행세로써 겨우 죽음을 면할 수 있었던 것이다. 또 권세를 좋아한 악래(惡來)는 주(周)나라 무왕(武王)의 손에 죽어야 했고, 걸왕이며 주왕 또한 망하고 만 것이다.

임금들치고 그 신하가 충성하기를 바라지 않는 이가 없거니와, 그렇다고 해서 신하가 충성을 다할 경우 반드시 임금의 신뢰를 얻는 것은 아니다.

예를 든다면 오자서(伍子胥―伍員)는 살해당해 강물에 던져졌고, 장홍(萇弘)은 촉(蜀)나라로 추방되어 결국은 자살하고 말았다. 장홍의 경우에 촉나라 사람들은 그의 무죄한 죽음을 슬퍼해 그 피를 함께 묻었던 바, 3년 뒤에 보니 푸른 구슬로 변해 있었다고도 한다.

부모들치고 자식의 효도를 바라지 않는 사람은 없다. 하지만 자식이 효도를 다한다 해서 반드시 그 부모로부터 사랑을 받는 것은 아니다.

예를 들면 효기(孝己)는 계모로 하여 조심하지 않을 때가 없었고, 증삼(曾參)은 늘 아버지의 미움 속에 살아야 했다. 나무와 나무를 마찰하면 불이 일어나고, 쇠에 불이 닿으면 쇠가 녹아 흐르기 마련이다. 또 음양(陰陽)의 기운이 그 평형을 잃으면 천지의 변괴(變怪)가 생기게 마련이어서 우뢰가 울고 번개가 친다. 그러한 뇌우에 맞으면 거대한 홰나무〔槐木〕도 타버리는 수가 있다.

사람들 또한 그와 마찬가지여서 음양의 근심과 인도(人道)의 근심에 빠진 나머지 이 세상의 어디로 도망칠 곳조차 없게 된다. 정신의 큰 조화는 상실뇌어서 하늘에 매달린 듯 불안하고 험난에 빠져 이해가 상충하기 일쑤다.

사람들은 이 때문에 본성을 불태우고 이 불길로 하여 생명마저 불타버린다. 이렇게 하여 우리의 도는 찾아볼 수도 없게 된다.

붕어가 사는 길

莊周家貧, 故往貸粟於監河侯, 監河侯曰, 諾, 我將得邑金, 將貸子三百金, 可乎, 莊周忿然作色曰, 周昨來, 有中道而呼者, 周顧視車轍中, 有鮒魚焉, 周問之曰, 鮒魚來, 子何爲者邪, 對曰, 我東海之波臣也, 君豈有斗升之水, 而活我哉, 周曰, 諾, 我且南遊吳越之王, 激西江之水而迎子, 可乎, 鮒魚忿然作色曰, 吾失我常, 與我無所處, 吾得斗升之水然活耳, 君乃言此, 曾不如早索我於枯魚之肆.

【解釋】 장주는 집이 가난하여 쌀을 꾸려고 감하후를 찾았다. 감하후

가 말했다. "좋소. 내가 장차 세금을 거둘 텐데 그때 3백 금을 빌려 주면 되겠소?" 장주가 화가 나서 말했다. "주가 어제 여기 올 때 중도에 부르는 자가 있어 돌아다보니 수레바퀴가 지나간 자리에 붕어가 있었습니다. 주가 묻기를 '붕어야, 왜 그러느냐?' 했더니　대답하기를 '저는 동해신의 신하입니다. 당신은 물 몇 되로 나를 살려 주십시오.' 하는 것이었습니다. 그래 제가 '나는 오·월의 왕을 찾아 남으로 가는데 서강의 물로 너를 환영하도록 말하겠다. 좋으냐?' 했더니 붕어가 화를 내어 말하길 '나는 물이 떨어져 거처할 곳조차 없소. 나는 몇 되의 물만 있으면 살 수 있는데 당신은 그렇게 말할 수 있소? 차라리 나를 건어물 가게에서 찾는 것이 더 빠를 것이오.' 하였습니다."

【解説】　장자는 집이 가난해서 한번은 쌀을 꾸러 위문후(魏文侯)를 찾아갔다. 그의 청을 들은 문후는 이렇게 말했다.

"좋소. 이제 세금을 거두는 대로 3백 금을 꾸어 주리다. 그러면 되지 않겠소?"

장자는 분연히 노해서 이렇게 말했다.

"저는 어제 이곳에 오는 도중 누군가가 부르는 소리를 듣고 뒤를 돌아보았습니다. 그랬더니 길바닥의 물고랑에서 한 마리 붕어가 저를 부르는 것이었습니다. 그래서 그 까닭을 물어 보았습니다.

'붕어야, 왜 그러니?'

'나는 동해신(東海神)의 신하입니다. 그대는 몇 되의 물로 나를 살려 주시지 않겠습니까?'

'그러지.　나는 지금 오(吳)나라와 월(越)나라의 임금을 찾아가는 길이다. 그곳에　당도하면 양자강(西江) 물을 범람시켜 너를 맞이하겠다. 그래도 되겠느냐?'

'나는 지금 물이 떨어져서 거처할 곳마저 없는 몸이오. 겨우 몇 되의 물만 있으면 목숨을 부지할 수 있을 텐데, 그따위 말을 하는 거요. 차라리 이 다음에 나를 건어물 가게에서나 찾아 보시구려.'

이렇게 붕어와 이야기를 나눈 적이 있었습니다."

任나라 公子의 낚시

任公子爲大鉤巨緇，五十犗以爲餌，蹲乎會稽，投竿
東海，旦旦而釣，期年不得魚，已而大魚食之，牽巨鉤
餡沒而下，驚揚而奮鬐，白波若山，海水震蕩，聲侔鬼
神，憚赫千里，任公子得若魚，離而腊之，自制河以東，
蒼梧以北，莫不厭若魚者，已而後世輇才諷説之徒，皆
驚而相告也，夫揭竿累，趣灌瀆，守鯢鮒，其於得大魚
難矣，飾小説以干縣令，其於大達亦遠矣，是以未嘗聞
任氏之風俗，其不可與經於世亦遠矣．

【解釋】 임공자가 큰 낚시와 거대한 낚싯줄을 만들고 50마리의 소를
미끼로 회계산에 앉아 동해에 낚시를 던졌다. 매일 낚시질을 했으나, 1
년이 지나도록 고기를 얻지 못했다. 그러다가 큰 고기가 걸렸다. 그 큰
낚시를 당기며 아래로 잠기는 듯하더니, 별안간 뛰어올라 지느러미를
퍼덕대니 흰 물결이 산처럼 일고, 바닷물이 뒤흔들렸다. 소리는 귀신
같고 천 리 밖까지 떨게 했다. 임공자가 이 고기를 잡아 잘게 썰어서
포를 만들어 제하 이동과 창오 이북을 다 배부르게 먹였다. 후세의 가
벼운 말재주가 있는 무리들이 모두 놀라서 서로 이를 알렸다. 무릇 낚
싯대와 낚시를 들고 조그만 개울에 나가 작은 고기를 지키면 큰 고기를
얻기가 어렵다. 작은 말을 꾸며 현령을 구하면 대달 역시 멀리에 있다.
그러므로 공자의 이야기를 아직 못들은 자와는 더불어 세상을 경륜하

는 데 거리가 멀다.

【解説】　임(任)나라 공자(公子)가 대형 낚시와 낚싯줄을 만들어 50마리의 큰 소를 미끼로 해서 회계산(會稽山)에 가 동해(東海)에 낚시를 던졌다. 매일같이 낚시질을 했지만 1년이 지나도 한 마리의 고기조차 낚이지 않았다. 그런데 하루는 큰 고기가 걸렸다. 고기는 낚시를 당겨서 바닷속으로 잠기는 듯하더니 갑자기 뛰어올라 지느러미를 퍼덕거렸다. 그 바람에 흰 물결이 산처럼 솟아오르고, 바닷물이 뒤흔들렸다. 그 소리는 귀신이 울부짖는 것 같고 천 리 밖에 사는 사람들까지 몸을 떨게 했다.

임나라 왕자는 이 엄청난 고기를 잡자 잘게 썰어서 포로 만들었는데, 절강(浙江) 동쪽, 창오산(蒼梧山) 북쪽의 주민들은 다 그 고기를 배급받아 배부르게 먹을 수 있었다. 이 이야기는 후세의 언변있는 무리들이 임나라 공자에게 감탄한 나머지 이야기를 전하게 된 것이다.

하지만 낚싯대를 들고 개울이나 도랑에 지키고 앉아 잔고기를 낚는 사람들로서는 이 임나라 공자가 잡은 고기를 결코 잡을 수 없을 것이다. 마찬가지로 보잘것 없는 학문을 자랑해서 한 지방 수령에게 잘 보이고자 하는 학자 따위는 크게 출세(大達)할 수 없는 것이다.

그러므로 임나라 공자 이야기도 들어보지 못한 사람들과는 천하를 함께 이야기할 수 없을 것이며, 바라지도 말아야 할 것이다.

붙잡힌 神龜

宋元君夜半而夢人被髮, 闚阿門. 曰, 予自宰路之淵.

予爲清江使河伯之所. 漁者余且得予. 元君覺, 使人占
之. 曰, 此神龜也. 君曰, 漁者有余且乎. 左右曰, 有.
君曰, 令余且會朝. 明日, 余且朝. 君曰, 漁何得. 對
曰, 且之網得白龜焉, 其圓五尺, 君曰, 獻若之龜. 龜
至. 君再欲殺之, 再欲活之. 心疑, 卜之曰, 殺龜以卜
吉, 乃刳龜. 七十二鑽而無遺筴.

仲尼曰, 神龜能見夢於元君, 而不能避余且之網. 知
能七十二鑽而無遺筴, 不能避刳腸之患. 如是, 則知有所
因, 神有所不及也. 雖有至知, 萬人謀之. 魚不畏網,
而畏鵜鶘. 去小知而大知明, 去善而自善矣. 嬰兒生無
石師而能言, 與能言者處也.

【解釋】 송원공이 한밤중에 꿈을 꾸었는데, 사람이 머리를 풀고 아문
을 엿보며 말했다. "나는 재로의 못에서 왔소. 나는 청강을 위해 하백
이 있는 곳으로 심부름을 가는 중인데, 고기잡이 여저가 나를 잡았소."
원공이 깨어서 사람을 시켜 점을 쳤더니, 점장이가 말했다. "이는 신귀
입니다." 원공이 물었다. "고기잡이 중에 여저란 자가 있느냐." "있습
니다." 원공이 말했다. "여저를 조회에 들라 하라." 다음날 여저가 조
회에 드니 원공이 물었다. "어떤 고기를 잡았느냐." 여저가 대답했다.
"제 그물에 흰 거북이 잡혔는데, 그 둘레가 다섯 자였습니다." 원공이
말했다. "너의 거북을 바쳐라." 거북이 도착하자 원공은 이를 죽일 것
인가 살릴 것인가 망설이다가 마음에 의심이 생겨 점을 쳤다. 점괘는 이
러했다. "거북을 죽여 그것으로 점을 치면 좋다." 이에 거북을 도려내
었다. 일흔두 번을 점쳤는데 틀린 괘가 없었다.
　중니는 말했다. "신귀는 능히 원공의 꿈에까지 나타날 수 있었으나 능
히 여저의 그물을 피하질 못하였고, 그 지혜는 능히 일흔두 번을 찔러
틀린 괘가 없었으나 창자를 도려 내는 환을 피하지 못했다. 이처럼 지
혜도 궁한 곳이 있고 신도 미치지 못하는 곳이 있다. 비록 지고한 지혜

가 있다 하더라도 만 사람이 도모할 수가 있다. 고기는 그물을 두려워
하지 않고 사다새를 두려워한다. 작은 지혜를 버려야 큰 지혜가 생겨나
며, 착함을 버려야 착해질 수 있다. 갓난 아이가 스승이 없어도 능히
말할 수 있는 것은, 말할 줄 아는 사람과 함께 있기 때문이다.”

【解說】 어느 날 밤 송원공(宋元公)은 이상한 꿈을 꾸었다.
머리를 풀어헤친 한 남자가 내전 뒷문에서 안을 들여다보며 원공에게
이렇게 호소했다.
“나는 재로(宰路) 못에서 찾아 온 사람입니다. 양자강 신(淸江神)의
사자로서 황하 신(河伯)에게 가던 도중 어부 여저(余且—혹은 豫且)
란 사람에게 붙잡히고 말았습니다.”
이튿날 원공이 이 꿈을 해몽하도록 시켰더니 그것은 신통력을 갖춘 거
북이라는 대답이 나왔다.
이에 원공이 물었다.
“어부 가운데 여저란 자가 있느냐?”
“있습니다.”
“그를 데려오도록 해라.”
이튿날 여저가 조정에 들어오자 원공은 곧 그를 불러 물었다.
“요즘 이상한 물건을 잡은 일이 없느냐?”
“있습니다. 흰 거북을 산 채로 잡았습니다. 직경이 다섯 자나 되는 큰
거북이었습니다.”
원공은 여저에게 그 거북을 바치도록 명령했다. 이윽고 거북이 바쳐
지자 원공은 그것을 살려 줄 것인가 죽여 버릴 것인가의 결정을 내리지
못하고 점치는 사람에게 점을 치도록 했다. 점괘는 거북을 죽이라는 것
이었다.
“거북을 죽여 그것으로 점을 치는 데 쓰면 좋다.”
원공은 그 점괘에 의해 거북을 죽여 껍질을 벗겼다. 그 뒤 그 껍질로
점을 치기를 일흔두 번이나 했으나 단 한 번도 맞지 않은 일이 없었다.
이 이야기를 전해 들은 공자는 이렇게 말했다.
“그 거북은 원공의 꿈에 나타날 수 있는 능력은 가지고 있으면서도 어

부의 그물을 피하지는 못했다.

 또 일흔두 번이나 점을 쳐서 한 번도 틀린 일이 없을 정도의 힘을 가지고 있으면서도 껍질을 벗기는 화를 벗어나지는 못했다. 이로 미루어 보면, 아무리 알아도 때로는 궁지에 빠지는 수가 있고, 아무리 신통력을 가져도 그것이 미치지 못하는 경우가 있다. 아무리 투철한 지혜와 능력을 가진 것이라도 많은 사람의 지혜와 힘 앞에는 견디지 못한다. 고기는 물새에게 찍혀 먹힐까봐 두려워할 뿐, 어부의 그물을 경계하려고는 않는다. 작은 지혜란 이런 것이다. 인간도 작은 지혜를 버리고 나서야 큰 지혜를 얻게 되며, 착한 일을 하려고 하는 노력을 버린 뒤라야 절로 착해지게 되는 것이다. 갓난 아이는 특별히 말을 가르쳐 주는 스승이 없어도 말을 배우게 된다. 이렇게 절로 배우게 되고 절로 알게 되는 것이야말로 완전한 앎이 되는 것이다.”

無用의 用

惠子謂莊子曰, 子言無用. 莊子曰, 知無用, 而始可與言用矣. 夫地非廣且大也, 人之所用容足耳. 然則廁足而墊之, 致黃泉, 人尚有用乎. 惠子曰, 無用. 莊子曰, 然則無用之爲用也亦明矣.

【解釋】 혜자가 장자를 보고 말했다. “자네의 말은 소용이 없네.” 장

자가 말했다. "무용을 알아야 비로소 용을 말할 수 있네. 무릇 땅이 넓고 크지만 사람은 발을 디딜 곳만을 필요로 하네. 그러면 발 디딜 곳만 남기고 나머지는 파헤쳐 황천에 이르러도 발디딜 곳만 소용에 닿는가." 혜자가 대답했다. "소용이 없네." 장자가 말했다. "그렇다면 소용없는 것이 실제로 소용됨이 분명하지."

【解説】 언젠가 혜사(惠子)는 장사를 이렇게 비평했다.
"자네 이론은 현실적으로는 아무 소용이 없네."
장자는 이렇게 받아 넘겼다.
"소용이 없는 것이 무엇인지를 아는 사람만이, 소용이 있는 것에 대해 말할 수 있는 자격이 있네. 예를 들어, 지금 우리가 서 있는 이 땅은 끝없이 넓지만, 당장 우리에게 필요한 것은 발을 디딜 수 있는 넓이뿐이네. 그러나 그렇다고 해서 발바닥 밑만을 남겨 두고 그 주위를 밑바닥까지 파버린다면 어떤 결과가 오겠는가. 그래도 발바닥 밑이 소용 있겠는가."
혜자가 대답했다.
"그야 소용이 없지."
장자는 조용히 반문했다.
"그것 보게, 소용 없는 것이야말로 참으로 소용이 되지 않는가."

聖人의 흉내내기

演門有親死者, 以善毀爵爲官師, 其黨人毀而死者半,

> 堯與許由天下, 許由逃之, 湯與務光天下, 務光怒之,
> 紀他聞之, 師弟子而踆於窾水, 諸侯弔之, 三年, 申徒
> 狄因以踣河.

【解釋】 연문에 부모상을 당한 자가 있었는데 상례를 잘 하여 몸이 여위었다. 나라에서 벼슬을 주어 표창했다. 그를 흉내낸 무리들이 여위거나 반이 죽었다. 요가 허유에게 천하를 주자 허유는 도망했다. 탕이 무광에게 천하를 주려 하자 무광은 화를 냈다. 기타는 이를 듣고 제자를 이끈 채 관수에 주저앉아 있으니 제후들이 위문했다. 3년 후 신도적은 그를 사모하여 황하에 뛰어들어 죽었다.

【解説】 송(宋)나라 연문(演門—門名) 근처에 부모상을 입은 사람이 있었다.

그는 너무도 상례를 지킨 나머지 형편없이 여위어 버렸다. 그래서 나라에서 표창해 벼슬을 내렸더니, 그곳 사람들이 모두 그 효자 흉내를 내다가 여위어 버렸고, 그 중에는 너무 여원 나머지 죽어 버리는 사람이 반이나 될 정도였다.

또 이런 이야기도 있다. 요(堯)가 허유(許由)에게 천하를 넘기려 할 때 허유가 도망친 것을 본받아 그것을 흉내내는 자가 속출한 것이다.

은나라 탕왕(湯王)이 무광(務光)에게 양위(讓位)하려 들자 무광은 자기를 모욕한다고 성을 냈으며, 그 소문을 들은 기타(紀他)는 제자들을 이끈 채 관수(窾水) 기슭에 주저앉아 물에 빠져 죽겠다고 했다. 이에 제후들이 그를 위로하기 위해 사신을 보내기도 했다.

그로부터 3년 후 신도적(申徒狄)은 기타의 행위를 사모한 나머지 누가 그에게 천하를 주고자 하지도 않았는데 황하에 뛰어들어 죽고 말았다.

27. 寓　言

寓言·重言·巵言·無言

寓言十九, 重言十七, 巵言日出, 和以天倪, 寓言十九, 藉外論之, 親父不爲其子媒, 親父譽之, 不若非其父者也, 非吾罪也, 人之罪也, 與己同則應, 不與己同則反, 同於己爲是之, 異於己爲非之, 重言十七, 所以已言也, 是爲耆艾, 年先矣, 而無經緯本末, 以期年耆者, 是非先也, 人而無以先人, 無人道也, 人而無人道, 是之謂陳人, 巵言日出, 和以天倪, 因以曼衍, 所以窮年, 不言則齊, 齊與言不齊, 言與齊不齊也, 故曰無言, 言無言, 終身言, 未嘗言, 終身不言, 未嘗不言.

【解釋】 우언이 열에 아홉이고, 중언이 열에 일곱이고, 치언은 날로 새롭게 자연의 나뉨을 조화시킨다. 열에 아홉인 우언은 다른 데에 가탁해서 논술하는 것이다. 친아비가 그 자식을 위해서 중매서지 않음은 그 아비가 칭찬하는 것보다 그 아비 아닌 자가 하는 것이 낫기 때문이다. 이는 말하는 자의 죄가 아니라 듣는 사람의 죄다. 자기 뜻과 같으면 응하지만, 자기와 같지 않으면 반대하며, 자기와 같으면 옳다 하고, 자기와 다르면 그르다 한다.

　열에 일곱을 차지하는 중언은, 논란을 중지시키려는 옛사람의 말이 그
것이다. 나이가 앞섰다 해도 경위 본말을 분별함이 없으면 나이가 들
었다 해도 이를 앞섰다고 할 수 없다. 앞선 사람으로서 사람을 이끌지
못하면 사람의 도를 다한 것이라 할 수 없다. 사람이 사람의 도가 없으
면 이것을 낡은 사람이라 한다.

　날로 새로운 치언은 자연의 나뉨을 합해 가고, 그 사리를 만연히 하
여 그 천수를 다하게 하기 위함이다. 말로 표현하지 않으면 고르나 말
을 고르게 하려 하면 고르지 않게 된다. 그러므로 무언을 말한다. 말을
하나 말이 없는 것이다. 평생 말해도 말하지 않은 것이 되고, 평생 말
을 하지 않아도 말하지 않은 것이 아니다.

【解説】　《장자》에 있어서 문장의 표현 방식은 다음의 세 가지로 나눌
수 있다. 즉 다른 일에 가탁해서 표현하는 우언(寓言)은 전체의 9할,
옛사람의 말을 빌어 표현하는 중언(重言)은 전체의 7할, 대상에 따라
자유자재로 변화하는 치언(卮言)은 전체에 걸쳐 통용되어 있다.

　우언이란 다른 것을 빌어 말하는 문장이다. 가령 아버지가 아들을 중
매하지 않는 것은 다른 사람이 그 아들을 칭찬하는 것이 효과적인 까닭
이다. 따라서 자신을 위한다기보다도 우언이라면 쉽사리 받아들이는 세
상 사람들에게 까닭이 있는 것이다. 세상 사람들은 남의 의견을 들을
적에 자기 뜻과 같으면 찬성하지만 다를 때에는 반대한다. 또 자기와
같은 의견은 옳다 하고, 다른 의견은 그르다 하며 비난을 퍼부어 댄다.
그러기에 직접적인 발언을 삼가고 우언을 쓰게 되는 것이다.

　중언은 번거로운 논쟁을 피하기 위해서이다. 옛사람의 말이라는 권위
가 있기 때문이다. 물론 옛사람들이라 해도 사리를 분별하고 일의 본
말을 알지 못한다면 앞섰다고 할 수도 없는 것이다. 더구나 사람을 이
끌 만한 힘이 없는 사람이면 사람으로서의 도(道)마저도 체득하지 못
한 것이다. 그런 옛사람들을 가리켜 낡았다 한다.

　치언이란 날이면 날마다 새로운 것을 써서 상대적인 논쟁을 절대적인
입장에서 화해시켜 가며, 무심하고 자유로운 채 천수(天壽)를 다하게
하기 위한 말이다. 말로 표현하지 않으면 사물의 대립은 생기지 않으며

만물은 그 제동성(齊同性)을 유지한다. 그러나 제동성이라고 묶어서 말할 때 그 용어는 개념과는 다른 것이 된다.

도(道)라는 말 역시 용어와 개념은 이원적(二元的)인 대립을 갖게 되므로 궁극의 세계에서는 어떠한 말도 개입할 여지가 없다고 보아야 한다.

무언이란 바로 이런 궁극의 도에서 나온 말이기에 일생을 두고 말을 한다 해도 한 마디도 말하지 않은 것이나 다름없어지며, 또 반대로 죽을 때까지 한 마디도 말하지 않지만 진실을 끊임없이 이야기한 셈이 된다.

예순 살에 예순 번 되다

莊子謂惠子曰, 孔子行年六十而六十化. 始時所是, 卒而非之. 未知今之所謂是之非五十九年非也. 惠子曰, 孔子勤志服知也. 莊子曰, 孔子謝之矣, 而其未之嘗言. 孔子云, 夫受才乎大本. 復靈以生, 鳴而當律, 言而當法. 利義陳乎前, 而好惡是非, 直服人之口而已矣. 使人乃以心服, 而不敢蘁, 立定天下之定. 已乎已乎, 吾且不得及彼乎.

【解釋】　장자가 혜자에게 말했다. "공자는 행년이 60에 60번 변했네. 처음 옳다고 한 것도 마침내는 그르다 했네. 그러면 지금의 이른바 옳다는 것도 쉰아홉 번째처럼 그런 것이 아닌지를 알 수 없네." 혜자는 말했다. "공자는 뜻을 부지런히 하고, 앎을 힘쓴 것뿐이네." 장자가 말했다. "공자는 그것을 버렸네. 일찍이 그것을 말한 적이 없었네. 공자는 '재주는 큰 근본에서 받는다. 본래의 영으로 돌아가 살면, 우는 것은 음률에 맞고, 말하는 것은 법에 맞는다. 이익과 의리를 앞에 늘어놓고, 좋다 나쁘다 옳다 그르다 하는 것은 다만 사람의 입을 굴복받는 데 지나지 않는다. 사람으로 하여금 마음으로 굴복케 하여 감히 거스르지 못하게 하여야 천하의 올바름을 정한다.'라고 말했네. 정해진 일이네. 나는 그에게 미칠 수 없네."

【解說】　언젠가 장자가 혜자에게 말했다.

"저 공자 같은 성인은 나이 예순이 될 때까지 예순 번이나 생각을 고쳤다고 하네. 처음 옳다고 믿었던 일도 뒤에 잘못임을 깨달아 고치며, 나이와 더불어 새로이 살아갔네. 지금 우리들이 옳다고 믿고 있는 일도 일찍이 공자가 그랬던 것처럼 역시 잘못되어 있는지도 모르는 것이네."

"그야 공자가 자기의 뜻을 이룩하기 위해 쉴 새 없이 노력하며 학문을 깊게 하려고 힘쓴 까닭이겠지."

"아직 깨닫지 못하고 있군. 공자는 그런 의식적인 노력은 이미 버린지 오래였네. '사람의 능력은 원래가 도에 의해 주어진 것이다. 이 영묘한 천부의 성품으로 되돌아가서 무심히 살아갈 것 같으면, 말과 행동은 자연 바르게 되는 것이다.'고 한 그의 말이 무엇보다 그의 생활 방법을 잘 보여 주고 있네. 새삼스럽게 정의가 어떠니 이해가 어떠니 이들어대고, 뭐가 좋으니 나쁘니 하며 옥신각신하는 사람들의 의논은, 결국은 입에 발린 소리에 불과하네. 그러나 무심히 모든 것을 받아들이는 사람에 대해서는 누구나가 다 대립 의식을 잃고 마네. 이래야만 만인이 이해할 수 있는 진리가 확립되는 것이네. 우리는 도저히 공자에 미치지는 못하네."

28. 讓　王

天下의 主人

堯以天下讓許由, 許由不受, 又讓於子州支父, 子州
支父曰, 以我爲天子, 猶之可也, 雖然, 我適有幽憂之
病, 方且治之, 未暇治天下也, 夫天下至重也, 而不以
害其生, 又況他物乎, 唯無以天下爲者, 可以託天下也.

【解釋】　요가 천하를 허유에게 양도하려 하자 허유는 받지 않았다. 또
자주지보에게 양도하려 하자 자주지보가 말했다. "나를 천자로 삼는 것
도 좋기는 하겠지요. 그러나 나는 마침 가슴앓이가 있소. 그래서 치료
하고 있는 중이오. 천하를 다스릴 만큼 한가롭지 못하오." 천하는 지극
히 중한 것이다. 그러나 생명을 해쳐도 될 만큼은 아니다. 하물며 다른
것이야 어떻겠느냐? 천하를 아무것도 아닌 것으로 아는 사람만이 천하
를 맡을 수 있다.

【解説】　요(堯)가 천하를 허유(許由)에게 물려 주고자 했으나 허유는
사양했다. 그래서 이번에는 자주지보(子州支父)에게 천하를 받으라고
했으나 자주지보는 이렇게 대답했다.

"나를 천자로 삼는 것도 좋겠지요. 하지만 나는 지금 마음의 병을 앓
고 있어서 그것을 고치는 중이오. 그러니 천하를 다스릴 틈이 어디 있

겠소."

　천하는 더없이 가치있는 것인지도 모른다. 그러나 천하란 한 목숨을 희생할 수 있을 만큼 가치가 있는 것은 아니다. 나아가 천하만도 못한 것은 말할 필요도 없을 것이다. 그러나 다시 생각해 볼 때 천하를 안중에 두지 않는 이런 사람이야말로 천하를 맡을 수 있을 것이다.

귀찮은 天下

> 舜以天下讓善卷, 善卷曰, 余立於宇宙之中, 冬日衣皮毛, 夏日衣葛絺, 春耕種, 形足以勞動, 秋收斂身足以体息, 日出而作, 日入而息, 逍遙於天地之間, 而心意自得, 吾何以天下爲哉, 悲夫, 子之不知余也, 遂不受, 於是去而入深山, 莫知其處.

【解釋】 순이 천하를 선권에게 양도하려 하자 선권이 말했다. "나는 우주 한가운데 서서 겨울에는 가죽털옷을 입고 여름에는 칡 잠방이를 입으며 지내오. 봄에 밭을 갈면 몸이 일하기에 충분하고, 가을에 거두어들이면 몸은 충분히 쉬게 되오. 해가 뜨면 일하고, 해가 지면 쉬오. 천지 사이를 소요하며, 마음과 뜻을 스스로 얻소. 내가 천하를 다스리겠소? 슬프구려. 당신이 나를 모르다니. 끝내 받지 않고 그곳을 떠나 깊은 산에 묻히니 그 간 데를 알 수 없었다.

【解說】 순(舜)이 선권(善卷)에게 천하를 맡기려 하자 선권은 이렇게 대답했다.

"나는 이 우주 속에 삶을 받아 겨울에는 가죽털옷, 여름에는 칡잠방이를 입고 살지요. 봄이 되면 밭을 갈아 씨를 뿌리니 몸은 일하기에 충분하고, 가을이 되면 거두어들이니 몸을 쉬고 배를 불릴 만하오. 해가 뜨면 일하고 저물면 쉬며, 이 천지 사이에 노닐어도 마음에 걸리는 것이 없소. 내가 왜 천하 따위를 다스리고 있겠소. 참으로 그대가 나를 모른단 말이오. 슬픈 일이구려."

선권은 천하를 사양하고 뒤미처 거처를 떠나 깊은 산속으로 들어가 종적을 감추고 말았다.

사람의 힘으론 안 된다

> 舜以天下讓其友石戶之農, 石戶之農曰, 捲捲乎后之爲人, 葆力之士也, 以舜之德爲未至也, 於是夫負妻戴, 攜子以入於海, 終身不反也.

【解釋】 순이 천하를 그 벗 석호지농에게 양도하려 하자 석호지농이 말했다. "당신의 사람됨은 꽤 힘을 쓰려고 하는군. 인력을 존중하는 선비야." 순의 덕이 아직 이르지 못했음을 이르는 것이다. 그리고 남부여대하여 자식을 끌고 바다로 들어가 평생 나오지 않았다.

【解說】 순(舜)이 그 벗 석호지농(石戶之農)에게 천하를 물려 주겠다고 했다. 그러자 석호지농은 이렇게 대답했다.

“그렇게 힘을 쓰면 안 되네. 사람의 힘으로 모두 다 된다고 생각하겠지만, 그런 것이 아니네.”

석호지농은 그렇게 말함으로써 순이 아직 덕을 갖추지 못함을 시사한 것이다. 그리고 석호지농은 짐을 짊어지고 아내는 그 머리 위에 짐을 인 채 어린애의 손을 붙잡아 바닷속 섬으로 들어가더니 죽을 때까지 돌아오지 않았다.

領土를 버린 大王

大王亶父居邠. 狄人攻之. 事之以皮帛而不受, 事之以犬馬而不受, 事之以珠玉而不受. 狄人之所求者土地也. 大王亶父曰, 與人之兄居而殺其弟, 與人之父居而殺其子, 吾不忍也. 子皆勉居矣. 爲吾臣與爲狄人臣, 奚以異. 且吾聞之, 不以所用養害所養. 因杖筴而去之. 民相連而從之, 遂成國於岐山之下. 夫大王亶父, 可謂能尊生矣. 能尊生者, 雖貴富不以養傷身, 雖貧賤不以利累形. 今世之人, 居高官尊爵者, 皆重失之, 見利輕亡其身, 豈不惑哉.

【解釋】 태왕 단보가 빈에 살 때 오랑캐가 침입하였다. 가죽과 비단을 보내어 섬겨도 받지 않고, 개와 말을 보내어 섬겨도 받지 않고, 구슬과 옥을 보내어 섬겨도 받지 않았다. 오랑캐가 요구하는 것은 토지였다.

태왕 단보가 말했다. "남의 형과 함께 살면서 그 아우를 죽이고 남의 아비와 함께 살면서 그 아들을 죽이는 짓을 차마 하지 못한다. 모두 힘써 살아라. 내 신하이거나 오랑캐의 신하가 되거나 무엇이 다르랴. 또 내 들으니 기르는 데 쓰는 것으로 기르는 것을 해치지 않는다 했다."
그는 채찍을 짚고 떠나갔다. 백성이 서로 이어서 좇아가 드디어 기산 밑에 나라를 이루었다. 태왕 단보는 생명을 귀히 여긴다 할 수 있다. 삶을 귀히 여기는 사람은 비록 부귀해도, 그를 위해 몸을 상하지 않고, 비록 빈천해도 그 때문에 몸을 괴롭히지 않는다. 지금 세상 사람은 높은 벼슬과 높은 지위에 있게 되면 모두 잃는 것을 중히 여겨 이를 보고 가볍게 그 몸을 망치니, 어찌 잘못된 것이 아니냐.

【解說】 태왕 단보(太王亶父―周文王의 祖父)가 빈(邠)이란 땅에 머물러 있을 때 인접해 있는 적(狄)이란 이민족의 공격을 받게 되었다.
싸움을 피하기 위해 태왕은 털가죽과 비단을 보내어 화친을 청했으나 적은 들으려 하지 않았다.
태왕은 다시 개와 말 등 가축을 보냈으나 또 듣지 않았다. 그래서 귀한 보물들을 보냈는데도 역시 응하려 하지 않았다. 적의 야심은 영토에 있었던 것이다.
달리 방법이 없게 된 태왕은 신하들을 불러 이렇게 일렀다.
"나는 이 땅을 지키기 위해 백성들을 싸움터로 끌어 냄으로써 사람들이 그 육친을 잃고 슬퍼하는 소리를 차마 들을 수 없다. 그대들은 모든 것을 견디고 이 땅에 머물러 살라. 그대들로서는 내 신하가 되나 오랑캐의 신하가 되나 아무 다를 것이 없다. 나는 〈땅은 사람을 살리기 위해 있는 것이다. 그런 땅을 위해 사람을 해쳐서는 안 된다.〉는 교훈에 따르려 한다."
말을 마친 태왕은 채찍을 짚고 표연히 정든 땅을 버리고 떠나갔다. 그러나 그의 덕을 사모하는 백성들은 너도 나도 앞을 다투어 태왕의 뒤를 따랐다.
이리하여 태왕이 새로 자리잡게 된 기산(岐山) 기슭에는 새로운 나라가 생겨났다.

이 태왕 단보야말로 인간의 생명을 가장 소중히 안 인물이라 말할 수 있을 것이다. 생명을 존중하는 사람은 비록 부귀한 지위에 있더라도 향락을 위해 몸을 해치는 일이 없고, 비록 가난하고 비천한 환경에 놓여 있어도 이익이나 욕심으로 인해 육신을 괴롭히는 일은 하지 않는다.

그런데 오늘의 높은 지위에 있는 사람들은 어떤가. 지위를 잃을까 그것만을 걱정하며, 명예와 이익을 위해 가볍게 몸을 망치는 일이 얼마나 많은가. 이야말로 본말(本末)이 전도된 것이다.

越나라 王子搜

越人三世弒其君, 王子搜患之, 逃乎丹穴, 而越國無君, 求王子搜不得, 從之丹穴, 王子搜不肯出, 越人薰之以艾, 乘以王輿, 王子搜援綏登車, 仰天而呼曰, 君乎君乎, 獨不可以舍我乎, 王子搜非惡爲君也, 惡爲君之患也, 若王子搜者, 可謂不以國傷生矣, 此固越人之所欲得爲君也.

【解釋】 월나라 사람들이 3대에 걸쳐 그 임금을 죽이니 왕자 수가 두려워 단혈로 도망쳤다. 월나라에 임금이 비자 왕자 수를 찾았으나 찾지 못했다. 단혈에 이르렀으나, 왕자 수는 나오려 하지 않았다. 월인이 쑥을 태워 연기를 넣어 끌어내어 왕의 수레에 태웠다. 왕자 수는 줄

을 잡고 차에 오르면서 하늘을 우러러 보며 외쳤다. "임금이라니! 임금이라니! 나를 홀로 버려 둘 수는 없는가?" 왕자 수는 임금이 되는 것을 싫어한 것은 아니다. 임금의 우환을 싫어한 것이다. 왕자 수 같은 사람이면 나라 때문에 삶을 손상시키지 않는다 할 수 있다. 이 때문에 월인이 임금으로 받들고자 한 것이리라.

【解説】 월(越)나라 사람들은 3대에 걸쳐 임금을 죽였다. 이에 왕자 수(授—無頎)는 자기도 죽을 것을 두려워하여 도망쳐 단혈(丹穴) 속에 숨었다. 그러자 임금 자리가 비게 된 월나라에서는 왕자 수를 찾아 헤매다가 드디어 단혈을 찾아 내게 되었다. 하지만 왕자 수가 끝내 그 속에서 나오려 들지 않았으므로 쑥을 태워 굴속으로 연기를 흘러들게 했다. 그렇게 해서 겨우 수를 끌어내 연(輦)에 태우자 수는 하늘을 우러러 이렇게 외쳤다.

"임금이라니! 이 나를 가만히 내버려 둘 수는 없는가?"

사실 왕자 수는 임금이 되기 싫은 것은 아니었다. 다만 임금이 됨으로써 생길 재앙을 두려워한 것이다. 왕자 수와 같은 사람은 나라와 자기 생명을 결코 바꾸지 않는 인물이라 할 수 있을 것이다. 하기는 이 때문에 월나라 백성들이 기어코 그를 임금으로 모시려 들었는지도 모른다.

남의 말

子列子窮, 容貌有飢色. 客有言之於鄭子陽者, 曰,
列禦寇蓋有道之士也居君之國而窮君無乃爲不好士乎.
鄭子陽卽令官遺之粟. 子列子見使者, 再拜而辭. 使者

去, 子列子入. 其妻望之, 而拊心曰, 妾聞爲有道者之
妻子, 皆得佚樂, 今有飢色. 君過而遺先生食, 先生不
受. 豈不命邪, 子列子笑謂之曰, 君非自知我也, 以人
之言而遺我粟. 至其罪我也, 又且以人之言. 此吾所以
不受也. 其卒, 民果作難, 而殺子陽.

【解釋】　자열자가 궁해서 용모에 굶주린 빛이 있었다. 손이 정나라 자
양에게 말했다. "열어구는 도가 있는 선비인데, 상공의 나라에 있으면
서 궁하니, 상공이 곧 선비를 좋아하지 않는 것이 되지 않겠습니까."
정자양이 곧 관에 명령하여 곡식을 보냈다. 자열자가 사자를 보고, 두
번 절하며 사양했다. 사자가 가고 자열자가 들어오니, 그의 아내가 바
라보고 가슴을 치며 말했다. "첩은 도 있는 사람의 처자는 다 편함과
즐거움을 얻는다고 들었는데, 지금 굶주린 빛을 지니고 있습니다. 군이
사과하여 상공에게 식량을 보내도 상공은 받지 않으니 어찌 명이 아니
겠습니까?" 자열자가 웃으며 말했다. "상공이 스스로 나를 안 것이 아
니고, 남의 말을 듣고 내게 곡식을 주었으니, 나를 죄주기에 이르는 것
도 또한 남의 말로 하리라. 이것이 내가 받지 않은 까닭이오." 그 후
백성들은 과연 난을 일으켜 자양을 죽였다.

【解説】　열자(列子)는 가난한 생활 때문에 몸이 형편없이 여위어 있었
다.
　마침 정(鄭)나라에서 온 어느 사람이 너무나 보기가 딱해서 이 나라
재상인 자양(子陽)에게 말했다.
　"열어구(列禦寇)는 유덕하고 어진 사람인데 그토록 가난한 생활을 하
고 있으니 말이 되지 않습니다. 상공께서는 어진 사람을 싫어한다는 비
난을 받아 마땅할 줄로 압니다."
　자양은 즉시 소임에게 지시를 내려 열자의 집에 식량을 보내 주었다.
그러나 열자는 심부름 온 사람을 만나자 깍듯이 인사를 차린 후 이를
거절하고 말았다.

열자가 심부름 온 사람을 돌려 보내고 안으로 들어오자 그의 아내는
몸부림치며 남편을 원망했다.

"저는 유덕한 사람의 처자는 평생 안락한 생활을 보내는 것으로 듣고
있었습니다. 그런데 이토록 가난하게 살아야 하는 것은 무엇 때문입니
까. 그 뿐인가요. 모처럼 재상께서 염려하시어 양식을 보내 주었는데
도 당신은 굳이 이를 받지 않으셨습니다. 모든 것이 제가 박복한 탓일
까요?"

열자는 웃으며 말했다.

"그는 스스로 준 것이 아니라, 남의 충고를 듣고 보내 준 데 불과하
오. 남의 말에 그렇게 쉽사리 움직이는 사람이고 보면 다음에는 또 남
의 말에 의해 나에게 어떤 벌을 줄지 누가 알겠소? 그래서 받지 않았
던 것이오."

자양은 뒷날 과연 민중의 신망을 잃고 난을 당해 피살되고 말았다.

北人無擇의 自決

舜以天下讓其友北人無擇, 北人無擇曰, 異哉, 后之
爲人也, 居於畎畝之中, 而遊堯之門, 不若是而已, 又
欲以其辱行漫我, 吾羞見之, 因自投淸冷之淵.

【解釋】 순이 천하를 그의 벗 북인무택에게 양도하려 하자 북인무택이
말했다. "이상하오, 당신의 사람됨이 말이오. 농사지으며 살 때는 요

의 문에 놀러 다니고, 그뿐이라면 모르되 또 나에게 그 욕을 넘기려 하니 나는 보기조차 부끄럽소." 하며 맑고 차가운 못에 스스로 몸을 던졌다.

【解説】　순(舜)이 천하를 그 벗 북인무택(北人無擇)에게 물려 주려 하자 북인무택은 이렇게 말했다.

"그대는 참으로 이상한 사람이오. 전원에 살 적에는 부귀를 탐내어 요(堯)의 집에 드나들더니 드디어 천자가 되었고, 이제 와서는 그 더러운 행위를 나에게도 권하다니! 나는 그대를 만나는 것조차 창피스럽소."

북인무택은 드디어 맑고 차가운 못에 몸을 던져 죽고 말았다.

29. 盜 跖

窮地에 몰린 孔子

1. 天下의 大盜

孔子與柳下季爲友. 柳下季之弟, 名曰盜跖. 盜跖從
卒九千人, 橫行天下, 侵暴諸侯, 穴室樞戶, 驅人牛馬,
取人婦女, 貪得忘親, 不顧父母兄弟, 不祭先祖. 所過
之邑, 大國守城, 小國入保. 萬民苦之.

孔子謂柳下季曰, 夫爲人父者, 必能詔其子, 爲人兄
者, 必能敎其弟. 若父不能詔其子, 兄不能敎其弟, 則
無貴父子兄弟之親矣. 今先生, 世之才士也, 弟爲盜跖,
爲天下害, 而弗能敎也. 丘竊爲先生羞之. 丘請爲先生
往說之. 柳下季曰, 先生言, 爲人父者, 必能詔其子,
爲人兄者, 必能敎其弟. 若子不聽父之詔, 弟不受兄之
敎, 雖今先生之辯, 將奈之何哉. 且跖之爲人也, 心如
涌泉, 意如飄風. 强足以距敵, 辯足以飾非. 順其心則
喜, 逆其心則怒, 易辱人以言. 先生必無往.

孔子不聽, 顏回爲御, 子貢爲右, 往見盜跖. 盜跖乃
方休卒徒太山之陽膾人肝而餔之. 孔子下車而前, 見謁
者曰, 魯人孔丘, 聞將軍高義, 敬再拜謁者. 謁者入通.
盜跖聞之大怒, 目如明星, 髮上指冠. 曰, 此夫魯國之
巧僞人孔丘非邪. 爲我告之, 爾作言造語, 妄稱文武,
冠枝木之冠, 帶死牛之脅, 多辭繆說, 不耕而食, 不織
而衣, 搖脣鼓舌, 擅生是非, 以迷天下之主, 使天下學
士, 不反其本, 妄作孝弟, 而徼倖於封侯富貴者也. 子
之罪大極重. 疾走歸不然, 我將以子肝益晝餔之膳. 孔
子復通曰, 丘得幸於季, 願望履幕下, 謁者復通, 盜跖
曰, 使來前.

【解釋】 공자와 유하계는 친구였다. 유하계에게 도척이란 아우가 있었
다. 그는 군사 9천 명을 거느리고 천하를 횡행하며 제후들을 기습했다.
방에 구멍을 뚫고 문의 지도리를 뽑으며, 남의 마소를 몰아가고, 남의
부녀를 앗아갔다. 탐욕스러워 친척을 잊고 부모 형제를 돌보지 않으며,
조상의 제사도 지내지 않았다. 그가 지나가는 곳마다 대국은 성을 지
키고 소국은 보로 들어가니, 만백성이 괴로워했다.

　공자가 유하계를 찾아가 말했다. "무릇 아비된 사람은 반드시 그 자
식을 타이르고, 형된 사람은 그 아우를 가르쳐야 하오. 만일 아비가 능
히 그 아들을 타이르지 못하고, 형이 능히 그 아우를 가르치지 못한다
면 부자와 형제의 친함이 귀할 것이 없소. 선생은 지금 세상의 재사로
서, 아우가 도척이 되어 천하의 해가 되어도 바로잡지 못하고 있으니,
내 속으로 선생을 위해 부끄러워 하오. 청컨대 선생을 위해 내가 가서
설득하겠소." 유하계가 말했다. "선생은 아비된 사람은 반드시 그 아들
을 타이르고, 형된 사람은 반드시 그 아우를 가르친다고 했으나, 만일
자식이 아비의 타이름을 듣지 않고, 아우가 형의 가르침을 받지 않는
다면, 비록 선생의 변론인들 어찌할 수 있으리오. 도척의 사람됨이, 마

음은 솟는 샘과 같고, 뜻은 회오리 바람과 같으며, 굳셈은 족히 적을 막고, 변론은 잘못을 꾸미기에 넉넉하오. 그의 뜻을 순종하면 기뻐하고, 그의 뜻을 거스르면 노하여 사람을 말로써 욕하기 쉬우니 선생은 실대로 가지 마오.”

공자는 듣지 않았다. 안회로 말을 몰게 하고, 자공을 오른쪽에 앉혀서 도척을 보러 갔다. 도척은 졸도를 태산 남쪽에 쉬게 하고 사람의 간으로 회를 쳐서 먹고 있는 참이었다. 공자가 수레에서 내려 알자를 보고 말했다. “노나라 사람 공구가 상군의 높은 의를 듣고, 삼가 두 번 절하여 뵙고자 하오.” 알자가 들어가 통하니 도척이 이를 듣고 크게 노하여 눈은 샛별같이 하고, 머리털은 위로 관을 향했다. 도척이 말했다. “그는 저 노나라의 위선자 공구가 아니냐. 내 대신 일러라. ‘너는 글을 짓고 말을 만들어 망령되이 문·무를 일컬으며, 모양나는 관을 쓰고 죽은 쇠가죽 띠를 두르고, 수다스럽고 그릇된 이야기만 지껄이며, 밭갈이도 않고 먹으며, 베를 짜지 않으면서 입고, 입술을 놀리고 혀를 움직여 멋대로 시비를 가려서 천하의 군왕들을 현혹하고, 천하의 학사로 하여금 그 근본으로 돌아가지 못하게 하고, 망령되이 효제를 만들어, 봉후와 부귀를 요행으로 얻으려는 자다. 너의 죄는 극히 크고 무겁다. 급히 달려 돌아가지 않으면 내 너의 간으로써 점심밥의 반찬을 더하리라.’고.” 공자가 다시 통하여 말했다. “구가 계에게 사랑을 얻었으니 막하에 밟기 바랍니다.” 알자가 이를 다시 통하니 도척이 말했다. “그를 앞으로 오게 하라.”

【解説】 공자의 친구 유하계(柳下季—柳下惠. 실제로는 孔子보다 1백 년 전의 인물)에게 도척(盜跖)이란 아우가 있었다. 도척은 9천 명의 부하를 거느리고 천하를 횡행하며, 위로는 제후들을 습격하고 아래로는 백성들을 위협하여 소와 말을 앗아가고 여자를 데려갔다.

어찌나 욕심이 많고 성질이 못됐던지 일가 친척은 물론 친형제도 염두에 두지 않았다. 더구나 조상의 제사 같은 것은 전혀 돌보지 않았다. 도척의 무리가 온다는 소문만 나면, 큰 나라고 작은 나라고 간에 황급히 성문을 굳게 닫고 지키는 형편이어서 백성들의 고통은 이만저만이 아니었다.

그래서 공자는 유하계를 찾아갔다.

"어버이는 자식을 가르칠 의무가 있고, 형은 아우를 지도할 의무가 있지 않소. 당신을 세상에서 현인(賢人)이라 하는데도 못된 동생을 제대로 지도하지 못한다 함은 이상하지 않소. 내가 직접 당신 동생을 설득하고 싶은데, 당신의 생각은 어떻소."

유하계는 대답했다.

"물론 부형된 사람은 그런 의무가 있겠지요. 그러나 상대가 부모의 말에 귀를 기울이지 않고, 형의 지도를 받으려 하지 않는데, 당신의 변설이 무슨 소용이 있겠소. 더구나 척으로 말하면 솟아오르는 샘물 같은 기략(機略)과, 질풍 같은 행동력, 쉽사리 상대를 무찌를 수 있는 완력, 검은 것을 희다고 둘러붙일 수 있는 변재를 가지고 있는 사람이오. 다행히 제 기분에 들면 좋아하지만, 그렇지 못하면 당장 화를 내고 예사로 사람을 모욕하는 녀석이니 아예 그만두시오. 공연한 헛걸음을 하게 될 터이니."

그러나 공자는 그의 충고를 듣지 않고 안회(顔回)를 마부로, 자공(子貢)을 수행원으로 하여 길을 떠났다.

마침 그때 도척은 태산 남쪽 기슭에 부하들을 쉬게 한 다음 사람의 간을 회쳐서 먹고 있었다.

공자가 마차에서 내려 알자(謁者—副官)에게 말했다.

"나는 노나라의 공구(孔丘)라는 사람입니다. 장군의 높으신 이름을 사모하여 뵈옵고자 하니 부디 말씀을 전해 주십시오."

"공구란 놈이?"

알자의 말을 전해 들은 도척은 크게 노했다. 두 눈에 불을 켜고 성난 머리털은 관을 밀어 올릴 지경이었다.

"저 노나라의 위선자 말이냐. 가서 전해라. '너의 행동은 무거운 죄에 해당한다. 교묘한 말로 문왕(文王)과 무왕(武王)의 도를 쳐들고, 장식을 단 쇠가죽으로 만든 허리띠를 두르고 유해 무익한 잔소리를 늘어 놓는다. 일도 하지 않고 먹고, 제멋대로 시비와 선악을 논하며, 제후들을 그릇 인도하고, 학자들을 옆길로 끌어 넣으며, 효도를 운운하며 공

연한 소리를 외치고 다닌다. 모두가 자기의 출세를 위한 허튼 수작들
이다. 너같이 세상에 해독을 끼치는 인간은 다시 없다. 당장 물러가지
않으면 너의 간이 내 밥상에 오르게 될 것이다.'라고 말이다."
 공자는 굽히지 않고 사정을 했다.
 "나는 상군의 형님 되시는 분의 소개를 얻어 왔습니다. 모든 것을 용
서아시고 상군의 발 아래 엎드려 뵈옵는 것을 허락해 주십시오."
 일 사에게서 그런 말을 전해 들은 도척은 그제야 승낙을 했다.
 "그럼, 이리로 안내해라."

2. 阿諂은 숨은 險談

孔子趨而進, 避席反走, 再拜盜跖. 盜跖大怒, 兩展
其足, 案劍瞋目, 聲如乳虎. 曰, 丘來前, 若所言順吾
意則生, 逆吾心則死.
　孔子曰, 丘聞之, 凡天下有三德. 生而長大, 美好無
雙, 少長貴賤, 見而皆說之, 比上德也. 知維天地, 能
辯諸物, 此中德也. 勇悍果敢, 聚衆率兵, 此下德也.
凡人有此一德者. 足以南面稱孤矣. 今將軍兼此三者.
身長八尺二寸, 面目有光. 脣如激丹, 齒如齊貝, 音中
黃鐘, 而名曰盜跖, 丘竊爲將軍恥不取焉. 將軍有意聽
臣, 臣請, 南使吳越, 北使齊魯, 東使宋衛, 西使晋楚,
使爲將軍造大城數百里, 立數十萬戶之邑, 尊將軍爲諸
侯, 與天下更始, 罷兵休卒, 收養昆弟, 共祭先祖, 此

聖人才士之行, 而天下之願也.

盜跖大怒曰, 丘來前. 夫可規以利, 而可諫以言者,
皆愚陋恆民之謂耳. 今長大美好, 人見而悅之者, 此吾
父母之遺德也. 丘雖不吾譽, 吾獨不自知邪, 且吾聞之,
好面譽人者, 亦好背而毀之. 今丘告我以大城衆民, 是
欲規我以利, 而恆民畜我也. 安可久長也. 城之大者,
莫大乎天下矣. 堯舜有天下, 子孫無置錐之地. 湯武立
爲天子, 後世絶滅. 非以其利大故邪.

【解釋】 공자는 빨리 나아가 자리를 피하고 도로 물러나, 도척에게 두 번 절했다. 도척은 크게 화내어 발을 양쪽으로 벌리고, 칼을 어루만지며 눈을 부릅뜨고 젖먹이는 호랑이 같은 소리로 말했다. “구는 앞으로 오라. 네가 말하는 것이 내 뜻에 맞으면 살고, 내 마음을 거스르면 죽으리라.”

공자가 말했다. “구가 들으니, 천하에는 세 가지 덕이 있으니, 나면서부터 장대하고 아름답고 좋기가 짝이 없어 소장귀천이 보고 다 기뻐하는 것이 상덕이고, 지혜는 하늘과 땅을 이으며, 능력은 만물을 분별하는 것이 중덕이고, 용감하고 과감하여 뭇 사람을 모아 군사를 거느리는 것이 하덕입니다. 이 중 하나라도 가진 사람이면 족히 남면하여 고를 일컬을 수 있습니다. 장군은 지금 이 셋을 겸하고 있습니다. 신장은 여덟 자 두 치, 얼굴과 눈은 광택이 있고, 입술은 붉은 색을 칠한 듯하고, 이는 조개를 가지런히 한 것 같고, 목소리는 가락에 어울리는데도 도척이라 불리니 구는 장군을 위하여 속으로 부끄러워하는 바입니다.

장군이 신의 말을 들을 뜻이 있으면, 신은 청컨대 남으로는 오·월에, 북으로는 제·노에, 동으로는 송·위에, 서로는 진·초에 심부름을 가서 장군을 위하여 수백 리의 큰 성을 만들고, 수십만 호의 고을을 세워, 장군을 높여 제후를 삼도록 하겠습니다. 천하와 더불어 다시 시작하여 군사를 파하고 병졸을 쉬게 하며, 형제를 거두어 기르고, 함께 선조를 제사하는 것이 성인과 재사의 행실로서 천하가 바라는 바입니다."

노척이 크게 노하여 말했다. "구는 앞으로 오라. 무릇 이로써 달랠 수 있고, 말로써 간할 수 있는 것은 어리석은 백성일 뿐이다. 내가 장대미 호하여 사람이 보고 기뻐하는 것은 우리 부모가 끼친 덕이니, 네가 비록 나를 칭찬하지 않는다고 내 스스로 알지 못하겠느냐. 또 내 들으니, 면전에서 남을 칭찬하기 좋아하는 사람은 돌아서서 헐뜯기를 좋아한다고 했다. 지금 네가 내게 큰 성과 많은 백성으로써 말한 것은 나를 그로써 달래려고 함이며, 나를 보통 사람으로 대한 것이다. 그런 것들이 어찌 장구할 수 있겠느냐. 성이 아무리 커도 천하보다 더 크지는 않다. 요·순이 천하를 가졌으나 자손은 송곳을 세울 땅도 없었고, 탕·무는 천자가 되었으나 후손이 끊겨 없어졌다. 이로움이 너무 컸기 때문이 아니겠느냐."

【解說】 공자는 재빠른 걸음걸이로 도척 앞으로 나아갔다가 자리에 앉지 않고 두 세 걸음 뒤로 물러나 정중히 인사를 했다.

도척은 노염을 누그러뜨리지 않고 두 발을 힘차게 딛고, 칼자루에 손을 걸친 채 새끼를 감싸는 호랑이처럼 눈을 부릅뜨고 소리쳤다.

"네가 공구냐. 앞으로 나서라. 하는 말이 내 기분에 들면 모르거니와 그렇지 못하면 목숨이 남아 있지 못하리라."

공자는 그를 설득하기 시작했다.

"무릇 사람에게는 세 가지 덕이 있다고 합니다. 당당한 체구와 훌륭한 얼굴을 지녀 젊은이나 늙은이나 귀한 이나 천한 이나 모두 보고 좋아하는 것이 상덕(上德)이고, 천지를 덮는 영지(英知)와 온갖 것을 다할 수 있는 능력을 갖추고 있는 것이 중덕(中德)이고, 용맹 과감하여 많은 무리를 동원하고, 군대를 통솔할 수 있는 것이 하덕(下德)입니다. 이 중 하나라도 몸에 지닌 사람은 임금이 될 자격이 있다 했는데, 장군께서는 이 세 가지 덕을 모두 지니고 계십니다. 당당한 체구, 빛나는 얼굴, 붉은 칠을 한 듯한 입술, 조개를 세운 듯한 치아, 황종(黃鐘— 音律의 이름)의 가락에 맞는 목소리를 가지고 계십니다. 그런데도 이름 높은 도척으로 불리고 있으니, 이것은 장군을 위하여 결코 좋은 일이 아닙니다. 장군께서 만일 제 의견을 따르실 의향이시면, 저는 남쪽으로는 오·월, 북쪽으로는 제·노, 동쪽으로는 송·위, 서쪽으로는 진·초에 사자로 가서 이들을 움직여, 장군을 위해 사방 수백 리에 미치는 성을 쌓고, 호수(戶數) 수십만에 이르는 나라를 세우도록 하겠습니다. 그렇게 되면 상군은 제후로서 존경을 받게 될 것입니다. 이리하여 백성들의 마음을 새롭게 하는 것입니다. 전쟁을 그치고, 형제들과 함께 살며 함께 조상의 제사를 받들면, 이것이 바로 성인의 할 일이며, 또 만 백성의 염원인 것입니다."

도척은 격노했다.

"에잇, 듣기 싫다! 어리석은 백성이라면 혹 모르지만, 내가 이익에 동요되고 달콤한 소리에 넘어갈 것으로 생각하느냐. 내가 당당한 미장부(美丈夫)로서 모든 사람의 흠모를 받는 것은 부모에게서 받은 것으로, 네가 말하지 않더라도 벌써부터 알고 있다. 남이 보는 앞에서 아첨하는 자치고 숨어서 험담하지 않는 자가 없다. 성(城)을 주고 큰 나라를 주겠다는 소리는 더욱 귀에 거슬린다. 이익으로써 내 마음을 움직여 보려는 것이겠지만, 그것은 바로 나를 어리석은 백성으로 취급하는 것이 아니냐. 큰 나라는 그만두고 온 천하를 고스란히 준다 해도 그런 것이 어찌 영구히 보존되겠느냐. 요(堯)나 순(舜)은 천하를 지배했지만, 자손은 송곳 하나 세울 땅이 없었다. 탕왕과 무왕은 천자가 되었지만, 그들의 자손들은 끊어져 없어지고 말았다. 큰 이익일수록 잃기 쉬운 법이다."

3. 人間 本來의 삶

且吾聞之, 古者禽獸多而人少. 於是民皆巢居以避之, 晝拾橡栗, 暮栖木上. 故命之曰, 有巢氏之民. 古者民不知衣服, 夏多積薪, 冬則煬之. 故命之曰, 知生之民.
神農之世, 臥則居居, 起則于于, 民知其母, 不知其父,
與麋鹿共處, 耕而食, 織而衣, 無有相害之心. 此至德
之隆也. 然而黃帝不能致德, 與蚩尤戰於涿鹿之野, 流
血百里. 堯舜作, 立群臣. 湯放其主, 武王殺紂. 自是
之後, 以強陵弱, 以衆暴寡. 湯武以來, 皆亂人之徒也.
今子修文武之道, 掌天下之辯, 以敎後世. 縫衣淺帶,
矯言僞行, 以迷惑天下之主, 而欲求富貴焉. 盜莫大於
子. 天下何故不謂子爲盜丘, 而乃謂我爲盜跖. 子以甘
辭說子路而使從之, 使子路去其危冠, 解其長劍, 而受
敎於子. 天下皆曰, 孔丘能止暴禁非. 其卒之也, 子路
欲殺衛君而事不成, 身菹於衛東門之上. 是子敎之不至
也. 子自謂才士聖人邪. 則再逐於魯, 削迹於衛, 窮於
齊, 圍於陳蔡, 不容身於天下. 子敎子路菹, 此患, 上
無以爲身, 下無以爲人. 子之道豈足貴邪.

【解釋】 "또 내 들으니, 옛적에는 금수가 많고 사람은 적어서 사람들
이 다 나무 위에서 살며 이를 피했으며, 낮에는 상수리와 밤을 줍고,
저녁이 되면 나무 위에서 잤기 때문에 이때의 사람들을 유소씨의 백성
이라 부른다고 들었다. 옛날 백성들은 의복을 알지 못했고, 여름에 많
은 섶을 쌓아 두었다가 겨울에 때니, 그들을 삶을 아는 백성이라 일컬
었다. 신농의 시대는, 누우면 편안하고 일어나면 스스로 즐거웠으며,
사람들은 그 어미만 알고 아비를 알지 못했다. 사슴과 함께 지내며, 밭
을 갈아 먹고 베를 짜서 옷을 해 입으며 서로 해칠 마음이 없었으니,
이것이 지덕이 융성한 것이다. 그런데 황제는 덕을 이루기는커녕 치우
와 싸워 탁록 들에 피를 백 리나 뿌렸다. 요순은 일어나 뭇 신하를 세
웠다. 탕은 임금을 내쫓고, 무는 주를 죽였다. 이로부터 강한 것은 약

한 것을 업신여기고, 많은 것이 적은 것을 모질게 대했다. 탕·무 이래로 다 난인의 무리다. 지금 너는 문·무의 도를 닦고 천하의 변론을 잡아 세상을 가르친다. 좋은 옷, 엷은 띠에 꾸민 말과 거짓 행실로써 천하의 임금을 미혹시키고 부귀를 구하려 하니, 도둑도 상도둑이다. 천하는 무슨 까닭으로 너를 일러 노구라 하지 않고, 나를 도척이라 이르는가. 너는 달콤한 말로 자로를 달래어, 자로의 위관을 벗게 하고 장검을 풀게 하여 너에게 가르침을 받게 하였다. 천하는 공구가 능히 모진 것을 그치게 하고, 그른 것을 금지했다고 말했다. 그러나 결국 자로는 위왕을 죽이려 하다가 일을 이루지 못하여 위나라 동문 위에서 그 몸을 젓에 절이게 되었다. 이는 너의 가르침이 모자랐기 때문이다. 너는 스스로를 재사 성인이라 할 수 있겠는가. 두 번이나 노나라에서 쫓겨났고, 위나라에서는 자취를 감추었고, 제나라에서는 궁하게 되었고, 진·채에서는 포위되어 천하에는 몸둘 곳이 없게 되었고, 또 자로에게 젓에 절임을 낭하는 근심을 가르쳐 주었다. 위로 몸을 위함이 없고, 아래로 사람을 위함이 없었으니, 너의 도를 어찌 귀하다 할 수 있겠는가?"

【解説】 "태고에는 땅 위에 짐승들이 활개치고 사람의 수가 적어서 사람들은 나무 위에 집을 짓고 짐승을 피하며 살았다. 낮 동안은 나무 열매를 주워 먹고, 밤은 나무 위에서 보냈으므로 이 시대의 사람들을 유소씨(有巢氏――전설상의 帝王)의 백성이라고 한다. 옷을 입지 않았고, 여름에 땔감을 모아 두었다가 겨울에 추위를 막으니, 그들을 〈삶을 아는 백성〉이라 부르는 것은 이러한 연유에서이다. 신농씨(神農氏) 시대만 해도 밤이면 마음 편히 자고, 낮에도 걱정할 것이 없었다. 부부 제도 같은 것도 없었고, 사슴과 함께 지내며 입고 먹는 것을 자급 자족하여 남을 희생케 하는 인간은 없었다. 이것이 인간 본래의 생활 방식인 것이다. 그런데 네가 치켜올리는 황제(黃帝)란 사람은 다시 없는 부덕한 사람으로, 치우(蚩尤――무기를 처음 만들었다는 神農氏 시대의 인물)와 싸워 탁록(涿鹿)의 온 들을 피바다로 만들었고, 요·순은 천자가 됨으로써 상하의 신분제도를 만들어 냈다. 탕왕은 임금을 내쫓았고, 무왕도 그의 임금을 죽이고서 천자가 되었다. 그 이후부터 강자는 약

사람을 죽이고, 다수는 소수를 억압하게 되었다. 탕·무 시대 이후에는 모든 지배자가 백성들을 희생시켰다. 그런데 너는 이런 문왕·무왕의 도를 배워 학자의 세계에서 권위자가 되어 젊은이들을 가르치고 있다. 자랑스런 옷차림과 남의 이목을 현혹시키는 말과 행동으로 여러 나라의 임금들을 속이며, 부귀를 손아귀에 넣으려 하니 너보다 큰 도둑은 세상에 없다. 그런데 세상에서는 나를 큰 도둑이라고 하고, 너를 큰 도둑이라고는 하지 않으니, 이런 바보 같은 일이 또 어디 있느냐.

너는 달콤한 소리로 자로에게 용사의 관을 벗게 하고, 장검을 풀게 하여 제자를 삼았다. 그러자 세상에서는 네가 거친 사나이를 교화시켰다고 칭찬이 자자했다. 그런데 당자인 자로는 위왕(衛王)을 죽이려다 실패하고, 위나라 동문에 시체가 뒹굴게 되는 결과를 초래하지 않았더냐. 이것은 모두 너의 그릇된 교육 때문이었다. 그런데도 너는 성인을 자처할 생각이냐. 너는 두 번이나 노나라에서 쫓겨났고, 위나라에서는 버림을 받았으며, 제나라에서는 낭패를 당했었고, 진·채(陳蔡)의 국경에서는 죽을 뻔하다가 살아나, 결국 이 세상에는 몸 둘 곳마저 없게 되지 않았느냐. 자로는 너의 가르침을 맹신했기 때문에 살이 찢기어 젓으로 담궈지게 된 것이 아니냐. 자기의 몸도 제대로 보호할 수 없고, 남을 위해서도 아무 쓸모가 없으니, 네게서 취할 점이 무엇이 있겠느냐."

4. 聖賢의 本質

世之所高, 莫若黃帝. 黃帝尚不能全德, 而戰涿鹿之
野, 流血百里. 堯不慈, 舜不孝, 禹偏枯, 湯放其主,

武王伐紂. 文王拘羑里. 此六子者, 世之所高也. 孰論之, 皆以利惑其眞, 而强反其情性, 其行乃甚可羞也.

世之所謂賢士, 伯夷叔齊. 伯夷叔齊, 辭孤竹之君, 而餓死於首陽之山, 骨肉不葬. 鮑焦飾行非世, 抱木而死. 申徒狄諫而不聽, 負石自投於河, 爲魚鼈所食. 介子推至忠也, 自割其股, 以食文公. 文公後背之, 子推怒而去, 抱木而燔死. 尾生與女子期於梁下, 女子不來, 水至不去, 抱梁柱而死. 此六子者無異於磔犬流豕, 操瓢而乞者. 皆離名輕死, 不念本養壽命者也. 世之所謂忠臣者, 莫若王子比干, 伍子胥. 子胥沈江, 比干剖心. 此二子者, 世謂忠臣也, 然卒爲天下笑. 自上觀之, 至於子胥比干, 皆不足貴也. 丘之所以說我者, 若告我以鬼事, 則我不能知也. 若告我以人事者, 不過此矣. 皆吾所聞知也.

【解釋】 "세상에서 높다고 하는 것에 황제만한 사람이 없다. 그러나 황제는 능히 덕을 온전히 하지 못하여 탁록 들에서 싸워 피를 백 리나 뿌렸다. 요는 자애롭지 않았고, 순은 불효하였고, 우는 중풍에 걸렸고, 탕은 그 임금을 쫓았으며, 무왕은 주를 치고, 문왕은 유리에 갇혔었다. 이 여섯 사람을 세상이 높이 받들지만, 깊이 따지면 모두 이로써 그 참을 어지럽히고, 억지로 그 성정을 배반했다. 그 행실은 심히 부끄러워해야 할 것이다. 세상에서 이른바 현사라 하는 백이·숙제는, 고죽의 임금을 사양하고 수양산에서 굶어 죽어 뼈와 살이 묻히지 못했다. 포초는 행실을 꾸미고 세상을 그르다 하여 나무를 안고 죽었다. 신도적은 간하여도 듣지 않자 돌을 지고 몸을 물에 던져 고기와 자라의 밥이 되었다. 개자추는 충성이 지극해 자기의 다리를 베어 문공을 먹였다. 문공이 뒤에 배신하자 자추는 노하여 그를 떠나 나무를 안고 타죽었다.

미생은 여자와 다리 밑에서 만나기로 했다. 여자는 오지 않고 물은 불어났으나 떠나지 않아 끝내 다리 기둥을 안고 죽었다. 이 여섯 사람은 나무에 못박힌 개나, 물에 떠내려가는 돼지, 쪽박을 든 거지와 다를 것이 없다. 이름에 얽매여 죽음을 가벼이 했고, 근본을 생각하여 목숨을 소중히 하지 못한 사람들이다. 세상에서 이른바 충신이라 하는 사람 중 왕자 비간과 오자서만한 사람이 없으나 자서는 강에 빠지고 비간은 염통을 잘렸다. 이 두 사람을 세상에서는 충신이라 일컬었으나 결국은 천하의 웃음거리가 되고 말았을 뿐이다. 이렇게 볼 때 자서와 비간에 이르는 모든 자들이 다 이렇다 할 위인이 못된다. 네가 나를 설득시키려는 말이 귀신의 행위를 두고 하는 말이라면 내 잘 알 수 없겠으나 사람의 행위를 두고 하는 말이라면 결코 내 이야기를 넘어서지 못할 것이다. 그 이야기는 모두 이미 들어 알고 있는 것이다.”

【解説】 “세상에서는 황제(黃帝)를 가장 위대하게 생각하지만, 그 황제 역시 덕을 완전히 체득했다고는 할 수 없다. 그는 탁록 들에서 싸워 백 리의 들판을 피로 적셨다. 요(堯)는 자식을 사랑하지 못하였고, 순(舜)은 부모에게 효도하지 못했으며, 우(禹)는 반신불수가 되었고, 탕(湯)과 무왕(武王)은 임금을 죽인 역적이었으며, 문왕(文王)은 감옥에 갇히기도 했다. 여섯 사람은 세상의 존경을 받고 있지만, 잘 생각해 보면 모두 이익에 눈이 어두워 스스로 그 본성을 배반했던 것이다. 그들의 짓이야말로 부끄러운 일이다. 어진 사람으로 불린 백이(伯夷)와 숙제(叔齊)는 고죽국(孤竹國)의 임금 자리를 사양하고 수양산에서 굶어 죽자 시체는 들판에 버려진 채로 있었다. 포초(鮑焦─周의 隱士)는 속세를 등지기는 하였으나 그 결과로 나무를 안고 죽게 되었다. 신도적(申徒狄)은 간해서 듣지 않자 돌을 지고 물로 들어가 고기의 밥이 되었다. 개자추(介子推)는 진실한 사람으로 문공(文公)에게 자기 허벅다리 살을 떼어 내어 먹였으나 문공이 자기를 모른 척하자 성이 난 나머지 문공을 버리고 떠나 나무를 안은 채 불에 타죽었다. 미생(尾生)은 여자와 만나자는 약속을 지켜 다리 밑에서 물이 점점 불어나도록 기다리고 있다가 필경은 빠져 죽고 말았다. 이 여섯 사람의 참혹한 죽음은

나무에 못박혀 죽은 개나, 물에 빠져 죽은 돼지, 깨진 냄비를 들고 구걸하며 다니는 무리들과 다를 것이 없으니, 모두 이름에 사로잡혀 생명을 함부로 했다. 생명을 소중히 하는 것이 세상 만물의 근본이란 것을 생각지 못한 것이다. 세상에서 충신이라면 왕자 비간(王子 比干)과 오자서(伍子胥)에 미칠 사람이 없는데, 자서는 죽은 뒤 강물에 던져졌고, 비간은 염통을 뽑혔다. 그들은 이름만은 충신이었지만, 실상인즉 웃음거리에 불과하였다. 황제로부터 오자서·비간에 이르기까지 본받을 사람이라고는 하나도 없다. 네가 만일 인간을 초월한 세계에 관해 이야기를 할 생각이라면, 그것은 내가 알 바 아니다. 하기야 사람에 관한 이야기를 하고 싶겠지만, 그거라면 지금 내가 말한 것에 더 보탤 것이 없을 것이다. 네가 무슨 말을 하려는지 나는 벌써 다 알고 있는 것이다.”

5. 人間의 自然스런 情

今吾告子以人之情. 目欲視色, 耳欲聽聲, 口欲察味, 志氣欲盈. 人上壽百歲, 中壽八十, 下壽六十. 除病瘦死喪憂患, 其中開口而笑者, 一月之中, 不過四五日而已矣. 天與地無窮人死者有時. 操有時之具, 而託於無窮之間, 忽然無異騏驥之馳過隙也. 不能說其志意, 養其壽命者, 皆非通道者也. 丘之所言, 皆吾之所棄也. 亟去走歸, 無復言之. 子之道, 狂狂汲汲, 詐巧虛僞事也, 非可以全眞也. 奚足論哉.

孔子再拜趨走, 出門上車. 執轡三失, 目芒然無見, 色若死灰, 據軾低頭, 不能出氣. 歸到魯東門外, 適遇柳下季. 柳下季曰, 今者闕然, 數日不見. 車馬有行色,

得微往見跖邪. 孔子仰天而歎曰, 然, 柳下季曰, 跖得
無逆汝意若前乎. 孔子曰, 然. 丘所謂無病而自灸也.
疾走料虎頭, 編虎須, 幾不免虎口哉.

【解釋】 "내 그대에게 사람의 성정에 대해 말해 주겠다. 본래 사람의 눈은 아름다운 것을 보려 하고, 귀는 아름다운 소리를 들으려 하며, 입은 맛난 것을 찾으려 하고, 뜻과 기운은 왕성해지려고 하는 법이다. 사람은 상수가 백 세고, 중수가 여든, 하수가 예순이다. 병들어 여위고, 죽어 없어지고, 근심 걱정하는 날을 빼면 입을 열어 웃는 날은 한 달 중 사오 일에 불과할 뿐이다. 천지는 다함이 없으나 사람은 때가 오면 죽는다. 이 유한한 것이 무궁한 것에 의지해 있는 것은, 날랜 말이 틈새를 달려 지나가는 것과 다름이 없다. 그 뜻을 만족시키지 못하고, 그 수명을 기르지 못하는 사람은 다 도를 통하지 못한 사람이다. 네가 말한 것은 모두 내가 버리는 바다. 빨리 돌아가라. 그리고 다시는 말하지 마라. 소위 너의 도라는 것은 미친 듯 급급한 사교 허위에 불과하여 온전히 〈참〉을 담은 것이 못된다. 무얼 논할 수 있겠느냐."

 공자는 두 번 절하고 황급히 문을 나섰다. 수레에 올라 고삐를 잡았으나 세 번이나 놓쳤다. 눈은 망연해져 보이는 게 없고, 안색은 죽은 재와 같이 돼, 수레의 가로대에 기대 머리를 숙인 채 기운을 내지 못했다. 노나라 동문 밖에 이르자 마침 유하계를 만났다. 유하계가 말했다. "요즘 갑자기 며칠 볼 수가 없었소. 수레와 말에 어딜 나갔다 온 흔적이 있는데, 혹시 척을 만나고 온 것이 아니오?" 공자는 하늘을 보고 탄식하면서 대답했다. "그렇소." 유하계는 물었다. "전날 내가 말한 것처럼 척이 선생의 뜻을 거스르지 않더이까?" 공자가 대답했다. "그렇소. 나는 말하자면 병이 없는데도 뜸질을 하였던 것이오. 급히 달려가 범의 머리를 쓰다듬고 범의 수염을 꼬다가 하마터면 범의 밥이 됨을 면치 못할 뻔했소."

【解說】 이번에는 내가 인간의 자연스러운 정리(情理)에 대해 가르쳐 주겠다. 누구나 아름다운 것을 보고 싶어하고, 좋은 음악을 듣고 싶어

하며, 맛있는 음식을 먹고 싶어하고, 편안한 기분으로 살고 싶어한다. 사람의 수명은 오래 살아야 백, 보통은 여든, 짧으면 예순이다. 그나마 병과 죽음과 그 밖의 걱정 없이, 진심으로 즐거운 웃음을 웃을 수 있는 날은 한 달에 고작해 나흘이나 닷새가 될까말까다. 우주는 영원한 것이지만, 인간의 생명은 한이 있다. 우리는 유한한 생명을 영원한 우주에 의지하고 있다. 그것은 빠른 말[騏驥]이 문틈 사이를 달려 지나가는 극히 짧은 순간에 불과한 것이다. 이 한 순간의 일생에 있어서, 정신을 충족시킬 수도, 삶을 온전히 할 수도 없는 사람은 도를 체득했다고 할 수 없다. 그런 사람의 주장에 귀를 기울일 생각은 추호도 없다. 날이 어둡기 전에 빨리 돌아 가라. 다시는 나를 찾아와 지껄일 생각을 마라. 알겠느냐? 네가 주장하는 도는 도대체가 본성에 위배하여 만들어 낸 엉터리다. 그런 것은 애당초부터 문제가 되지 않는 것이다.”

공자는 깊숙이 머리를 숙이고 물러 나왔다. 밖에 나와 마차를 타기는 했으나 고삐를 놓쳐 버렸다. 눈 앞이 캄캄해서 아무것도 보이지 않았다. 등받이에 몸을 기대고 얼굴을 숙인 채 숨도 제대로 쉬지 못했다. 공자가 겨우 노나라 동문에 도착했을 때 유하계와 마주치게 되었다.

“요즘 통 볼 수가 없었는데, 수레를 보아하니 어딜 갔다 오는 모양이군요. 혹시 내 아우 척을 만나고 오는 길이 아닌지요?”

공자는 한숨을 내쉬면서 그렇다고 대답했다.

“결과가 어떠했소? 척이란 놈이 역시 당신을 물고 덤비지나 않았는지요?”

“그렇소. 나는 병도 나지 않았는데 공연히 뜸질을 하다가 뜨거운 변을 당하고 말았소. 겁없이 호랑이에게 달려가서 수염을 잡아뽑으려 했던 거요. 호랑이에게 물렸다 해서 조금도 이상할 게 없소.”

30. 説 劍

劍의 極致

1. 劍術狂인 趙王

昔趙文王喜劍. 劍士夾門而客三千餘人, 日夜相擊於前, 死傷者歲百餘人, 好之不厭. 如是三年, 國衰. 諸侯謀之. 太子悝患之, 募左右曰, 孰能說王之意, 止劍士者. 賜之千金. 左右曰, 莊子當能. 太子乃使人以千金奉莊子. 莊子弗受. 與使者俱往, 見太子曰, 太子何以教周, 賜周千金. 太子曰, 聞夫子明聖, 謹奉千金, 以幣從者. 夫子弗受, 悝尙何敢言. 莊子曰, 聞太子所欲用周者, 欲絶王之喜好也. 使臣上說大王, 而逆王意, 下不當太子, 則身刑而死. 周尙安所事金乎. 使臣上說大王, 下當太子, 趙國何求而不得也. 太子曰, 然. 吾王所見, 唯劍士也. 莊子曰, 諾. 周善爲劍. 太子曰, 然. 吾王所見劍士, 皆蓬頭突鬢垂冠, 曼胡之纓, 短後之衣. 瞋目而語難. 王乃說之. 今夫子必儒服而見王, 事必大逆. 莊子曰, 請治劍服.

【解釋】 옛날 조문왕은 칼을 좋아했다. 검사들이 문전에 몰려 손 노릇 하는 사람이 3천여 명에 달했는데, 낮이나 밤이나 왕 앞에서 싸워 사상 자가 한 해 백여 명에 이르렀는데도 왕은 이를 싫어하지 않았다. 이같 이 하기를 3년이 되어 나라 꼴이 기울자 제후들이 모사를 꾀했다. 태자 회가 이를 근심히여 신하들을 모으고 말했다. "내 왕의 뜻을 달래어 검 사의 발길을 그치게 하는 사람에겐 천 금을 내리겠다." 신하들이 말했 다. "장자라면 능히 할 수 있을 겁니다." 이에 태자가 사람을 보내어 장자에게 천 금을 바쳤으나 장자는 이를 받지 않고 사자와 더불어 와서 태자에게 물었다. "태자는 무엇을 제게 시키려고 천 금을 보내셨습니 까?" 태자가 말했다. "선생이 밝고 성하다 함을 듣고 삼가 종자를 시 켜 천 금을 받들어 폐백을 했으나 선생은 이를 받지 않으셨으니 내 어 찌 감히 말할 수 있겠습니까." 장자가 말했다. "듣건대 태자께서는 저 를 써서 왕이 좋아하는 것을 끊으려고 하시는 모양인데, 신은 위로 대 왕을 달래다가 그 뜻을 거스르거나 아래로 태자와 맞지 않게 된다면 형 을 받아 죽게 될 것인즉, 내 어찌 돈을 받겠습니까. 신이 위로는 대왕 을 기쁘게 하고, 아래로는 태자와 맞으면 조나라에 무엇을 구한들 얻 지 못하겠습니까?"

태자가 말했다. "그렇습니다. 우리 왕이 만나시는 것은 검사뿐입니다." 장자가 말했다. "알았습니다. 저도 칼을 잘 씁니다." 태자가 말했다. "우리 왕이 만나시는 검사들은 다 풀어헤친 머리에 일어선 구레나룻, 숙여진 관과 굵고 험한 관 끈, 거기에다 뒤가 짧은 옷을 입고, 눈을 부 릅뜨며 고함치듯 말해야만 좋아하십니다. 선생이 선비의 옷을 입고 대 하신다면 일은 반드시 크게 뒤틀릴 것입니다." 장자가 말했다. "검복을 준비하겠습니다."

【解説】 조문왕(趙文王)은 이상하리만큼 검술을 좋아했다. 항상 3천 명이 넘는 검객을 문하에 거느리고 있으면서, 밤낮을 가리지 않고 검 술 시합을 구경하는 것으로 시간을 보내고 있었다. 죽고 상하는 검객 이 한 해에 백 명이나 되어도 왕이 검술을 좋아하는 정도는 점점 심해 만 갔다.

3년이 지나자 조나라의 형세는 눈에 뜨이게 약해져 이웃 제후들이 침략의 기회를 엿보기 시작했다.

태자 회(悝)는 사태를 걱정한 나머지 근신들을 모아 놓고 상의를 했다.

"왕의 기분을 상하지 않고도 왕이 검술에서 마음을 돌리게 할 수 있는 사람이 있다면, 상으로 천 금을 주겠다."

"혹시 장자(莊子)라면 가능할지 모르겠습니다."

근신들의 말을 따라 태자는 사신에게 천 금을 들려 장자를 맞으러 보냈다. 그런데 장자는 돈은 받으려고도 않고 사신과 함께 태자를 찾아와 물었다.

"이런 큰 돈을 주시며, 날 보고 무엇을 어떻게 하라는 겁니까."

"선생의 어진 재주를 전해 듣고 꼭 힘을 빌리려 했었는데, 예물을 받지 않으셨으니 굳이 간청할 수 없는 일입니다."

"아닙니다. 듣건대 나를 왕께 보내어 왕의 검술 취미를 버리도록 하실 생각이라는데 만일 그렇다면 천 금은 필요치 않습니다. 만일 내가 잘못해서 왕의 비위를 거슬러 태자의 뜻을 이루지 못하게 된다면, 나는 죽음을 면치 못할 것입니다. 죽을 사람에게 큰 돈이 무슨 소용이 있겠습니까. 반대로 내가 만일 성공하게 된다면, 천 금뿐 아니라 나는 내가 바라는 모든 것을 얻게 될 것이 아닙니까."

"과연 말씀대로군요. 부디 왕의 취미를 돌려 주십시오. 왕은 지금 검술에 정신이 빠져 다른 일은 다 잊고 계십니다."

"명령대로 하겠습니다. 나도 검술을 약간은 알고 있으니까요."

태자는 기뻐하며 다시 말을 덧붙였다.

"그런데 선생은 학자 차림을 하고 계시는데, 왕이 좋아하는 사람들은 머리를 풀어 흩뜨리고 뒤가 짧은 옷을 입어 처음부터 싸울 준비가 되어 있으며 거친 말을 뇌까리는 살기 등등한 사람들입니다."

"알았습니다. 그렇다면 나도 검객 옷차림을 하겠습니다."

2. 無敵劍士 莊周

治劍服三日, 乃見太子. 太子乃與見王. 王脱白刃待
之. 莊子入殿門不趨, 見王不拜. 王曰, 子欲何以敎寡
人, 使太子先. 曰, 臣聞大王喜劍, 故以劍見王. 王曰,
子之劍何能禁制. 曰, 臣之劍, 十步一人, 千里不留行.
王大悦之, 曰, 天下無敵矣. 莊子曰, 夫爲劍者, 示之
以虛, 開之以利, 後之以發, 先之以至. 願得試之. 王
曰, 夫子休就舍, 待命令設戲請夫子. 王乃校劍士七日,
死傷者六十餘人, 得五六人, 使奉劍於殿下. 乃召莊子,
王曰, 今日試使士敦劍. 莊子曰, 望之久矣. 王曰, 夫
子所御杖長短何如. 曰, 臣之所奉皆可. 然臣有三劍,
唯王所用. 請先言而後試.

【解釋】 검복을 만들기 시작한 지 사흘 후 태자를 만났다. 태자는 그
와 함께 왕을 뵈러 갔다. 왕은 흰 칼을 뽑아 들고 기다리고 있었다. 장
자는 전문으로 들어갔으나 서두르지 않고, 또 절도 하지 않았다. 왕이
말했다. "그대는 무엇을 과인에게 가르치려고 태자를 앞세워 왔소?"
장자가 말했다. "신은 대왕께서 칼을 좋아하신다는 말을 듣고 칼을 갖
고 온 것입니다." 왕이 말했다. "그대의 칼은 무엇을 능히 금제할 수
있소?" "신의 칼은 10보에 한 사람씩을 베어 천 리를 멈추지 않을 수
있습니다." 왕이 크게 기뻐하며 말했다. "천하에 적이 없겠구려." 장자
가 말했다. "무릇 칼을 쓰는 사람은 허를 보여 기회를 잡으며 나중 움
직이고도 먼저 칩니다. 원컨대 시험해 보시기를 바랍니다." 왕이 말했
다. "선생은 숙사에 가서 쉬며 명을 기다리시오. 곧 시합을 열어 선생
을 청하리다." 왕은 곧 이레 동안의 검술 시합을 베풀어 사상자 60여
명을 낸 끝에 오륙 명의 검사를 뽑았다. 그들을 전각 아래 칼을 들고

서 있게 한 다음 장자를 불러 말했다. "내 오늘 시합을 열어 무사들이 칼을 닦게 하겠소." 장자가 말했다. "오래 기다렸습니다." 왕이 장자에게 말했다. "선생은 길고 짧은 것 중 어떤 칼을 쓰시오?" "아무 거나 씁니다. 신에게는 세 개의 칼이 있는데, 대왕의 뜻대로 쓰겠습니다. 그런데 먼저 한 말씀 드리고 시합에 임하겠습니다."

【解說】 며칠 후 장자가 검사 차림으로 태자를 찾자 기다리던 태자는 즉시 장자를 데리고 왕에게 문안을 드렸다.

왕은 칼을 뽑아 든 채 두 사람을 맞았다.

그런데 장자는 태연한 모습으로 성큼성큼 전상으로 올라가 왕의 앞으로 나아갔을 뿐, 절도 하지 않고 서 있었다.

왕은 발끈했다.

"굳이 태자를 번거롭게 해가며 대체 내게 무슨 말을 하려는 것이오?"

"대왕께서 칼을 좋아하신다는 소문을 듣고 신의 검법을 보여 드리고자 왔습니다."

"허, 그러면 경의 칼 솜씨는?"

"열 걸음에 한 사람씩 쓰러뜨리며, 천 리를 가도 가로막을 사람이 없습니다."

그 말에 왕은 금방 입이 딱 벌어졌다.

"오오, 정말 천하 무적이로군."

"검술의 극치는 먼저 틈을 보여 상대를 움직이도록 유인한 다음 그 움직임에 맞추어서 거꾸로 선수를 잡아 치고 들어가는 데 있습니다. 바라옵건대 이 극치를 실제로 보여 드리고 싶습니다."

"음, 옳거니. 그렇다면 우선 숙사에 가서 쉬도록 하오. 내 곧 시합준비를 끝내고 선생의 솜씨를 구경하도록 하겠소."

그로부터 이레 동안 왕은 매일 검사 선발 시합을 벌여 60명의 사상자를 낸 끝에 고수 오륙 명을 뽑아냈다.

여드레째 되던 날 이들 검사들을 뜰 아래에 대기시킨 뒤 왕은 장자를 불러냈다.

"그럼 지금부터 이 검사들을 상대로 선생의 솜씨를 구경할 수 있게 해

주시오."

"기다리고 있었습니다."

"칼은 긴 걸 쓰시겠소, 짧은 걸 쓰시겠소?"

"어느 것이고 상관없습니다. 그러나 신이 쓰는 칼은 세 개나 있습니다. 대왕께서 마음에 드시는 것을 쓰겠습니다. 그러나 시합에 앞서 먼저 그 세 가지 칼에 대한 이야기를 할까 합니다."

3. 세 가지 劍

王曰, 願聞三劍. 曰, 有天子劍, 有諸侯劍, 有庶人劍. 王曰, 天子之劍何如. 曰, 天子之劍, 以燕谿石城爲鋒, 齊岱爲鍔, 晋魏爲脊, 周宋爲鐔, 韓魏爲夾, 包以四夷, 裹以四時, 繞以渤海, 帶以常山, 制以五行, 論以刑德, 開以陰陽, 持以春夏, 行以秋冬. 此劍直之無前, 擧之無上, 案之無下, 運之無旁. 上決浮雲, 下絶地紀. 此劍一用, 匡諸侯, 天下服矣. 此天子之劍也.

文王芒然自失, 曰, 諸侯之劍何如. 曰, 諸侯之劍, 以知勇士爲鋒, 以淸廉士爲鍔, 以賢良士爲脊, 以忠聖士爲鐔, 以豪傑士爲夾. 此劍, 値之亦無前, 擧之亦無上, 案之亦無下, 運之亦無旁. 上法圓天, 以順三光, 下法方地, 以順四時, 中和民意, 以安四鄕. 此劍一用, 如雷霆之震也. 四封之內, 無不賓服, 而聽從君命者矣. 此諸侯之劍也.

王曰, 庶人之劍何如. 曰, 庶人之劍, 蓬頭突鬢垂冠, 曼胡之纓, 短後之衣, 瞋目而語難. 相擊於前, 上斬頸領, 下決肝肺. 此庶人之劍, 無異於鬪雞, 一旦命已絶矣, 無所用於國事. 今大王有天子之位, 而好庶人之劍, 臣竊爲大王薄之. 王乃牽而上殿. 宰人上食, 王三環之. 莊子曰, 大王安坐定氣, 劍事已畢奏矣. 於是文王不出宮三月, 劍士皆服斃其處也.

【解釋】 왕이 말했다. "세 개의 칼에 대해 듣고자 하오." 장자가 말했다. "천자의 칼이 있고, 제후의 칼이 있고, 서인의 칼이 있습니다." 왕이 물었다. "천자의 칼은 어떠하오." 장자가 대답했다. "천자의 칼은 연계와 석성으로 칼끝을 삼고, 제의 대산으로 칼날을 삼으며, 진·위로 칼등을 삼고, 주·송으로 손막이를 삼으며 한과 위로 칼자루를 삼습니다. 사방 오랑캐와 춘하추동으로 둘러싸고, 발해를 두르고, 상산을 띠로 했으며, 오행으로 제어하고, 형벌과 덕으로 논하며, 음양을 열고 봄과 여름을 조화시키고, 가을과 겨울을 운행시킵니다. 이 칼은 바르게 하면 앞에 적이 없고, 위로 들면 위에 적이 없고, 아래로 누르면 아래에 적이 없고, 움직이면 사방에 적이 없습니다. 위로는 뜬구름을 가르며 아래로는 지기를 끊습니다. 이 칼을 한 번 쓰면 제후를 바로잡고 온 천하를 굴복하게 합니다. 이것이 바로 천자의 칼입니다."

문왕이 망연자실하면서 물었다. "제후의 칼은 어떠하오." 장자가 대답했다. "제후의 칼은 지용의 선비를 칼끝으로 하고, 청렴한 선비로 칼날을 삼으며, 현량한 선비로 칼등을 삼고, 충성스런 선비로 손막이를 삼고, 호걸스런 선비로 칼자루를 삼습니다. 이 칼은 바르게 하면 앞에 적이 없고, 위로 들면 위에 적이 없으며, 아래로 누르면 아래에 적이 없고, 움직이면 사방에 적이 없습니다. 위로는 둥근 하늘을 본받아 삼광을 순하게 하고, 아래로는 모난 땅을 본따서 사시를 따르고, 가운데로는 민의를 살펴서 사방 고을을 편안케 합니다. 이 칼을 한 번 쓰면 우뢰와 번개가 떨치는 듯하여, 사방 국경이 항복하고 군명을 따르지 않을 자가 없으니 이것이 바로 제후의 칼입니다."

 왕이 다시 말했다. "그럼 서인의 칼은 어떠하오?" 장자가 대답했다. "서인의 칼은 더벅머리, 수염투성이 관은 뒤에 붙고, 오랑캐의 관 끈을 늘였으며 옷은 뒤가 짧고 눈은 부릅떴으며 말은 시끄러워 임금 앞에서도 서로 치고 위로는 몸과 옷깃을 베고 아래로는 간과 허파를 가릅니다. 이것이 곧 서인의 칼로, 투계와 다를 것이 없으니, 그로 인해 일단 목숨이 끊어지면 나랏일엔 아무 짝에도 쓸 데가 없습니다. 지금 대왕은 천자의 지위에 계시면서도 서인의 칼을 좋아하시니, 신은 대왕을 가볍게 여길 수밖에 없습니다." 왕은 간신히 몸을 움직여 전상에 올랐다. 재인이 밥을 올렸으나 왕은 밥상을 세 번이나 돌았다. 장자가 말했다. "왕께서는 편안히 앉아 기운을 차리십시오. 칼에 대한 일은 이미 다 아뢰었습니다." 이로부터 문왕은 석 달 동안이나 궁을 나오지 않았고, 검사들은 모두 그곳에서 자살해 죽었다.

【解説】 "세 가지 칼이란 어떤 거요?"

 "천자의 칼, 제후의 칼, 그리고 서민들의 칼입니다."

 "그래, 그럼 천자의 칼이란?"

 "이 칼은 북쪽의 연계(燕谿)·석성(石城)을 칼끝으로 하고, 제나라 대산(岱山)이 칼날, 진(晋)·위(魏)가 칼등, 손막이는 남쪽의 주(周)·송(宋), 칼자루는 서쪽의 한(韓)·위(魏)입니다. 그 세력과 위엄은 멀리는 발해(渤海)·상산(常山)에까지 미치고, 동서남북의 오랑캐들을 포섭하여 춘하추동 사철을 두르고, 오행(五行)을 관장하여 자연계를 운행시키고, 상벌을 분명히 하여 인간 세계를 질서 있게 합니다. 다시 음양 두 기운을 움직여 우주의 대생명을 작용시켜 봄과 여름에는 이를 약동하게 하고, 가을과 겨울에는 이를 숨어 들어앉게 합니다. 이 칼의 위력은 위로는 뜬구름을 찢고, 아래로는 지축을 끊어 상하사방 미치지 않는 곳이 없습니다. 이를 한 번 쓰면 제후는 숙연히 몸을 바로하고 온 천하가 일시에 굴복하게 됩니다. 이것이 천자의 칼입니다."

 문왕은 기가 질렸다.

 "흐흠, 그럼 제후의 칼은?"

“제후의 칼은 지혜와 용맹을 겸비한 선비를 칼끝으로 하고, 청렴한 선비를 칼날, 어질고 착한 선비를 칼등, 충성스런 선비를 손막이, 호걸스런 선비를 칼자루로 하고 있습니다. 천자의 칼과 마찬가지로 상하 사방 미치지 않는 곳이 없습니다. 위로는 해와 달과 별의 삼광(三光)에 순응함으로써 하늘의 법칙에 맞게 하며, 아래로는 사철의 변화에 따름으로써 땅의 법칙에 맞게 하여 민심을 부드럽게 하며 사해를 편안케 합니다. 한 번 이 칼을 쓰면 천둥 번개와 같은 위력을 가지고, 온 사해가 다 임금의 명령에 복종하게 됩니다. 이것이 제후의 칼입니다.”

“그럼 서민의 칼은?”

“머리는 더벅머리, 관은 뒤에 붙고, 옷은 전투복, 말을 주고받는 것까지 살기에 차 있는 사람들이 갖는 칼입니다. 한 번 올려치면 상대방의 목을 자르고, 한 번 내려치면 상대방의 창자를 가릅니다. 마치 투계가 싸우는 것 같습니다. 이 칼을 쓰는 사람은 한 번 목숨이 끊어지면 그것으로 끝장일 뿐, 벌써 나라를 위해서는 아무런 소용이 없습니다. 그런데 들으니 대왕께선 요즘 천자의 높은 지위에 계시면서 이런 비천한 서민들의 칼에 매혹되어 있다니 참으로 안타깝습니다.”

왕은 부끄러움을 금치 못한 채 몸소 장자의 손을 잡아 전상으로 맞아올렸다.

요리사[庖人]들이 왕과 장자를 위해 음식상을 차렸으나 왕은 정신없이 상머리를 왔다갔다하며 어쩔 줄을 몰라 했다.

장자가 말했다.

“바라옵건대 대왕께서는 자리에 앉으시어 마음을 가라앉히십시오. 이야기는 이미 끝났습니다.”

자신의 잘못을 깨달은 문왕은 석 달 동안이나 한 발짝도 궁전 밖에 나오는 일이 없이 근신하고 있었다. 왕의 버림을 받은 검사들은 분을 참지 못해 스스로 제 목을 쳐 자살하고 말았다.

31. 漁　父

漁父의 同情

孔子遊乎緇帷之林，　休坐乎杏壇之上，　弟子讀書孔子
絃歌，　鼓琴奏曲，　未半，　有漁父者，　下船而來，須眉交
白，　被髮揄袂，　行原以上，　距陸而止，　左手據膝，　右手
持頤以聽，　曲終，　而招子貢子路，　二人俱對，客指孔子
曰，　彼何爲者也，　子路對曰，　魯之君子也，　客問其族，
子路對曰，　族孔氏，　客曰，　孔氏者何治也，　子路未應，
子貢對曰，　孔氏者，　性服忠信，　身行仁義，　飾禮樂，　選
人倫，　上以忠於世主，　下以化於齊民，　將以利天下，　此
孔氏之所治也，　又問曰，　有土之君與，　子貢曰，　非也，
侯王之佐與，　子貢曰，　非也，　客乃笑而還行，言曰，　仁
則仁矣，　恐不免其身，　苦心勞形，　以危其眞，嗚乎遠哉，
其分於道也.

【解釋】　공자가 울창한 숲에서 놀다가 행단 위에 앉아 쉬었다. 제자들
은 독서하고 공자는 노래부르며 금을 뜯어 곡을 연주하고 있었는데, 반
도 끝나기 전에 어보가 배에서 내려 다가왔다. 수염과 눈썹이 희고 산

발에 팔짱을 끼고 언덕을 올라 누대에서 멈췄다. 왼손은 무릎에 놓고 오른손은 턱을 괸 채 듣더니, 곡이 끝나자 자공과 자로를 불렀다. 두 사람이 대하니 손이 공자를 가리키며 말했다. "저 사람은 무엇하는 사람이오?" 자로가 대답했다. "노나라의 군자요." 손이 그 성을 물으니 자로가 대답했다. "공씨이오." 손이 물었다. "공씨는 무엇하는 사람이오." 자로가 미처 답하지 못하자 자공이 대답했다. "공씨는 성품이 충신을 지녔고, 몸이 인의를 행하고, 예악을 닦고, 인륜을 정하니, 위로는 임금에 충성하고 아래로는 만민을 교화하여 천하를 이롭게 하시오. 이것이 공씨가 하시는 일이오." 손이 또 물었다. "영토를 가진 임금이오?" 자공이 말했다. "아니오." "제후의 재상이오?" 자공이 말했다. "아니오." 손이 웃고 돌아가며 말했다. "인은 인이나, 그 몸을 면할 수 없음이 두렵다. 마음을 괴롭히고 몸을 수고시켜서 그 진실을 위태롭게 하는구나. 오! 도에서 떨어져 있음이 멀구나."

【解說】 어느 날 공자(孔子)가 울창한 숲속에 들어가 놀다가 행단(杏壇)에 올라 쉬고 있을 때였다. 그의 제자들은 소리내어 책을 읽고, 공자는 금(琴)을 뜯으며 시를 읊고 있었다. 그런데 채 한 곡조가 끝나기도 전에 어보(漁父)가 배에서 내려 그들 쪽으로 걸어오는 것이 보였다. 그는 수염과 눈썹이 희고 산발한 머리에 팔짱을 낀 채로 언덕을 올라오더니 누대 앞에 멈추어 섰다. 그는 한참 왼손을 무릎에 놓고 오른손으로는 턱을 괸 채 금소리를 듣고 있더니, 곡이 끝나자 자공(子貢)과 자로(子路)를 손짓해 불렀다. 그러더니 두 사람에게 공자를 가리키면서 물었다.

"저 사람은 누구인가?"

자로가 대답했다.

"노(魯)나라의 군자이십니다."

"성씨는 무엇이라고 하는가?"

"공(孔)씨입니다."

"그래, 공씨라는 이는 무엇을 하시는가?"

여기서 자로의 말이 막히자 자공이 대신 나서서 대답했다.

"공씨께서는 충(忠)과 신(信)을 성품으로 지니시고, 인(仁)과 의(義)를 몸으로 행하시며, 예(禮)와 악(樂)을 닦으시고, 인륜(人倫)을 가르치십니다. 위로 임금께 충성하고, 아래로 만민을 교화해 천하를 이롭게 하는 것, 이것이 공씨의 하는 바 일입니다."

그가 다시 물있다.

"영토가 있는 임금이신가?"

자공이 대답했다.

"아닙니다."

"그러면 제후의 재상이신가?"

"아닙니다."

그러자 그는 웃으면서 되돌아갔다. 그리고 이렇게 중얼거렸다.

"인(仁)이라면 인이겠지만, 아마 그 몸이 견뎌 내지를 못할 것이야! 마음을 괴롭히고 몸을 수고롭게 하여 생명의 진실을 위태롭게 할 뿐이다. 너무도 멀구나, 도에서 등을 돌린 것이."

32. 列禦寇

無能에 徹底하라

列禦寇之齊, 中道而反, 遇伯昏瞀人. 伯昏瞀人曰, 奚方而反. 曰吾驚焉. 曰, 惡乎驚. 曰, 吾嘗食於十䬣, 而五䬣先饋. 伯昏瞀人曰若是, 則汝何爲驚已. 曰, 夫內誠不解, 形諜成光. 以外鎭人心, 使人輕乎貴老, 而整其所患. 夫䬣特爲食羹之貨多餘之贏. 其爲利也薄, 其爲權也輕, 而猶若是. 而況於萬乘之主乎. 身勞於國, 而知盡於事. 彼將任我以事而效我以功. 吾是以驚. 伯昏瞀人曰, 善哉觀乎. 汝處已, 人將保汝矣.

無幾何而往, 則戶外之屨滿矣. 伯昏瞀人北面而立, 敦杖蹇之乎頤. 立有間, 不言而出. 賓者以告列子. 列子提屨, 跣而走. 暨乎門. 曰, 先生旣來, 曾不發藥乎. 曰, 已矣. 吾固告汝曰, 人將保汝, 果保汝矣. 非汝能使人保汝. 而汝不能使人無保汝也. 而焉用之, 感豫出異也. 必且有感, 搖而本才. 又無謂也. 與汝遊者, 又莫汝告也. 彼所小言, 盡人毒也. 莫覺莫悟, 何相孰也.

> 巧者勞而知者憂. 無能者無所求, 飽食而敖遊. 汎若不
> 繫之舟, 虛而敖遊者也.

【解釋】　열어구가 제나라로 가던 중도에서 돌아오다가 백혼무인을 만났다. 백혼무인이 물었다. "어찌하여 벌써 돌아오느냐." "놀랐습니다." "무엇에 놀랐느냐." "제가 열 주막에서 밥을 먹었는데 다섯 주막에서 남보다 먼저 저에게 밥을 주었습니다." 백혼무인이 물었다. "그것이 어떻게 너를 놀라게 했느냐." 열어구가 대답했다. "마음이 진실로 풀리지 않으면 얼굴이 따라서 빛을 이룹니다. 밖으로 남의 마음을 눌러, 남으로 하여금 늙은이를 귀히 여기는 것을 가볍게 하여 그의 걱정하는 바를 어지럽게 했습니다. 주막하는 사람은 다만 밥과 국을 장사로 할 뿐 다른 이익이 없습니다. 이익됨이 작고, 권세됨이 그처럼 가벼운데도 이 정도니 하물며 만승의 임금이겠습니까. 몸은 나라에 시달리고 지혜는 일에 다하여 그가 장차 저에게 일을 맡겨 공을 바랄 것이니, 이에 놀랐습니다." 백혼무인이 말했다. "잘 보았다. 그러나 네가 자신에게 처하면 사람이 장차 너를 붙들리라."

　얼마 되지 않아 가 보니, 문 밖에 신이 가득했다. 백혼무인이 북쪽을 보고 서서 지팡이에 턱을 짚고 조금 있다가 말없이 나갔다. 손이 열자에게 알리니, 열자는 신을 들고 맨발로 달려 대문에 이르러 말했다. "선생님께서 이미 오셨거늘 어찌 약을 주시지 않습니까." 대답하되 "그만둘지어다. 내 진실로 네게 일러 사람이 장차 너를 잡으리라 했더니, 과연 너를 잡았구나. 네가 사람으로 하여금 너를 잡게 한 것은 아닐지라도 사람으로 하여금 너를 잡지 못하도록 하지는 못한 것이다. 너는 어찌하여 느끼게 하느냐. 이상하게 보였기 때문이다. 느낌이 있으면 반드시 너의 본성을 어지럽게 할 것이니, 또 이를 것이 없다. 너와 함께 노는 사람은 또 네게 이를 것이 없다. 저들의 작은 말은 다 사람을 해친다. 깨치게 함도 없고, 깨달음도 없이 어찌 서로 친숙해지느냐. 공교로운 자는 수고롭고, 지혜로운 자는 근심한다. 능함이 없는 자는 구하는 바가 없이 배불리 먹고 마음대로 논다. 떠 있음이 매지 않은 배와 같아, 속이 비어 마음대로 노는 것이다.” 했다.

【解説】 열자는 제나라 왕을 만나기 위해 길을 떠났다가 생각이 달라져 되돌아오던 중 스승인 백혼무인(伯昏瞀人)과 마주치게 되었다.

“어찌된 일이냐. 어째서 되돌아왔느냐?”

“네, 실은 두려운 생각이 들어서…….”

“두려운 생각이 들어? 까닭을 듣고 싶구나.”

열자는 사정을 설명했다.

“계기는 밥을 먹는 데서부터 비롯됩니다. 여행 도중 저는 몇 번 밥집엘 들어갔습니다. 그런데 어느 밥집에서나 주인이 다른 손을 밀쳐 놓고 저의 주문부터 받으려고 하는 것입니다. 두 번에 한 번 꼴로 그런 일이 있었으므로…….”

“그래. 하지만 그것이 두려운 것과 무슨 관련이 있다는 것이냐?”

“아마 제가 아직도 자부심을 완전히 벗어 버리지 못하였기 때문에 남이 보기에 달리 보였던 모양입니다. 먼저 온 손님들 중에는 노인도 있었는데, 내 풍채가 주인을 위압해서 노인을 보살펴 주려는 마음을 잊게 했다는 생각이 들자 부끄러워서 견딜 수가 없었습니다. 대체로 밥집이란 보잘 것 없는 장사로서, 재산도 없고 세력도 없으므로 남의 눈치를 보고 살아갈 필요가 없습니다. 그런 밥집 주인까지 나를 특별히 대우하려는 기분을 일으켰으니, 한 나라의 임금쯤 되면 어떤 생각을 가지게 되겠습니까. 그가 내정과 외교에 골몰하고 있는 사람이라면, 틀림없이 엉뚱한 기대를 걸고 나를 맞아들여 국정을 맡긴 다음 그 성과를 보고 싶어할 것입니다. 두려운 것은 바로 그 점이었습니다.”

백혼무인은 크게 끄덕였다.

“알겠다. 잘 생각했다. 하지만 네가 네 자신을 완전히 버리지 못하는 한, 어디를 가든지 세상 사람은 너를 가만 버려 두지는 않을 것이다.”

그리고 얼마 안 되어 백혼무인이 열자의 집을 찾아갔다. 방문 밖에 찾아온 손들의 신발이 넘칠 지경이었다.

백혼무인은 지팡이에 턱을 기대고 잠시 서 있다가 그대로 가버리려 했다.

이 소식을 들은 열자는 황급히 방에서 뛰어나와 맨발로 대문 밖으로 달려나가 백혼무인을 붙들고 사정했다.

"선생님, 모처럼 저의 집까지 찾아오신 이상 한 말씀이라도 좋으니 저의 부족한 점을 제발 지적해 주십시오."

"듣기 싫다. 새삼 무슨 소리를 하겠느냐. 내가 분명히 네게 말해 주지 않았더냐. 네가 네 자신을 버리지 못하는 한, 세상 사람이 너를 가만 버려두지 않을 것이라고 말이다. 그런데도 지금 이 모양으로 있다니. 나는 네가 자진해서 사람들을 끌어들였다고는 생각하지 않지만, 그러나 네게는 남에게 신뢰받지 않으려는 마음가짐이 부족한 것이다. 사람들이 너에게 의지하려고 하는 것은 네게 남의 눈에 잘 보이려는 틈이 있었던 것이 틀림없다. 그런 생각과 태도는 인간의 타고난 본성을 해칠 뿐, 아무 이익이 없는 것이다. 그것뿐이라면 또 좋다. 너는 네게 가르침을 받으려고 모여든 사람들의 말이 어떤 것인지 알고 있느냐. 결국은 네게 아첨하며 너를 병들게 할 뿐이다. 자신도 그것을 깨닫지 못할 뿐 아니라, 남의 마음까지 어둡게 하고 만다. 이리하여 서로가 밑바닥 없는 진창 속으로 빠져들어가고 만다. 지혜와 재주를 부리는 사람은 몸과 마음을 시달리게 할 뿐, 아무 얻는 것이 없이 일생을 마친다. 그러나 무능을 자각하고 있는 사람은 일체의 욕구에서 벗어나 배를 채우는 것만으로 만족하며, 마음 편한 생활을 즐기게 된다. 물결 따라 나부끼는 작은 배처럼 나라는 것을 버리고 자유의 경지를 거닐게 되는 것이다."

儒墨의 論爭

鄭人緩也, 呻吟裘氏之地, 祗三年, 而緩爲儒, 河潤

九里, 澤及三族, 使其弟墨, 儒墨相與辯, 其父助翟,
十年, 而緩自殺, 其父夢之曰, 使而子爲墨者予也, 闔
胡嘗視其良, 旣爲秋柏之實矣.

【解釋】 정나라 사람 완이 구지 땅에서 경전을 읽었다. 3년이 되니 완은 유자가 되었다. 황하가 아홉 마을을 적시듯 은택이 삼족에 미쳤다. 그 아우를 묵학자로 만들었는데, 유묵이 서로 더불어 변론했다. 그 아비가 적을 편드니 10년 안에 완은 자살했는데, 그 아비의 꿈에 나타나 말했다. "당신의 아들을 묵학자로 만든 것은 나인데, 어떻게 그럴 수 있소? 한번 내 무덤에 가 보시오. 이미 가래나무와 측백나무의 열매가 되어 있소."

【解説】 정(鄭)나라 사람 완(緩)이 구지(裘氏)에서 경전을 독송해 유학을 배웠다. 그리고 3년 만에 한몫의 유학자가 되어 황하(黃河)가 그 기슭의 아홉 마을을 적시듯, 그의 은택이 삼족에 미쳤다. 완은 이윽고 아우에게는 묵자(墨子)의 학문을 공부하게 했다. 얼마 뒤에 형제는 한 자리에 모여 앉아 유·묵의 논쟁을 벌이게 되었다. 그런데 그 자리에 있던 아버지가 아우인 적(翟)을 편들었다. 완은 격분한 나머지 그 일이 있은 지 10년 안에 자살하고 말았다. 한번은 아버지의 꿈에 완이 나타나더니 이렇게 말했다.

"당신 아들을 묵자파의 학자로 만들어 준 것은 다름아닌 나였소. 그런데 나를 이 꼴로 만들다니 너무하지 않소. 시험삼아 내 무덤에 가 보시오. 몸은 썩어서 가래나무와 측백나무의 열매가 되어 있소."

龍料理

朱泙漫學屠龍於支離益, 單千金之家, 三年技成, 而無所用其巧.

【解釋】 주평만은 지리익에게서 용을 잡는 기술을 배웠으나 그로써 천금의 가산을 탕진했다. 3년 안에 기술을 익히기는 했으나 그 기술을 쓸 데가 없었다.

【解説】 주평만(朱萍漫)은 지리익(支離益)에게서 용을 죽여 요리하는 기술을 배웠다. 그것을 배우기 위해 천금을 탕진했고 3년이 걸려서야 그 기술을 터득할 수 있었다. 그러나 용이 흔하지도 않을 뿐 잡기 또한 힘든 것이라 그 기술은 전혀 쓸모가 없는 것이었다.

죽는 소의 希望

或聘於莊子, 莊子應其使曰, 子見夫犧牛乎, 衣以文繡, 食以芻叔, 及其牽而入於太廟, 雖欲爲孤犢, 其可得乎.

【解釋】 누가 장자를 초빙하였다. 장자가 그 사자를 보고 말했다. "당신은 저 제물의 소를 보았소? 무늬와 수를 놓은 옷에 풀과 콩을 먹다가, 마침내 태묘에 끌려갈 때 외로운 송아지가 되고자 해본들 될 수 있겠소?"

【解說】 어느 임금이 장자를 재상으로 초빙했다. 장자는 그 사자에게 이렇게 대답했다.

"당신은 제물로 끌려가는 소를 보았는가? 아름답게 수놓은 옷을 입고, 맛있는 풀과 콩을 먹어 대우가 극진하지만, 막상 끌려서 종묘로 들어갈 때 발버둥치며 다시 송아지로 돌아가겠다 해서 그 소망이 이루어지겠는가."

莊子의 臨終

莊子將死, 弟子欲厚葬之. 莊子曰, 吾以天地爲棺槨, 以日月爲連璧, 星辰爲珠璣, 萬物爲齎送吾葬具豈不備邪. 何以加此. 弟子曰, 吾恐烏鳶之食夫子也, 莊子曰, 在上爲烏鳶食, 在下爲螻蟻食. 奪彼與此, 何其偏也. 以不平平, 其平也不平. 以不徵徵, 其徵也不徵. 明者唯爲之使, 神者徵之. 夫明之不勝神也久矣. 而愚者恃其所見. 入於人, 其功外也. 不亦悲乎.

【解釋】　장자가 죽게 되어 제자들이 후히 장사지내려 하니, 장자가 말했다. "내가 천지로써 관곽을 삼고, 해와 달을 연벽으로 삼고, 별들을 구슬로 삼고, 만물로 제송을 삼으면, 내 어찌 장구를 갖추지 못했다 하겠느냐. 이에 무엇을 더하리오." 제자들이 말했다. "우린 까마귀와 솔개가 선생을 먹을까 두려워합니다." 장자가 말했다. "위에 있으면 까마귀와 솔개의 밥이 되고, 아래에 있으면 땅강아지와 개미의 밥이 된다. 저것에서 앗아 이것에 주려 하니 어찌 그렇게 편벽되냐. 고르지 못한 것으로써 고르게 하면, 그 고른 것이 고르지 못하고, 밝지 못한 것으로써 밝히려 하면, 그 밝은 것이 밝지 못하다. 밝다는 사람은 다만 부림이 될 뿐이며 신한 사람만이 밝힌다. 무릇 밝은 것이 신을 이기지 못한지 오래다. 그러나 어리석은 사람은 그의 보는 바를 믿고 사람에게로 들어가 그 공이 헛되니, 또한 슬프지 아니하냐."

【解説】　장자의 병이 위독하게 되었다. 임종하는 자리에 모인 제자들은 성대한 장례식을 치를 것을 원했으나 장자는 이를 거절했다.

"하늘과 땅이 곧 나의 널이요, 해와 달과 별은 보배 그릇이요, 만물은 장례식에 모인 회장자(會葬者)인 것이다. 이 위에 또 무엇을 더할 것이 있겠는가. 이대로 밖에 버려 주었으면 좋겠다."

그러나 제자들은 들으려 하지 않았다.

"그렇게 되면 선생님의 몸뚱이를 까마귀와 솔개가 먹게 될 것입니다."

"땅 위에 놓아 두면 새에게 먹히기도 하리라. 그러나 땅 속 깊숙이 묻는다고 해도 결국은 벌레 밥이 되고 마는 것이다. 굳이 한 쪽에서 앗아 다른 쪽에 준다는 것은 공정한 처사가 아니고, 또한 인위적으로 공정을 꾀하는 것은 공정이 될 수 없으며, 의식적으로 자연에 순응하려는 것은 참다운 순응이 아니다. 자신의 영리함을 믿고 지혜를 쓰면 도리어 사물의 지배를 받게 되지만, 참다운 지혜를 가진 사람은 그저 무심히 사물에 순응할 뿐이다. 결국 자신이 지혜롭다고 생각하는 영리한 사람은 참다운 지혜를 따를 수 없는 것이다. 그러나 이런 이치를 모르는 사람들은 자기 판단에 얽매여 재주를 부리며, 끝내 속박에서 벗어나지를 못한다. 이보다 더 슬픈 일이 어디 있겠느냐."

33. 天　下

道의 바탕

天下之治方術者多矣, 皆以其爲不可加矣, 古之所謂
道術者, 果惡乎在, 曰, 無乎不在, 曰, 神何由降, 明
何由出, 聖有所生, 王有所成, 皆原於一.

【解釋】　천하를 다스리는 도술을 가진 자들이 많다.　모두가 덧붙일 것
이 없는 것을 가졌다고 한다.　옛날의 소위 도술이란 것은 어디에 있는
것일까?　어디에나 없는 곳이 없다.　그렇다면 신은 어떤 연유로 내려
오는 것인가?　밝음은 어떤 연유로 나오는가?　성인이 출현하고 왕이
달성하는 것은 모두 하나에서 근원한다.

【解説】　천하를 다스리는 것은 이렇다 하고 내세우는 학파가 많다. 그
들은 한결같이 그것이 제일이며, 거기에 덧붙일 것이 없다고 주장한다.
그렇다면 옛사람들이 도를 전하는 근본적인 학술이 과연 있다는 말인
가. 그보다는 도 자체가 보편적인 것이므로 어디에나 있다고 대답해야
할 것이다.　도의 영묘한 작용이 나타나고, 도의 명백한 모습이 구체화
되며, 성인이 출현하고 제왕의 공업이 이루어지는 이 모든 것은 하나
같이 〈하나[一]〉인 도에 바탕을 두고 있을 뿐이다.

偉大한 莊子

其書雖瓌瑋, 而連犿無傷也, 其辭雖參差, 而諔詭可觀, 彼其充實, 不可以已, 上與造物者遊, 而不與外死生無終始者爲友, 其於本也, 宏大而辟, 深閎而肆, 其於宗也, 可謂稠適而上遂矣, 雖然, 其應於化, 而解於物也, 其理不竭, 其來不蛻, 芒乎昧乎, 未之盡者.

【解釋】 그의 글은 비록 기발하고 특별하나 사물과 더불어 서로 따르니 해침이 없다. 그 말은 혹은 허하고 혹은 실하나 그 골계가 가관이다. 그 충실함이 더할 수 없을 정도다. 위로는 조물자와 더불어 놀고, 아래로는 사생을 내던지고 종시가 없는 것과 벗한다. 근본에 대한 것은 굉대하게 열리고 깊고 넓게 덮는다. 도에 대한 것은 조화롭고 맞히어 위에 달한 것이라 할 수 있다. 비록 그렇다고 하나 변화에 응하여 만물을 해설한 것은 그 이치를 말할 수가 없고, 그 오는 것이 남김이 없어 망망하고 매매하니 다하지 못한 것이었다.

【解説】 그(莊子)의 저서는 규모가 웅대하고 상식적인 사고를 초월한다.

그의 논술은 자유 자재여서 남을 해치지 않는다. 그의 표현은 신출 귀몰하며 기기 괴괴해서 파격적인 재미가 있다.

그의 내용은 생명력이 충일한 풍성함이 있다. 위로는 조물자와 함께 놀며, 아래로는 생사를 벗어나고 시간을 초월한 자와 벗하는 것이 그의 경지이다.

그의 근원적인 진리에 대한 파악은 광대 활달하고 깊고 넓어 두루 미치매, 그의 도에 대한 이해는 정신의 편안한 조화를 얻어 높은 세계로 올라가 있다. 이를테면 신선(神仙)과 같다 할 수 있다.

그러나 그가 변화하는 현상계를 대상으로 삼라만상의 존재 양식을 해설할 때 그 진리는 말로써 형용할 수 없는 깊이를 지녔으며, 그 진리가 현상계에 나타내는 활동력 또한 무한하여, 그가 다 구명하지도 못한 깊이까지 지니고 있는 것이다. 그런 의미에서라면 그 역시 〈미진한 것을 남긴 자〉라 할 수 있을 것이다.

스물 한 가지의 詭辯

卵有毛, 雞三足, 郢有天下, 犬可以爲羊, 馬有卵, 丁子有尾, 火不熱, 山出口, 輪不蹍地, 目不見, 指不至, 至不絕, 龜長於蛇, 矩不方, 規不可以爲圓, 鑿不圍柄, 飛鳥之景, 未嘗動也, 鏃矢之疾, 而若不行不止之時, 狗非犬, 黃馬驪牛三, 白狗黑, 孤駒未嘗有母, 一尺之捶, 日取其半, 萬世不竭, 辯者以此與惠施相應, 終身無窮, 桓團公孫龍, 辯者之徒, 飾人之心, 易人之意, 能勝人之口, 不能服人之心, 辯者之囿也, 惠施日以其知, 與人之辯, 特與天下之辯者爲怪, 此其柢也.

【解釋】 알에 털이 있다. 닭에 세 발이 있다. 영에 천하가 있다. 개를 양이라 할 수 있다. 말은 알을 낳는다. 개구리는 꼬리가 있다. 불은 열이 없다. 산은 입에서 나온다. 수레바퀴는 땅에 닿지 않는다. 눈은 보지 않는다. 손가락은 닿지 않고 닿으면 안 떨어진다. 거북은 뱀보다 길다. 곡척으로 모를 그릴 수 없고, 그림쇠로 원을 그릴 수 없다. 구멍은 자루에 맞지 않는다. 나는 새의 그림자는 움직이지 않는다. 나는 화살에는 정지된 시간이 있다. 구는 견이 아니다. 누런 말과 검은 소는 셋이다. 흰 개는 검다. 어미 없는 망아지는 어미가 있었던 적이 없다. 한 자 짜리 지팡이를 하루에 반씩 자르면 영구히 다 잘라낼 수가 없다. 변자들이 이를 혜시와 서로 주고 받아 종신토록 그칠 줄을 몰랐다. 환단이나 공손룡도 변자의 무리다. 사람의 마음을 꾸미고 사람의 뜻을 바꾸어 놓았다. 사람의 입은 이길 수 있었으나 사람의 마음을 심복시킬 수는 없었다. 변자의 한계이다. 혜시도 날마다 그 지혜로써 이들과 변론했으나, 특별히 천하의 변자들과 더불어 괴상한 짓을 한 데 불과했다. 이것이 그 개략이다.

【解説】 혜시(惠施)를 비롯한 여러 논리학자들의 궤변에 이런 것이 있다.

① 알에 털이 있다.——시간이란 본래 무한하다는 입장에서 볼 때 알에서 새가 되기까지의 시간은 무시된 것이다.

② 닭은 발이 셋 있다.——대상과 개념에 의해 인식이 성립되기 마련이다. 닭의 발이라는 단독적 개념 하나와 구체적 대상인 발 둘과 합해 닭의 발은 셋이 된다.

③ 영(郢)에 천하가 있다.——무한한 공간에서는 천하 역시 무(無)와 같다. 따라서 천하는 영에 있다.

④ 개는 양이다.——개나 양은 다같이 네 발 달린 짐승이기 때문이다.

⑤ 말은 알을 낳는다.——태생(胎生) 동물인 말이나 난생(卵生) 동물인 새는 다같이 동물이다.

⑥ 개구리는 꼬리가 있다.——올챙이에 꼬리가 있기 때문이다.

⑦ 불은 열이 없다.——불이 뜨겁다는 것은 인간이 느끼는 것일 뿐,

불 자체의 성질은 아니다.

⑧ 산(山)은 입에서 나온다. ——— 산은 거대하지만, 그 이름은 입으로 말할 수 있다.

⑨ 수레바퀴는 땅에 닿지 않는다. ——— 달리는 수레바퀴와 땅 사이에는 공간이 있다.

⑩ 눈은 보지 않는다. ——— 대상이 있기에 볼 뿐, 단독으로 볼 수는 없다.

⑪ 손가락은 닿지 않고 닿으면 안 떨어진다. ——— 손가락이 어떤 물건에 완전히 닿았다면 그 순간 떨어질 리가 없기 때문이다.

⑫ 거북은 뱀보다 길다. ——— 무한한 공간에서는 뱀이 길지 않다.

⑬ 곡척으로 모[方形]를 그릴 수 없고, 그림쇠로 원을 그릴 수 없다. ——— 절대적인 의미의 사각형이나 원은 있을 수 없다.

⑭ 구멍은 자루에 맞지 않는다. ——— 조금의 차이라도 있게 마련이다.

⑮ 나는 새의 그림자는 움직이지 않는다. ——— 시간은 무한히 쪼개진다. 새의 그림자 역시 그 쪼개진 시간마다 정지된 상태다.

⑯ 나는 화살에는 정지된 시간이 있다. ——— 화살이 나는 거리는 쪼개지며, 또 그대로 볼 수도 있다.

⑰ 구(狗)는 견(犬)이 아니다. ——— 용어가 다르다.

⑱ 누런 말과 검은 소는 셋이다. ——— 누런 말과 검은 소는 같은 동물로서 한 개념을 이루므로 한데 합치면 셋이 된다.

⑲ 흰 개는 검다. ——— 빛깔에 흰 것과 검은 것이 있지만, 빛깔인 점에서는 같다.

⑳ 어미 없는 망아지는 어미가 있었던 적이 없다. ——— 시간을 쪼개서 현재만 생각한다. 또 〈어미 잃은 망아지〉와 〈망아지〉는 그 용어가 다르다.

㉑ 한 자짜리 지팡이를 하루에 반씩 잘라내면 영구히 다 잘라낼 수가 없다. ——— 무한소가 있기 때문이다.

당시의 학자들은 이런 말을 혜시와 주고 받으며 끝낼 줄을 몰랐다. 환단(桓團)·공손룡(公孫龍) 같은 궤변학자들은 이런 말로 사람들의 마음을 꾸며 주고 경박하게 바꾸어 놓았다. 그러나 그들이 이론으로 남

을 제압할 수는 있었지만, 마음으로 굴복시킨 적은 없었다. 혜시 또한
자기의 지혜를 다해 이들과 논쟁했으나 천하의 궤변학자들과 마찬가지
로 괴상한 이론을 펼친 데 불과하다. 이상이 그 개략이다.

東洋古典百選 · ⑥

莊　子

譯解者 : 石　仁　海
發行者 : 南　　溶
發行所 : 一信書籍出版社

주소 : 121-110
　　　 서울 마포구 신수동 177-3
등록 : 1969. 9. 12.　NO. 10-70
전화 : 영업부 / 703-3001〜6
　　　 편집부 / 703-3007〜8
　　　 FAX / 703-3009
© ILSIN PUBLISHING Co. 1990.

❶값 12,000원